사해사본과 그리스도교의 기원

DEAD SEA SCROLLS & BIRTH OF CHRISTIANITY
SPECIAL WORKSHOP

임마누엘 토브 외 12인
임미영 박사 엮음

1번 동굴 입구

사해사본은 1947년 사해의 북서쪽 해안 주변의 절벽의 동굴에서 베두인 목동들에 의해 처음 발견되었다. 1956년까지 모두 11개 동굴에서 900여 편의 사본 조각들이 발견되었다.

4번 동굴 입구와 동굴 내부 모습

동굴은 발견된 순서대로 번호가 불렸으며 그 중 4번 동굴은 쿰란 공동체의 유적지가 발견된 키르벳 쿰란에서 가장 가까운 곳에 위치해 있으며 가장 많은 사본이 발견된 곳으로 쿰란 도서관이라고도 불리고 있다.

하박국 주해서 (1QpHab)

1번 동굴에서 처음으로 발견된 일곱 개의 사본들 중의 하나로서 전체 1.41m의 길이이며 히브리어로 기록되어 있다. 사해사본의 성서 주해서 중 가장 잘 보존된 것으로 총 13개의 단으로 이루어져 있다. 기원전 1세기 후반부 헤롯 필체로 쓰여졌다. 이 사본에서 발견할 수 있는 특이한 점은 신명사문자 (神名四文字, Tetragram)가 고대 히브리어(구약시대 기원전 8-7세기경 필체)로 쓰여졌다는 것이다.

성전 사본 (The Temple Scroll)

1956년 마지막 11번 동굴에서 발견된 사본으로 7m 길이의 완벽한 두루마리 형태의 모습으로 발견되었다. 사본의 내용은 메시아가 오기 전 어떻게 성전을 세워야 하는가를 기록하고 있어 성전 사본이라고 불리고 있다.

이사야서 주해서 4Q162(4QpIs^b)

쿰란에서는 이사야서에 대한 주해서 사본이 여섯 개 발견되었다.
4번 동굴에서는 다섯 개의 사본(4Q161-165), 3번 동굴에서는 한 개(3Q4)가 발견되었다.

쿰란 유적지에서 발견된 그릇들

키르벳 쿰란이라 불리는 사해 북서쪽 절벽에서 발견된 유적지는 사해사본을 기록하고 숨겨놓은 이들이 거주했던 장소로 추정되고 있다. 유적지 내에는 공동체를 위한 식당과 그릇을 두던 장소가 있었다. 똑같이 생긴 컵, 접시, 사발 등의 개인용 그릇과 음식을 담을 수 있는 큰 그릇 등 1천여 개 정도의 용기들이 함께 겹겹이 쌓여 있는 채로 발견되었다. 식당의 크기와 그릇의 갯수로 보아 공동체의 인원은 150-200명 사이로 추측되고 있다.

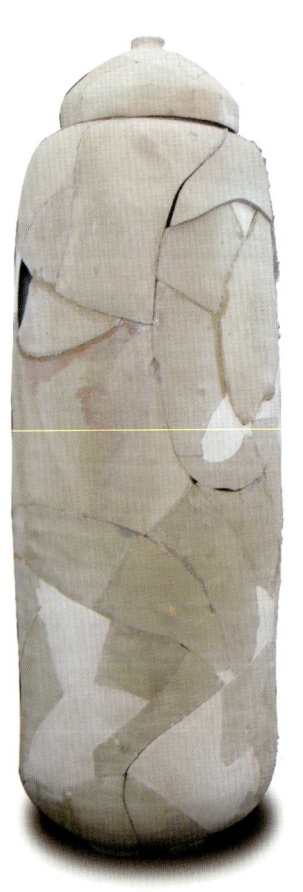

구리 두루마리

3번 동굴에서 3개의 구리로 만든 두루마리가 발견되었는데 동판을 얇게 두드려 만든 것으로 발견 당시 두루마리로 접혀 있었고 상당히 많이 산화되어 있었다.

사해사본과 함께 발견된 항아리

1번 동굴에서 사본을 발견한 베두인들의 진술에 의하면 사본은 접시 모양의 뚜껑이 달린 몸체가 긴 항아리에서 발견되었는데 이러한 항아리는 이제까지 오직 쿰란 동굴과 쿰란 유적지에서만 발견되었기에 이 둘 사이의 연관성을 추론할 수 있다.

추천사

사해사본은 기원전 3세기에서 기원후 1세기 사이에 기록된 성경 사본입니다.

사본의 내용은 에스더서를 제외한 대부분의 성서 모두가 포함되어 있습니다. 사해사본의 발견은 성서가 기원후 쓰여졌다는 주장에 일침을 가하며 성경의 정경성 확립에 큰 전환점이 됐습니다.

이처럼 중요한 역사적 의미를 갖는 사해사본을 심도 있게 다루는 전시회와 특별강연을 한 권의 책으로 묶는 것은 매우 뜻 깊은 일로써, 더불어 그리스도교 성지의 유물을 통해 초기 그리스도교인들의 일상과 신앙의 흔적을 만나봄으로써 한국 교회와 성도들의 신앙에 큰 유익을 줄 수 있는 좋은 기회가 될 것입니다.

한국기독교총연합회 대표회장

목사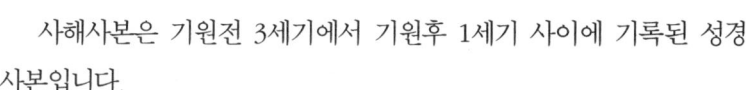

추천사

사해사본은 알렙포 사본(925년경)이나 레닌그라드 사본(1008년경)보다 무려 1천 년 이상 더 오래된 구약성서의 사본으로 예수님 당시 유다인들의 종교 사상과 생활 방식, 풍습과 조직 등에 대한 많은 정보와 지식을 제공해 주는 매우 중요한 문헌입니다.

또한 구약성경과 신약성경을 이해하고 예수님 당대의 유다이즘을 이해하는 데에도 큰 도움을 줍니다.

이번 [사해사본과 그리스도교의 기원] 전시회를 통해 쿰란 사본과 쿰란공동체에 대한 올바른 이해와 이스라엘 대표 성지의 간접 체험을 통해 한국의 모든 신자들이 보다 깊은 성서 이해와 신앙생활을 영위하는 데 도움이 될 수 있기를 기원합니다. 또한 전시회가 진행됨과 함께 특별강연 원고들이 한 권의 책으로 출간되었는데, 일독하시기를 추천합니다.

천주교 서울대교구장

추기경 정진석

인사말

　사해사본은 기원전 250년에서 기원후 68년 사이에 기록된 것으로 이스라엘 사해 주변 11개의 동굴에서 발견된 성서와 성서 주석, 종교적 규율, 기도문들 그리고 위경 등 900편에 가까운 다양한 문헌들을 말합니다. 사본이 발견된 동굴 주변의 키르벳 쿰란이라 불리는 언덕의 유적지는 이 사본을 쓴 이들이 공동체 생활을 하면서 거주했던 곳으로 생각되고 있습니다. 이들은 로마군의 진압이라는 위기의 상황에서 사본을 동굴에 숨겨 놓고 사라진 것으로 추정됩니다. 사해사본과 공동체의 모습을 통해 우리는 그들이 초기 유대교뿐만 아니라 그리스도교와 구약성서 시대 사이의 맥을 형성하고 있음을 알 수 있습니다. 특히 사본들은 성서의 대부분을 구성하고 있는 것은 물론이거니와 그들의 종교적 관습 역시 신약성서와 현재 그리스도교 내에서 발견할 수 있기 때문입니다.

　기원후 70년 이스라엘이 멸망하면서 예수님의 죽음과 부활, 그리고 승천을 믿는 그리스도인들의 신앙은 유대인들과 로마인들에게 박해를 받았지만 이를 견디어 냈고 그리스도교는 마침내 324년 콘스탄티누스 대제의 등극 이후 국교로 공인됩니다. 기원후 7세기까지 이 성서의 땅에는 예수님의 흔적이 남아 있는 곳은 어디나, 그리고 구약과 관련된 장소까지 교회가 세워집니다. 우리는 초기 그리스도교가 남긴 이러한 발자취들을 따라가면서 그들의 신앙과 종교적 의식을 엿보게 될 뿐만 아니라 우리의 신앙의 현주소를 재확인하는 순간을 만나게 될 것입니다.

본서는 [사해사본과 그리스도교의 기원] 전시회에서 이뤄진 특별강의 내용을 토대로 구성되었습니다. 이번 전시회는 요르단 문화재청과 사해사본 재단 그리고 예루살렘 성서 및 고고학 연구소에서 협조하여 국내에서는 처음으로 5개의 진품 사본들과 7.34m 길이의 이사야서와 구리 두루마리 등의 복사본과 함께 쿰란 유적지에서 공동체가 사용한 유물이 전시되었습니다. 혹자가 암만과 예루살렘의 사본 전시관을 방문한다 할지라도 사본의 높은 가치로 인해 그리고 훼손의 위험을 막고자 사본의 진품을 보는 것은 어려운 일입니다. 더불어 함께 전시된 5세기경의 신약 사본과 그리스도교 유물은 비잔틴 시대의 그리스도교의 흔적들을 이해하는 계기가 되었습니다.

[사해사본과 그리스도교의 기원] 전시회에 협조해주신 이스라엘 프란체스칸 박물관과 도록의 많은 부분에서 도움을 주신 박물관 관장 피체렐로 신부님의 수고가 있었기에 전시회가 성황리에 잘 진행되고

있습니다. 이스라엘 박물관 소속 전시회 "그리스도교의 요람 Cradle of Christianity"의 도록 자료들을 제공해 주신 큐레이터 야엘 이스라엘리의 도움이 없었다면 전시회의 내용이 빈약했을 것입니다.

바쁘신 와중에도 사해사본의 설명을 제공하시고 도록을 감수해 주신 송창현 신부님과 신약성서 사본의 내용을 써주신 민경식 박사님, 그리고 도록 전체를 감수해 주신 김성 교수님께 먼저 감사를 드립니다. 성지의 귀한 사진들을 전시회에 제공해 주신 이강근 목사님과 박대진 형제, 제브 바이스 교수님, 그리고 단 바핫 교수님께도 감사를 표합니다. 또한 전시회와 함께 본서가 출판될 수 있도록 특별강연을 해주신 민영진 박사님 이하 강연을 해주신 많은 교수님들께도 감사를 드립니다.

전시회를 기획하여 본서를 출판하기까지 함께 수고를 아끼지 않은 익슬란 회사의 사장님과 쿰란출판사 이형규 장로님, 그 외 여러분들께 깊은 감사를 드리며, 전시회를 위해 수고하신 모든 분들께 감사드립니다. 또한 바쁜 일상을 기다리며 후원을 아끼지 않은 남편과 어린 딸 희원이에게 고마움을 표합니다. 그러나 무엇보다도 전시회의 처음과 끝을 주관하시는 주님께 영광을 돌립니다.

큐레이터 임미영

|차 례|

추천사(한국기독교총연합회 대표회장 이용규 목사) / 5
         (천주교 서울대교구장 정진석 추기경) / 6
인사말 / 7
말씀의 정확한 전달을 확인하는 성경사본 체험

13... 민영진

The Biblical Dead Sea Scrolls

47... Emanuel Tov

사해 성경 사본들

75... Emanuel Tov / 번역: 김하연 박사

쿰란 메시아 사상 연구의 역사 /

105... 송창현 교수

쿰란공동체의 성서해석 - 페샤림을 중심으로 -

133... 장흥길 교수

How do the scrolls help us root Jesus'
teaching in the Gospels

165... Émile Puech

사해 사본은 복음서에 나타난 예수 가르침의
기원을 이해하는 데 어떤 도움을 주는가?

201... 에밀 퓌에쉬 / 번역 : 송창현 교수

쿰란공동체의 생활과 사상(1QS와 1QSa를 중심으로)

235... 김판임 교수

How the Scrolls Cave 4 Scrolls Were Saved?

265... Dr. Weston W. Fields

어떻게 4번 동굴 사본이 구출될 수 있었는가?

299... 웨스턴 W. 필드 박사 / 번역 : 김명숙 / 감수 : 이윤경 교수

The Dead Sea Scrolls and the New Testament

331... Prof. Peter Flint

사해사본과 신약성서

349... 피터 플린트 / 번역 : 최영민 / 감수 : 배철현 교수

쿰란문서와 신약학의 중심 주제

367... 김창선 교수

[공동체 규례] (1QS) 3.13-4.26에 나타난 이원론

407... 배철현 교수

The Dynamics of Change in the Computer Imaging
of the Dead Sea Scrolls and other Ancient Inscriptions

445... Prof. Bruce Zuckerman

사해사본과 다른 고대 비문의
컴퓨터 영상에서 변화의 역동성

451... 브루스 쥬커만 / 번역: 최영민 / 감수 : 배철현 교수

"성서의 시편과 쿰란의 시편" :
그 배열의 차이와 정경적 함의

457... 김정우 교수

옥시링쿠스 파피루스의 가치와 전망

493... 민경식 박사

말씀의 정확한 전달을 확인하는 성경사본 체험

민 영 진
대한성서공회, 세계성서공회연합회 번역 컨설턴트

감사의 말

이번에 익슬란 한국사해사본전시사무국이 여러 국제기구와 함께 주최하고, 외교통상부 이하 10여 개 이상의 정부, 교회, 언론이 후원하는[1] 사해사본과 그리스도교의 기원 특별 강연과 거기에 이은 사해사본 및 신약 파피루스 사본 전시회는 기독교가 우리나라에 들어온 지 2세기로 접어들기까지 한 번도 시도된 적 없는 경사가 아닐 수 없다.[2] 사해사본과 파피루스를 다루는 국내외의 세계적 석학들을 초청하여 열게 된 이러한 학문의 연찬(研鑽)은 한국교회사에서 크게 평가를 받을 수 있을 것이다. 이런 강연과 전시회가 우리나라 기독교에 끼칠 영향과 문화에 미칠 공헌을 고려한다면, 그 의의는 자못 크다고

---

1) 주최: 요르단문화재청(Department of Antiquities of Jordan), 사해사본 재단(Dead Sea Scrolls Foundation), 에꼴 비블릭(École biblique et archéologique française de Jérusalem), 프란체스칸박물관(Franciscanum Museam of Jerusalem), 히브리대학 오라이언 센터(The Orion Center for the Study of the Dead Sea Scrolls and Associated Literature), ㈜익슬란(Ixlan, Inc). 후원: 외교통상부, 문화관광부, 서울특별시, 한국관광공사, 한국기독교총연합회, 굿네이버스, 한마음한몸운동본부, 가톨릭신문사, 국민일보, 극동방송, CTS기독교TV, CBS기독교방송, 평화방송·평화신문
2) 특별강연: 2007년 12월 10-14일, 용산전쟁기념관 세미나실, 전시회: 같은 장소에서 2007년 12월 5일부터 2008년 6월 4일.

볼 수 있다. 따라서 오랜 기획 끝에 이런 기회를 만든 익슬란에 감사한다.3) 우리나라를 신뢰하여 강의 초청을 기꺼이 수락하고 참여해 준 외국 석학에게도 감사의 말을 드리고 싶다. 또한 우리나라를 신뢰하여 귀중한 사본들과 유물들을 보내준 요르단문화재청, 사해사본재단, 에꼴 비블릭, 프란체스칸 박물관, 히브리대학교 오라이언센터에도 감사를 드린다. 강사들의 프로필을 보면, 유대교와 가톨릭과 개신교를 망라하였고, 전공별로는 고대교회사, 사본학, 신약학, 신약본문 비평, 히브리어 본문사, 칠십인역, 사해사본, 고문서학, 고대 근동학 등을 망라하고 있다.

이번 특별강연과 전시회가 우리나라에 끼칠 공헌을 우선 급하게 다음 다섯 가지로 기대해 본다. 1) 성경사본에 대한 관심을 고조시킬 것이고, 실제로 사본을 육안으로 보는 체험을 하게 할 것이다. 2) 성경 본문의 전달 과정에 관한 관심을 고조시킬 것이고, 실제로 그런 연구를 하도록 자극을 줄 것이다. 3) 성경 본문이 전달 과정에서 비록 필사상의 오류가 발생하고, 때로는 독자를 위한 설명적 첨가가 발생하거나 신학적인 견해차에 기인한 어휘 선택이 이문(異文)과 이독(異讀)으로 나타나는 경우가 없지 않으나, 일반적으로 말해서, 성경 본문이 오랜 기간 동안 전해 내려오면서도 정확하게 전달되었다는 것을 확인하게 할 것이다. 4) 결과적으로 이러한 공헌은 한국 교회와 교인들의 성경에 대한 인식을 한 단계 높이 끌어올릴 것이고, 특히 교인들로 하여금 기독교의 기원과 성경 본문 전달에 관하여 "배우고 확신한 일에 거하게"(딤후 3:14) 할 것이다. 성경에 대한 어떠한 공격도 스스로 물리칠 수 있는 지적 유산과 능력을 공유하게 될 것이다.

---

3) 더 상세한 정보에 관해서는 club.cyworld.com/scrolls를 참고할 수 있음.

이 강연에서는 주로 다음의 세 자료를 다루려고 한다. 하나는 신약성서의 그리스어 사본이 기원후 4세기에 의도적으로 변경되어 본래의 것이 아니라고 하는, 항간에 떠도는 소문의 진상을 밝히고 그것이 전적으로 허구임을 밝힐 것이다. 또 다른 하나는 히브리어 성서는 자음본문의 자간(字間)을 없애면 하나의 코드가 되고 그 코드를 등거리 문자배열(等距離文字配列, Equidistant Letter Sequences)[4] 방법으로 읽으면 인류 역사의 여러 사건들이 예언되어 있는 것을 확인할 수 있다고 하여 지금 읽고 있는 방법과는 아주 다른 성서 읽기를 시도함으로써, 성서의 문학적 읽기를 파괴하려는 것이 사본 체험에서 볼 때 얼마나 허구인지를 밝히려 한다. 마지막으로 그리스어 신약 사본의 경우, 후대에 첨가된 내용을 원래의 본문이라고 보고 그러한 첨가가 없는 것을 후대에 삭제된 것이라고 보는 견해가 있는데, 본문 전달과정에서 가감이 생겨난 배경을 대문자사본과 소문자사본에서 확인하여 그 연대를 살핌으로써, 신학적 변개와 삭제 논쟁이 무의미함을 밝히려 한다.

1. 다 빈치 코드

2003년에 전 세계의 영어권 독서계 소설 부문에서 오랫동안 베스트셀러 1위를 차지한 소설이 댄 브라운이라는 작가가 쓴 《다 빈치 코드》라는 소설이다.[5] 이 책은 출판되자마자 첫 36주 동안 430만 부가 팔리면서 〈뉴욕 타임스〉의 베스트셀러 자리를 지켰다. 우리나라에서

---

4) ELS 방법
5) Dan Brown, *The Da Vinci Code*(Corgi Books, 2003)

도 2004년에 이 책이 번역되어6) 서점가에서 역시 오랫동안 베스트셀러의 위치를 차지하고 있었다. 이 소설에 이어, 그 소설에 사용된 중요 용어 해설의 성격을 지닌 시몬 콕스가 쓴 《다 빈치 코드의 진실(사전편)》이 나왔고, 작품 전체를 해설한 마틴 룬이 쓴 《다 빈치 코드 진실(해설편)》도 나왔고, 댄 브라운의 소설 《다 빈치 코드》에 직접적인 영향을 준 것으로 알려진 마가렛 스타버드가 쓴 《성배와 잃어버린 장미》라는 책도 널리 소개되고 있다.7)

가톨릭이나 개신교 가릴 것 없이 교회들은 모두 이 책이 흥미 있는 소설임에는 틀림없지만 기독교에 유해한 책으로 평가하고 있다. 그러나 기독교인들이 학문적이고 비평적인 접근을 통해서 경전에 대해 뚜렷한 주관을 세울 수 있다면 기존의 기독교 신앙에 도전하는 어떤 정보에 접하더라도 자신들의 경전을 잘 지킬 수 있을 것이며, 오히려 그러한 소설에서도 독자들은 새로운 사실을 배워 자신들의 신앙을 더 확고하고 풍요롭게 할 수도 있을 것이다.

필자 자신이 성서학도로서, 기독교인으로서, 혹은 목사와 설교자로서 이 소설에 관심을 가지게 된 데에는 몇 가지 까닭이 있다. 첫째, 이 소설의 작가가 논픽션에 픽션을 가미하여 소설을 전개하면서 기독교의 경전인 신약성서와 초기 기독교 역사8)를 주요 자료로 활용하고 있는 점, 둘째, 심지어는 신약성서 원본이 로마교회, 특히 기독교를

---

6) 댄 브라운 지음, 양선아 옮김, 《다 빈치 코드(1)(2)》(베텔스만코리아, 2004)
7) 시몬 콕스 지음, 이주영 옮김, 《다 빈치 코드의 진실(사전편)》 (예문, 2004) (*Cracking The Da Vinci Code* by Simon Cox, Michael O'Mara Books Limited, 2004). 마틴 룬 지음, 이주영 옮김, 《다 빈치 코드의 진실(해설편)》 (예문, 2004)(*Da Vinci Code Decoded* by Martin Lunn, The Disinformation Company Ltd., 2004). 마가렛 스타버드 지음, 임경아 옮김, 《성배와 잃어버린 장미》 (루비박스, 2004) (*The Woman With The Alabaster Jar* by Margaret Starbird, Inner Traditions, Beear & Company, 1993)
8) 지금 우리 강연회의 주제 〈사해사본과 그리스도교의 기원〉 (Dead Sea Scrolls and Birth of Christianity)가 바로 이것이다.

로마의 종교로 받아들였던 기원후 4세기에 로마를 통치하던 콘스탄티누스 대제(Constantine the Great 274-337)에 의하여 훼손되고 왜곡되어서 본래 예수의 인간적인 모습이 많이 말살되거나 감추어지거나 변질되어 버렸다고 진술하고 있는 점, 셋째, 진정성을 검증받은 신약성서에 대해서는 그것이 전달과정에서 심하게 변경된 것으로 폄(貶)하면서, 검증을 덜 거쳤거나 검증할 가치도 없는 전설 자료집에 기록된 예수에 관한 기록이 오히려 더 역사적 사실을 반영하는 자료라고 보고 더 신빙성 있는 것처럼 사용하고 있기 때문에 교인들에게 혼돈을 주기도 한다는 점 등이다.

이 소설은 기독교의 발생과 관련하여, 예수의 형제 야고보를 중심으로 한 팔레스타인의 예루살렘교회와 터키 지역 태생의 유대인이면서 로마 시민권 소유자인 사도 바울을 중심으로 한 로마교회를 나눈다. 예루살렘교회는 역사적으로 예수를 직접 보고 그와 함께 생활하고 그를 따라다니던 이들이 세운 교회이고, 로마교회를 포함한 이방교회들은 예수 그리스도와는 일면식도 없던 바울이라는 이가 서신을 보내어 양육한 교회라는 것을 전제한다. 바울은 기독교인들을 박해하기 위해 다메섹으로 가는 길에 환상 가운데서 예수를 만나 회심하여 예수의 추종자가 되고, 기독교의 경전인 신약성서 27권 중에 그의 이름으로 된 책이 14권이나 되어 반 이상을 차지할 만큼 중요한 인물이 되었다.9) 뿐만 아니라 그는 기독교 신학을 수립한 사람으로, 네 개 복음서의 저자들에게 영향을 미친 인물로 평가받는다는 것도 이 소설에 전제되어 있다.10)

---

9) 바울 서신: 로마서, 고린도전서, 고린도후서, 갈라디아서, 에베소서, 빌립보서, 골로새서, 데살로니가전서, 데살로니가후서, 디모데전서, 디모데후서, 디도서, 빌레몬서, 히브리서.
10) 신약의 복음서: 마태복음, 마가복음, 누가복음, 요한복음. 이밖에 신약에 들어 있는

기독교가 그 발생 초기부터 신앙 내용이나 신앙 전승에 있어서 예루살렘교회와 로마교회가 차이를 가지고 출발한 것은 사실이다. 예루살렘교회는 예수와 관련된 역사적인 전통을 많이 간직하고 있었던 반면, 로마교회는 기독론을 비롯한 신학을 발전시킨 것으로 평가받고 있다. 이러한 것은 고대교회사에서 일반적으로 인정되고 있는 사실이다. 그런데 문제는 이 소설이 성서 밖의 자료들과 여러 지방의 지명과 관련된 전설을 근거로 하여, 특히 신약성서를 편찬한 이들이 거부한 영지주의파(靈知主義派)의 문서인 《도마복음서》에 근거해서, 막달라 마리아가 처음부터 예수의 친밀한 여성 파트너였다는 주장을, 예루살렘교회가 간직한 비밀 전통이었다고 주장하는 것이다. 심지어 그가 예수의 아내였고, 가나의 혼인잔치는 바로 그녀와 예수의 결혼식이었으며, 물로 포도주를 만든 기적은 바로 신랑 자신이었던 예수가 베푼 기적이었고, 예수의 부활 이후 예수의 아내였던 막달라 마리아가 부활한 예수를 제일 먼저 만났는데(요 20:11~18), 그는 초기 교회의 여성 지도자로서 베드로와 쌍벽을 이루는 지도자가 되었고, 남성 성직자들을 선호한 로마교회 교부(敎父)들에 의해 이런 사실들이 감춰졌다는 것을 소설의 기본 전제로 삼는다. 그런데 막달라 마리아와 그 여성이 이끄는 사람들이 그 대결에서 패배하고, 그 후 막달라 마리아는 예수와의 사이에서 딸을 낳아, 프랑스로 가서 살고, 그 딸에게서 프랑스를 다스리던 메로빙거 왕조(447-750)가 나왔다는 것이다.

콘스탄티누스 대제는 기독교를 로마의 종교로 만든 최초의 기독교 황제이다. 교회사를 보면, 그가 통치할 때 그의 주도 아래에서 교회의 중요한 교리가 결정된다. 서기 325년 그는 니케아에서 최초의

책으로는 공동서신의 야고보서, 베드로전서, 베드로후서, 요한1서, 요한2서, 요한3서, 유다서, 기타의 사도행전, 요한계시록이 있다.

기독교공의회를 열고 거기에서 예수와 하나님과 성령이 모두 한 하나님이라는 삼위일체(三位一體) 교리를 만들고, 예수의 신성(神性)을 확정하기에 이른다. 예수의 인간적인 측면, 곧 인성(人性)을 강조하던 아리우스파는 이단으로 정죄된다. 그리고 부활절 날짜를 춘분 첫 번째 보름달 다음 일요일로 정하고, 신약성서 27권도 이 때 확정된 것으로 알려져 있다.

이 소설에 의하면, 콘스탄티누스 대제가 기독교를 로마의 국교로 만든 것은 신앙심의 발로이기보다는 정치적 야망을 실현시키기 위한 욕망에서 비롯된 것으로 보기도 한다. 당시 로마의 종교였던 태양숭배, 태양숭배의 일종인 미트라교(Mithraism), 그리고 기독교를 혼합하여 가톨릭교회, 곧 보편적인 종교인 혼성 종교를 만들고, 자신이 그 위에 구세주로 군림했다는 것이다. 자기의 이러한 종교 정책에 반하는 기록들은 파괴하고, 신약성서를 다시 쓰게 하는 등 역사 왜곡이 자행되었다고 본다. 예수는 메시아로서 실패하였고, 콘스탄티누스 자신이 종교를 통합하고 로마 제국을 통일한 진정한 구세주라는 생각을 했다는 것이다. 이때부터 기독교를 창시한 사람은 1세기의 예수가 아니라 4세기의 콘스탄티누스가 되어 버렸다는 것이다.

이 소설은 콘스탄티누스의 영향 아래서 기독교의 경전인 신약성서가 다시 쓰였다고 한다. 예수에게서 인간적인 요소를 지우고 신적인 요소만 남겨 예수를 신으로 격상하고, 예수의 인간적인 가계, 곧 그의 가족, 그의 후손 등에 관한 기록은 다 말살하였다는 것이다. 그러나 콘스탄티누스의 영향 아래 있었던 정경은 물론이려니와, 콘스탄티누스 대제의 영향권 밖에 있었던 외경(外經)이나 위경(僞經)도 예수의 막달라 마리아와의 결혼을 말하거나 예수의 아들이나 딸의 출산 가능성에 관한 어떤 가계(家系)를 말하지는 않는다.[11] 다만 나그함마디에서 발견된 《빌립복음서》는 예수와 막달라 마리아가 동반자였고, 서로 입을 맞출 정도로 가까워서 제자들의 불만이 있었다고 기록하고 있다.

콘스탄티누스 대제 이전에 그의 영향력 바깥에서 기록되고 보존되어 온 사본들 중에 이집트에서 발굴된 기원후 2세기와 3세기의 파피루스 단편 사본들이 있는데, 이들 사본 역시 4세기 이후의 사본이 콘스탄티누스 대제에 의해 왜곡되거나 훼손되었을 것이라는 가능성을 배제하고 있다.

네스틀레-알란트 편집의 그리스어 《신약성서》(Nestle-Aland, NOVUM TESTAMENTUM GRAECE) 27판 8쇄(2001년)에 보면 모두 116개의 파피루스 조각 사본들이 소개되어 있다. 파피루스 조각 사본들 중에서 기원후 3세기의 사본들로서 콘스탄티누스의 영향권 밖에서 보존되어 온 단편 사본들이 소개되어 있다.[12]

그리스어 신약 사본만 하더라도 5,500여 개에 이른다고 한다. 이 사본들은 어느 것도 서로 완전히 일치하는 사본이 없을 만큼 약간씩

---

11) 신약의 외경 목록: 야고보복음서, 도마복음서, 예수 유아기에 관한 아르메니아복음서, 이집트인복음서, 베드로복음서, 니고데모복음서, 안드레행전, 도마행전, 빌립행전, 안드레와 맛디아행전, 요한행전, 바울행전, 베드로행전, 라오디게아인에게 보내는 바울의 편지, 제3고린도서.

12) p52(복음서조각), p90(복음서조각), p98(요한계시록조각), p104(복음서조각) 등은 기원후 2세기 사본입니다. 파피루스 조각 사본들 중에서 p1(복음서조각), p4(복음서조각), p5(복음서조각), p9(공동서신조각), p12(바울서신조각), p15(바울서신조각), p20(공동서신조각), p22(복음서조각), p23(공동서신조각), p27(바울서신조각), p28(복음서조각), p29(사도행전조각), p30(바울서신조각), p39(복음서조각), p40(바울서신조각), p45(복음서조각, 사도행전조각), p46(바울서신조각), p47(요한계시록조각), p48(사도행전조각), p49(바울서신조각), p53(복음서조각, 사도행전조각), p64(복음서조각), p65(바울서신조각), p66(복음서조각), p69(복음서조각), p70(복음서조각), p75(복음서조각), p77(복음서조각), p80(복음서조각), p87(바울서신조각), p91(사도행전조각), p95(복음서조각) 등은 모두 콘스탄티누스의 영향권 밖에서 보존되어 온 기원후 3세기경의 단편 사본들이다.

의 차이를 보인다. 그러나 그 차이는 왕권이 본문을 날조하거나 변조해서 생긴 것이 아니라 복사 과정에서 흔히 일어날 수 있는 필사상의 오류에 의해 생긴 것들이다. 물론 그 기원을 밝히기 어려운 이문(異文)도 있다. 그러나 최근의 신약성서 본문 비평은 이들 사본들을 비교 검토하면서 원문에 가까운 본문을 회복하였다. 성서 사본(寫本) 연구 결과가 밝힌 바에 따르면, 사본의 이문은 필사과정의 복잡한 사정에서 생긴 것으로 그 원인이 속속들이 밝혀지고 있다.

여기서 콘스탄티누스 대제 이전에 쓰인 파피루스 단편의 내용과 4-5세기의 대문자 사본, 9-11세기의 소문자 사본에 내용상 심각한 차이를 나타내는 차이가 없다는 점에 유념할 필요가 있다. 지난 2백여 년 동안 과학적으로 이루어진 성서의 사본 연구, 본문 연구는 신약성서의 본문 전승이 정확한 것을 밝혔다. 아무런 검증도 받지 않은 전설이나 자료들이 이것을 뒤집지는 못할 것이다. 특히 기원후 4세기 이전의 파피루스 단편 사본들과 기원후 4세기 이후의 대문자 사본의 비교는, 성서본문이 인간적 오류에도 불구하고 정확하게 전달되어 왔다는 것을 확인시켜 준다. 따라서 콘스탄티누스 시절에 신약사본들이 새로 쓰였다거나 기존의 사본 내용이 고의적으로 훼손되었다거나 하는 일은 없었다는 결론을 내릴 수 있다. 복사 과정에서 생긴 오류는 본문 비평의 결과로 많이 바로잡혔다.

막달라 마리아와 예수의 결혼설, 막달라 마리아의 임신설, 예수의 십자가 처형 사건 이후 막달라 마리아가 아리마대 요셉의 인도로 예수의 어머니 마리아와 함께 이집트의 알렉산드리아로 피신했고, 거기에서 딸을 낳았고, 그 이후 딸과 함께 프랑스로 갔고, 메로빙거 왕조를 만들었다는 이야기는 모두 전설에 근거한 것이고, 사건 발생 2000년이 지난 후에 마가렛 스타버드가 그의 책 《성배와 잃어버린 장미》

에서 구체화시킨 상상이다. 그리고 댄 브라운은 이 책에 근거하여 막달라 마리아가 예수의 아내였다고 한 것이다. 소설에서 무슨 말인들 못 하겠는가! 역사적 교회는 신학적 작업을 통해 많은 문헌 중에서 진위를 가려 정경을 만들었고, 필사본의 오류를 바로잡으면서 우리에게 올바른 신약성서를 전해 주고 있다.

2. 바이블 코드

1997년에 《바이블 코드》라는 책이 나와서[13] 미국에서는 큰 관심을 불러일으키고 있는데, 여러 나라 말로 번역되어 세인의 관심을 끌다가, 드디어 우리나라에도 번역되어[14] 독서계에 관심을 불러일으킨 것 같다. 이 책은 《워싱턴 포스트》지와 《월 스트리트 저널》에서 기자로 활동하던 마이클 드로스닌이라는 이가 쓴 것이다. 그는 이 책에서 히브리어 구약성서의 오경(토라) 안에는 우주와 인류사회 안에서 발생하는 여러 가지 사건을 예언하는 암호가 숨어 있다는 것을 말하고 있다. 그리고 무엇보다도 구약성서 안에 숨은 암호가 들어 있다고 하는 랍비들의 말을 컴퓨터로 확인한 이가 다름 아닌 히브리대학교 수학과의 엘리야후 립스 교수라고 말하고 있다.

인쇄된 히브리어 성서를 펼치면 거기에 히브리어 낱말들로 구성된 문장이 장절별로 나뉘어져 있는 것을 볼 수 있다. 히브리어 글자는 본래 자음으로만 구성된 것인데, 그리고 지금도 현대 히브리어를 사

---

[13] Michael Drosnin, *The Bible Code*(1997), *The Bible Code II*(2007), *The Bible Code III: The Quest* (2007 출판 예정).
[14] 마이클 드로스닌 지음, 형선호 옮김, 《바이블 코드 I》(황금가지, 1997), 마이클 드로스닌 지음, 이상원 옮김, 《바이블 코드 II》(청림출판사, 2003).

용하고 있는 신생 이스라엘 국가의 모든 신문들도 자음만을 사용하고 있는데, 히브리어로 인쇄된 대다수의 성서는 자음과 함께 모음 기호를 보여주고 있다. 이러한 모음 기호는 기원후 7세기 이후부터 마소라 학자들이 히브리어 자음 본문의 발음을 보존하려고 고안하여 붙이기 시작한 것이다. 마소라 본문 이전의 사본, 곧 기원전에 나온 사해사본에는 모음 기호가 붙어 있지 않다. 다만, 그 이후에 나온 10세기의 알렙포 코덱스나 11세기의 레닌그라드사본 등에는 자음 본문에 모음 기호가 붙어서 나온다.

최근에 히브리어 구약성서에서 암호를 찾아내려고 한 사람들은 몇 가지 예비 작업을 하였다. 구약의 첫 부분인 토라15)를 예로 들면, 히브리어 본문을 현재 주어진 문법적 구조에서 읽지 않고, 히브리어 구약 본문을 알파벳으로 해체한다. 해체하는 방법은 히브리어 낱말을 다 붙여서 적음으로써 낱말과 낱말 사이의 구분을 없애는 것이다. 그들은 낱말은 다만 암호를 감추고 있는 장치일 뿐이라고 한다. 비록 이렇게 낱말을 해체하더라도 각 낱말을 구성하는 히브리어 알파벳은 순서를 지켜서 그대로 붙여 배열한다. "태초에 하나님이 천지를 창조하시니라"를 히브리어 자음 본문으로 읽어보면 다음과 같이 된다.

צראה תאו מימשה תא סיהלא ארב תישרב
brsyt bra alhym at hsmym vat harj

낱말을 해체한다는 것은 위의 히브리어 본문을 다 붙여서 읽는 것이다.

---

15) 우리가 흔히 '율법서'라고 하는 창세기, 출애굽기, 민수기, 신명기.

צראהתאומימשהתאסיהלאארבתישרב
brsytbraalhymathsmymvatharj

이것은 "태초에 하나님이 천지를 창조하시니라"를 "태초에하나님이천지를창조하시니라"로 적는 것과는 다르다. 우리말로는 떼어서 적으나 붙여서 적으나 문장 구조나 구문이 흩어지지 않는다. 그러나 우리말에서도 모음을 다 제거하고 자음만을 붙여 적으면 문제는 달라진다. "ㅌㅊㅇㅎㄴㄴㅁㅇㅊㄴㅈㄹㄹㅊㅇㅈㅎㅅㄴㄹ"에서 보듯이 암호화되어 버린다. 오경 전체를 다 이런 식으로 공백 없이 적은 다음에, 어떤 문자(N)로 시작해서 매번 같은 숫자(D)만큼 떨어진 문자를 찾아서 계산한다. N값과 D값을 다양하게 하면 많은 문자열이 나오게 된다. 이런 등거리문자배열을 하면 어떤 의미 있는 단어나 구를 읽게 된다는 것이다.

이런 식으로 성서를 암호화시켜서 풀면, 과거의 사건들이 이미 다 예언되어 있었다는 것이다. 예를 들면, 1992년의 미국 대통령 선거가 있기 6개월 전에 바이블 코드는 클린턴의 당선을 분명하게 보여 주었다는 것이다(창 24:8; 민 26:24). "클린턴(נוטנילק)"이라는 이름에 "대통령(אישנ)"이 연결되어 나타난다는 것이다. "워터게이트(טייגרטוו)"가 암호화되어 있는 곳(창 28:21; 민 19:18)에서는 "그가 누구인가, 대통령이지만 그는 쫓겨났다(שרגלבאתיבאאישנוהמ)"(민 3:23-24)라는 숨은 문장이 있다는 것이다. 1929년에 있었던 미국의 대공황도 주식시장의 붕괴와 함께 예고되어 있다고 한다. "경제적 붕괴(ילכלכרבש)", "공황(רבשמה)", "주식(תוינמ)", "유대력 5690년(התרצ, 서기 1929)" 등의 낱말과 구가 서로 가까이에서 나타나고 있다는 것이다(출 20:9; 신 11:6). 인간의 달 착륙도 예고되어 있다. "달 위의 인간(חריבשיא)", "우주선(חללית)" 같은 말들이 서로 교차되며 나타난다는 것이다(민 19:20-27:1; 사 26:16-20). 1994년 7월, 전 세계는 우리 태양계에서 가장 커다란 폭발을 목격했는데, 한 혜성이 십억 메가톤 이상의 힘으로 목성에 충돌한 것이다. 천문과학자들은 몇 달 앞서서 혜성과 목성의 충돌을 예고했는데, 창세기와 이사야서의 암호는 벌써 수천 년 전에 이것을 예고했다는 것이다. 창세기와 이사야서의 코드에 그 혜성의 발견자인 "레비 슈메이커(יויל רכמוש)"가 대각선으로 나타나고 "목성을 때릴 것이다(קדצהר)"가 가로로 교차되어 나타났으며, 충돌 일자인 "아브 월 8일 (חבאב, 1994년 7월 16일)"이 나타나 있다는 것이다. 도론 비츠툼은 유태인 학살이 성서 코드(창 8:17-21)에 암호화되어 예고되어 있음을 발견했다고 한다. "히틀러(רלשיה)", "악한 사람(ערמדא)", "나치와 적(רציאנ)", "대학살(חבטמ)" 등의 낱말이 가까이에서 나타난다고 한다.16)

마이클 드로스닌이나 엘리야후 립스 교수가 간과한 것이 하나 있다. 이것이 그들의 결정적인 실수이다. 그들이 신의 계시를 읽어낼 수 있다고 한 그 바이블 코드의 근거가 되는 히브리어 구약성서는, 그들이 생각한 것과 같은 그러한 히브리어 원본이 아니라는 점이다. 그들이 알파벳의 수(數)를 계산하고, 코드로 사용할 목적으로 낱말 간격을 없이해서 배열한 그 히브리어 본문은 원문이 아닌, 여러 사본을 근거로 하여 재구성된 16세기의 《제2랍비성서》이다. 이것은 10세기의 알렙포사본, 11세기의 레닌그라드사본, 혹은 기원전 3-2세기 경의 사해사본 등과 비교해 볼 때, 낱말의 수에 있어서나 낱말을 구성하는 낱개 낱말의 알파벳 수에 있어서도 다르다. 후대에 만들어진 절충 본문을 오류가 전혀 없는 히브리어 구약성서의 원문이라고 생각하고, 거기에

---

16) 한국어 번역, 『바이블 코드』, 36쪽 이하.

근거하여 알파벳을 나열하고, 거기에서 어떤 암호를 읽어 내려 한 것에서부터 벌써 신빙성과 설득력을 상실하고 있다. 드로스닌과 립스의 컴퓨터에 들어 있는 히브리어 구약 본문은 여러 종류의 사본 중에 하나일 뿐, 히브리어 구약의 원본도 아니고 하나님이 친히 쓰신 친필 구약도 아니다.

"성경의 구약은 적어도 천 년 동안 하나의 안정된 책이었다. 그 동안에 단 하나의 글자도 변하지 않았다.…… 기원 후 1008년에 쓰여진 완벽한 레닌그라드 구약사본과 현존하는 히브리어 성경 모두가 글자 하나 틀리지 않는다. 그러니까 그 컴퓨터 프로그램에 사용된 성경은 즉, 내가 혜성과 목성이 충돌한 정확한 날짜(1994년 7월 16일)를 발견한 성경은 적어도 천 년 동안 변하지 않았다"(41쪽)라는 마이클 드로스닌의 말은 틀린 진술이다. 히브리어 구약성서는 본문이 사본마다 다르다. 사본마다 낱말의 철자가 다르고, 문체가 다르고, 때로는 내용마저도 약간씩 차이를 나타낸다. 그리고 결과적으로 바이블 코드를 형성하는 알파벳의 배열이 달라지고, 따라서 등거리 읽기에 있어서도 한 사본에서 해독된 코드가 다른 사본에서는 다른 의미를 지닌 코드가 되거나 전혀 의미를 나타내지 않은 코드가 될 수도 있다.

립스와 드로스닌은 컴퓨터를 사용하여 수학적이고 통계학적인 과학적 방법으로 히브리어 본문을 코드화시키고 그것을 해독하기에 앞서 먼저 히브리어 구약성서의 원본부터 찾았어야 했다. 그들이 사용한 히브리어 구약성서는 위에서 이미 지적한 것처럼, 16세기에 만든 "절충 본문"인 《제2랍비성서》이다. 이것을 "절충 본문"이라고 하는 까닭은, 히브리어 구약성서의 원본도 아니고, 어느 권위 있는 성서 사본을 대표하는 것도 아니기 때문이다. 여러 개의 사본을 비교하면서 본문을 재구성한 것으로서 역사상 16세기 이전까지는 한 번도 있어본

일이 없는 구약성서인 것이다. 읽기에 좋고 뜻이 잘 통한다는 장점은 있으나, 기독교의 성서학자들은 물론이려니와 유대교 계통의 성서학자들도 이것을 원본 성서라고 여기지는 않는다.

백보를 양보하여, 립스와 드로스닌의 착상에 정당성이 있다 하더라도, 그들이 먼저 해야 할 일은 본문 비평 과정을 거치든 또 다른 방법을 거치든 히브리어 구약성서 원본을 찾아 그것을 입력하고, 코드화해야 했던 것이다. 그러나 이것은 불가능한 일일 것이다. 따라서 허구에 입각한 과학적 탐구는 과학적인 방법 자체에 대한 훼손이다. 다만 아직도 그들 수학자들에게 기대해 보고 싶은 것은, 현재까지 알려진 여러 종류의 토라 사본들과 본문 비평을 거친 대표적인 몇몇 비평적 토라 편집을 제각기 컴퓨터에 입력하여 같은 방법으로 읽어보라는 것이다. 그렇게 하고서도 저마다 이독을 지닌 사본들이 모두 동일한 예고를 보여 준다면, 코드로서의 성서가 지닌 기능이 더욱더 설득력을 지닐 것이다.

3. TEXTUS RECEPTUS[17])의 문제

최근에 우리나라에서는 성경의 정통성을 놓고 신도들 사이에 의혹과 논쟁이 생긴 것 같다. 여기에서 성경의 정통성 의혹이라 함은 현재 우리가 읽고 있는 성경, 곧 대한성서공회가 지난 한 세기 동안 발행해 온 성경이 최초의 원문을 반영한 성경이 아니라 도중에 "변개

---

17) 이하 TR로 인용될 것임. 여기에서 사용한 TR은 Stephanus(Robert Estienne's)가 1550년에 억양부호 없이 편집한 《그리스어 신약》을 기초로 하여 BibleWorks7이 억양부호를 붙이고, 캐나다 온타리오의 Online Bible Foundation and Woodside Fellowship이 1994년에 펴낸 것을 사용한다. 판권 © 1994 by the of Ontario, Canada..

(變改)된 성경"을 우리말로 번역하였다는 것이다.18) 이러한 사정은 비단 대한성서공회가 발행한 성경전서 개역 한글판(1961)이나 그 개정판(1998), 공동번역 성서(1977)나 그 개정판(1999), 성경전서 표준새번역(1993)이나 그 개정판(2001)뿐만 아니라 150여 개국의 세계성서공회연합회 산하의 모든 성서공회에서 나온 모든 성경들, 그리고 성서공회 이외의 기관에서 나온 여러 영어 번역 성경들, 예를 들면, 영어 *Revised Standard Version*(1952), *New American Standard Version*(1977), *New Revised Standard Version*(1989), *New International Version*(1984) 등이 모두 "사단이 변개"한 성경이라는 것이다. 그리고 정통 성경은 루터역(*Luther Bible*, 1534)과 킹제임스역(*King James Version*, 1611)의 번역 대본이었던 그리스어 "TR(受容本文, Textus Receptus)"과 거기에서 번역된 성경들뿐이라는 것이다.

그러므로 세상에는 "변개된 성경"과 "보존된 성경"이 있는데, "변개된 성경"은 성경 본문의 중요한 신학적 교리를 왜곡할 목적을 가지고 "보존된 성경"에서 중요한 낱말(마 5:22)이나 구(마 5:27)나 절(마 5:44)이나 문장(행 9:5-6)이나, 심지어는 문단(요 7:53-8:11)에 이르기까지 많은 곳을 삭제하거나, 낱말을 바꾸거나(딤전 3:16, 6:19), 극소수의 경우이기는 하지만 경우에 따라서는 첨가(마 24:36)하여 성경 본문을 변개시켰다는 것이다. 그 결과, "변개된 성경"에는 "보존된 성경"에 있던 약 2,600여 개의 낱말이 삭제되고 없다는 것이다.

그러나 전해지고 있는 신약성서 사본들에 따르면, 사실은 정반대이다. TR의 긴 본문은 "보존된 성경"의 반영이 아니라 후대에 첨가된 것이다. 요한1서 5장 7절이 참 좋은 예일 것이다. KJV[19])에 반영된 TR

---

18) 이런 주장에 대한 상세한 정보는 http://www.biblemaster.co.kr/home/에서 찾아볼 수 있다.

은 현대의 다른 번역들보다 대단히 긴 본문을 가지고 있다.

요한일서 5장 7절 요한의 콤마, 세 증언자

네스틀레-알란트의 비평적 편집본[20])의 본문을 먼저 인용한다. 정관사까지 포함하여 다섯 단어로 되어 있다. 그러나 TR은 무려 스물두 개의 단어로 되어 있다.

ὅτι τρεῖς εἰσιν οἱ μαρτυροῦντες
(NA[27] 요일 5:7)

KJV의 번역을 보면 같은 절의 본문이 그리스어 본문보다 길다. KJV 번역 본문을 먼저 인용하고 괄호 안에 우리말 번역을 함께 제시한다. 밑줄을 그은 부분이 비평적 편집에는 없는 본문이다. KJV는 TR의 본문 전승을 그대로 반영한 것이다.

For there are three that bear record <u>in heaven,</u>

---

19) 1611년에 출판된 영어번역 성서. 영국 James 왕 4세의 주도하에 이루어진 것. BibleWorks7은 University of Pennsylvania CCAT(Center for Computer Analysis of Texts)에서 만든 machine-readable text(MRT)이다. Zondervan Bible Publishers에서도 또 다른 KJV MRT를 제작하여 제공하고 있다. 이 둘은 모두 다 가장 정확한 KJV으로 알려진 것으로서, Cambridge University Press가 출판한 the British 1769 Blayney Edition의 KJV 본문을 MRT로 만든 것이다.
20) Nestle-Aland, *NOVUM TESTAMENTUM GRAECE*//post Eberhard et Erwin Nestke/edtione vicesima septima revisa//communiter ediderunt/Barbara et Kurt Aland, Johannes Karavidopoulos, Carlo M. Martini, Bruce M. Metzger//Apparatum criticum novis curis elaboraverunt/Barabara et Kurt Aland/una cum Instituto Studiorum Textus Novi Testamenti/Monasterii Westphaliae, 27 revidierte Auflage, erweiterter Druck(Deutsche Bibelgesellschaft, 2001). 이하 NA[27]로 인용될 것임.

the Father, the Word, and the Holy Ghost:
and these three are one.
(하늘에서 증언하는 이가 셋이니
곧 아버지와 말씀과 성령이시고,
이 셋은 곧 하나이니라)
(KJV 요일 5:7)

다음은 NA[27] 요한일서 5장 7절의 영어 번역과 우리말 번역들이다.

For there are three that testify:(NIV 요일 5:7)
There are three witnesses:(TEV 요일 5:7)
In fact, there are three who tell about it.(CEV 요일 5:7)
증거하는 이는 성령이시니 성령은 진리니라 (개역[21]) 요일 5:7).
증언하는 이가 셋이니 (개정 요일 5:7)
증언자가 셋 있습니다 (공역 요일 5:7).
증언하시는 이가 셋인데,(새번역 요일 5:7)

위의 인용에서 NIV[22], TEV[23], CEV[24], 개정[25], 공역[26], 새번역[27]

---

21) 1956년판 성경전서 개역 한글판(대한성서공회, 1961)
22) BibleWorks7에 반영된 New International Version(1984)
23) American Bible Society가 1976년에 출판한 현대어성서. 여기 인용은 대한성서공회 CDR Bible 2.0에 사용된 Today's English Version(American Bible Society, 1992)
24) American Bible Society가 1993년에 출판한 최신 영역 성서. 여기 인용은 대한성서공회 CDR Bible 2.0에 올라 있는 Contemporary English Version(American Bible Society, 1995).
25) 여기 인용은 대한성서공회 CDR BIBLE 2.0에 올라 있는 성경전서 개역 개정판(1998).
26) 여기 인용은 대한성서공회 CDR BIBLE 2.0에 올라 있는 공동번역성서(1997).
27) 여기 인용은 대한성서공회 CDR BIBLE 2.0에 올라 있는 대한성서공회의 성경전서

등은 NA²⁷판에 반영된 그리스어 본문을 반영한다. 여기에 반해 KJV는 TR에 첨가되어 있는 다음과 같은 본문을 반영한다. 다음은 TR의 인용이다. 그리스어 본문의 밑줄 친 부분이 그리스어 신약 비평적 편집에는 없다. 이어서 나오는 것은 TR의 영어 번역과 우리말 번역이다.

7 ἐν τῷ οὐρανῷ, ὁ πατήρ, ὁ λόγος, καὶ τὸ Ἅγιον Πνεῦμα. καὶ οὗτοι οἱ τρεῖς ἕν εἰσιν
8 καὶ τρεῖς εἰσιν οἱ μαρτυροῦντες ἐν τῇ γῇ
(TR 1 John 5:7-8)

7 in heaven, the Father, the Word, and the Holy Ghost: and these three are one,
8 and there are three that bear witness in earth,
(TR 요일 5:7-8 영역)

7 하늘에서 …… 아버지와 말씀과 성령이시고,
이 셋은 곧 하나이니라
8 땅에서 증언하는 이가 셋이니
(TR 요일 5:7-8 국역)

TR에 첨가된 본문을 반영하는 고대의 그리스어 신약 사본은 없다. 이것은 라틴어 불가타역에서 그리스어로 번역된 것이다. 그리스어 사본 중에 이 본문을 반영하는 것은 모두 후대인 10세기, 14세기, 16세

표준 새번역(1993)의 개정판인 성경전서 새번역(2001).

기, 18세기 사본들이다.28) 이 본문이 그리스어 원본의 반영인지, 후대의 첨가인지에 대한 진위 여부 논쟁은 이 본문이 반영된 4세기 이전의 고대 그리스어 신약 사본이 발견된다면 끝나게 된다. 그러나 아직 그런 그리스어 사본은 발견되지 않았다.

TR이 원본을 반영하고 NA에 반영된 고대 그리스어 사본이 중요한 본문이 삭제된 것이라고 주장하는 예를 몇몇 더 들어 보아도 결론은 동일하다.

마태복음 5장 44절 원수 사랑

그리스어 신약의 비평적 편집에 반영된 그리스어 본문은 다음과 같다.

ἐγὼ δὲ λέγω ὑμῖν·
ἀγαπᾶτε τοὺς ἐχθροὺς ὑμῶν
καὶ προσεύχεσθε ὑπὲρ τῶν διωκόντων ὑμᾶς,
(NA^{27} Matt 5:44)

---

28) 신약 본문 전달의 역사에 관하여서 참고 B. M. Metzger, *A Textual Commentary on the Greek New Testament*, UBS, 1975, pp. xvii-xxiv. 우리말로도 번역되어 있다. 브루스 M. 매츠거 지음, 장동수 옮김, 《신약 그리스어 본문 주석 제2판》(대한성서공회 성경원문연구소, 2005). 최근에 개정 증보판이 나왔다. *A Textual Guide to the Greek New Testament An Adaptation of BRUCE M. METZGER'S Textual Commentary for the Needs of Translators* by Roger L. Omanson (Deutsche Bibelgesellschaft/ German Bible Society, 2006); 바트 어만 지음, 민경식 번역, 《성경 왜곡의 역사: 누가, 왜 성경을 왜곡했는가》(청림출판, 2006), pp. 159-162 등에서 더 볼 수 있다.

그리스어 본문의 해석은 RSV[29])의 것을 인용한다.

But I say to you,
Love your enemies
and pray for those who persecute you,
(RSV Matt 5:44)

나는 너희에게 이르노니
너희 원수를 사랑하며
너희를 핍박하는 자를 위하여 기도하라
(개정 마태 5:44)

다음은 TR 본문이다. 밑줄 친 부분이 첨가된 본문이다. 이어지는 KJV는 TR 본문의 영어 번역이다. 영어 번역의 이탤릭체는 TR의 첨가된 본문의 번역이다. KJV의 것을 그대로 인용한다. 다음에 TR 우리말 번역이 나온다.

ἐγὼ δὲ λέγω ὑμῖν
ἀγαπᾶτε τοὺς ἐχθροὺς ὑμῶν
εὐλογεῖτε τοὺς καταρωμένους ὑμᾶς
καλῶς ποιεῖτε τοὺς μισοῦντας ὑμᾶς,
καὶ προσεύχεσθε ὑπὲρ τῶν ἐπηρεαζόντων ὑμᾶς
καὶ διωκόντων ὑμᾶς,
(TR Matt 5:44)

---
29) Thomas Nelson and Sons, 1952

But I say unto you,
Love your enemies,
bless them that curse you,
do good to them that hate you,
and pray for them which despitefully use you, and persecute you
(KJV Matt 5:44)

나는 너희에게 이르노니
너희 원수를 사랑하며
너희를 저주하는 자를 축복하며,
너희를 미워하는 자에게 잘해 주고
너희를 괴롭히고 핍박하는 자를 위하여 기도하라
(TR 마태 5:44 국역)

TR의 "너희를 저주하는 자를 축복하며, 너희를 미워하는 자에게 잘해 주고……괴롭히고"는 그리스어 ευλογειτε τους καταρωμενους υμας, καλως ποιειτε τοις μισουσιν υμας……και διωκοντων υμας의 번역이다. 본래 이것은 그리스어 사본이었는데, 신약 본문을 변개한 자들이 이 부분을 삭제하였다는 것이다. 그러나 현재 이 본문이 들어 있는 고대 그리스어 신약 사본은 없다. 이것이 원본에 있었다면 매츠거가 지적하였듯이 알렉산드리아 본문 유형(א B), 서방본문 유형(it^k Irenaeus^{lat}, Cyprian), 동방본문(syr^{c,s}), 말기 이집트어 사본(cop^{sa,bo}) 등 대표적인 고대 그리스어 신약 사본에 이 본문이 생략되어 있는 것을 설명할 수 없다. 뿐만 아니라 첨가된 이 본문들이 사본

에 따라 이문을 보이는 것은 역시 그것들이 본래 원문이 아니었음을 반영하는 것이다.30)

여기에서 하나 주목할 것은 그리스어 본문 자체의 이문(inner Greek variants) 발달과 무관하지 않다. 그리스어 본문의 발전이 있었다고 하는 점이다. 이것은 구약의 본문 역사, 곧 사해사본이나 마소라 본문 역사에서도 볼 수 있는 현상이다. 번역에 따라 병행구절 사이의 일치를 시도하는 것이나 앞뒤 문맥에서 인용된 설명적 첨가가 발생하는 것과도 유사한 현상이다. 말하자면 TR에 반영된 긴 본문은, 마태복음 5장 32절의 경우 누가복음 6장 27-28절에서 인용되어 첨가된 것이다. 다음은 인용의 출처인 누가복음 6장 27-28절의 그리스어 본문이다. 밑줄 친 부분이 TR의 첨가 본문이다. 우리말 번역은 개역개정판의 본문이다. 첨가 부분에는 밑줄을 그렸다.

27 'Αλλὰ ὑμῖν λέγω τοῖς ἀκούουσιν·
ἀγαπᾶτε τοὺς ἐχθροὺς ὑμῶν,
καλῶς ποιεῖτε τοῖς μισοῦσιν ὑμᾶς,
28 εὐλογεῖτε τοὺς καταρωμένους ὑμᾶς,
προσεύχεσθε περὶ τῶν ἐπηρεαζόντων ὑμᾶς.
(NA Luke 6:27-28)

27 그러나 너희 듣는 자에게 내가 이르노니
너희 원수를 사랑하며

---
30) 매츠거, 위의 책, p. 11.

너희를 미워하는 자를 선대하며
28 너희를 저주하는 자를 위하여 축복하며
너희를 모욕하는 자를 위하여 기도하라
(개정 눅 6:27-28)

이것은 사본 복사나 제작 과정에서 병행구절 일치 의도가 있었음을 시사한다.

사도행전 9장 5-6절 사울의 회심

사도행전 9장 5-6절이 개역에는 " 대답하되 주여 뉘시오니이까 가라사대 나는 네가 핍박하는 예수라 네가 일어나 성으로 들어가라" 라고 되어 있지만, TR에는 5절과 6절 사이에 "가시채를 걷어차는 것이 네게 고통이라 하시니 그가 떨며 놀라서 말하기를 주여 내가 어찌하기를 원하시나이까 하니 주께서 그에게 말씀하시기를"이라는 말이 더 들어 있다. 신약 본문을 변개시킨 이들이 그리스어 본문에서 이 구절을 삭제해 버렸다는 것이다. 먼저 비평적 편집의 그리스어 본문을 제시하고, 이어서 NA²⁷을 잘 반영한 영어번역(RSV)과 우리말 번역(개정)을 제시한다.

5 εἶπεν δέ· τίς εἶ, κύριε;
ὁ δέ· ἐγώ εἰμι Ἰησοῦς ὃν σὺ διώκεις·
6 ἀλλὰ ἀνάστηθι καὶ εἴσελθε εἰς τὴν πόλιν
καὶ λαληθήσεταί σοι ὅ τί σε δεῖ ποιεῖν·
(NA²⁷ Acts 9:5-6)

5 And he said, "Who are you, Lord?"
And he said, "I am Jesus, whom you are persecuting;
6 but rise and enter the city,
and you will be told what you are to do."
(RSV Acts 9:5-6)

5 대답하되 주여 누구시니이까
이르시되 나는 네가 박해하는 예수라
6 너는 일어나 시내로 들어가라
네가 행할 것을 네게 이를 자가 있느니라 하시니
(개정 행 9:5-6)

다음은 TR의 인용이다. 밑줄 친 부분이 첨가된 요소다. 영어 번역은 KJV의 것이다. 우리말 번역은 KJV를 번역한 것이다.

5 εἶπεν δέ Τίς εἶ κύριε
ὁ δέ Κύριος εἶπεν, Ἐγώ εἰμι Ἰησοῦς ὅν σύ διώκεις·
<u>σκληρόν σοι πρὸς κέντρα λακτίζειν.</u>
<u>6 Τρέμων τε καὶ θαμβῶν εἶπεν</u>
<u>κύριε τί μέ θέλεις ποιῆσαι</u>
<u>καὶ ὅ κύριος πρός αὐτόν</u>
ἀνάστηθι καὶ εἴσελθε εἰς τὴν πόλιν
καὶ λαληθήσεταί σοι τί σε δεῖ ποιεῖν
(TR Acts 9:5-6)

5 And he said, Who art thou, Lord?
And the Lord said, I am Jesus whom thou persecutest:
it is hard for thee to kick against the pricks.
6 And he trembling and astonished said,
Lord, what wilt thou have me to do?
And the Lord said unto him,
Arise, and go into the city,
and it shall be told thee what thou must do.
(KJV Acts 9:5-6)

5 대답하되 주여 누구시니이까
주님께서 이르시되 나는 네가 박해하는 예수라
가시채를 걷어차는 것이 네게 고통이라 하시니
6 그가 떨며 놀라서 말하기를
주여 내가 어찌하기를 원하시나이까 하니
주께서 그에게 말씀하시기를
너는 일어나 시내로 들어가라
네가 행할 것을 네게 이를 자가 있느니라 하시니
(TR 행 9:5-6 국역)

위의 비교에서 보듯이 TR 사도행전 9장 5-6에 첨가된 본문은 사도행전이라는 같은 책 안의 병행구절인 26장 14절과 22장 10절에서 인용되어 첨가된 것이다. 그리스어 본문의 영어 번역(KJV)과 우리말 번역(개정)을 제시한다. 밑줄 친 부분이 인용된 본문이다.

14 πάντων τε καταπεσόντων ἡμῶν εἰς τὴν γῆν
ἤκουσα φωνὴν λέγουσαν πρός με
τῇ Ἑβραΐδι διαλέκτῳ·
Σαοὺλ Σαούλ, τί με διώκεις;
σκληρόν σοι πρὸς κέντρα λακτίζειν.
(NA^{27} Acts 26:14)

10 εἶπον δέ·
τί ποιήσω, κύριε;
ὁ δὲ κύριος εἶπεν πρός με·
ἀναστὰς πορεύου εἰς Δαμασκὸν
κἀκεῖ σοι λαληθήσεται περὶ πάντων
ὧν τέτακταί σοι ποιῆσαι.
(NA^{27} Acts 22:10)

26:14 And when we were all fallen to the earth,
I heard a voice speaking unto me,
and saying in the Hebrew tongue,
Saul, Saul, why persecutest thou me?
it is hard for thee to kick against the pricks.
(KJV Acts 26:14)

우리가 다 땅에 엎드러지매
내가 소리를 들으니

히브리 말로 이르되
사울아 사울아 네가 어찌하여 나를 박해하느냐
가시채를 뒷발질하기가 네게 고생이니라
(개정 행 26:14)

22:10 And I said,
What shall I do, Lord?
And the Lord said unto me,
Arise, and go into Damascus
and there it shall be told thee of all things
which are appointed for thee to do.
(KJV Acts 22:10)

내가 이르되
주님 무엇을 하리이까
주께서 이르시되
일어나 다메섹으로 들어가라
네가 해야 할 모든 것을
거기서 누가 이르리라 하시거늘
(개정 행 22:10)

사도행전 9장 5-6절에서 유념할 것은 TR에 첨가되어 있는 본문이 그리스어 신약 사본에 없다는 점이다. 따라서 이것은 고대 사본에서 후대에 이 부분이 삭제된 것이 아니라 라틴어 불가타 사본에서 첨가된 것인데, 이 본문이 TR에 들어간 것은 에라스무스가 라틴어 불가타

에서 그리스어로 다시 번역하여 그것을 자신이 편집한 그리스어 신약에 넣었기 때문이라고 보아야 한다.31)

-절 없음

우리말 개역 신약을 읽다 보면 절 표시만 있고 본문 내용이 없는 절들이 있다. 그런 경우 난외주(欄外註)에는 사본에 따라 그 내용이 들어 있음을 밝히고, 그것을 우리말로 번역하여 제시하였다. 마태복음서에서만 예를 들어 본다.

마태복음 17장 21절을 찾아보면, 본문이 있어야 할 곳에 본문은 없고 그 대신 괄호가 있고 괄호 안에 "21절 없음"이라는 말이 들어 있다. 그리고 거기에는 난외주 1번을 보라는 지시가 있다. 그 지시를 따라 난외주 1번을 보면, "어떤 사본에 21절 '기도와 금식이 아니면 이런 유(類)가 나가지 아니하느니라'가 있음" 이라고 적혀 있다. 고대 사본에는 없고 후대 사본에만 이 구절이 나오기 때문에 번역에서는 이것이 원래의 본문이 아니었다고 판단하여 난외주에서 다룬 것이다.

마태복음 18장 11절도 본문은 없고 난외주에 "어떤 사본에는 11절 '인자가 온 것은 잃은 자를 구원하려 함이니라'가 있음"이라고 적혀 있다. 이것은 누가복음 19장 10절(인자의 온 것은 잃어버린 자를 찾아 구원하려 함이니라)에서 인용하여 첨가한 것임을 가리킨다. 알렉산드리아 본문 유형, 이집트 본문 유형, 안디옥 본문 유형을 대표하는 최

---

31) 메츠거, 위의 책, p. 308.

초의 본문에 이 구절은 없다.

마태복음 23장 14절 역시 본문은 없고 난외주에 "어떤 사본에 14절에 마태복음 12장 40절과 누가복음 20장 47절과 유사한 구절이 있음"이라고 되어 있다. 누가복음 20장 47절에는 다음과 같은 본문이 있다. "저희는 과부의 가산을 삼키며 외식으로 길게 기도하니 그 받는 판결이 더욱 중하리라 하시니라". 사본에 따라 다음과 같은 본문을 가지고 있기도 한다. "이 외식하는 서기관들과 바리새인들아 너희에게 화가 있으리라 너희는 과부의 집을 삼켜 버리고 남에게 보이려고 길게 기도하니 무서운 심판을 받으리라".

마태복음 27장 49절 같은 것을 보면, 절은 있는데 사본에 따라 절 끝에 다른 내용이 더 들어 있는 것도 있음을 밝히고 있다. 49절의 내용은 "그 남은 사람들이 가로되 가만 두어라 엘리야가 와서 저를 구원하나 보자 하더라"이다. 그런데 여기에 찾아보기 번호 1이 붙어 있어서 그 지시를 따라 난외주의 1번을 보니 "어떤 사본에 49절 끝에 요한복음 19장 34절과 같은 말이 있음" 이라는 정보가 제공되어 있다. 즉 사본에 따라 "그 중 한 군병이 창으로 옆구리를 찌르니 곧 피와 물이 나오더라"(요 19:34)라는 말이 더 첨가되어 있다는 뜻이다.

이상 네 가지 예의 공통점은 첨가된 본문이 병행구절에서 왔다는 것이다. 어떤 신학적 목적을 가지고 이 본문을 삭제하여 "-절 없음"이 나온 것이라면, 그 인용의 출처에 있는 그 본문마저도 삭제했어야 할 것이다. 그것이 TR의 첨가가 아니라 본래부터 있던 것이라고 주장하려면 무엇보다도 고대 그리스어 신약 사본의 증거를 확보해야 할 것이다.

맺는 말

사본 체험의 유형은 여러 가지일 수 있다. 사본을 그냥 육안으로 구경하는 것, 필체에 관심을 가지고 관찰하는 것, 잉크, 붓, 철필, 파피루스나 양피지 같은 필기도구에 대한 관심을 가지고 보는 것, 필사자들의 필법이나 오자(誤字)의 수정 방법, 탈문(脫文)의 보충 방법 등을 탐구하는 것, 사본들의 연대 결정 방법, 사본을 수집하고 분류하고 이문의 기원을 밝혀보는 것에 이르기까지 다양하다. 이러한 체험은 성서 본문 역사와 본문 비평이라는 전문 분야로까지 확대될 수 있다. 고대의 그리스어 사본이 형성되던 당시로까지 소급해 올라가는 초기 교회사와 정경의 역사도 관련된 관심 분야가 될 것이다. 결국 이러한 관심은 신약의 경우 신약의 그리스어 본문사와 원본에 가장 가까운 대본의 편집으로 비평본의 편집이라는 작업에까지 이른다. NA의 NTG의 본문 비평장치를 위해서는 기존의 대문자사본과 소문자사본들 외에 파피루스 단편 사본에 대한 연구가 공헌을 할 수 있을 것이다. 수집 가능한 모든 사본들을 다 수집하여 분류하고 그것들을 비교하는 신약성서대비평본(die Editio Critica Maior des Neuen Testaments) 작업이 이미 독일 뮌스터에 있는 신약본문연구소에서 시작되고 있다.32) 구약성서의 경우는 사해사본과 마소라사본과 고대역들의

---

32) 이것에 관한 소개는 Babara Aland, "Die Editio Critica Maior des Neuen Testaments Ihre Anlage, ihre Aufgabe, die neu entwickelten Methoden der Textkritik", 《성경원문연구 7》 2000년 8월호(대한성서공회, 2000), pp. 7-35. 독일어 전문과 국역 전문을 볼 수 있음; "New Testament Textual Research, its Method and its Goals", 《좀 쉽게

비교 연구가 히브리어 본문 역사를 조명할 것이다33). 이독의 배경도 밝혀질 것이다. BHK, BHS 이후 BHQ가 최근의 본문 비평 자료를 본문 비평장치에서도 밝히고, 별권 《주석(Commentary)》에서도 상세히 밝히고 있다34). 이런 연구들 역시 구약성서 사본에 대한 검토가 그 기초를 이루고 있다. 이렇게 하여 신구약성서는 사본학과 본문 비평학의 도움을 받아 본래의 본문에 접근할 수 있게 되었고, 이문이나 이독의 경우 그 발생 배경을 밝혀내고 있다.

말해 주시오: 본문 비평과 성서번역》민영진 회갑 기념 제1권/ *Tell Me the Word Easy to Understand - Textual Criticism and Bible Translation* In Honor of Young-Jin Min (vol. I) (대한기독교서회, 2000); 민경식, "신약성서 본문 비평의 최근 동향", 《성경원문연구 11》(대한성서공회, 2002), pp. 50-67.

33) Young-Jin Min, "The Two Different Books of Jeremiah should be Edited Independently and Sequentially," *Journal of Biblical Text Research* 8(2000. 8), pp. 61-84;

_____, "The Case for Two Books of Jeremiah", *Text, Theology & Translation Essays in Honour of Jan de Waard*, Edited by Simon Crisp & Manuel Jinbachian (UBS, 2004), pp. 109-123.

34) BHK, BHS, BHQ 등에 관해서는 민영진, 『히브리어에서 우리말로』(두란노, 1996), pp. 109-119, 7장 "히브리어 구약 BHQ"에서 기초적 정보를 얻을 수 있을 것임.

The Biblical Dead Sea Scrolls

Emanuel Tov
The Hebrew University of Jerusalem

1. Background

When the so-called Dead Sea Scrolls were found, no one had the slightest idea to what extent these scrolls would preoccupy the minds of scholars and the general public alike. Ever since the 1950s the interest has been widespread, and hundreds of books and thousands of articles have been written on the scrolls.

What are these Dead Sea Scrolls? Between the years 1947 and 1956, literally thousands of scroll fragments of all sizes were found in eleven caves in cliffs nearby the wadi Qumran, predominantly in the so-called caves 1, 4, and 11 dating from the period between 250 BCE and 70 CE. Some of these fragments are sizable, and in rare cases very large, even constituting complete scrolls, while most are medium-sized to small. These fragments belonged to what were once some 930 complete documents in Hebrew, Aramaic, and Greek. The Qumran scrolls include some two hundred fragmentary manuscripts of the Hebrew Bible. When using the term Dead Sea Scrolls we think in the first place of Qumran. But that name encompasses more than the Qumran area, since remnants of scrolls have been found also south of Qumran, in Nahal Hebever, Nahal Seelim, Wadi Mura- bba'at, Wadi Sdeir, Nahal Mishmar, and on top of Masada. The texts from Masada are contemporary with Qumran and those from the other sites were penned later, up to 135CE. However, most of the interest has been directed at the manuscript finds at Qumran.

It is very difficult to find an adequate description for the contents of the Dead Sea Scroll fragments. Almost all the Qumran fragments are segments of literary works, and this fact has major implications for our understanding of the nature of this site. On the other hand, most of the fragments from the other Judean Desert sites are "documentary texts," pertaining to daily life, such as receipts, wedding contracts, and lists of various kinds. An additional difference between the Qumran and other Dead Sea corpora is that almost all the Qumran documents are inscribed on leather, while the other sites preserved mainly papyri.

As to the nature of Qumran, according to the most widely accepted theory, a select group of Essenes lived at the spot from about 120BCE until 68CE, and when moving out to the desert, they took with them scrolls deriving from various places in Israel. At the same time, they also composed and copied scrolls at Qumran itself. Many of these texts were biblical and they provide us with an excellent record of the transmission of the biblical text in the period between 250BCE and 70CE. The oldest scrolls thus attest to the period prior to the settlement at Qumran, and they were taken there by the settlers. Whether or not one accepts the majority scholarly view regarding the nature of the Qumran community has no bearing on our understanding of the biblical scrolls. Most scholars agree that at least some of the scrolls found at Qumran were copied elsewhere, while others were copied at Qumran itself. More importantly, we have seen no proof that the Qumran scribes embedded their sectarian views into the biblical scrolls they copied by actually changing the text intentionally.

By way of these scrolls, we now have a very clear picture of the Jewish literature of this period, as the caves contained hundreds of literary works. The corpus of compositions found at Qumran probably reflects the literary taste of the Qumran community, but as this assumption is not certain, the maximum we can say is that the members of the community possessed these writings. These scrolls include compositions in diverse genres such as Wisdom literature, psalms, biblical interpretation, apocalyptic compositions, calendrical documents, prayers, rewritten biblical books, eschatological writings, and magical documents, some composed by the Qumran community, and some elsewhere. Almost every single text found at Qumran expands our understanding of the genre to which it belonged. Many texts have been found in multiple copies, enabling an examination of the relationship between these copies.

2. The Hebrew/Aramaic Biblical Scrolls (Hebrew Bible)

We now turn to the Scripture texts in Hebrew/Aramaic found at Qumran. The Biblical Dead Sea Scrolls are so well known that the public often thinks that the Qumran corpus is confined only to the 24 canonical books of Hebrew Scripture, but these books comprise only one quarter of the total manuscript finds at Qumran. An analysis of the number of the scrolls found at Qumran makes it likely that the Qumran community made a special effort to systematically collect the Scripture texts as well as other compositions they considered important. This assumption is based on the fact that all the canonical books of the Hebrew Bible are represented in the Qumran corpus, with the sole exception of the little book of Esther. The lack of Esther, no doubt, should be attributed to happenstance, as the leather of its mere nine chapters was probably eaten by the Qumran worms.

1) The number of biblical copies found at Qumran

The following texts have been found in the Qumran caves.[1]

Book	Square Script	Paleo-Hebrew Script	Notes
Genesis	16–17	3	4QGen-Exod^a and 4QpaleoGen-Exod^l include Exodus
Exodus	14	1	4QExod^b includes Genesis; 4QExod-Lev^f includes Leviticus
Leviticus	8	4	4QLev-Num^a includes Numbers
Numbers	6	1	See Leviticus
Deuteronomy	29	2	
Joshua	2		
Judges	5		

---

1) The numbers are based on the summary in E. Tov (ed.) *The Texts from the Judaean Desert: Indices and an Introduction to the Discoveries in the Judaean Desert Series*(DJD XXXIX; Oxford: Clarendon, 2002)

Samuel	4	
Kings	3	
Isaiah	21	
Jeremiah	6	
Ezekiel	6	
Minor Prophets	8–9	
Psalms	36	
Job	3	1
Proverbs	3	
Ruth	4	
Canticles	4	
Lamentations	4	
Qohelet	2	
Daniel	8	
Ezra-Nehemiah	1	
Chronicles	1	

The final count of the biblical scrolls amounts to 200–201 fragmentary scrolls from Qumran (representing 205–206 biblical books) of the Hebrew/Aramaic Bible and 23 fragmentary scrolls from other sites in the Judean Desert. Many doubts remain in matters of detail. For example, it is often unclear whether the separation of several groups of fragments into different manuscripts or their combination into one manuscript is correct. Are 4QJer[b,d,e] indeed three manuscripts as was claimed in *DJD* XV, and are the Deuteronomy and Exodus segments of 4QDeut[j] indeed part of the same manuscript as was claimed by J. A. Duncan in *DJD* XIV? As a result of these and similar problems, the totals for the manuscripts of the biblical books are approximate only.

Most texts represent regular biblical scrolls, but some texts named "biblical" are not biblical in the usual sense of the word, but may represent a different type of composition even if the content is mostly biblical. Thus abbreviated or excerpted compositions (e.g., 4QExod^d, 4QCant^a, and 4QCant^b) present only a part of the biblical book. Liturgical collections rearrange the text in accord with practical considerations in Deuteronomy and in the Psalms. The Qumran collections of Psalms rearrange and omit several biblical Psalms, while adding non-canonical psalms. The evidence of such scrolls for textual criticism may not be equally valid as that of ordinary biblical scrolls, as their scribes may have been less scrupulous in transmitting all the details of the text.

A few scrolls contained the end of one scroll and the beginning of another one, as in the Torah, Minor Prophets, and Five Scrolls. Thus the inclusion in one scroll of more than one biblical book is evidenced for 4, 5, or 6 Torah scrolls: 4QGen-Exod^a, 4QpaleoGen-Exod^l, 4QExod^b, and possibly also 4QExod-Lev^f, 4QLev-Num^a, and Mur 1, the latter possibly containing Genesis, Exodus, and Numbers(see *DJD* III, 75-78 and plates XIX -XXI).

2) A Qumran canon?

Scholars have often wondered which books of Hebrew Scripture the Qumran community accepted as sacred, in other words which books were considered canonical by them. It remains an open question whether the contents of the caves in any way provide a meaningful answer to this question. For the caves only served for the Qumran community as a depository of scrolls, and the title "Qumran library" may well be a misnomer. We do not even know whether the scrolls of the largest depository, that of cave 4, were transferred from some central area in the Qumran buildings, as some scholars surmise. If that were the case, the choice of scrolls included in cave 4 could be meaningful. There may be elements of coincidence in combining the scrolls into one collection, but the collection also shows planning, since with the exception of Esther all the canonical books of Hebrew Scripture are included. In evaluating the evidence of the collection, we do not know whether we should attach importance to the presence in cave 4 of both "canonical" biblical texts and such texts as now are part of the Apocrypha of the LXX, such as Tobit and Jubilees as well as a large number of extra-canonical works. Some scholars believe that the Qumran canon was open-ended, but in our view the mere presence of scrolls in the Qumran caves is insufficient proof for their acceptance by the community. Other criteria may be more pertinent such as a large number of copies (Jubilees, sectarian writings) or quotation of a composition with the Scripture quotation phrase ("as is written in ……"). On both accounts we should include Jubilees among the accepted books. Another criterion may be the presence of luxury scrolls for several of the canonical books, as well as for the Temple Scroll ($11QT^a$).

3) The character of the biblical texts

The non-specialist should probably realize that prior to the discovery of the scrolls, the *Hebrew* text of the Bible was studied from *medieval* manuscripts. Hebrew Scripture is hardly unique in this regard; this is also the case for a good many Greek and Latin authors, as well as the Samaritan Pentateuch (SP). The monks of the Middle Ages produced very precise copies of earlier, Byzantine manuscripts, which in turn had been reproduced with equally great care from yet earlier copies. Thus, the situation is not so grave, although less than ideal, and it is bound to create some distortions. As a result of the focus on these medieval manuscripts, the internal differences between them have been taken too seriously up until this day, since almost all these variant readings were created during the course of the Middle Ages themselves.

4) Different types of scrolls

The Qumran caves contain almost 190 copies written in the regular Hebrew script, also named "square" or "Aramaic". In addition, fragments of eleven or twelve biblical scrolls in the ancient Hebrew (paleo-Hebrew) script have been found there. The background and nature of these texts of the Torah and Job, both of which are traditionally ascribed to Moses. The longest preserved texts written in the paleo-Hebrew script are 11QpaleoLev[a] and the pre-Samaritan 4Qpaleo-Exod[m]. The paleo-Hebrew texts are copied very carefully and almost completely lack evidence of scribal intervention.

The number of the copies for the individual books in the Table shows the different measure of interest in the books. The exceptionally large number of copies of Deuteronomy (30), Isaiah (21), and Psalms (36) probably reflects the interest of the Qumran covenanters in these books: They took a liking in the paranetic style of Deuteronomy and wrote themselves compositions imitating that book; their theology was much influenced by Isaiah, and they wrote several psalms imitating the biblical book of Psalms.

In many ways, these newly discovered manuscripts have revolutionized the study of the text of the Hebrew and Greek Bible. Many aspects of the transmission of the biblical text are now illustrated by these texts, and the Qumran scrolls are also relevant on occasion to our understanding of the last stages of the literary growth of the biblical books. In scholarly jargon, it may sound a little bombastic to speak of the scroll finds as 'revolutionizing' the field, but this term is probably appropriate, especially for the Qumran scrolls. Some may claim that the texts found at the other Judean Desert sites, in Wadi Murabba'at, Wadi Sdeir (Nahal David), Nahal Hebver, Nahal Seelim, and Masada are uninteresting, as they "merely" confirm the medieval MT, but precisely because of this, these texts are exciting, as we will soon see. The novel aspects relating to all these texts from the Judean Desert pertain not only to the new data, but also to a better understanding of the sources known prior to the Qumran finds, that is MT, the traditional Hebrew text preserved by the rabbis which is the basis of Jewish Scripture today, the SP, a version of the Torah kept by rival sectarians north of Judea in Samaria, and the LXX, the Bible as translated into Greek and preserved by the early Christian church. These so-called 'major' witnesses of the text of the Hebrew Bible, all represented by medieval copies, can now be integrated better into a description of the development of Hebrew Scripture.

Let us pause for a moment and explain the concepts just mentioned, especially the Masoretic Text. Basically this is our Bible, the Bible, in Hebrew, and, through translation in all modern language. In the view of many, around the turn of the era this text form became the only accepted text of Scripture for Judaism. It was quoted through the centuries as the Bible of the Jews and it became the traditional text, to which an apparatus of notes, the so-called Masorah, was added; hence its name "the Masoretic Text." This was and remains until today the only text from an orthodox Jewish point of view, and, interestingly enough, a good many Christian faiths also adhere to this text for their concept of the Hebrew Bible. So all the translations you hold in your hands, in whatever language, are more or less identical to MT. Together with all its details, the MT is 1000 years old, but its consonantal form is much older. The novelty of the manuscript find near the Dead Sea was that MT was already found in that area 2000 years ago.

5) Textual criticism

Textual criticism is the study of the way the text of the Bible, originally written in Hebrew and Aramaic came down to us from antiquity. We focus on the early forms of Scripture in Hebrew and Aramaic, but in order to broaden our picture of this text we also have to delve into Greek Scripture. One of our goals is to try to understand what Hebrew Scripture looked like when it was written, in the tenth, seventh, and second centuries BCE. We want to know what happened to this text after its main literary shape was completed, how was it further developed and changed. We know that ancient books were not composed at one time, but they were constantly rewritten. Accordingly, there was rarely a single stage that could be termed "original." In fact, at each stage of its writing, the literary product was considered final, even if it was rewritten by a subsequent generation. Textual criticism also deals with the question of how the text was transmitted from one generation to the next, how changes, large or small were made, and, how scribes made mistakes, and sometimes corrected them. All this happened with the text of Hebrew Scripture, as humans wrote and rewrote the biblical books. The Dead Sea Scrolls are relevant to our understanding of these developments, because they constitute a very ancient corpus of texts, written not long after the writing of the original compositions. They do not derive from the time of the biblical authors themselves. Only the Daniel scrolls stand alone in being perhaps two generations removed from the composition of the last chapters of that book. The other scrolls are far more distant descendants of the original copies. Thus, for example, we should not expect to find an answer to the vexing question regarding whether Isaiah ought to be separated into at least two compositions, sometimes called First Isaiah and Second or Deutero-Isaiah and Trito-Isaiah. If these different compositions were indeed combined into one book, as many scholars believe, it happened centuries before the writing of even the earliest Qumran Scrolls.

6) The Masoretic Text

Before the scrolls were discovered, that is, before 1947, the Bible was studied on the basis of medieval sources, although we had access to ancient copies of the Septuagint, which are far closer to the ancient Hebrew texts than the medieval MT—by 500 years or more. Would it not have been preferable if we had resorted to these Greek witnesses, since they are much closer in time to the ancient Hebrew copies? No, this line of thinking would not have been productive, since there are many differences between the Hebrew and Greek, and one should not turn to the Greek just because it is older. Therefore, one was right in turning to the medieval version of Hebrew Scripture left to us by the Masoretes. Furthermore, it is now known that the medieval manuscripts were not as untrustworthy as their late date may lead us to believe. For the finds from the Judean Desert have taught us that the exact same text as the medieval MT was already extant in the last century BCE and the first century CE. **This is the first detail we want to stress.** From the turn of the era, more than two thousand years ago, until today, MT has remained virtually unchanged. A veritable divine marvel, or more likely a man-made creation, since this scribal precision was first undertaken by the Pharisees, prescribed by the sages of the Talmud, and perpetuated by the medieval rabbinic literature.

The second point is: All the 23 texts found at the Judean Desert sites except for Qumran are identical to the medieval consonantal text of MT, whereas the proto-Masoretic Qumran texts come close. The only few deviations from the medieval text pertain to orthography, a few minute details, paragraphing, and the layout of individual Psalms. These few variations resemble the internal differences among the medieval manuscripts of MT themselves. In other words, the Masada texts of 2000 years ago differ no more from the medieval texts than the latter differ among themselves. Accordingly, the low level of divergence between codex Leningrad, the oldest complete copy of MT, and texts from the Judean Desert outside of Qumran allows us to regard them as belonging to the same group, or in our terminology, to the inner circle of proto-rabbinic texts. This inner circle contained the consonantal framework of MT one thousand years or more before the time of the Masorah codices On the other hand, the large group of MT-type scrolls from Qumran are slightly removed from the medieval text. This phenomenon was created by the different socio-religious background of the texts found at Qumran compared with those found at the other sites in the Judean Desert. These other sites were inhabited by what we may call the rebels of Masada and the freedom fighters of Bar Kochba. These groups possessed Hebrew and Greek biblical scrolls that closely reflected the instructions of the Jerusalem spiritual center, a fact that comes as no surprise, as Jerusalem's influence over these groups is evidenced in other areas as well. In fact, I have tried to show that these scrolls were actually copied from the master copy of the Bible that was kept in the Temple court (*sefer ha-'azarah*). In contrast, the Qumran com- munity was not bound by these rules, and what we find there are copies that were one step removed from the exact copies from sites beyond Qumran. **Point number three** thus is: The Scripture scrolls from the sites in the Judean Desert outside Qumran are identical in all details to the medieval MT, because they were owned by people who followed the rules of the Jerusalem Temple; on the other hand, the proto- Masoretic scrolls from Qumran are further removed from this central text.

So far, we have spoken mainly about the Masoretic family. Scholars call this text the ancient form of this text proto-Masoretic, as it lacked the vowels and accent marks added in the Middle Ages. However, here we simply refer to it as MT.

7) Variations in other texts

In addition to MT, many other texts were circulating 2000 years ago. In fact, with the exception of the Masoretic family, each copy was different. By inserting minor or major changes, each scribe created his own Scripture, so to speak, It should be remembered, though, that we possess but a very small segment of the biblical scrolls that were extant at any given time. So when we speak about the relationship between texts, although we speak about the relation between any two readings, but there may have been intermediary stages. One of the many things that Qumran has revealed is textual variety that comes to light through the internal differences among the Qumran texts. **This is our fourth lesson.** We will first turn to some examples of this textual variety.

The Qumran caves provided us with fragments of some 200 biblical scrolls that were once complete, a rich crop of manuscripts that shed light into many dark corners of the biblical text. What interests us is the relation between the Qumran texts on the one hand and MT, SP, and the LXX, on the other. But we are also interested in the internal relationship among the Qumran texts that differed much from one another. Clearly the Qumranites were not perturbed by the fact that they owned scrolls that were contradictory in some details. To a certain degree, these variations reflect the different origins of these scrolls in ancient Israel. But, more to the point, when these scrolls were written, the concept that they should be identical simply did not exist in most of Israel. It prevailed in only one very important location, the Temple. We will illustrate this lack of unity with some differences in small details. In 1 Sam 1:23 Hannah takes Samuel with her to Shilo "with three bulls," while according to the Qumran scroll 4QSam^a and the LXX she takes a "three-year-old bull" with her. This is a case of a scribal mistake in the traditional text (word division, different reading of the vowels). In v 28 of the same chapter, Elkanah bowed before the Lord in the Temple according to MT. According to the same Qumran scroll and the LXX, however, it was Hannah who bowed down. This is probably a case where Hannah's active role in the cult was replaced in the MT with that of Elkanah. More significant differences between texts are illustrated in our **fifth point**.

4QDeut^q and the LXX have a few extra lines beyond MT at the end of the Song of Moses (Deut 32:43). 4QDeut^q, probably containing only that poem, mentions details that one may describe as polytheistic. Further, according to this scroll, as well as the LXX, Moses proclaims "be joyous, heaven, with him"(שָׁמַיִם עִמּוֹ

הַרְנִינוּ), as opposed to the rather impossible MT(הַרְנִינוּ גוֹיִם עַמּוֹ), "be joyous, peoples, his nation" and probably not meaning "make happy, peoples, his nation." The longer text of Qumran and the LXX has all the marks of originality, as similar references to the pantheon of Gods are found elsewhere in the Bible, and often in earlier West Semitic literature, for example the cuneiform texts found at Ugarit, in present-day Syria, dating to around 1200 BCE. It seems that MT removed these remnants of polytheistic beliefs. Only with the aid of the LXX and the Qumran scroll were we able to understand the situation.

Another Qumran text, 4QDeut^j, contains a reading in v 8 of the same Song which likewise is polytheistic. According to MT, "When the Most High gave nations their homes and set the divisions of man, He fixed the boundaries of peoples according to the number of the sons of Israel." One may ask: Did God indeed fix the boundaries of all the peoples of the earth according to the number of the sons of Israel? Well, 4QDeut^j reads instead of "sons of Israel," "sons of El." In its probably original wording, reconstructed from that scroll and the LXX, the Song of Moses thus referred to an assembly of the gods (cf. Psalm 82; 1Kgs 22:19): "the Most High *Elyon*, fixed the bound- aries of peoples according to the number of the sons of the God *El*." The next verse stresses that the Lord kept Israel for himself. Within this probably original context, *Elyon* and *El* are not names of the God of Israel, but of gods also known from the Canaanite and Ugaritic pantheon. Once again, an early scribe, ill at ease with this polytheistic picture, replaced "sons of *El*" with "the sons of *Israel*," thus giving the text a completely different slant.

According to the sequence of MT in Joshua, the Israelites did not erect an altar immediately upon traversing the Jordan, as instructed by Deuteronomy 27, but only in what is now 8:30-35, after several activities connected with the conquest. On the other hand, in the Qumran scroll 4QJosh^a this altar was built immediately after the crossing of the Jordan in the beginning of the line (recorded by Ulrich as "8:34-35;X;5:2-7"). This probably original text was probably recorded as Josephus Ant. V 16-19. 4QJosh^a may well represent the original story.

Finally, some of the largest differences between any Qumran scroll and the other textual witnesses are reflected in the Jeremiah scrolls from cave 4, 4QJer^{b,d}. The text of these scrolls, along with that of the LXX, is shorter than MT in many details, including personal names and titles. For example, in 4QJer^b Jer 43:6 reads "Nebuzaradan" instead of "Nebuzaradan *the chief of the guards*," and in the same verse "Gedaliah son of Ahikam" instead of "Gedaliah son of Ahikam, *son of Shaphan*." Equally important, in chapter 10, vv 6, 7, 8, 10 are lacking in that scroll as is also the case in the LXX. The section lacking in 4QJer^b and the LXX has a uniform character: it extols the Lord of Israel, while the remaining verses deride the idols of the godless people. It is hard to imagine that this praise was omitted by the scribe of the Qumran scroll. Instead, the praise probably was added by the scribe of MT, who wanted to stress the difference between the idols and the God of Israel.

We provided some examples in which the Qumran scrolls added information that must be taken into consideration by biblical exegetes. It shows that scribes were constantly changing, updating, and even censuring the text. Our **sixth point is** that all these readings in the scrolls and the LXX should be afforded the same attention as MT. Any one of these readings may reflect an earlier stage of the text, requiring us to constantly look beyond MT.

At the same time, the Qumran scrolls also reflect many details that, while less important for content analysis than those just mentioned, are still of interest, such as in grammar and spelling. Differences in spelling refer to such minutiae as the discrepancy between "night" in British spelling as opposed to "nite" in the U.S.A. No fixed rules had been set for the spelling of Hebrew, and even today, in modern Hebrew the spelling of unvocalized texts is not fixed. In MT, most books have a somewhat defective spelling. On the other hand, the large Isaiah scroll, together with a group of similar scrolls, reflects a spelling completely different from any text known previously. Its orthography is full to the extreme, including such spellings as *ki* with an *aleph*, yatom with an internal *aleph* after the *yod*, etc. This group of texts also contains morphological novelties, especially lengthened forms, in pronouns (for example, hiah, atemah), in verbs, (e.g. *eqtolah and eqtolenah*), and in an adverb (*me 'odah*). These features appear together with scribal peculiarities, such as the writing of the tetragrammaton, the name of God, in the ancient Hebrew script.

Virtually all the Qumran *sectarian* texts reflect this combined set of features suggesting that they characterize the Qumran scribal school. It is not claimed that these features are exclusive to the Qumran scribal school, but that within the Qumran corpus they point to that school. Likewise, the phylacteries written by the Qumran scribal school are special as they do not reflect the rabbinic prescriptions regarding their content, while Qumran *tefillin* not written in the Qumran scribal practice do adhere to rabbinic prescriptions. On the basis of these criteria, it is now possible to identify a group of biblical texts reflecting the Qumran scribal practice. The free approach of these texts seemingly contradicts the strict attitude of the Qumran covenanters to Scripture, but different aspects of life are involved. **Our seventh point** is the suggestion that the Qumran sectarian scribes of biblical and nonbiblical texts can be identified through an analysis of spelling, grammatical forms, and scribal habits.

The Qumran scrolls have shown us that textual divergence was the rule rather than the exception. These scrolls, taken to Qumran from all over Israel, display a textual variety that must have been characteristic of Israel as a whole. The existence of this textual variety is **our point eight**.

8) Textual groups in Qumran

Within the multitude of differences between the various Qumran texts, we can neither group texts by Qumran cave, since the contents of the caves are not homogeneous, nor by origin (copied by the Qumranites/brought from outside) or date. None of these criteria is firm. Probably the best criterion for classification is that of textual character, although even also this criterion is problematical.

Our textual analysis is based on 128 biblical texts, since the remaining 72 are too fragmentary for characterization.

In the 46 Torah texts that are sufficiently long for analysis (out of a total of 52 such texts), 52% (24 texts) reflect MT (or are equally close to MT and SP), 37% (17 texts) are non-aligned, 6.5% (3 texts) reflect the SP, and 4.5% (2 texts) the LXX. In the texts representing the remainder of the biblical books, of the 75 that are sufficiently long to allow for analysis (out of a total of 76 such texts), 44% (33 texts) reflect MT (or are equally close to the MT and LXX), 53% (40 texts) are non-aligned, and 3% (2 texts) reflect the LXX. Thus, a preponderance of MT-based and non-aligned texts is evident in the Qumran corpus, with the Torah texts leaning heavily towards MT, and the majority of texts of the remainder of the biblical books being non-aligned.

I now turn briefly to these different groups of texts. We have already talked about the texts presumably written by the Qumran scribal school that were copied from a variety of sources, and also about the texts close to the medieval Masoretic Text.

We had always assumed that the so-called Samaritan Pentateuch, the Samaritan Scripture, was ancient, but prior to 1947 we had no evidence of this. Among the most interesting finds at Qumran were scrolls that are almost identical to the text of the Samaritans, minus their sectarian readings.

Another great discovery among the Hebrew scrolls at Qumran were texts remarkably similar to the reconstructed base text of the Greek LXX. Thus, 4QJer^{b,d} bear a very strong resemblance to the LXX in characteristic details, with regard to both the arrangement of the verses and their shorter text. What presumably happened is that the scroll sent to Egypt for translation was close to another scroll or scrolls that remained in Palestine.

Remarkable, too, are many Qumran texts that cannot be characterized as being close to the MT, LXX, or SP and are therefore considered non-aligned. The texts that are most manifestly non-aligned, and are actually independent, are those which contain (groups of) readings that diverge significantly from the other texts, such as the previously mentioned 4QJosh^a and 4QJudg^a.

The coexistence of these different groups of texts within the Qumran community is remarkable. The fact that all these texts were found in the same caves reflects a textual divergence in the period between the third century bce and the first century ce. Within that textual plurality, the large number of proto-Masoretic texts indicates their significance in society, while the large number of independent texts underlines the special character of the transmission of the biblical text. No solid conclusions can be drawn about the approach of the Qumranites towards the biblical text, but it is safe to say that they paid no attention to textual differences

Since these different groups of texts coexisted at Qumran, and in ancient Israel as a whole, it is evident that no text or textual family had been accepted as authoritative for the country as a whole. However, in one milieu, there was only one accepted text. We believe that MT was the only accepted text in Temple circles and was therefore also influential elsewhere. The purest form of this text was found at Masada and at the sites of the Bar Kochba fighters, probably copied from the master scroll in the Temple. The Qumran corpus displays a less pure form of this proto-MT, and it also contains several additional text forms.

Qumran thus attests to textual plurality including a less pure form of MT, further removed from the master copy in the Temple. The other sites give witness only to MT. The differences between Qumran and the other sites are socio-religious and not chronological as has often been claimed. It has often been said that the Judean Desert sites are later than Qumran and therefore attest to the predominance of MT. This cannot be true as the terminus ad quem for Masada is identical to that of Qumran. The corpora of Qumran and Masada both contain texts copied until 70 ce, but the nature of these texts differed as the two sites were inhabited by different types of societies.

Scholars characterize many Qumran scrolls in different ways, their details are explained differently, and the overall nature of the Qumran scrolls is interpreted in different ways. Most scholars, however, agree to the following:

1. Readings in the scrolls not previously known help us to better understand many details in the biblical text, sometimes involving matters of substance.

2. The textual variety reflected in the Qumran texts provides a good overview of the condition of the biblical text during the Second Temple period.

3. The scrolls provide much background information on the technical aspects of the copying of biblical texts in the Second Temple period.

4. The reliability of the ancient translations, especially the LXX, is strengthened by the Qumran texts. The LXX is one of the most important texts for biblical research, but since it is written in Greek, its Hebrew source has to be reconstructed. The re-

construction of many such details is now supported by the discovery of identical Hebrew readings in Qumran scrolls

3. The Greek biblical scrolls (Old Testament)

The Greek texts found in the Judean Desert constitute merely a small part of the texts found in the area, which are best known for the Hebrew and Aramaic texts, especially the texts found at Qumran. While for Qumran in general the number of the Greek texts may be negligible (27 texts in total), for cave 7 it is not, since all 19 items found in this cave constitute Greek papyri.

In striking contrast to the texts found outside Qumran, all but one of the 27 Greek texts found in Qumran are literary, although admittedly it is hard to express certainty in the case of small papyrus. Almost all of these texts contain Greek Scripture texts in the wide sense of the word (including 7QpapEpJer gr). This characterization includes the literary papyri 7Q4-18, which are too fragmentary for a precise identification of their contents (see below).

There is no proof that Greek was a language in active use by the inhabitants of Qumran. It is possible that at least some of them knew Greek, since fragments of Greek Scripture were deposited in caves 4 and 7. But cave 4 probably served as a depository of some kind (not a library) in which the Qumranites placed all their written texts. This depository in cave 4 contained eight Greek texts, which may signify that the person(s) who brought these texts to Qumran had used them prior to their arrival which would imply knowledge of Greek.

The fact that the Greek Scripture texts found in cave 4 in Qumran are from the Torah only may be relevant to our understanding of the distribution of that text and of the community's interest.

If de Lagarde's theory on the history of the LXX needed any further support, it is provided by the texts from the Judean Desert. The newly found texts share important details with the manuscript tradition of the LXX known so far, so that all the known Greek texts reflect a single translation, rather than different translations, as suggested by Kahle. Two of the Qumran texts probably reflect the Old Greek translation better than the manuscript tradition contained in the later uncial manuscripts (4QLXXLev^a, 4QpapLXXLev^b). Furthermore, the transliteration of the *tetragrammaton* in 4QpapLXXLev^b as IAW presumably represents an earlier text as well.

It is clear that the Hebrew and Greek texts from Qumran reflect a community that practiced openness at the textual level, and was not tied exclusively to MT. In contrast, the other Judean Desert sites represent Jewish nationalistic circles adhering only to the proto-rabbinic (proto-Masoretic) text in Hebrew and a rabbinic revision of the LXX towards that Hebrew text. **This is point number nine.** Qumran tells us a tale of diversity, not of unity, one of openness to an endless number of texts.

4. The Greek biblical scrolls (New Testament?)

We now turn to the implications of the Dead Sea Scrolls for the presence of the New Testament at Qumran. The main question is whether any texts of the NT have been found at Qumran. Greek fragments from cave 7 (7Q3-18), originally published as "unidentified fragments," were subsequently identified by J. O'Callaghan and C. P. Thiede as reflecting parts of the New Testament (Mark, Acts, 1Timothy, Romans, and James). Obviously, for scholarship and Christianity it would be revolutionary, even shocking, if these fragments would indeed contain parts of the New Testament. However, only the two mentioned scholars accept these identifications. Chronologically this assumption would be very difficult, as some of the assumed New Testament writings found in cave 7 may not have been composed yet before the destruction of Qumran in 73 BCE. O'Callaghan dated the fragments to 50-70 CE, and one fragment (7Q4 = 1Timothy) as late as 100 ce, after the destruction of Qumran. Most scholars date these Greek fragments to an earlier period, some as early as 100 bce, in which case the identification with NT writings cannot be maintained.

The remains of these Qumran texts possibly containing parts of the NT are extremely fragmentary. The largest fragments containing no more than 5 lines of 3-4 letters, and one needs much imagination in order to reconstruct these fragments as reflections of the New Testament text. The fragmentary nature of these texts allows for several identifications. One option would be to regard them as containing parts of the Septuagint, namely Exodus and Zechariah, not an unusual assumption in light of the fact that other leather and papyrus fragments of that version have been found in cave 4. Another possibility would be to identify them as containing the Pseudepigraphal work Enoch.

The tenth point of this lecture is that the writings of the New Testament have not been found at Qumran.

5. Summary

I recap the ten points made in the course of this analysis.

1. The medieval text of MT is attested already in the finds in the Judean Desert.

2. All the 23 texts found outside Qumran in the Judean Desert are identical to the medieval consonantal text of MT; the proto-Masoretic Qumran texts are less close to MT.

3. The Scripture scrolls from the sites in the Judean Desert outside Qumran are identical to the medieval MT because they were apparently owned by people who adhered to the rules of the Jerusalem Temple. On the other hand, the proto-Masoretic scrolls from Qumran are further removed from this central text since the Qumran community was not bound by the ruling of the Temple.

4. Today we may think there is only one Scripture text, but in antiquity there were several divergent authoritative texts of each biblical book.

5. Examples of this textual variety relate to both literary differences and small textual variants, such as in orthography.

6. All readings found in the Qumran scrolls and the LXX

should be afforded the same attention as details in MT. Any one of these details may reflect an earlier stage of the text, requiring us to look constantly beyond MT.

7. We suggested criteria for the identification of the Qumran sectarian scribes of biblical and nonbiblical texts through an analysis of spelling, linguistic forms, and scribal habits.

8. Scrolls were taken to Qumran from everywhere in Israel, indicating that the textual diversity at Qumran reflects the same type of variety in Israel as a whole.

9. The Hebrew and Greek texts from Qumran both reflect a community that practiced openness at the textual level, and was not tied exclusively to MT. The other Judean Desert sites represent Jewish nationalistic circles that only adhered to the proto-rabbinic (proto-Masoretic) text in Hebrew, and to a rabbinic revision of the LXX towards that Hebrew text.

10. The writings of the New Testament have not been found at Qumran.

사해 성경 사본들

Emanuel Tov
The Hebrew University of Jerusalem
번역: 김 하 연 박사

1. 배경

　소위 '사해 두루마리'라 부르는 사본들이 발견되었을 때에는, 이 두루마리들이 학자들과 일반 대중에게 어느 정도로 관심을 쏟게 만들 줄 아무도 몰랐다. 1950년대 이래 여기에 관한 관심은 넓게 확장되었고, 수백 권의 책들과 수천 편의 논문들이 이 두루마리들에 대하여 쓰여졌다.

　이 사해 두루마리라는 것들은 무엇인가? 1947년에서 1956년 사이, 와디 쿰란에서 가까운 열한 개의 동굴들에서 크고 작은 수천 개의 사본 조각들이 실제로 발견되었다. 그 중 특히 제1동굴, 제4동굴 그리고 제11동굴에서 가장 많은 사본들이 발견되었는데, 이것들은 기원전 250-70년 사이의 문서들이다. 대부분은 아주 적거나 중간 크기의 사본들이지만 어떤 것들은 제법 크기가 큰 사본들이고, 특히 몇 개는 아주 완전한 모양의 긴 사본들이다. 이들은 총괄해서 930개 정도의 히브리어, 아람어 그리고 헬라어로 되어 있는 것들이다. 쿰란 두루마리들은 약 200개의 히브리어 성경 사본 조각을 포함하고 있다. '사해사본'을 생각할 때, 우리는 제일 먼저 쿰란을 생각하게 된다. 그러나 실상 그 이름은 쿰란

지역보다 좀더 넓은 영역을 포함하게 되는데, 왜냐하면 일부 문서들은 쿰란보다 조금 더 남쪽의 나할 헤베르(Nahal Hebver), 나할 쩰리임(Nahal Seelim), 와디 무라바앗(Wadi Murabba'at), 와디 스데이르(Wadi Sdeir), 나할 미쉬마르(Nahal Mishmar) 그리고 마사다 정상에서도 두루마리 사본들이 발견되었기 때문이다. 마사다 문서들은 쿰란의 것들과 동시대의 것이지만, 다른 지역의 것들은 기원후 135년까지 좀 더 후대에 작성된 것들이다.

사해사본 조각들의 내용을 적절하게 묘사하기는 아주 힘든 일이다. 대부분의 사본 조각들은 문학적 작업의 단편들이고, 이것은 이 지역의 특성을 이해하기 위한 아주 중요한 단서를 제공한다. 다른 한편으로 유대 광야지역의 다른 곳들로부터 발견된 문서들은 대부분 일상생활과 관계된 것들인데, 예를 들면 영수증, 결혼 계약서, 그리고 여러 가지 종류의 목록을 담고 있다. 쿰란 사본들과 다른 지역에서 발견된 사본들의 또 한 가지 차이점은 대부분의 쿰란 사본들은 가죽에 적혀졌으나, 다른 지역의 것들은 주로 파피루스에 기록되었다는 것이다.

쿰란의 특성에 관하여 가장 보편적으로 받아들여진 이론에 따르면, 에세네파의 한 분파가 기원전 120-68년에 자기들의 삶의 현장에서 광야지역으로 움직일 때 이스라엘 전역에서 모여진 여러 종류의 문서들을 가지고 광야(쿰란지역)로 들어갔다는 것이다. 물론 그들은 쿰란지역 안에서도 문서를 작성하거나 필사 작업을 계속하였다. 이들 중 많은 문서가 성경 문서들이었는데, 이것들은 우리들에게 기원전 250-70년경의 성경 본문 전수 과정에 대한 아주 훌륭한 기록들을 제공해 준다. 가장 오래된 사본은 쿰란에서 정착하기 이전 시대의 것으로 판명되었는데, 그것은 정착민들이 가지고 들어간 것들이다. 쿰란

공동체의 배경에 대한 학자들의 이러한 견해가 받아들여지는지의 문제는 우리가 성경사본을 이해하는 데 별 영향을 주지 않는다. 대부분의 학자들은 최소한 일부의 쿰란 사본들은 바깥에서 필사되었고, 다른 것들은 쿰란지역 안에서 필사되었다는 것에 동의한다. 더 중요한 사실은, 이 쿰란의 서기관들 자신들이 필사한 성경 사본에 분파적 견해를 끼워 넣기 위해서 본문을 의도적으로 변경시키는 행위에 대한 어떠한 증거도 없다는 것이다.

이런 두루마리들로 인해서 오늘날 우리는 그 시기의 유대 문헌에 대한 아주 분명한 모습을 알 수 있게 되었는데, 이는 그 동굴들의 문학적 작품들이 수백 점에 이르기 때문이다. 쿰란에서 발견된 이 문서 자료들은 쿰란공동체의 문학적 성향을 반영해 줄지도 모른다. 그러나 이러한 추정은 분명하지 않다. 우리가 최대한 말할 수 있는 것은 그 공동체의 멤버들은 이런 문서를 가지고 있었다는 것이다. 이 두루마리들은 아주 다양한 장르를 가지고 있는데, 예를 들면 지혜문학, 시가들, 성경 해석, 묵시적 작품들, 연대기, 기도문들, 재편된 성경 본문들, 종말론적 기록들, 그리고 마술적이거나 이상한 문서들이었고, 더러는 쿰란공동체에 의해서 작성되기도 했으며, 더러는 다른 곳에서 작성된 것이기도 했다. 대부분의 사본들은 그 종류별로 그와 같은 장르에 대한 우리의 이해를 넓혀 주기에 충분하다. 또한 많은 사본들은 여러 개의 같은 본문을 담고 있어서 이러한 사본들 사이의 관계를 조사할 수 있도록 해 준다.

2. 히브리어/아람어 성경 사본들(히브리어 성경)

이제 쿰란에서 발견된 히브리어/아람어 성경 본문들을 살펴보기로 하자. 일반적으로 많은 이들은 사해 성경 사본이 24권의 히브리어 정경 본문들만 포함하고 있다고 생각하지만, 히브리어 정경 본문을 담고 있는 사본들은 쿰란 문서 전체의 사분의 일(1/4)에 지나지 않는다. 쿰란 사본들을 자세히 분석해 보면, 쿰란공동체는 성경 사본뿐 아니라 그들이 중요하게 여기는 다른 (문서)사본들까지도 체계적으로 수집하기 위해서 특별한 수고를 아끼지 않았다는 것을 알 수 있다. 이러한 추론은 쿰란 성경 사본들이 아주 작은 책인 에스더서를 뺀 모든 히브리어 정경 사본을 포함하고 있다는 사실을 근거로 알 수 있다. 에스더서의 결핍은 의심할 여지도 없이 우연적인 것이며, 아홉 장밖에 되지 않는 그 가죽(두루마리)은 아마도 쿰란의 벌레들에 의해서 먹혀 버렸을 것이다.

1) 쿰란에서 발견된 성경 필사본들의 숫자

다음 본문들은 쿰란의 동굴들에서 발견된 것들이다.[1]

Book	Square Script	Paleo-Hebrew Script	Notes
Genesis	16–17	3	4QGen-Exod^a, 4QpaleoGen-Exod^l (이 사본들은 Exodus도 포함한다)

---

1) 이 숫자들 E. Tov (ed.), *The Texts from the Judaean Desert: Indices and an Introduction to the Discoveries in the Judaean Desert Series* (DJD XXXIX; Oxford: Clarendon, 2002)을 보라.

Exodus	14	1	4QExod^b (Genesis도 포함하고 있음) 4QExod-Lev^f(Leviticus도 포함하고 있음)
Leviticus	8	4	4QLev-Num^a(Numbers도 포함하고 있음)
Numbers	6	1	(바로 위 항목을 보라)
Deuteronomy	29	2	
Joshua	2		
Judges	5		
Samuel	4		
Kings	3		
Isaiah	21		
Jeremiah	6		
Ezekiel	6		
Minor Prophets	8-9		
Psalms	36		
Job	3	1	
Proverbs	3		
Ruth	4		
Canticles	4		
Lamentations	4		
Qohelet	2		
Daniel	8		
Ezra- Nehemiah	1		
Chronicles	1		

최종적으로 히브리어/아람어 성경 사본 200-201개(205-206개의 성경책을 보여 줌—역주: 어떤 사본들은 한 사본에 두 책의 성경 본문이 들어가 있음)가 쿰란에서 발견되었고, 유대 광야의 다른 지역에서 23개의 성경 사본 조각들이 발견되었다. 세부적으로 들어가면 아직 여러 의혹들이 남아 있는데, 예를 들면 여러 그룹의 조각들을 다른 사본으로 구별해야 할지, 또는 그것들을 하나의 사본으로 조화롭게 연

결시키는 것이 옳은지 등이다. 예컨대 4QJer^{b,d,e}는 *DJD* XV에서 주장된 것처럼 3개의 다른 사본들인가? 또한 J.A. Duncan이 *DJD* XIV에서 주장한 것처럼 신명기와 출애굽기의 조각들인 4QDeut^{j}는 같은 사본의 한 부분으로 보아야 하는 것인가? 이런 문제들이나 이와 유사한 문제들은 전체 성경 사본의 숫자를 대략으로밖에 말할 수 없게 한다. (역주: DJD는 Discoveries from Judean Dessert의 시리즈 출판물의 약자로 쿰란과 사해 일대에서 발견된 모든 사본들의 사진본, 복원과 각 사본들에 관한 학자들의 기초적인 연구를 모두 포함한 출판물인데 총 39권으로 되어 있다.)

대부분의 사본들은 일반적인 성경 사본인 것을 자명하게 보여 주지만, 일부 사본들은 '성경(적)'이란 말이 그 본래의 의미와는 조금 다르다는 것도 알아야 한다. 그것들은 비록 그 내용의 대부분이 성경적이기는 하지만 좀 다른 스타일의 작품들이라고 할 수 있기 때문이다. 그런 것들은 성경을 요약하거나 인용한 작품들인 것으로(예, 4QExod^d, 4QCant^a, and 4QCant^b) 부분적인 성경 사본들이라고 할 수 있다. 제의식용의 문서들은 신명기와 시편에서 그 실제적인 목적을 위해 본문을 재편성하는 것을 볼 수 있다. 쿰란의 시편 모음집들은 성경 시편의 여러 개를 재구성하거나 생략하고 있으며, 또한 정경에 들어 있지 않는 시편들을 추가해 넣기도 한다. 본문 비평을 위해서는 이러한 사본들이 일반적인 성경 사본들과 동등한 가치를 지닌다고 할 수 없다. 왜냐하면 그런 텍스트를 작성한 서기관들은 그 본문의 전승에 있어 세부적인 부분에는 신중을 덜 기했을 것이기 때문이다.

어떤 두루마리 사본들은 어떤 사본의 끝 부분과 다른 사본의 첫 부분을 포함하고 있는데, 예를 들면 오경, 12소선지서, 그리고 5축 두루마리들이다. 이렇게 한 두루마리 안에 한 개 이상의 성경책을 담고 있는 것들은 4-5/6개의 오경 두루마리 사본들이라고 할 수 있다: 4QGen-Exod^a, 4QpaleoGen-Exod^l, 4QExod^b, 그리고 아마도 역시 4QExod-Lev^f, 4QLev-Num^{a}과 Mur 1이다. 후자는 아마도 창세기, 출애굽기와 민수기를 포함하는 것 같다(보라. *DJD* III, pp. 75-78과 plates XIX-XXI).

2) 쿰란 정경?

학자들은 쿰란공동체가 어떤 히브리 본문을 자신들의 거룩한 성경으로 받아들였는지에 관심을 많이 가져 왔다. 다른 말로 간단히 말하면, '무엇이 그들의 정경(본문)이었는가' 이다. 이에 대해 어떤 동굴이 어떤 사본을 포함하고 있었는지가 대답을 위해 중요한지는 알 수 없다. 왜냐하면 동굴은 오직 사본의 보관을 위해 사용되었을 뿐이기 때문이요, "쿰란 도서관" 등의 명칭은 오칭이라고 볼 수 있다. 우리는 가장 큰 보관 소 역할을 했던 제4동굴에 있던 두루마리들이 쿰란공동체 건물의 중심부에서 옮겨 왔다고 짐작하는 어떤 학자들의 견해가 옳은지 조차도 알지 못한다. 만일 그들의 주장이 맞다면, 제4동굴에서 발견된 선택된 사본들은 아주 중요한 것들일 것이다. 이러한 많은 사본들이 한 곳으로 모이게 된 것은 우연의 요소일 수도 있지만, 한편으로는 계획된 것이라고 볼 수도 있다. 왜냐하면 에스더서를 뺀 모든 정경의 책들이 포함되어 있기 때문이다. 그러나 우리는 이렇게 사본들이 집적된 것을 평가함에 있어서 제4동굴에 어떤 특별한 중요성을 부여해야 하는지에 대해서는 모른다. 왜냐하면 제4동굴에는 정경의 성경 본문들과 지금은 칠십인경에서 볼 수 있는 외경 본문들, 예를 들어 토빗서, 희년서와 그 외의 비정경 작품들이 함께 보관되어 있기 때문이다. 어떤 학자들은 쿰란의 정경은 끝이 없는 것이라고 주장한다. 그러나 우리가 생각할 때 쿰란 동굴에서 발견된 두루마리들만 가지고 쿰란 공동체 사람들이 무엇을 자기들의 정경으로 받아들였는지를 밝히기에는 증거가 너무나 부족하다. 다른 견해가 더 적절할지도 모른다. (즉 그들의 정경은) 여러 개의 같은 본문 필사본들, 예를 들어 희년서, 공동체 문서들 또는 성경구절들을 인용하며 인용 표시 문구까지 사용한 작품들("―에 기록되었으되")이라는 것이다. 희년서는 위의 두 경우 모두에 포함된다. 또 다른(쿰란 공동체의 정경에 대한) 기준점은 여러 정경 책들과 성전 사본(11QT^a)의 화려한 사본들이라고 말하는 것이다.

3) 성경 사본들의 특징들

비전문가들은 성경의 히브리어 본문은 사해사본 발견 전에는 오직 **중세사본**들만 연구되었다는 것을 알아야 할 것이다. 이런 면에서 히브리어 성경은 결코 유일한 것이라고 할 수 없다. 이것은 훌륭한 헬라어나 라틴어의 저작들이나 사마리아 오경(SP: 역주, Samaritan Pentateuch)에 있어서도 마찬가지이다. 중세의 수도사들은 그 앞 시대인 비잔틴 시대의 사본들을 아주 정확하게 필사해 내었고, 그 (비잔틴) 사본들 역시 그 앞선 시대의 것을 같은 신중함으로 필사했다. 그러므로 비록 완벽하지는 않다 할지라도 상황이 그렇게 절망적이지 않으며, 이런 과정에서 일부 불일치가 생겨나게 된 것이다. 이러한 중세의 사본들에만 집중한 결과, 그 사본들 안에서의 차이점은 오늘날까지 심각하게 다루어져 왔다고 할 수 있는데, 대부분의 이독(차이점)들은 중세시대 안에서 만들어졌기 때문이다.

4) 두루마리의 다른 모양들

쿰란 동굴의 사본 중 190개 정도는 보통 히브리어체, 즉 "정방형" 또는 "아람어체"로 된 사본들이다. 11-12개의 사본은 고대 히브리어체 (paleo-Hebrew)로 되어 있다. 이런 사본들의 배경과 특성은 좀더 구체적으로 규명되어야 하지만, 사두개인들의 주변에서 나왔을 가능성도 있다. 이 사본 조각들은 주로 오경과 욥기인데 전통적으로 이 둘은 모두 모세의 저작으로 알려져 있다. 고대 히브리어체로 기록된 사본들 중 가장 긴 것은 11QpaleoLev^{a}와 the pre-Samaritan 4QpaleoExod^{m}이다. 이 문서들은 아주 신중하게 필사되었으며, 서기관들의 (조작을 위한) 개입 증거는 거의 찾아볼 수 없다.

위의 표에서 보여진 필사본 숫자는 각 책들에 대한 쿰란공동체의 다양한 관심을 측정해 볼 수 있다. 특별하게 여러 사본들이 있는 신명기(30), 이사야(21), 시편(36)은 쿰란의 서약자들이 이런 책들에 관심이 많았음을 보여준다. 즉 그들은 신명기의 설교 스타일을 좋아했으며 그 책을 모방해서 작품을 썼고, 그들의 신학은 이사야서의 영향을 많이 받았으며 정경 시편을 모방해서 많은 시들을 지었던 것이다.

새로 발견된 사본들은 여러 방면에서 히브리어와 헬라어 성경의 본문 연구에 혁명적인 역할을 했다. 성경 본문의 전승 과정은 여러 면에서 분명하게 되었고, 쿰란의 두루마리는 성경책의 문학적 성장의 마지막 단계를 이해하는 데도 깊은 관계성을 보여 준다. 학자적인 용어로서, 이 사본들의 발견은 그 연구 영역에 '대 변혁'을 가져왔다고 말하는 것은 좀 과장된 표현인지는 모르지만, 이 표현은 쿰란 사본에 관한 한 적절한 표현이다. 어떤 이들은 아마도 유대 광야의 다른 지역들(와디 무라바앗, 와디 스데이르[나할 데이비드], 나할 헤베르, 나할 쨀리임과 마사다)에서 발견된 것들은 단순히 중세의 MT(역주; Masoretic Text, 마소라 텍스트)를 지지해 주는 본문들이기 때문에 별로 중요하지 않다고 생각한다. 그러나 정확히 이런 이유 때문에 이런 사본들은 아주 흥미로운데, 곧 아래에서 다루게 될 것이다. 유대 광야에서 발견된 이러한 사본들과 관련한 새로운 면들은 그것들이 새로운 자료를 포함한다는 것뿐 아니라, 쿰란 사본이 발견되기 전에 알려진 본문 자료들, 즉 랍비들에 의해 전승되어 오늘날 유대인들의 성경이 된 MT, 유대지역과 경쟁 관계에 있는 북쪽 사마리아 분파의 오경이 되었던 SP, 그리고 헬라어로 번역되어 초기 기독교회에 의해 보존되었던 LXX(역주; Septuagint, 칠십인경)들을 더 잘 이해할 수 있게 해 준다. 이러한 소위 '주요한' 히브리어 성경의 본문 자료들은 모두 중세의 사본들인데, 이제 모두 한꺼번에 집약된 모습으로 볼 수 있어서 히브리어 성경의 발전 모습을 보게 해 주는 것이다.

여기서 잠시 멈추어 서서 위에 언급한 부분들을, 특히 마소라 텍스트에 대하여 설명하기로 하자. 기본적으로 이것은 우리의 성경이다. 히브리어로 된 the Bible로 여겨진다. 그리고 그것으로부터 모든 현대의 번역이 나오게 되었다. 많은 학자들이 인정하는 것처럼, 이 텍스트는 시대가 지나가면서 유대교에 받아들여진 유일한 것이다. 수세기 동안 이것이 바로 '유대인들의 그 성경'으로 인용되었고, 전통적인 텍스트가 되었으며, 거기에 소위 '마소라'라고 부르는 부속 장치들이 추가되었으며, 이로 인해 그 텍스트는 "마소라 텍스트"가 된 것이다. 이것은 과거에나 또한 지금까지 유대 정통파의 시각으로는 유일한 텍스트가 되어 왔고, 아울러 훌륭한 기독교의 신앙인 안에서도 그들의 히브리어 성경은 바로 이것으로 여겨지고 있다. 그러므로 오늘날 현대인의 손에 있는 모든 종류로 번역된 구약성경은 거의 MT와 일치한다. 상기한 점들을 고려해 볼 때, 비록 MT는 1,000년 전의 것이기는 하지만, 그 자음 본문은 훨씬 오래된 것이라고 할 수 있다. 놀랍게도 사해 근처에서 발견한 사본들은 MT가 벌써 2,000년 전에 존재했음을 보여 주는 것이다.

5) 본문 비평

본문 비평은 히브리어와 아람어로 쓰여진 성경 본문을 예로부터 지금까지 전승되어 온 방법들로 연구하는 것이다. 우리는 히브리어와 아람어로 된 성경의 초기 형태에 초점을 맞추지만, 좀더 넓은 이해를 위해서는 헬라어 성경도 깊이 탐구해야만 한다. 우리의 목표 중의 하나는 기원전 10세기, 7세기 그리고 2세기에 그것들이 처음 쓰여졌을 때 히브리어 성경의 모습이 어떠했는가를 이해하는 데 있다. 우리는 그 본문의 문학적 형태가 완성되고 나서 어떤 일들이 생겼는지 알고 싶은 것이고, 어떻게 추가적으로 발전되고 변화되었는지에 대해 알고 싶은 것이다. 우리는 고대의 책들이 한 번에 작성되지 않았고 끊임없이 다시 쓰여진 것을 안다. 따라서 '오리지널'이란 이름이 붙여질 어떤 특정한 시기가 존재하기는 어렵다고 볼 수 있다. 사실, 성경 본문이 다시 쓰여지는 매 단계마다 그 작품들은 완성된 것으로 여겨졌으며, 그 다음 세대에서 다시 쓰여졌다 해도 역시 마찬가지로 인식되었다. 본문 비평은 또한 어떻게 성경 본문이 한 세대에서 다음 세대로 전승되었는지에 대한 질문들을 다루게 되고, 어떻게 그것이 바뀌었는지, 확장되었는지, 축소되었는지, 그리고 서기관들이 어떻게 실수하였는지, 나아가서 그것들을 어떻게 고쳤는지도 다루게 된다. 이러한 모든 현상들은 실제로 히브리 성경책들이 인간에 의해 쓰여지고 또다시 쓰여지는 과정에서 발생했다. 사해사본들은 이러한 발전 과정을 이해하는 것과 깊은 관계가 있다. 왜냐하면 이 사본들은 아주 오래된 것들이고, 성경의 원전이 쓰여진 지 그리 오래되지 않아서 쓰여진 것들이기 때문이다. 그것들은 성경 저자들의 시대로부터 유래된 것은 아니다. 다만 다니엘서 두루마리만 그 책의 마지막 장이 쓰여진 지 겨우 두 세대 정도 지난 다음의 것일 뿐이다. 다른 두루마리들은 원전보다 훨씬 떨어진 후대의 작품들인 것이다. 예를 들면 우리는 이사야서의 저작권에 대한, 즉 소위 제1이사야와 제2이사야로 심지어 제3이사야로 분리해야 한다는 등의 난처한 질문의 답을 얻을 수 있을 것이라고 기대해서는 안 된다. 만일 많은 학자들이 믿는 것처럼 다른 작품들이 정말로 한 책으로 묶어졌다면 그 일은 쿰란 사본들 중의 가장 이른 것보다 몇 세기나 앞선 시대의 일일 것이다.

6) 마소라 텍스트(MT)

1947년 두루마리가 발견되기 이전에는, MT보다 최소 500년 이상 고대 히브리어 본문과 근접성을 가지고 있는 칠십인경이 있었지만, 성경은 중세 자료(MT)에 근거해서 연구되었다. 헬라어 본문이 고대 히브리어 사본과 훨씬 가깝다면 우리가 이러한 헬라어 증거를 의지하는 것이 선호되어야 하지 않을까? 그렇지는 않다. 그런 생각들은 별로 효과적인 것이 아니다. 왜냐하면 히브리어 본문과 헬라어 본문에는 많은 차이가 있기 때문이고, 헬라어의 본문들이 더 오래된 것이라고 해서 그것이 더 선호되어서는 안 된다. 그러므로 마소라 학자들에 의해 우리에게 남겨진 중세의 히브리어 성경들을 집중해서 보는 것은 옳다. 더구나 중세 사본들은 그 시기가 늦다는 사실이 신뢰도를 떨어

뜨릴지도 모른다는 생각과 달리 아주 충실한 본문이다. 왜냐하면 유대광야에서의 발견은 중세의 MT와 정확히 일치하는 텍스트가 이미 기원전 1세기와 기원후 1세기에 있었음을 가르쳐 주고 있기 때문이다. 이 부분은 **우리가 강조하고 싶은 첫 번째 사항**이다. 다행히도 2000년 전부터 지금까지 MT는 변경되지 않았다. 하나님의 진정한 경이로움이든지, 혹은 사람의 작품이든지, 이런 서기관의 정확성은 처음 바리새인들에 의해 수행되어 왔고, 탈무드의 현인들에 의하여 엄중히 규정되어 왔으며, 중세 랍비 문헌을 통해 영속되었던 것이다.

두 번째 요점은 쿰란의 원시 마소라 사본들(proto-Masoratic texts)은 중세의 자음 본문들과 가까운 반면, 쿰란 외의 유대 광야 지역에서 발견된 23개의 텍스트들은 중세의 것들과 일치한다. 이 사본(23개 사본)들의 중세 본문들과의 차이점은 얼마 안 되는데, 철자나 아주 작은 세부사항에 지나지 않으며, 단락 구분이나 시편의 배치 등에서 일부 차이가 날 뿐이다. 이러한 종류의 차이점은 중세 사본들 안에서도 얼마든지 일어나는 것들이다. 다른 말로, 2000년 전의 마소라 텍스트가 중세 사본들과 다른 정도는 중세 사본들이 그 자체 안에서 서로 차이가 나는 정도 그 이상은 결코 아니라는 것이다. 따라서 MT의 완벽한 것으로 가장 오래된 레닌그라드사본(codex Leningrad)과 쿰란 외의 사해사본들과의 아주 적은 차이점은 바로 그들이 같은 그룹에 속했음을 말해 주거나 원시 랍비 문서들과 같은 계열에 속한 것이라고 정의할 수 있다. 즉 이 계열은 MT의 자음 본문이 마소라 사본들보다 1000년전, 또는 그 이전부터 보존되어 왔던 것이다. 다른 한편으로, 쿰란의 MT 계열 두루마리의 큰 그룹은 중세 사본들과 조금 떨어진 관계라고 할 수 있다. 이런 현상은 쿰란에서 발견된 사본들의 사회-종교적 배경이 쿰란 외의 다른 유대 광야 지역 사본들의 배경과 다른 것에 기인한다. 이 다른 지역들은 소위 마사다 반란과 바르코크바의 자유를 위해 벌였던 전쟁을 위한 사람들에 의해 점유되었던 곳이다. 이 그룹들은 영적 중심부인 예루살렘의 규례에 영향을 받은 히브리어와 헬라어 두루마리를 가지고 있었던 것이다. 예루살렘의 영향이 다른 지역들도 얼마든지 미쳤기 때문에 이 사실은 별로 놀랄 만한 것이 되지 못한다. 사실, 나는 이 사본들이 성전의 뜰에 있던 성경의 '정통본문'(sefer ha-'azarah)으로부터 카피된 것을 보이려고 했다. 이와 상반되게 쿰란공동체는 이 규칙에 제한되지 않았고, 우리가 발견한 바로는 쿰란 외 지역의 똑같은 사본들과 한 발자국 떨어진 사본들이 존재 했다. 그러므로 세 번째 요점은 쿰란 외의 유대 광야에서 발견된 사본들은 중세 사본들과 아주 작은 부분에 이르기까지 일치한다는 것이다. 왜냐하면 그것들은 예루살렘 성전의 규칙을 따르는 사람들에 의해 소유되었기 때문이다. 그러나 한편 쿰란의 원시 마소라 사본들은 이 중앙(예루살렘) 본문들보다 상당히 떨어진 모습이라는 것이다.

여기까지 마소라 계열에 대하여 이야기했다. 학자들은 이 본문을 마소라 본문의 옛날 형태, 즉 원시 마소라(본문)라고 부른다. 왜냐하면 그것은 중세에 붙여진 모음 부호와 엑센트 부호가 결여되어 있기 때문이다. 그러나 여기서 우리는 그것을 그냥 MT(마소라 텍스트)라고 하자.

7) 다른 사본들 안의 이독들

2000년 전에는 MT 외 많은 다른 본문들이 널리 퍼져 있었다. 사실 마소라 계열을 제외한 개개의 사본들은 서로 차이가 난다. 작거나 큰 변경을 집어 넣는 행동으로 서기관들은 자기 자신의 성경을 만든 것이다. 말하자면 우리가 잊지 말아야 할 것은, 우리가 지금 가지고 있는 본문은 비록 그것이 아주 작은 분량의 본문 조각이라고 할지라도 그것은 과거 특정한 때에 존재했었던 본문이란 사실이다. 그러므로 우리가 어떤 사본(본문)들의 관계를 이야기하려고 할 때, 특정한 두 본문의 관계에서도, 중간 단계를 보여 주는 어떤 사본들이 있을 수 있다는 것을 알아야 한다. 쿰란이 밝힌 것 중의 하나는 그 사본들 간의 차이점을 통해 본문의 다양성을 드러낸 것이라고 할 수 있다. 이것이 우리의 **네 번째 중요한 점**이다. 먼저 본문의 다양성에 관한 예들을 들어 보기로 하자.

쿰란 동굴은 우리에게 200여 개의 성경 두루마리 조각들을 제공해 주는데, 이런 것들은 한때 완전한 것들이었고 성경 본문의 어두운 구석들을 밝혀 주었다. 우리를 정말 흥미롭게 하는 것은, 쿰란 본문들과 MT(역주: 마소라 텍스트), SP(역주: 사마리아 오경), 그리고 LXX(역주: 칠십인경)과의 관계이다. 이와 아울러 우리의 관심사는 서로 다른 많은 쿰란 사본들 사이의 관계들이다. 쿰란 거주자가 자기들이 가지고 있는 두루마리의 내용이 일부 상충된다고 해서 당황했을 리 없다. 이 다양성은 고대 이스라엘에서 두루마리 사본들의 서로 다른 기원을 반영해 준다. 그러나 좀더 중요한 점은 두루마리 사본들이 기록되었을 때, 대부분의 이스라엘 지역에서는 그것들이 완전 일치해야 한다는 개념 자체가 존재하지 않았을 뿐이라는 것이다. 그런 개념은 오직 한 곳, 아주 중요한 처소인 성전에서만 지배적이었다. 몇몇의 차이점을 자세히 살핌으로 우리는 이 통일성의 결여를 보이고자 한다. 사무엘상 1장 23절에서 한나는 사무엘을 데리고 실로로 올라갈 때 "세 마리의 황소"를 가지고 간다. 그러나 쿰란의 4QSam^{a}와 칠십인역에서는 그녀가 "삼 년 된 황소"를 가지고 간다고 기록한다. 이 경우는 전통적인 텍스트(역주; 마소라 텍스트)의 서기관이 실수함으로 생긴 것이다 (낱말 분리 위치, 모음 다르게 읽기). MT에 의하면 같은 장의 28절에 엘가나는 성전의 여호와 앞에 경배한다. 그러나 위의 쿰란 사본과 칠십인경은 경배한 사람이 엘가나가 아니라 한나라고 한다. 이것은 아마도 제의식에서 한나의 주도적인 역할이 MT에서는 엘가나의 역할로 대치된 경우일 것이다. 텍스트 간의 더욱 중요한 차이점은 우리의 **다섯 번째 요점**에 있다.

4QDeut^{q}와 LXX는 모세의 노래(신 32:43) 이후에 MT에 없는 몇 줄이 추가되어 있다. 4QDeut^{q}는 그 시 자체만을 포함하는 것 같으나, 다신론적이라고 표현할 수 있는 자세한 부분을 언급하고 있다. 더 나아가 이 두루마리 사본과 LXX는 모세가 "하늘아 그와 함께 즐거워하라(הַרְנִינוּ שָׁמַיִם עִמּוֹ)" 하고 선포하는 것으로 나오는데, 이것은 더 불가능해 보이는 MT의 "열방들아 그의 백성을 즐거워하라"(הַרְנִינוּ גוֹיִם עַמּוֹ)와는 상충되는 것이다. 그리고 이것은 "그의 백성들을 즐겁게 하라"는 의미는 될 수 없을 것이다. 이 경우 쿰란과 LXX의 더 긴 본문이 원본이라 할 수 있는데, 왜냐하면 여러 이방 신들에 대한 언급들이 성경의 다른 곳들에서 언급될 뿐 아니라, 고대의 서방 셈족 문헌에도 나오기 때문이다. 예를 들면 기원전 1200년 경의 우가릿(오늘날 시리아)에서 발견된 쐐기형 텍스트들이다. 아마도 MT는 이런 다신론적인 잔재들을 없앤 것 같다. 오직 LXX와 쿰란 사본들의 도움으로 우리는 이러한 상황을 이해할 수 있는 것이다.

다른 성경 사본인 4QDeut^{j}에는 같은 노래의 8절에 이와 닮은 다신론에 대한 언급이 있다. MT에 따르면 "지극히 높으신 자가 열국의 기업을 주실 때, 인종을 분정하실 때에 이스라엘 자손의 수효대로 민족들의 경계를 정하셨도다"(역주: 개역한글=MT). 혹자는 물을 것이다:

하나님이 정말로 지상 모든 민족의 경계를 이스라엘 백성들의 숫자를 따라 하셨다는 말인가? 그런데 4QDeut^{j}는 "이스라엘 자손들" 대신에 "엘의 자손들"이라고 읽는다. 쿰란 사본과 LXX의 본문 읽기로부터 원전은 복원되어, 모세의 노래는 이제 신들의 총회를 언급하고 있는 것으로 드러났다(비, 시 82; 왕상 22:19). "지극히 높으신 분(Elyon)께서, 하나님(El)의 아들들의 숫자를 따라 열방의 경계를 정하셨도다." 다음 절은 여호와께서 자신을 위해 이스라엘을 맡으셨다는 것을 강조한다 (역주: 참조, 개역한글, 신 32:9 여호와의 분깃은 자기 백성이라 야곱은 그 택하신 기업이로다). 이런 가능성 있는 원래의 문맥에서 Elyon과 El은 이스라엘의 하나님의 이름이 아니고 가나안과 우가릿 족들에게 알려져 있는 만신들의 이름이다. 초기의 서기관은 이 다신론적인 그림에 안절부절 못하고, "El의 아들들"을 "이스라엘 자손들"로 대치시켰고, 결과적으로 본문은 완전히 다르게 된 것이다.

여호수아서 MT의 본문 순서에 따르면, 이스라엘 백성은 신명기 27장에 명한 대로 요단을 건너자마자 제단을 세운 것이 아니라 여호수아 8장 30-35절에 정복과 관계된 여러 활동들 다음에 세운다. 이와 달리 쿰란 사본 4QJosh^{a}에 보면, 그 줄(Ulrich은 이 사본의 본문 출처를 8:34-35; X ; 5:2-7로 표기한다)의 시작에 이 제단은 요단강을 건너자마자 세워졌다고 기록하고 있다. 이 가능성 있는 원본은 요세푸스의 기록에도 뒷받침을 얻는다(요세푸스 유대고대사 5권 pp. 16-19). 그러므로 4QJosh^{a}가 원전을 잘 반영해 준다고 할 수 있다.

마지막으로 무엇보다 쿰란 사본들과 다른 본문 증거들과의 사이에 가장 큰 차이점은 4동굴에서 나온 예레미야 사본들(4QJer^{b,d})에서 나타난다. 이 사본들의 본문은 LXX처럼 사람 이름과 제목들을 포함한 여러 부분에서 MT보다 짧다. 예를 들면, 4QJer^{b}에서 예레미야 43장

6절은 "시위대장 느부사라단"이라고 읽는 대신에 "느부사라단"이라고 읽고 있고, 같은 절에 "사반의 손자 아히감의 아들 그달리야"라고 읽는 대신에 "아히감의 아들 그달리야"로 읽고 있다. 마찬 가지로 중요한 차이점은 10장 6~10절이 쿰란 사본에서와 LXX에는 없다는 것이다. 이 절들에서 4QJer^{b}와 LXX에 빠진 부분은 같은 특성을 가지고 있다: 이 부분은 이스라엘의 여호와를 찬양하는 한편 그 남은 절들에서는 하나님 없는 백성들의 우상을 멸시하는 내용들이다(역주: 쿰란과 LXX에 남은 내용은 MT의 9절뿐인데 9절의 내용은 이방신을 멸시하는 내용이다). 우리는 하나님을 칭송하는 내용이 쿰란 사본의 서기관에 의해 생략되었다고 생각할 수 없다. 반대로 그 칭송의 내용은 MT의 서기관에 의해 보태졌으며, 그는 아마도 우상들과 이스라엘의 하나님 사이의 차이점을 강조하기 원했을 것이다.

위의 예들에서 우리는 쿰란 사본들이 제공해 주는 정보들을 보여 주었는데 이들은 성경 해석학자들이 반드시 고려해야 할 것들이다. 그것은 서기관들이 끊임없이 변경하고, 현대화하고, 심지어 본문을 혹평하기도 하였다는 것을 보여 준다. 우리의 **여섯 번째 요점**은 이 사본들의 모든 읽기와 LXX의 읽기는 MT와 **동등하게** 주의를 요한다는 것이다. 이들 중 그 어떤 것이라도 더 이른 본문 단계를 반영할 수도 있는데, 이런 점들은 항상 우리가 MT 이상으로 주의 깊게 살펴볼 것을 요구한다.

이와 동시에, 비록 위에서 살펴본 내용 분석 문제보다 덜 중요하다 할지라도, 쿰란 사본들은 여전히 여러 면에서 흥미를 유발하게 되는데, 예를 들면 문법이나 철자법 등에 관한 것들이다. 스펠링의 차이는 마치 영국의 "night"와 미국의 "nite"의 불일치와 같이 사소한 것이다. 히브리어에는 고정된 철자법 규칙이 있는 것이 아니다. 심지어 현대에도 모음부호가 없는 히브리어 본문은 그 철자법이 고정되어 있지 않다. MT에서 대부분의 책들은 어느 정도 불완전(defective, 역주: 짧은) 철자법을 사용하고 있다. 그러나 "대 이사야 사본"(역주: 1QIsaᵃ)과 또한 이와 유사한 그룹의 사본들은 그 이전에 알려진 어떤 본문들과도 다른 철자법을 보여 준다. 그 철자법은 극도의 완전 철자법을 사용하는데, 예를 들면 ki 는 aleph 을 포함하고(역주: 성경 히브리어의 כִּי "왜냐하면" 대신에 로 כיא 표기), yatom 은 단어 내부에 yod 다음에 aleph 을 가지고 있다(역주: יתום "고아" 대신에 יאתום으로 표기). 이런 그룹의 사본들은 형태상으로도 새로운 방법을 보여주고 있는데, 특히 길어진 모양으로 대명사의 경우(예를 들면, hiah, atemah—역주: היא "그녀" 대신에 היאה로 표기, אתם "너희" 대신에 אתמה)와 동사(예, eqtolah 와 eqtolenah—역주: יקטל, "죽일 것이다" 대신에 יקטולה 또는 יקטולנה로 표기), 그리고 부사의 경우(예, me'odah—역주: מאד, "대단히" 대신에 מאודה) 등이다. 이러한 모습은 서기관의 독특한 방법에도 나타나는데, 예를 들면 신명인 tetragrammaton(네문자—역주: 유대인 전통에 읽기 금지된 네문자, 우리말로 하면 대체로 '여호와'로 번역됨)을 고대 히브리어체로 기록하는 것 등이다.

다행히도 쿰란공동체의 모든 텍스트들은 쿰란의 서기관들 집단의 몇 가지 특징을 잘 보여주고 있다. 이런 특징들은 오직 쿰란의 서기관들에게만 국한된다는 주장은 없지만 쿰란 사본들 안에서는 이런 서기관들의 특징이 두드러진다. 이와 마찬가지로, 쿰란 서기관들에 의해 쓰여진 성구함(역주: 성구를 적은 양피지를 담는 가죽 상자)들은 랍비들의 규정을 따르지 않는 그 속에 담고 있는 내용과 함께 특별하다. 반면에 쿰란 서기관들에 의해 쓰여지지 않은 테필린(tefillin, 기도문)들은 랍비들의 규정을 엄숙하게 따르고 있다. 이런 기준점에 의거하여 일군의 쿰란 성경 사본들은 쿰란 서기관들의 작품들인 것을 밝혀낼 수 있다. 이런 사본들의 자유로운 측면들은 쿰란공동체 언약자들의 성경에 대한 엄숙한 태도와 상반되는 것같이 보이지만, 다양한 삶의 측면이 반영되었다고 할 수 있다. 우리의 **일곱 번째 중요한 점**은 쿰란 분파들의 성경적-비성경적 (사본들의) 서기관들은 그들의 철자법, 문법적 형태 그리고 관습을 통해서 구별지을 수 있다는 것이다.

쿰란 두루마리들의 본문 불일치는 예외적인 소수가 아니라, 전반적인 현상임을 보여 준다. 이스라엘 전역에서 쿰란으로 옮겨진 이 두루마리들은 당시 이스라엘 본문의 다양성을 단적인 특성으로 보여 주는 것이다. 이 본문의 다양성이 바로 우리의 **여덟 번째 포인트**인 것이다.

8) 쿰란의 본문 그룹들

쿰란 사본들 간의 다양한 차이점들을 구별함에 있어서 우리는 쿰란의 동굴별로 구별할 수 없다. 왜냐하면 개개의 동굴에서 발견된 내용들은 동질 그룹이 아니기 때문이다. 또한 그 기원, 즉 쿰란공동체에 의해 필사되었는지 혹은 바깥에서 들어왔는지를 중심으로 하거나, 시기별로 구별해서도 안 된다. 이런 것들 중에 어떠한 것도 확실하지 않다. 그러므로 비록 문제가 없는 것은 아니라도 가장 좋은 구별은 각 본문들의 특성에 따라 구별하는 것이다.

우리의 본문 분석은 128개의 성경 텍스트들에만 근거한다. 왜냐하면 나머지 72개는 그 본문의 성격을 규명하기에 너무 작은 조각들이기 때문이다.

52개의 오경 본문들 중 46개는 분석 자료로 사용하기에 충분히 긴

데, 그중 52%(24 본문)는 마소라 텍스트(혹은 MT와 SP와 공히 가까운 것들)를 반영하고, 37%(17 본문)는 어느 것과도 가깝지 않으며, 6.5%(3 본문)는 SP를 반영하며, 4.5%(2본문)는 LXX와 가까운 본문이다. 오경 외의 다른 성경책을 담고 있는 본문 76개 중에서 75개는 분석을 위해서 충분히 긴데, 44%(33 본문)는 MT(혹은 MT와 LXX를 공히 근접함)를 반영하고, 53%(40 본문)는 독자적이며, 3%(2 본문)는 LXX와 가깝다. 그러므로 MT와 가까운 본문들과 어느 주요한 본문들과도 가깝지 않은 독립적인 본문들이 많다는 것이 쿰란 사본들에 분명히 나타나는데, 오경사본들은 특히 MT에 많이 기울고, 오경 외의 성경책 사본들은 독립적인 계열에 속하는 것이 많다.

그럼 이제 이 본문 그룹들에 대하여 간략히 설명해 보자. 이미 위에서 쿰란 서기관 학교에 의해서 기록되었을 만한 사본들에 대해 이야기했는데, 그것들은 여러 종류의 다양한 자료들로부터 중세 마소라 본문과 가까운 자료들로까지 필사된 것들이다.

학자들은 소위 사마리아 오경이라고 불리어 온 사마리아 성경은 아주 고대의 것이라고 추정해 왔다. 그러나 1947년 이전에는 이런 추정을 위한 어떤 자료도 없었다. 쿰란에서 발견한 사본들 중에 가장 흥미있는 것들은 거의 사마리아 본문과 동일하나 다만 그 분파주의적인 특징만 빠진 것들(의 발견)이었다.

또 다른 쿰란 히브리어 두루마리들 중에서의 위대한 발견은 헬라어 LXX의 복원에 근거한 (히브리어)본문과 아주 유사한 사본들의 발견이었다. 요컨대 4QJer[b,d]와 같은 사본들은 아주 작은 특성들(즉 절들의 배열과 짧은 본문)에 있어서도 LXX와 놀라울 정도로 유사성이 있음을 보여 준다. 번역을 위해 이집트로 보내진 텍스트는 팔레스타인에 남아 있는 또 MT와는 다른 두루마리와 가까운 것일 수 있다.

역시 놀랍게도 쿰란의 많은 사본들은 위의 언급된 어떤 주류들(역주: MT, LXX, SP)과도 가깝지 않은 것들인데, 그러므로 이런 것들은 독립된 그룹으로 구별된다. 4QJosh^{a}와 4QJudg^{a}와 같은 독립적인 사본들은 주된 본문들의 읽기 전승들과 실제로 심각하게 차이가 난다.

같은 쿰란공동체 안에서 이런 여러 그룹의 다른 본문들이 병존하는 것은 놀랄 만하다. 사실 차이가 나긴 하지만 같은 동굴들에서 발견된 사본들은 기원전 3-1세기의 것들이다. 이러한 다수의 본문에서, 원시 마소라 본문이 많음은 그 사회에서의 본문의 중요성을 반영해 주고 있으며, 반면 많은 숫자의 독립된 본문들 역시 성경 본문 전승의 특별한 특징으로 여겨진다. 쿰란 멤버들의 성경 본문에 대한 자세에 대해서는 어떤 결정적인 결론이 내려질 수 없다. 그러나 분명한 것은 그들은 본문의 차이점들에 있어 주의를 기울이지 않았다는 것이다.

쿰란에서 여러 다양한 그룹들의 본문이 병존한 것으로 보아 고대 이스라엘 세계에서, 어떤 특정 본문이나 본문의 그룹이 이스라엘 전체 국가적인 권위를 가지고 받아들여진 본문이 없었다는 것은 분명하다. 그러나 특정 환경에서는 특정한 텍스트가 권위 있는 것으로 받아들여졌다. 우리가 확신하기는 MT는 성전 주변에서 받아들여진 텍스트였으며, 따라서 다른 곳들에서도 여전히 영향력이 있는 것이었다. 이 본문의 가장 순전한(purest) 형태는 마사다와 바르코크바의 용사들이 머물렀던 지역에서 발견되었는데, 이들은 아마도 성전에 있는 '권위(master) 두루마리'에서 필사가 된 것이다. 쿰란 사본들은 원시 MT 본문의 형태보다 덜 순전하다고 할 수 있으며, 한편으로는 추가적인 본문 형태를 많이 보여 주고 있다. 다시 말하면, 쿰란 사본들은 덜 순수한 MT의 형태들을 다수 포함하고 있으며, 성전의 '권위 사본'과는 좀 떨어진 본문들이라고 할 수 있다. 사해의 다른 지역들에서 발견된 사본들은 오직 MT만을 반영해 준다. 쿰란과 다른 지역에서의 본문의 차이점은 사회-종교적인 면에 기인하는 것이지, 어떤 학자들이 가끔 주장하는 것처럼 연대기적인 면에서 기인한 것은 아니다. 유대 광야의 지역들은 쿰란보다 좀더 후대의 것이므로 MT 본문이 월등히 많다는 것이 학자들에 의해 종종 언급되었다. 이 견해는 옳지 않은데 왜냐하면 마사다의 거주 최종 시기는(terminus ad quem) 쿰란의 것과 같기 때문이다. 쿰란과 마사다가 공히 기원후 70년까지의 사본들을 가지고 있는 것은 사실이나, 각각의 지역 사본들은 그 특성이 다른데, 그 이유는 두 장소가 각기 다른 사회적 특성의 사람들에 의해 점령(사용)되었기 때문이다.

학자들은 쿰란 사본들을 다양한 방법으로 묘사하고 있으며, 그 개별적인 사본들에 대한 설명들도 다르고, 또한 쿰란 사본들의 총체적인 특성은 각기 다른 방법들로 설명되고 있다. 그러나 대부분의 학자들은 다음의 사항들에 동의한다:

1. 이전에 알려지지 않았던 이 두루마리에 있는 본문들은 성경 본문의 많은 세부적인 부분에 있어서, 또 성경 필사를 위해 사용된 재료들에 대하여 좀더 나은 이해를 하는 데 도움을 준다.
2. 쿰란 사본들에 나타난 본문의 다양성은 제2성전시대의 성경 본문의 상태를 전반적으로 잘 보여 준다.
3. 두루마리들은 제2성전시대에 성경 본문을 필사하는 데 있어서 기술적인 측면에 배경적 지식을 제공해 준다.
4. 고대 번역들의, 특히 LXX의 진정성은 쿰란 사본들에 의해 지지된다. LXX는 성경 연구에 있어서 가장 중요한 본문 중의 하나이나 헬라어로 기록되었기 때문에 그 히브리어 (원)재료는 복원되어야 한다. 그러한 세부적으로 복원된 많은 내용들은 쿰란

사본들에서 발견된 동일한 히브리어 본문 전승들의 발견으로 인하여 오늘날 지지되고 있다.

3. (구약) 헬라어 성경 사본들

유대 광야에서 발견한 헬라어 사본들은 그 지역, 특히 쿰란에서 발견된 히브리어와 아람어 사본들에 비하면 아주 적은 부분을 차지한다. 쿰란 전체에서 발견된 헬라어 사본들은 겨우 27개로 무시할 수 있는 숫자이긴 하지만, 제7동굴에서는 그렇지 않은데 왜냐하면 19개의 헬라어 파피루스가 발견되었기 때문이다. 쿰란 외 지역에서 발견된 사본들과 확연하게 대조되는 점은, 아주 작은 사본에 대해서는 분명하게 말하기는 힘들다고 인정할지라도, 이 27개 중 하나 빼고 나머지 전부는 문학성 저작들라는 것이다. 이 대부분은(7QpapEpJer gr을 포함하여) 좀 넓게 말하면, 헬라어 성경 본문들을 포함하고 있다. Papyri 7Q4-18 같이 너무 작아서 그 내용을 판단해 내기도 어려운 사본들도 이러한 특성을 가진 것이라고 할 수 있다.

쿰란의 거주자들이 헬라어를 실생활에 사용했다는 증거는 없다. 아마도 최소한 그들 중 몇 명은 헬라어를 알았을 가능성이 있는데, 왜냐하면 헬라어 성경 사본 조각들이 제4동굴과 제7동굴에 보관되어 있었기 때문이다. 그러나 제4동굴은 쿰란공동체 사람들이 기록한 모든 문서들을 보관하는 보관소(도서관 아님) 같은 역할을 했을 것이다. 이 보관소 제4동굴은 8개의 헬라어 사본을 가지고 있고, 그것은 그 사본을 쿰란으로 가져온 사람들이 쿰란 회원 입회 전에 헬라어에 대한 지식이 있었음을 짐작게 한다.

쿰란 제4동굴에서 발견된 헬라어 성경 본문들이 오직 오경(토라)뿐이라는 사실은, 그 본문의 보급과 공동체의 관심이 무엇인지에 대해 우리의 이해를 도와 준다.

만일 LXX의 역사에 대한 라가데(de Lagarde)의 이론이 추가된 지지를 필요로 한다면, 유대 광야에서 발견된 이 사본들이야말로 그 역할을 한다. 이 새로이 발견된 헬라어 사본들은 중요한 세부사항들이 오늘까지 알려진 전통적인 LXX 사본들과 일치하고, 알려진 헬라어 사본들이 하나의 번역(으로부터 시작되었음: 역주)을 반영해 준다고 할 수 있는데, 이것은 (처음부터: 역주) 여러 번역들이었다는 Kahle의 주장과 다른 것이다. 두 개의 쿰란 사본들은(4QLXXLev^a, 4QpapLXXLev^b) 후대의 대문자 사본들보다 더 옛 헬라어 역(Old Greek translation)을 반영한다고 할 수 있다. 더구나, 4QpapLXXLev^{b}에서 네문자(*tetragrammaton*, 신명, 여호와)의 음역은 IAW로 되어 있는데, 이것 역시 그 사본이 초기 사본임을 반영해 준다.

쿰란의 히브리어와 헬라어 사본들은 쿰란공동체가 성경 본문에 관해서는 열려 있으며, 오직 MT에만 제한적으로 묶여 있지 않았다는 것을 분명히 보여 준다. 이와 대조적으로 다른 유대 광야 지역들은 유대 국수주의적인 집단이었음을 보여 주는데, 이는 그들의 성경 텍스트가 원시 랍비적(원시-마소라) 본문들에 근접하는 히브리어(MT) 본문과 그 히브리어 본문을 지향하는 LXX의 랍비 개정판들뿐이기 때문이다. 이것이 **아홉 번째 중요한 점**이다. 쿰란은 우리에게 단일성보다는 다양성을 보여 주고, 수없는 본문들의 가능성을 보여준다.

4. 신약 헬라어 성경 사본들?

이제 우리는 사해 문서들 안에 신약성경의 존재가 포함되어 있는지에 대해서 알아보고자 한다. 요컨대 문제는 신약의 본문이 쿰란의 어떤 사본에서라도 발견이 되었느냐는 것이다. 제7동굴의 헬라어 사본들(7Q3-18)은, 처음에 "미확인 사본 조각들"로 출판되었는데, 나중에 J. O'Callaghan과 C.P. Thiede에 의해서 신약(막, 행, 딤전, 롬, 약)의 부분들을 반영한다고 밝혀졌다. 만일 이 사본들이 정말 신약 본문의 부분들이라면, 이것은 분명 학계와 기독교 세계에 있어서 획기적이고 심지어 충격적이기까지 하다. 그러나 오직 그 두 학자들만이 이 일치(즉 신약 본문과 7Q 사본들의)를 주장할 뿐이다. 연대기적으로 이 가설은 아주 어려운데, 왜냐하면 제7동굴에서 발견된 신약의 어느 부분이라고 여겨지는 저작들이, 기원전 73년 쿰란의 멸망 이전에 작성되었을 것 같지는 않기 때문이다. O'Callaghan은 그 사본 조각들을 기원후 50-70년으로 본다. 그리고 한 본문(7Q4=딤전)은 기원후 100년까지도 본다. 그때는 쿰란 지역은 이미 멸망한 다음이다. 대부분의 학자들은 이 헬라어 사본 조각들의 연대를 좀더 이른 시대, 즉 기원전 100년 정도로 본다. 이것이 사실이라면 이 사본들의 신약과의 동일시는 더 이상 이루어질 수 없는 것이다.

이외 신약의 본문 포함 가능성이 있는 쿰란 사본들은 너무 작은 조각들에 불과하다. 가장 큰 조각이라고 해봐야 각 줄에 3-4글자, 그리고 5줄 정도에 지나지 않고, 이것들을 신약 본문을 반영하는 조각으로 여기고 복원하려면 엄청난 상상력을 동원해야 할 것이다. 이런 정도의 작은 조각들이라면 신약 아니라 어떤 종류의 본문들과의 동일시도 시도해 볼 수 있을 것이다. 다른 가능성은 이것들을 칠십인경의

한 부분으로 연관시켜 보는 것인데, 말하자면 출애굽기와 스가랴서일 가능성인데 그 본문들의 다른 가죽 조각이나 파피루스 조각들이 제4동굴에서 발견되었기 때문에 이 가정은 불가능하지는 않다. 또 다른 가능성은 그 사본 조각들이 위경인 에녹서의 일부를 담고 있다는 것이다.

이 강의의 **열 번째 요점**은 신약의 저작들은 쿰란에서 발견되지 않았다는 것이다.

5. 요약

이 분석 과정에서 도출된 10가지의 중요점들을 요약하고자 한다.
1. 중세의 MT는 이미 유대 광야 사본들의 발견들에서 그 존재가 증명되었다.
2. 쿰란 이외의 유대 광야에서 발견된 23개의 모든 성경 사본들은 중세의 자음 본문인 MT와 일치한다; (비교) 쿰란의 원시 마소라 본문들은 MT에 훨씬 덜 가깝다.
3. 쿰란 이외의 유대 광야에서 발견된 성경 두루마리들은 중세의 MT와 일치하는데, 그 사본들은 예루살렘 성전의 규칙에 집착해 있는 사람들에 의해 소유되었기 때문이다. 반면, 쿰란의 원시 마소라 사본들은 그 중심 본문들로부터 거리가 있는데 이는 쿰란공동체가 성전의 규칙에 매이지 않았기 때문이다.
4. 오늘날 우린 오직 하나의 성경 본문만 있는 것으로 생각할지 모르지만, 고대에는 각 책마다 여러 개의 다양한 권위 있는 본문들이 있었다.

5. 이러한 본문의 다양성은 문학적인 차이점과 철자법 등에 나타 난 작은 본문적인 이독에도 관련이 있다.
6. 쿰란 사본에서 발견된 본문 읽기와 LXX는 MT에서와 마찬가지 로 작은 부분에 대해서까지 세심한 주의가 기울여져야 한다. 이것들 중의 어떤 것이라도 좀더 이른 시대의 본문을 반영할 수 있으며, 그러므로 우리는 MT 외에 이들에 대하여 끊임없는 관심을 가져야 한다.
7. 우리는 철자법, 언어적 형태 그리고 서기관의 습관 등을 분석하는 과정을 통해 쿰란 분파의 성경/비성경 본문을 기록한 서기관들을 구별해 내는 기준점들을 제시하였다.
8. 이스라엘의 여러 곳으로부터 쿰란으로 옮겨진 두루마리들에 나타난 본문의 다양성은 쿰란에서 발견되었지만, 이것은 결국 이스라엘 전역에 있었던 다양성을 함축하고 있다.
9. 쿰란의 히브리어와 헬라어 사본들은 그 공동체가 성경 본문에 관한 한 열린 자세를 가지고 있었음과 MT에만 전적으로 매이지 않았다는 것을 반영해 준다. 유대 광야의 다른 지역들은 유대 국수주의적인 배경을 반영해 주는 데 왜냐하면 그들은 오직 원시 랍비 본문(원시 마소라 본문)에만 집착해 있거나, 그 히브리어 본문에 맞추어서 개정된 랍비 헬라어 개정판에만 집착하고 있기 때문이다.
10. 신약성경의 저작들은 쿰란에서는 발견되지 않았다.

쿰란 메시아 사상 연구의 역사

송 창 현
대구가톨릭대학교 교수

머리말

제2차 성전 시대 유다이즘에 관한 연구에 있어 메시아 사상은 중요한 주제 중의 하나이다. 더욱이 이 시대의 메시아 사상 연구는 쿰란 사본이 발견된 이후에 매우 활발하게 이루어졌는데, 그 이유는 쿰란 사본이 메시아 연구를 위한 아주 중요한 일차적인 사료를 제공하기 때문이다.

1947년에 쿰란 동굴에서 첫 사본들이 발견된 이후, 쿰란-에세네파의 메시아 사상은 많은 학자들의 연구대상이 되었다. 각 쿰란 사본에서 언급되는 메시아적 표상들의 정체와 사명에 대한 토론이 활발히 이루어졌으며, 쿰란 메시아 사상의 발전 단계에 대한 가설들이 다양하게 제시되었다. 그리고 쿰란공동체의 창설자인 정의의 스승과 메시아 사상과의 관계도 중요한 논제가 되어 왔다. 우리는 이러한 메시아 사상 연구의 역사를 1991년을 기점으로 그 이전[1])과 그 이후[2])로 나누

---

1) W. S. LaSor, *Bibliography of the Dead Sea Scrolls 1948-1957*(Pasadena : Fuller Theological Seminary, 1958); B. Jongeling, *A Classified Bibliography of the Finds in the Desert of Judah 1958-1969*(Leiden : Brill, 1971); E. Schürer, *The History of the Jewish people in the age of Jesus Christ*, II(revised and edited by G.

어 살펴보려고 한다.

왜냐하면 1991년 이후에는 그 이전에 발표되지 않았던 쿰란의 새로운 사본들이 발표되었고, 그 이전의 연구 결과에 대한 재평가와 새로운 가설들이 등장하였기 때문이다.3)

방법론적인 측면에서 우리는 "메시아"라는 용어를 "하느님으로부터 보내어진 왕이나 사제 혹은 다른 특정 인물로서 마지막 시대에 구원의 중개자 역할을 하는 자"라고 정의한다. 이 정의에서 출발하여 우리는 쿰란 메시아 사상 연구의 역사를 살펴보려 한다.

Vermes/F. Millar/M. Black)(Edinburgh : T. &T. Clark LTD, 1979), pp. 488-492; J.A. Fitzmyer, *The Dead Sea Scrolls. Major Publications and Tools for Study*(Atlanta : Scholars Press, ³1990), pp. 164-167.

2) F. García Martínez/D. W. Parry, *A Bibliography of the Finds in the Desert of Judah 1970-1995*(Leiden : Brill, 1996); A. Pinnick, *The Orion Center Bibliography of the Dead Sea Scrolls(1995-2000)*(Leiden : Brill, 2001).

3) G.S. Oegema, *Der Gesalbte und sein Volk. Untersuchungen zum Konzeptualisierungsprozeβ der messianischen Erwartungen von den Makkabäern bis Bar Koziba*(Göttingen : Vandenhoeck &Ruprecht, 1994); G.S. Oegema, *The Anointed and His People. Messianic Expectations from the Maccabees to Bar Kochba*(Sheffield : Sheffield Academic Press, 1998); J.J. Collins, *The Scepter and the Star: The Messiahs of the Dead Sea Scrolls and other Ancient Literature*(New York : Doubleday, 1995); K.E. Pomykala, *The Davidic Dynasty in Early Judaism: Its History and Significance for Messianism*(Atlanta : Scholars Press, 1995); J.H. Charlesworth/H. Lichtenberger/ G.S. Oegema(eds.), *Qumran-Messianism: Studies on the Messianic Expectations in the Dead Sea Scrolls*(Tübingen : J.C.B. Mohr, 1998); J. Zimmermann, *Messianische Texte aus Qumran: Königliche, priesterliche und prophetische Messiasvorstellungen in den Schriftfunden von Qumran*(Tübingen : J. C. B. Mohr, 1998); G.G. Xeravits, *King, Priest, Prophet. Positive Eschatological Protagonists of the Qumran Library* (Leiden : Brill, 2003).

I. 1991년 이전의 연구 상황

1896년 이집트의 옛 카이로에 있는 에스라 회당의 게니자에서 발견된 "다마스커스 문헌"(=CD)은 1910년에 영국 케임브리지 대학교의 쉐히터(S. Schechter) 교수에 의해 "차독계 작품의 단편들"이라는 제목으로 발표되었다.[4] 이때 두 종류의 CD 사본이 발견되었는데, 하나는 기원후 10세기의 것이고, 다른 하나는 기원후 12세기에 필사된 것이었다. CD의 발견 이후, 학자들 사이에서 이 문헌의 기원에 대한 논란이 활발하게 이루어졌으며, 특히 CD XII 23-XIII 1; XIV 19; XIX 10-11; XX 1에서 언급된 "아론의 메시아와 이스라엘의 메시아"의 정체에 대한 관심이 높았다. 특히 1952년 쿰란 제4, 5, 6동굴에서 CD의 여러 사본이 발견됨으로써 이 문헌의 기원과 정체를 밝히는 결정적인 계기가 되었다.[5] 즉 CD는 에세네파의 작품이고, 거기에 수록된 "아론의 메시아와 이스라엘의 메시아"는 쿰란-에세네파의 메시아 사상을 드러내는 표현이라는 것이다.

한편, 1947년 쿰란 제1동굴에서 발견된 일곱 사본들 중의 하나인 "공동체 규칙서"(1QS)는 예루살렘의 미국 동방연구소(American School of Oriental Research)의 버로우(B. Burrow), 트레브(J.C. Treve), 브라운리(W.H. Brownlee)에 의해 "성 마르코 수도원의 사해 두루마리"라는 제목의 책 안에 출판되었다.[6] 특히 1QS IX 11("예언자와 아론의 메시

---

[4] S. Schechter, *Documents of Jewish Sectaries. I: Fragments of a Zadokite Work*(Cambridge : Cambridge University Press, 1910).
[5] J.T. Milik, "5Q12", M. Baillet, et al., *DJD* III(Oxford : Clarendon, 1962), p. 181; M. Baillet, "6Q15", *DJD* III, pp. 128-131; J.M. Baumgarten/J.T. Milik, The Damascus Document, 4Q266-4Q273. *DJD* XVIII(Oxford : Clarendon, 1996).
[6] B. Burrow/J.C. Treve/W.H. Brownlee, *The Dead Sea Scrolls of St Mark's Monastery, II*(New Haven : American Schools of Oriental Research, 1951).

아, 이스라엘의 메시아가 올 때까지")에서 언급된 종말론적 세 인물에 대한 대망은 쿰란 메시아 사상 연구를 위한 출발점이 되었다.

그 후 쿰란의 제1동굴과 제4동굴에서 발견되고 발표된 여러 사본들은 쿰란 메시아 사상 연구를 위한 일차적인 사료가 되었다. "회중 규칙서"인 1QSa[7], "축복 규칙서"으로 부르는 1QSb[8], "전쟁 규칙서"인 1QM[9], "찬양 시편" 1QH[10], "하박국서에 대한 주해서"인 1QpHab[11], "이사야서에 대한 주해서"인 4Q161[12], "성서 구절 모음"(Florilegium)인 4Q174[13], "증거집"(Testimonia)으로 불리는 4Q175[14] 등이 발표됨으로써 쿰란 메시아 사상에 대한 활발한 토론이 이루어졌다.

쿰란 사본 연구의 초창기에 메시아 사상에 대한 최초의 종합을 시도한 학자는 반 데 바우데(A.S. van der Woude)였다.[15] 그는 CD, 1QS, 1QSa, 1QSb, 1QM, 1QH, 1QpHab와 당시에 발표된 제4동굴의

---

7) Barthélemy, D., "1Q28a(Règle de la Congrégation)", *DJD* I(Oxford : Clarendon Press, 1955), pp. 108-118.
8) J. T. Milik, "1Q28b(Recueil des Bénédictions)", *DJD* I(Oxford : Clarendon Press, 1955), pp. 118-130.
9) E.L Sukenik, אוצר חזוונה תולינמה רצוא(Jerusalem : Bialik Institute, 1954); E.L Sukenik, *The Dead Sea Scrolls of the Hebrew* University(Jerusalem : Hebrew University Press, 1955), pl. 16-34.
10) E.L Sukenik, אוצר חזוונה תולינמה רצוא; E.L Sukenik, *The Dead Sea Scrolls of the Hebrew University*, pp. 35-58.
11) B. Burrow/J.C. Treve/W.H. Brownlee, *The Dead Sea Scrolls of St Mark's Monastery*, I(New Haven : American Schools of Oriental Research, 1950).
12) J.M. Allegro, "4Q161(Commentary on Isaiah (A))", *DJD* V(Oxford : Clarendon Press, 1968), pp. 11-15.
13) J.M. Allegro, "4Q174(Florilegium)", *DJD* V(Oxford : Clarendon Press, 1968), pp. 53-57.
14) J.M. Allegro, "4Q175(Testimonia)", *DJD* V(Oxford : Clarendon Press, 1968), pp. 57-60.
15) A.S. van der Woude, *Die messianischen Vorstellungen der Gemeinde von Qumran*(Assen : van Gorcum, 1957).

사본들을 분석하여 명시적으로, 암시적으로 등장하는 메시아적 표상들을 정리하였다. 그는 이들 사본들에서 왕으로서의 메시아와 사제적 메시아에 대한 대망을 발견하였고, 이것이 쿰란-에세네파 공동체의 특성인 두-메시아 사상이라고 주장하였다. 그리고 동일한 메시아 사상이 "열두 성조의 유언집"에서도 발견된다고 주장하였다.[16]

반 데 바우데의 이러한 주장은 그 이후의 쿰란 메시아 사상 연구에 지대한 영향을 주었다. 특히 스타르키(J. Starcky), 브라운(R.E. Brown), 카코(A. Caquot), 라페루자(E.-M. Laperrousaz) 등은 반 데 바우데의 두-메시아 사상을 더욱 발전시켰다.

그러나 쿰란 사본에서 일치된 메시아 사상을 발견하는 데 비판적인 학자들도 있었다. 스미스(M. Smith)는 쿰란공동체에서는 메시아 사상이 그 어떤 중요성도 갖지 않았다고 주장한다. 즉 쿰란공동체는 동일한 메시아 사상의 기초 위에 조직되어 있지 않았다는 것이다.[17]

II. 1991년 이후의 연구 상황

쿰란공동체의 메시아 사상에 대한 연구는 1991년 이후 새롭게 발표된 사본들에 의해 새로운 전환점을 맞이한다.[18] 새로운 쿰란 사본

---

16) A.S. van der Woude, *Die messianischen Vorstellungen der Gemeinde von Qumran*, pp. 190-216.
17) M. Smith, "What is Implied by the Variety of Messianic Figures?", *JBL* 78(1959), pp. 66-72.
18) J. Duhaime, "Recent Studies on Messianism in the Dead Sea Scrolls", G. Marquis/L.H. Schiffman/E. Tov/J.C. VanderKam(eds.), *The Dead Sea Scrolls Fifty Years after Their Discovery : Proceedings of the Jerusalem Congress, July 20-25, 1997*(JerusalemIsrael Exploration Society, 2000) p. 789.

의 발표는 그 이전에 발표되었던 사본들의 연구에 근거를 두었던 쿰란 메시아 사상에 대한 이론들을 재평가하게 하였을 뿐 아니라 새로운 가설들을 제기하게 하였다. 즉, 1991년 새로운 쿰란 사본의 발표로 쿰란공동체의 기원과 역사가 재조명되었고, 메시아 사상의 기원과 발전 단계에 대한 새로운 시도가 가능하게 되었다.

1991년 이후에 발표된 사본들 중에서 쿰란 메시아 사상 연구와 관련하여 중요한 것은 다음과 같다: "하느님의 아들" 사본이라 불리는 4Q246[19], 창세기에 대한 주석인 4Q252[20]와 4Q254[21], 제4동굴에서 발견된 "공동체 규칙서"의 다른 이본들인 $4QS^{a-j}$ =4Q255-264)[22], "전쟁의 책"인 4Q285[23], "에노스의 기도"인 4Q369[24], "메시아적 묵시록"인 4Q521[25], "노아의 탄생"과 관련된 4Q534[26], "레위의 외경"인 4Q541[27], "암람의 환시" 사본들인 4Q543-549[28], "멜기세덱" 사본인

---

19) É. Puech, "4QApocryphe de Daniel ar", DJD XXII(Oxford : Clarendon, 1996), pp. 165-184.
20) G. J. Brooke, "4Q252(Commentary on Genesis A)", *DJD* XXII(Oxford : Clarendon Press, 1996), pp. 185-207.
21) G.J. Brooke, "4Q254(Commentary on Genesis C)", *DJD* XXII(Oxford : Clarendon Press, 1996), pp. 217-232.
22) P.S. Alexander/G. Vermes, Serekh ha-Yaḥad and Two Related Texts, *DJD* XXVI(Oxford : Clarendon Press, 1998).
23) P.S. Alexander/G. Vermes, "4Q285(Sefer ha-Milḥamah)", *DJD* XXXVI (Oxford : Clarendon Press, 2000), pp. 228-246.
24) H. Attridge/J. Strugnell, "4Q369(Prayer of Enosh)", *DJD* XIII(Oxford : Clarendon Press, 1994), pp. 353-362.
25) É. Puech, "4Q521(Apocalypse messianique)", *DJD* XXV(Oxford : Claren- don Press, 1998), pp. 1-38.
26) É. Puech, "4Q534(Naissance de Noé^{a}ar)", *DJD* XXXI(Oxford : Clarendon Press, 2001), pp. 129-152.
27) É. Puech, "4Q541(Apocryphe de Lévi^b? ar)", *DJD* XXXI(Oxford : Clarendon Press, 2001), pp. 225-256.
28) É. Puech, "4Q543-549(Vision de 'Amram^{a-g} ar)", *DJD* XXXI(Oxford : Clarendon Press, 2001), pp. 283-405.

11Q13[29]) 등이다.

이러한 사본들의 발표는 쿰란-에세네파의 메시아 사상이 구약성서의 전승에서 유래했는지, 독창적인 창작인지, 쿰란공동체는 어떤 메시아를 기다렸는지, 쿰란의 메시아 사상은 어떤 단계를 거쳐 발전하였는지에 대한 논란을 새롭게 전개시켰다.

III. 메시아적 표상들

쿰란의 메시아 사상에 관한 중요한 주제 중의 하나는 개별적인 메시아적 표상들에 대한 정의에 관한 것이다. 학계의 통설에 따르면, CD XII 23-XIII 1; XIV 19; XIX 10-11; XX 1; 1QS IX 11에 언급되는 "아론의 메시아와 이스라엘의 메시아"라는 표현에서 "아론의 메시아"는 종교적 메시아를 가리키고, "이스라엘의 메시아"는 정치적인 메시아를 가리킨다.

이 정치적인 메시아는 다른 사본들에서 다르게 표현되고 있다. CD VII 20; 1QSb V 20; 1QM V 1; 4Q161 2-6 ii 19; 4Q285 4 2. 6. 10; 7 4; 4Q376 1 iii 22; 4QMidEsch iii 11 등에서는 에제키엘서에서 유래한 표현인 "공동체의 우두머리"로 불리고, 4Q161 7-10 iii 20; 4QMidEsch iii 11; 4Q252 V 3-4; 4Q285 7 3. 4-5 등에서는 예레미야서의 표현인 "다윗의 후손"으로 불린다. 그리고 4Q252 V 3에서는 "올바른 메시아"로 나타난다. 쿰란 사본들은 이런 호칭들을 사용하여 왕으로서의 메시아를 표현했으며, 그가 다윗 계열적인 성격을 지녔음을

---

29) F. García Martínez/E.J.C. Tigchelaar/A.S. van der Woude, "11Q13 (Melchizedek)", *DJD XXIII*(Oxford : Clarendon, 1998), pp. 221-241.

강조하였다.

종교적인 메시아는 1QSa II 19; 1QM X 2 등에서는 "사제", 1QM XV 4; XVI 13; XVIII 5; 4Q285 7 5-6 등에서는 "대사제"로 불리고, CD VII 18; 4QMidEsch iii 11; ix 5; 4Q252 V 5 등에서는 "율법의 해석자"로 나타난다. 그런데 "율법의 해석자"의 해석과 관련하여, 이 메시아적 표상의 예언자적 특성을 강조하는 학자들도 있다.

다른 사본들의 "메시아"에 대한 여러 다른 표현들에 대한 논란이 학자들 사이에서 계속되고 있다. 특히 4Q246의 "하느님의 아들"과 "지극히 높으신 분의 아들", 4Q521의 "메시아", 11Q13의 "성령의 기름 부음 받은 이", 1QH^a XXIII의 "소식을 전하는 이", CD VI 11의 "정의를 가르칠 자" 등의 정체와 사명에 대한 다양한 해석이 제기되었다.

3.1. 콜린스(J.J. Collins)

콜린스[30]는 쿰란 사본에서 정치적인 메시아와 종교적인 메시아의

---

30) J.J. Collins, "Messiahs in Context: Method in the Study of Messianism in the Dead Sea Scrolls", M.O. Wise/N. Golb/J.J. Collins/D.G. Pardee(eds.), *Methods of Investigation of the Dead Sea Scrolls and the Khirbet Qumran Site: Present Realities and Future Prospects*(New York : New York Academy of Sciences, 1994), pp. 213-229; J.J. Collins, *The Scepter and the Star: The Messiahs of the Dead Sea Scrolls and other Ancient Literature*(New York : Doubleday, 1995); J.J. Collins, "Jesus, Messianism and the Dead Sea Scrolls", J.H. Charlesworth/H. Lichtenberger/G.S. Oegema(eds.), *Qumran-Messianism: Studies on the Messianic Expectations in the Dead Sea Scrolls*(Tübingen : J.C.B. Mohr, 1998), pp. 100-119; J.J. Collins, "Ideas of Messianism in the Dead Sea Scrolls", J.H. Charlesworth/W.P. Weaver(eds.), *The Dead Sea Scrolls and Christian Faith: In Celebration of the Jubilee Year and the Discovery of Qumran Cave I*(Harrisburg : Trinity Press International, 1998), pp. 20-41; J.J. Collins, "The Nature of Messianism in the Light of the Dead Sea Scrolls", T.H. Lim/L.W. Hurtado/A.G. Auld/A.M. Jack(eds.), *The Dead Sea Scrolls in Their Historical Context*(London : T&T Clark, 2000), pp. 199-217.

존재를 인정한다. 그는 4Q246의 "하느님의 아들"과 "지극히 높으신 분의 아들"을 왕으로서의 메시아로 해석한다. 그리고 콜린스는 CD VI 11의 "정의를 가르칠 자"와 4Q521의 "메시아"를 예언자적인 메시아로 해석한다. 따라서 그는 쿰란공동체가 왕, 대사제, 예언자로서의 메시아의 도래를 희망하였다고 주장한다.

CD VI 11의 "정의를 가르칠 자"와 4Q521의 "메시아"에 대한 콜린스의 예언자적인 해석은 이 두 본문에서 중요한 역할을 하는 이사야 61장 1-3절에 대한 예언자적인 해석을 기초로 한다. 그리고 이 동일한 이사야서에 의해 설명이 되는 11Q13의 "성령의 기름 부음 받은 이"와 1QH^a XXIII의 "소식을 전하는 이"를 예언자적인 사명을 가진 정의의 스승으로 해석한다.

3.2. 가르시아 마르티네즈(F. García Martínez)

가르시아 마르티네즈[31]는 쿰란공동체가 기다렸던 종말론적 예언자를 메시아적 표상으로 간주하고, 이에 근거하여 메시아적 예언자라는 용어를 사용한다. 그의 주장에 따르면 1QS IX 11와 4Q175의 "예언자", CD VII 18과 4QMidEsch iii 11의 "율법의 해석자", CD VI 11의 "정의를 가르칠 자", 11Q13의 "성령의 기름 부음 받은 이" 등이 메시

---

31) F. García Martínez, "Messianische Erwartungen in den Qumranschriften", *Jahrbuch für Biblische Theologie* 8(1993), pp. 171-208, 재수록 "Messianic Hopes in the Qumran Writings", F. García Martínez/J. Trebolle Barrera(eds.), *The People of the Dead Sea Scrolls. Their Writings, Beliefs and Practices*(Leiden : Brill, 1995), pp. 159-189; F. García Martínez, "Two Messianic Figures in the Qumran Texts", D.W. Parry/S.D. Ricks(eds.), *Current Research & Technological Developments on the Dead Sea Scrolls*(Leiden : Brill, 1996), pp. 14-40; F. García Martínez, "Querelle sur le messianisme", *Le Monde de la Bible* 151(2003), pp. 18-23.

아직 예언자이다. 그리고 가르시아 마르티네즈는 1QM의 미가엘, 11Q13의 멜기세덱, 4Q246의 "하느님의 아들"이라는 표상들을 천상적인 메시아로 해석한다.

3.3. 침머만(J. Zimmermann)

침머만(J. Zimmermann)[32]은 쿰란 사본에서 왕적 메시아와 사제적 메시아뿐만 아니라 예언자적 메시아의 존재를 분석한다. 그는 먼저 4Q376 1 iii, 1QM V 1 이하, 1QSb V 20 이하, 4Q161, 4Q285/11Q14, CD VII 18-21, 4Q174, 4Q252 등에서 "공동체의 우두머리"와 "다윗의 후손"으로 표현된 왕적 메시아를 고찰하고, 4Q246의 "하느님의 아들"과 4Q534의 "하느님의 선택받은 이"도 메시아로 해석한다. 그리고 4Q375, 4Q376, 4Q541, 1Sb, 4Q491 등에서 사제적 메시아를 발견하고, 4Q521과 11Q13 등에서는 예언자적 메시아를 주장한다.

3.4. 미첼(D.C. Mitchell)

최근에 발표된 미첼의 논문[33]은 쿰란 사본의 메시아적 표상과 관련하여 새로운 가설을 내세운다. 4Q175 사본은 전체 네 개의 단락으로 나누어진다. 첫째 단락(1-8)은 모세와 같은 예언자에 대한 약속을

---

32) J. Zimmermann, *Messianische Texte aus Qumran: Königliche, priesterliche und prophetische Messiasvorstellungen in den Schriftfunden von Qumran*(Tübingen : J. C. B. Mohr, 1998). 이 책에 대한 서평은 다음을 보라. Chang-Hyun Song, "Recension de Johannes Zimmermann", *RQ* 20(2001), pp. 321-322.
33) D. C. Mitchell, "The Fourth Deliverer : A Josephite Messiah in 4QTestimonia", *Biblica* 86(2005), pp. 545-553.

언급하는 마소라 본문의 신명기 5장 28-29절과 신명기 18장 18-19절에 해당하는 사마리아 오경의 출애굽기 20장 21절의 인용이다. 둘째 단락(9-13)에는 야곱에게서 솟아오르는 별에 대한 발람의 예언인 민수기 24장 15-17절, 셋째 단락(14-20)에는 레위에 대한 모세의 축복인 신명기 33장 8-11절이 인용된다. 이와 같이 4Q175의 첫 세 단락은 쿰란공동체가 종말에 기다렸던 인물들 즉 종말론적 예언자, 왕으로서의 메시아, 대사제로서의 메시아에 대한 대망을 증명하는 성서 구절의 인용이다. 그리고 넷째 단락(21-30)은 예리고에 대한 여호수아의 저주인 여호수아 6장 25절이 포함된 "여호수아의 시편"(4Q379 frg. 22 ii 7- 15)의 인용이다. 학계의 통설에 따르면, 이 단락에서 "저주 받은 이"로 표현되는 이는 마타디아를 가리키고, "폭력의 도구들"로 표현되는 이들은 그의 아들인 요나단과 시몬을 가리킨다. 특히 요나단은 쿰란 사본에서 "악한 사제"라고 불린다. 그러나 미첼은 4Q175의 네 번째 단락에서 여호수아는 메시아로 묘사되며, 이 사본 전체에서 예언자, 왕, 사제, 여호수아라는 네 명의 종말론적 인물이 언급된다고 주장했다.

3.5. 종합

이상에서 살펴본 대로, 쿰란 사본의 다양한 메시아적 표상에 대한 논란이 있어 왔다. 그 논란의 중심에 있는 주제들은 다음과 같다. 첫째, 쿰란에서 종말론적 예언자가 메시아로 표현되고 있는가? 둘째, 쿰란 사본은 천상적 메시아에 대한 언급을 하고 있는가? 셋째, 쿰란에서 "하나님의 아들"이 명시적으로 메시아적 호칭으로 사용되었는가? 넷째, 쿰란 사본에서 "율법의 해석자"로 지칭되는 표상은 사제적 메시아를 가리키는가? 혹은 예언자를 가리키는가? 다섯째, 예언자, 왕, 사제 이외의 메시아적 표상이 쿰란에서 발견되었는가? 쿰란의 메시아적 표상에 관한 논의는 여전히 활발히 이루어지고 있다.

IV. 메시아 사상의 발전 단계

반 데 바우데가 쿰란에서의 두-메시아 사상 이론을 주장한 이후 쿰란 메시아 사상의 발전 단계에 대한 학자들의 논란이 활발히 이루어졌다. 일부 학자들은 쿰란공동체는 자신의 역사를 통해 동일한 메시아 사상을 가지고 있었다고 주장한 반면, 또 다른 학자들은 쿰란의 메시아 사상은 공동체의 역사적 단계 안에서 발전되었다고 주장하였다. 후자의 가설을 처음으로 주장한 학자는 스타르키였다. 그의 주장 이후 이 가설은 찬반 논란이 계속되어 왔다.

4.1. 스타르키(J. Starcky)

스타르키는 쿰란 메시아 사상의 기원과 발전의 역사를 재구성하기 위하여, 그의 연구를 쿰란 사본들에 대한 고문서학적 연대 추정에서 출발하였다. 이 연대 추정 결과는 쿰란 유적지에 대한 고고학적 발굴의 결과와 결합되었다. 즉 각 사본들에서 표현된 메시아 사상은 쿰란 유적지의 점령 시기와 나란히 병행하여 설명되어졌다. 스타르키는 쿰란 메시아 사상의 발전을 다음 네 단계로 구분하여 설명하였다.[34]

첫 번째 단계는 기원전 152년경으로 그 어떤 메시아 개념도 존재하지 않았다. 이 시기는 드보(R. de Vaux)35)의 고고학적 연대 구분 중 Ia-시기에 해당한다. 이 시기에 필사된 사본들 중에서, 1QH뿐만 아니라 가장 오래된 "공동체 규칙"의 사본인 4QS^{e}에서도 그 어떤 메시아적 증거는 존재하지 않는다. 즉 종말론적 예언자와 두 메시아, 즉 왕적 메시아와 사제적 메시아를 언급하는 1QS IX 1-11의 구절이 병행 본문인 4QS^{e}에는 없다는 것이다. 그리고 쿰란공동체의 창설자인 정의의 스승은 그의 저작들에서 자신을 메시아로 자처하지 않았고, 그 어떤 메시아 대망도 표현하지 않았다. 따라서 쿰란공동체가 시작되었던 시기는 일시적으로나마 메시아 사상이 발견되지 않는다.

둘째 단계에는 종말론적 예언자와 두 메시아에 대한 대망이 존재했다. 이 단계는 드보의 고고학적 연대 구분의 Ib-시기에 해당한다. 이 단계는 하스모네아 시대에 해당하며 바리새파 경향을 갖고 있던 많은 사람들이 참여하여 공동체가 확장되고 조직되었던 시기였으며, 이 단계의 두-메시아 사상은 1QS, 1QSa, 1QSb, 4Q175 등에서 표현된다.

셋째 단계는 하나의 메시아에 대한 대망이 등장한다. 이 단계는 폼페이우스 시대이며, 드보의 Ib의 둘째 시기에 해당한다. 이 시기의 CD XII 23-XIII 1; XIV 19; XIX 10-11; XX 1 등에서는 유일한 대사제-메시아만이 언급된다.

마지막으로 넷째 단계는 두 메시아 사상이 다시 등장한다. 이 시기는 헤롯 시대로 드보의 II-시기에 해당한다. 특히 1QM, 4Q252, 4Q174, 4QpIs^a 등에서처럼 다윗 계통의 메시아가 강조된다.

---

34) J. Starcky, "Les quatre étapes du messianisme à Qumrân", *RB* 70(1963), pp. 481-505.
35) R. de Vaux, *Archaeology and the Dead Sea Scrolls*(London : Oxford University Press, ^{2}1973).

이러한 스타르키의 가설에는 흥미로운 측면과 함께 결정적인 약점이 있다. 그의 가설은 사본의 필체를 분석하여 그 연대를 추정한 것을 근거로 세워졌는데, 이것은 필사 시기와 관련이 있다. 그런데 사본의 필사 시기는 저작 시기와 구별되어야 한다. 따라서 필사 시기에 근거하여 사본들의 연대기적 순서를 재구성하여 메시아 사상의 다양한 발전 단계를 주장한 스타르키의 가설은 비판의 여지가 많다.

4.2. 브라운(R.E. Brown)

스타르키의 가설을 처음으로 비판한 학자는 브라운이다.36) 그는 스타르키의 네 단계 발전 이론 중에서 메시아적 언급이 없는 첫째 단계와 두-메시아 사상이 등장하는 둘째 단계를 받아들인다. 그러나 CD에 나타난 하나의 메시아를 주장하는 셋째 단계에 대해서는 비판적이다. 스타르키에 따르면, CD는 폼페이우스 시대의 작품으로서 왕의 특성과 사제적 특성을 함께 가지는 하나의 메시아적 표상을 표현한다는 것이다. 이에 브라운은 CD의 저작 시기와 그 메시아적 표상에 대하여 다른 의견을 내세운다. 즉 CD는 하스모네아 시대의 것으로서 두-메시아 사상을 표현한다는 것이다.

4.3. 카코(A. Caquot)

카코37)와 라페루자38)는 스타르키의 방법론을 받아들였다. 카코에

---

36) R.E. Brown, "J. Starcky's Theory of Qumran Messianic Development", *CBQ* 28(1966), pp. 51-57.
37) A. Caquot, "Le messianisme qumrânien", M. Delcor(éd.), *Qumrân. Sa piété, sa*

따르면, 쿰란공동체 초기에는 4QS^e에서처럼 그 어떤 메시아 개념도 존재하지 않았다. 메시아에 대하여 처음으로 언급하고 있는 문헌은 알렉산더 얀네우스(기원전 103-77년) 시대의 두-메시아 사상을 소개하는 1QS IX 11이다. 그리고 1QSa는 단지 왕으로서의-메시아를 언급하고 있으며 CD는 단 하나의 대사제-메시아를 언급한다. 그런데 헤롯 시대인 쿰란 역사의 II-시기에는 4Q161, 4Q174, 4Q252, 1QH III처럼 다윗 계열의 메시아 사상을 강조하는 두-메시아 사상의 부활이 일어났다.

4.4. 라페루자(E.-M. Laperrousaz)

마찬가지로 라페루자도 쿰란-에세네파 역사의 첫 시기에는 메시아적 전망이 없었다고 주장한다. 그러나 다마스쿠스에서의 유배 시기에 즉 정의의 스승이 활동했던 기원전 1세기에는 4Q175(왕-메시아), 1QSa(왕-메시아), 1QS IX 11(두 메시아), 1QSb(왕-메시아와 대사제), 1QH III 1-18(유일한 메시아) 등에서처럼 메시아 대망이 나타난다. 이어서 정의의 스승이 죽은 후에는 CD에서처럼 아론과 이스라엘의 유

---

théologie et son milieu(Gembloux : Editions J. Duculot, 1978), pp. 231-247; A. Caquot, "Essénisme et messianisme", Les Dossiers d'Archéologie 189(1994), pp. 74-79.

38) E.-M. Laperrousaz, L'attente du Messie en Palestine à la veille et au début de l'ère chrétienne: à la lumière des documents récemment découverts (Paris : A. et J. Picard, 1982); E.-M. Laperrousaz, "Le classement chronologique des passages messianiques des 'Manuscrits de la mer Morte'", A. Caquot et al.(sous la direction de), La littérature intertestamentaire: Colloque de Strasbourg(17-19 octobre 1983) (Paris : Presses universitaires de France, 1985), pp. 69-88; E.-M. Laperrousaz, "L'attente messianique dans les Manuscrits de la mer Morte", E.-M. Laperrousaz (sous la direction de), Qoumrân et les manuscrits de la mer Morte. Un cinquantenaire(Paris : Cerf, 1997), pp. 367-389.

일한 메시아가 기다려졌고 종말론적 예언자에 대한 대망은 사라졌다. 그러나 그의 제자들은 정의의 스승의 죽음 이후에 그를 종말론적 예언자로 인정하였고, 왕인 동시에 대사제인 유일한 메시아로서 그의 환생(redivivus)을 기다렸다. 그리고 쿰란의 II-시기에 4Q161은 왕-메시아를, 4Q174는 "율법의 해석자"의 표상 안에서 왕-메시아와 환생한 정의의 스승을, 4Q252는 유일한 왕-메시아를 표현한다. 이렇게 카코와 라페루자는 스타르키의 뒤를 이어 쿰란 사본에서 다양한 메시아 개념을 찾아냈다.

4.5. 외게마(G.S. Oegema)

이와 같이 학자들은 쿰란-에세네파 메시아 사상의 발전 과정을 여러 시기로 구분할 수 있었다. 스타르키의 가설을 맹목적으로 받아들인 외게마[39]는 쿰란공동체의 시초에는 그 어떤 메시아 대망도 없었다고 주장하였다. 그리고 공동체는 정의의 스승이 죽은 이후에 비로소 다양한 메시아 표상들이 형식화하고 개념화하였는데, 마카베오 시대와 하스모네아 시대에는 두 메시아를 기다렸으나 헤롯 시대와 로마 시대에는 다윗의 후손 메시아만을 희망했다고 주장하였다.

---

39) G.S. Oegema, "Messianic Expectations in the Qumran Writings: Theses on their Development", J.H. Charlesworth/H. Lichtenberger/G.S. Oegema (eds.), *Qumran-Messianism: Studies on the Messianic Expectations in the Dead Sea Scrolls*(Tübingen : J. C. B. Mohr, 1998), pp. 53-82.

4.6. 슈테게만(H. Stegemann)

한편 슈테게만은 쿰란 메시아 사상의 발전을 세 단계로 구분한다.[40] 첫째 단계는 기원전 2세기 중반으로 당시의 유대교에는 개별적인 메시아 표상은 없었고 다니 7, 1QM, 4Q491, 4Q246 등과 같이 집단적인 메시아 사상만 존재했다. 둘째 단계는 기원전 150년 경에서 기원전 110년 경까지로 정의의 스승이 아직 살아 있던 시기인데 1QSa와 1QSb에서처럼 오직 왕-메시아 사상만 존재했다. 마지막으로, 정의의 스승이 죽은 후인 셋째 단계에서는 1QS VII 15b-IX 11, 4Q175, CD에서처럼 두 메시아가 기다려졌다. 이 가설에 따르면, 쿰란-에세네파 공동체는 그 초기에는 그 어떤 개별적인 메시아 표상을 대망하지 않았다. 그러나 왕으로서의 메시아, 사제적 메시아, 종말론적 예언자 표상 등은 공동체의 여러 사건들과 관련하여 점차적으로 받아들여졌다. 즉 슈테게만에 따르면 메시아 표상의 기원은 전통적

---

40) H. Stegemann, "Some Remarks to 1QSa, to 1QSb, and to Qumran Messianism", *RQ* 17(1996), pp. 479-505.
G.S. Oegema, *Der Gesalbte und sein Volk. Untersuchungen zum Konzeptualisierungsprozeβ der messianischen Erwartungen von den Makkabäern bis Bar Koziba*(Göttingen : Vandenhoeck &Ruprecht, 1994); G.S. Oegema, *The Anointed and His People. Messianic Expectations from the Maccabees to Bar Kochba* (Sheffield : Sheffield Academic Press, 1998); J.J. Collins, *The Scepter and the Star: The Messiahs of the Dead Sea Scrolls and other Ancient Literature*(New York : Doubleday, 1995); K.E. Pomykala, *The Davidic Dynasty in Early Judaism: Its History and Significance for Messianism*(Atlanta : Scholars Press, 1995); J.H. Charlesworth/H. Lichtenberger/G.S. Oegema(eds.), *Qumran-Messianism: Studies on the Messianic Expectations in the Dead Sea Scrolls*(Tübingen : J.C.B. Mohr, 1998); J. Zimmermann, *Messianische Texte aus Qumran: Königliche, priesterliche und prophetische Messiasvorstellungen in den Schriftfunden von Qumran* (Tübingen : J. C. B. Mohr, 1998); G.G. Xeravits, *King, Priest, Prophet. Positive Eschatological Protagonists of the Qumran Library*(Leiden : Brill, 2003).

대망이 다시 적용된 것이 아니라 정의의 스승의 죽음과 같은 사건들에 대한 공동체의 반응이라는 것이다.

예를 들어 슈테게만은 세 단계의 발전을 주장한다. 기원전 2세기 중반의 첫째 단계에는 개별적인 메시아가 아닌 집단적 메시아 사상이 존재했다. 기원전 150년 경부터 110년 경까지의 둘째 단계, 즉 정의의 스승이 죽기 전까지는 왕으로서의 메시아 표상만이 존재했으나, 정의의 스승이 죽은 후인 셋째 단계에는 두 메시아 사상이 나타난다는 것이다.

4.7. 퓌에쉬(É. Puech)

그러나 예루살렘 성서·고고학 연구소 퓌에쉬[41]에 따르면 두-메시아 사상은 에세네파의 독창적인 발견이 아니라 성서적 전승이 비-다윗계이고 비-사독계였던 하스모네아 왕조에 대한 반발이라는 상황에 적용된 것이다. 따라서 퓌에쉬는 쿰란-에세네파의 메시아 사상이 그 어떤 단계를 거쳐 발전했다는 사실을 입증할 아무런 근거를 발견할 수 없다고 주장한다.

---

[41] É. Puech, "Messianism, Resurrection, and Eschatology at Qumran and in the New Testament", E. Ulrich/J.C. VanderKam(eds.), *The Community of the Renewed Covenant: The Notre Dame Symposium on the Dead Sea Scrolls*(Notre Dame : University of Notre Dame Press, 1994), pp. 235-256; É. Puech, "Messianisme, eschatologie et résurrection dans les manuscrits de la mer Morte", *RQ* 18(1997-1998), 255-298; É. Puech, "El mesianismo", J. Vázquez Allegue(coordinador), *Para comprender los manuscritos del mar Muerto*(Navarra : Editorial Verbo Divino, 2004), pp. 119-141.

4.8. 종합

지금까지 살펴본 쿰란 메시아 사상의 발전 단계에 대한 논란은 다양한 논점을 중심으로 이루어졌다. 첫째, 쿰란 메시아 사상의 기원은 전통적인 성서 전승이기 때문에 쿰란공동체는 그 시작에서부터 동일한 메시아 사상을 가지고 있었는지의 여부이다. 둘째, 쿰란의 메시아 사상은 항구적이지 않았고 여러 발전 단계를 거쳤는지의 여부이다. 셋째, 쿰란 메시아 사상이 다양한 발전 단계를 거쳤다면 그 단계를 어떻게 나눌 수 있는가의 문제이다.

V. 정의의 스승과 메시아 사상

쿰란 메시아 사상 연구의 초기부터 정의의 스승과 쿰란의 메시아 사상 사이의 관계가 논란이 되어 왔다. 특히 정의의 스승과 관련된 쿰란 사본에 대한 연구를 통하여, 쿰란공동체의 창설자가 메시아로서의 자의식을 가지고 있었는지, 공동체가 그를 메시아로 신봉하고 있었는지에 대한 다양한 가설들이 제기되었다. 이러한 맥락에서 쿰란 사본의 종말론적이고 메시아적인 표상들에 대한 역사적 정의의 스승의 영향에 대한 논란이 있어 왔다.

5.1. 뒤퐁-소메르(A. Dupont-Sommer)

1950년에 프랑스 소르본느 대학교 교수 뒤퐁-소메르는[42] 제1동굴에서 발견된 "하박국서에 대한 주해서"(1QpHab)를 해석하면서 쿰란

공동체의 창설자인 정의의 스승이 메시아였다고 주장하였다. 이 메시아는 아리스토불루스 2세로부터 박해를 받고 십자가에 처형되어 죽임을 당하였으나 부활하여 마지막 날에 모든 민족을 심판할 것이라고 주장하였다. 이러한 점에서 뒤퐁-소메르는 정의의 스승이 역사적 예수의 원형이라고 보았다. 이 두 인물 사이의 유사성을 지적하며 그는 이렇게 말한다: "신약성서가 소개하는 갈릴래아의 스승은 여러 측면에서 정의의 스승의 놀라운 재육화(réincarnation)로 나타난다"[43].

그러나 뒤퐁-소메르의 주장은 객관적인 증거에 기초하지 못한 가설에 불과했다. 쿰란의 여러 사본들은 그의 가설에 비판적인 증거를 제공한다. 예를 들어 CD XIX 35-XX 1은 다음과 같다: "공동체의 스승이 (그의 조상들에게) 더해진 날로부터 아론의 메시아와 이스라엘의 메시아가 올 때까지". 이 CD의 본문에서 "공동체의 스승"은 정의의 스승을 가리킨다. 그리고 "(그의 조상들에게) 더해진 날로부터"는 정의의 스승의 죽음을 의미하는데, 이 표현은 그의 죽음이 십자가 형과 같은 타살에 의한 것이 아니라 평화로운 것이었음을 말한다. 또한 CD의 본문은 정의의 스승의 죽음을 종말론적 사건을 위한 중요한 계기로 묘사하며, 정의의 스승을 두 메시아와 분명히 구별하고 있다. 따라서 정의의 스승을 메시아로 해석하는 뒤퐁-소메르의 가설은 근거가 희박하다.

---

42) A. Dupont-Sommer, *Aperçus préliminaires sur les manuscrits de la mer Morte*(Paris : Maisonneuve, 1950); A. Dupont-Sommer, *Nouveaux aperçus sur les manuscrits de la mer Morte*(Paris : Maisonneuve, 1953).
43) A. Dupont-Sommer, *Nouveaux aperçus sur les manuscrits de la mer Morte*, p. 207.

5.2. 반 데 바우데(A.S. van der Woude)

쿰란 연구 초기에 두-메시아 사상 이론을 주장하였던 반 데 바우데는 정의의 스승과 아론의 메시아, 즉 종교적 메시아의 관계에 대해 문제를 제기하였다.[44] 그는 역사적 정의의 스승과 사제적 메시아를 분명하게 구별하고, 이 메시아는 역사적 스승의 종말론적 대응이라고 주장했다. 즉 쿰란에서 역사적 정의의 스승은 모세에 의해 예언된 예언자로 인식되었는데, 그는 종말론적인 스승과 구별된다. 반 데 바우데에 따르면, 이 종말론적 스승은 아론의 메시아이며 다시 돌아온 엘리야와 동일시되었다. 이와 같이 역사적 정의의 스승은 메시아가 아니었으며, 오히려 메시아의 선구자인 예언자로 간주되었다. 그리고 쿰란공동체가 기다렸던 종교적인 메시아는 역사적 인물인 정의의 스승과 종말론적 짝을 이루고 있었다.

5.3. 와이즈(M.O. Wise)

1999년 미국의 셈어 학자 와이즈는 쿰란 사본에 익명의 인물로 등장하는 쿰란공동체의 창설자요 지도자인 정의의 스승이 메시아였다고 주장하였다.[45] 그리고 그는 이 메시아를 알렉산더 얀네우스 시기의 인물로 주장하고, 그를 메시아적 호칭인 '유다'로 불렀다. 그의 이런 주장은 쿰란 동굴에서 발견된 찬양 시편에 대한 문학적 분석에서

---

44) A.S. van der Woude, "Le Maître de Justice et les deux messies de la Communauté de Qumrân", pp. 121-134.
45) M.O. Wise, *The First Messiah. Investigating the Savior before Christ*(San Francisco : HarperSanFrancisco, 1999).

부터 출발한다. 즉 그는 찬양 시편들 중에서 정의의 스승이 직접 기록한 것으로 추정되는 아홉 개의 시편의 분석 결과를 토대로 이 가설을 주장한다. 정의의 스승은 이 자서전적 찬양 시편에서 자신을 예언자, 고난 받는 종, 구원자, 메시아로 표현한다는 것이다. 와이즈에 따르면, 정의의 스승은 메시아였고 메시아 운동의 지도자였다. 그리고 '첫 메시아'였던 정의의 스승은 '다른 메시아', 즉 복음서의 예수의 모델이었다는 것이다. 그의 주장은 예수가 첫 메시아인 정의의 스승을 직접적으로 본받았다는 의미가 아니라, 정의의 스승이 그리스도 이전의 유대교 안에서 처음으로 메시아 개념을 창시했고, 이 개념을 예수가 자신의 것으로 삼았다는 것이다. 그리고 메시아였던 정의의 스승이 처음 시작한 이 메시아 운동은 그가 죽은 후에도 지속되었다고 한다.

5.4. 크놀(I. Knohl)

예루살렘 히브리 대학교의 탈무드 전문가인 크놀은 2000년에 앞서 언급한 와이즈와 유사한 주장을 펼쳤다.[46] 크놀은 그의 책 서문에 이렇게 썼다: "독자는 외적인 유사성에도 불구하고 나의 주장이 와이즈의 것과는 완전히 다르다는 것을 단번에 알 것이다. 왜냐하면 우리는 다른 시기에 살았던 다른 메시아를 논하기 때문이다". 크놀은 쿰란의 정의의 스승이 유다 역사가 플라비우스 요세푸스의 기록과 미쉬나에서 언급되는 메나헴이라는 인물이라고 주장한다. 요세푸스는 유다 고대사 15권 371-379쪽에서 헤롯 대왕(기원전 75-4년)이 에세네파에 호의적이었는데, 그 이유는 에세네파인 메나헴이 헤롯이 왕이 될 것

---

46) I. Knohl, *The Messiah before Jesus: The Suffering Servant of the Dead Sea Scrolls*(Berkeley : University of California Press, 2000).

이라고 예언을 했고, 이것을 계기로 헤롯은 에세네파와 친밀한 관계를 가지게 되었기 때문이라고 기록하고 있다. 크놀에 따르면, 이 메나헴이 바로 정의의 스승이고 메시아였다는 것이다. 그는 쿰란의 4Q491 사본의 주인공이 고난 받는 종으로서의 메시아, 그의 고통을 통해 백성의 죄를 속죄하는 현양된 메시아이며, 이러한 쿰란의 메시아 사상의 도움으로 예수의 메시아적 자의식이 발전했다고 주장한다.

5.5. 노데(É. Nodet)

2002년에 예루살렘 성서·고고학 연구소의 노데 교수는 앞서 언급한 와이즈와 크놀의 가설을 긍정적으로 받아들인다. 그의 저서 《하나님의 아들: 예수의 재판과 복음서들》[47]은 전체적으로 예수의 수난 사화에 관한 연구이다. 노데는 특히 이 책의 제3장 "유다적 배경과 하나님의 아들"에서 크놀의 주장처럼 메시아 메나헴도 정의의 스승이고, 특히 예수의 형제 야고보는 마지막 정의의 스승이라는 가설을 제시한다. 노데에 따르면, 쿰란 사본에 등장하는 정의의 스승은 다양한 여러 인물을 가리키는 호칭으로서, 역사적 인물 중에서 정의의 스승으로 불린 이들이 많았다는 것이다. 이와 같이 예수의 형제 야고보를 정의의 스승이라고 주장하는 점에서 노데는 아이젠만(R. Eisenman)의 가설을 긍정적으로 받아들인다. 그에 따르면, 쿰란 사본에 나타난 '정의의 스승'은 예수의 형제 야고보이며, 그의 반대자인 '악한 사제'는 바울로라는 것이다. 그는 또한 쿰란공동체와 초대 그리스도교 공동체의 정체성을 동일하게 열혈당으로 설명한다. 그러나 이러한 주장은 학자

---

47) É. Nodet, *Le Fils de Dieu. Procès de Jésus et évangiles*(Paris : Cerf, 2002).

들의 지지를 받지 못하는 가설에 불과하다.

5.6. 종합

지금까지 우리는 정의의 스승과 쿰란 메시아 사상의 관계를 살펴보았다. 그 논점은 첫째, 쿰란공동체의 창설자가 메시아로 여겨졌는지의 여부이다. 즉 쿰란 사본에서 정의의 스승 자신이 메시아로 자처했는지, 혹은 쿰란공동체가 그를 메시아로 간주했는지의 여부이다. 둘째, 쿰란 사본의 다양한 메시아적 표상들에 대한 정의의 스승의 영향에 대한 논란이다. 그는 메시아로 여겨지지는 않았지만, 그의 정체와 사명은 메시아 표상의 형성에 일정한 영향을 주었기 때문이다.

나오는 말

우리는 지금까지 쿰란 메시아 사상 연구의 역사를 1991년 이전과 그 이후의 상황으로 나누어 살펴보았다. 쿰란 사본의 다양한 메시아적 표상에 대한 논란을 통하여, 왕적 메시아와 사제적 메시아의 두-메시아 사상은 학계의 통설이 되었다. 그러나 이 두-메시아적 표상 이외의 예언자적 메시아와 천상적 메시아를 주장하는 학자들도 있다. 쿰란 메시아 사상의 발전 단계에 대한 다양한 가설이 제기되었다. 그러나 쿰란에서의 두-메시아 사상은 시종일관 항구적이었다는 주장도 강하게 제기되었다. 다른 한편, 쿰란의 창설자가 메시아적 자의식을 가졌다든지, 공동체가 그를 메시아로 해석하였다는 가설은 객관적인 증거를 가지고 있지 못하였다. 오히려 정의의 스승의 정체와 사명이 쿰란 메시아 사상의 형성에 영향을 주었다는 주장이 더 설득력이 있다.

향후 쿰란 메시아 사상에 대한 연구는 전체 쿰란 사본 공식판(editio princeps)의 발표가 DJD(=Discoveries in the Judaean Desert)를 통해 완결됨으로써 더욱 활성화될 것이다. 이러한 맥락에서 쿰란 사본 메시아 사상의 기원과 특성, 그리고 메시아 사상의 형성과 역사적 정의의 스승의 역할 등에 대한 연구를 통하여 쿰란-에세네파와 메시아 사상의 독창성이 더욱 분명히 드러날 것이다.

한편 쿰란 사본의 메시아 사상을 제2차 성전 시대의 유대교라는 더 넓은 배경 안에서 고찰하고 종합하는 시도가 기대된다. 이러한 연구를 통해 쿰란-에세네파의 사상이 전통적인 성서 전승과 당대의 다양한 그룹들의 경향과 어떤 관계를 가졌는지 더욱 분명히 드러날 것이다.

그리고 쿰란의 메시아 사상과 초대 그리스도교의 관계에 대한 연구가 더욱 활발히 이루어질 것이다. 특히 쿰란 메시아 사상 형성에 있어 역사적 정의의 스승의 역할에 대한 연구는, 역사적 예수와 초대 그리스도교의 그리스도론 사이의 관계를 재해석하는 데 필요한 해석학적 실마리를 제공할 수 있을 것이다.

〈참고문헌〉

A.S. van der Woude, *Die messianischen Vorstellungen der Gemeinde von Qumran*(Assen : van Gorcum, 1957).
J. Starcky, "Les quatre étapes du messianisme à Qumrân", *RB*

70(1963), pp. 481-505.
R.E. Brown, "J. Starcky's Theory of Qumran Messianic Development", *CBQ* 28(1966), pp. 51-57.
A. Caquot, "Le messianisme qumrânien", M. Delcor(éd.), *Qumrân. Sa piété, sa théologie et son milieu*(Gembloux : Editions J. Duculot, 1978), pp. 231-247.
F. García Martínez, "Messianische Erwartungen in den Qumranschriften", *Jahrbuch für Biblische Theologie* 8(1993), pp. 171-208.
G.S. Oegema, *Der Gesalbte und sein Volk. Untersuchungen zum Konzeptualisierungsprozeß der messianischen Erwartungen von den Makkabäern bis Bar Koziba*(Göttingen : Vandenhoeck &Ruprecht, 1994).
J.J. Collins, *The Scepter and the Star: The Messiahs of the Dead Sea Scrolls and other Ancient Literature*(New York : Doubleday, 1995).
H. Stegemann, "Some Remarks to 1QSa, to 1QSb, and to Qumran Messianism", *RQ* 17(1996), pp. 479-505.
É. Puech, "Messianisme, eschatologie et résurrection dans les manuscrits de la mer Morte", *RQ* 18(1997-1998), pp. 255-298.
J.H. Charlesworth/H. Lichtenberger/G.S. Oegema(eds.), *Qumran-Messianism: Studies on the Messianic Expectations in the Dead Sea Scrolls*(Tübingen : J.C.B. Mohr, 1998).
J. Zimmermann, *Messianische Texte aus Qumran: Königliche, priesterliche und prophetische Messiasvorstellungen in den Schriftfunden von Qumran*(Tübingen :J. C. B. Mohr, 1998).
J. Duhaime, "Recent Studies on Messianism in the Dead Sea Scrolls", G. Marquis/L.H. Schiffman/E. Tov/J.C. VanderKam(eds.), *The Dead Sea Scrolls Fifty Years after Their Discovery : Proceedings of the Jerusalem Congress, July 20-25, 1997*

(JerusalemIsrael Exploration Society, 2000), pp. 789-799.
C.A. Evans, "Messiahs", L.H. Schiffman/J.C. VanderKam(eds.), *Encyclopedia of the Dead Sea Scrolls, I*(Oxford : Oxford University Press, 2000), pp. 537-542.
G.G. Xeravits, *King, Priest, Prophet. Positive Eschatological Protagonists of the Qumran Library*(Leiden : Brill, 2003).
H. Lichtenberger, "Qumran-Messianism", S.M. Paul/R.A. Kraft/L.H. Schiffman/W.W. Fields(eds.), *Emanuel: Studies in Hebrew Bible, Septuagint and Dead Sea Scrolls in honor of Emanuel Tov*(Leiden : Brill, 2003), pp. 323-333.

쿰란공동체의 성서해석
- 페샤림을 중심으로 -

장 흥 길
장로회신학대학교 교수

Ⅰ. 들어가는 말

1. 연구의 중요성

성서 해석의 대상이 되는 성서 본문을 확정하는 일은 모든 성서 해석에 있어서 그 시발점(始發點)이 된다. 이는 성서 본문의 원본(autography)이 아직까지 발견되지 않았고, 또한 현존하는 성서 사본의 본문이 다양하여 어떤 본문을 원본의 본문으로 여겨야 하는지를 성서 해석에 앞서 먼저 결정해야 하기 때문이다. 현존하는 구약성서의 히브리어 본문은 주후 1세기 말 얌니야(Yamnia) 회의를 거쳐 2세기 초에 표준 본문(textus receptus)으로 확정된 본문으로 다르게 전해진 본문을 서서히 대체하여 나갔다. 이 표준 본문이 확정되기 전에는 사마리아 오경, 칠십인역(LXX), 마소라 본문 등과 관련된 본문들, 즉 적어도 세 종류의 본문 전승이 있었다고 여겨졌고, 이런 추론은 사해사본이 처음 발견되던 1947년 이전까지 지배적이었다.[1] 그때까지

---

1) Emanuel Tov, *Textual Criticism of the Hebrew Bible* (Minneapolis: Fortress Press, 1992), p. 155, p. 160.

발견된 가장 초기의 히브리어 성서 본문은 주전 2-1세기의 것으로 추정되는 '나쉬 파피루스(the Nash Papyrus)' 본문이었는데, 이는 출애굽기 20장과 신명기 5장, 쉐마(신 6:4-5) 등을 담고 있는 예배서에 인용된 본문이었다.2) 따라서 구약전서를 담고 있는 가장 초기의 히브리어 성서 사본은 마소라 본문의 전통 안에 있는 주후 1008년의 레닌그라드사본으로 간주되었다.

그러나 1947년 사해사본이 발견되면서 주후 1세기 말 이전에 여러 갈래로 전해진 본문들이 존재하였음이 확인되었다. 게다가 주후 100년경 표준 본문이 확정된 후에도 그밖의 다른 형태의 본문들이 오랫동안 계속해서 남아 있었다.3) 더군다나 사해사본은 그 연대가 빠른 것은 주전 3세기, 늦은 것은 주후 1세기까지 소급되므로, 레닌그라드사본보다 거의 천 년이나 앞선 것이었다.4) 그러므로 사해사본의 발견은 히브리어 성서 본문 연구에 있어서 가히 혁명적인 사건이었고, 사해사본과 레닌그라드사본 사이에 천 년이란 시간 차이가 있었지만, 쿰란 본문이 마소라 본문과 큰 차이가 없다는 것이 밝혀지면서 히브리어 성서 본문과 사본의 권위를 세워 주는 계기가 되었다.

사해사본 연구가 중요한 이유는 사해사본이 구약성서 본문 연구에 귀중한 자료를 제공하기 때문만은 아니다. 사해사본은 신약성서에 전개된 신학이나 사상을 이해하는 데 있어서 신구약성서를 잇는 '신구약 중간기'5)의 교량(橋梁) 역할을 하고, 또한 당시 팔레스타인의 한

---

2) Ibid, p. 118.
3) 강사문 외 3인, 《구약성서개론》(서울: 한국장로교출판사, 2000), p. 173.
4) E. Tov, Textual Criticism of the Hebrew Bible, pp. 105-106.
5) '신구약 중간기(intertestamental)'란 주전 200년에서 주후 100년 사이의 시기로, 이때 구약 외경이나 위경, 쿰란 문서 등이 저술되었다. 유대교 학자들은 이 시기를 '성서와 미쉬나' 사이의 시기로 구분한다. Martin McNamara, Intertestamental Literature, 채은하 역, 《신구약 중간 시대의 문헌 이해》(서울: 이화여자대학교 출판부, 1995), pp. 19-20 참조.

종파(宗派) 신앙 공동체의 생활상도 알게 하기 때문에 사해사본 연구의 중요성은 결코 과소평가할 수 없다.

2. 연구의 범위

'사해사본(Dead Sea Scrolls)'이란 1947년 이래로 이스라엘 사해 서안(西岸) 지역에서 발견된 고대 문서로서 파피루스나 양피지 가죽 등에 히브리어, 아람어, 헬라어, 나바트어로 기록된 문서를 일컫는 용어이다.[6] '사해사본'이란 용어는 크게 광의(廣義)적 의미와 협의(狹義)적 의미로 사용된다. 협의적 의미로 사용될 때 사해사본은 쿰란공동체의 유적지 '키르벳 쿰란(Khirbet Qumran)' 지역의 11개 동굴에서 1947년부터 1956년까지 9년 동안 발견된 고대 문서들을 가리킨다. 한편, 광의적 의미의 사해사본은 키르벳 쿰란 지역과 더불어 사해 서안에 있는 '마사다(Masada)', '와디 무라바트(Wadi Murabba'at)', '나할 헤버(Nahal Hever)', '나할 세엘림(Nahal Se'elim)', '나할 미쉬마르(Nahal Mishmar)'에서 발견된 고대 문서들을 총칭(總稱)한다.[7] 이 협의의 사해사본을 가리켜 '쿰란문서' 또는 '쿰란사본(Qumran Scrolls)'으로 부르기도 한다.

쿰란사본은 크게 세 부류로 나눌 수 있는데, 구약성서 사본, 구약외경 및 위경, 쿰란공동체와 관련된 일반 문서가 곧 그것이다. 쿰란에서 구약성서 사본은 모두 202개가 발견되었는데[8] 에스더서와 느헤미야서

---

[6] *Religion in Geschichte und Gegenwart* VI, 4th ed., s.v. "Qumran", by Armin Lange, 1884.
[7] *Anchor Bible Dictionary* II, s.v. "Dead Sea Scrolls," by John J. Collins, p. 85; Hershel Shanks(Ed.), Understanding the Dead Sea Scrolls (New York: Vintage Books, 1993), xvi; 천사무엘, 《사해사본과 쿰란공동체》(서울: 대한기독교서회, 2004), pp. 13-14.

를 제외한 전체 구약성서의 사본이 발견되었다. 구약 외경으로는 《토비트서》와 《시락서》(집회서)가 발견되었으며, 구약 위경으로는 히브리어로 기록된 《희년서》와 아람어로 기록된 《에녹서》, 열두 족장의 유언서와 관련된 사본 등이 발견되었다.9) 일반문서는 쿰란공동체가 속해 있던 종파, 즉 에세네파에 전해진 전승이냐 아니면 에세네파 자체에서 제작되었느냐에 따라서 외부문서와 내부문서로 구분되는데, 전자를 '외부문서'라 지칭하고 후자를 '내부문서'라고 부른다. 쿰란공동체에서 최초로 발견된 외부 전승문서로는 《성전(聖殿) 두루마리》(11QTemple^{a-b} = 11Q19-20), 《창세기 외경》(1QapGenar = 1Q20), 《안식일 제사노래》(4QShirShabb^{a-r} = 4Q400-405), 《전쟁규율서》(1QM)가 발견되었고, 쿰란공동체의 저작물인 내부문서로는 '의의 교사'(모레 하-체데크)가 《요나단에게 보낸 편지》(4QMMT^{a-r} = 4Q393-399), 《감사찬양집》(1QH), 《공동체 규율서》(1QS), 《다메섹 문서》(CD = 4Q266[4QD^a]), 주제(종말론, 멜기세덱, 창세기)적인 미드라쉬, 그리고 '예언서 주석서'(Pesharim)가 발견되었다.10)

위에 언급된 문서들 중에는 성서를 해석한 문서들도 포함되어 있는데, 해석의 문학적 형태에 따라 '다시 기록된 성서(Rewritten Bible)'와 '페샤림(Pesharim)'으로 나눌 수 있다.11) 전자 '다시 기록된 성서'는 '다

---

8) J. C. Vanderkam, *The Dead Sea Scrolls Today* (Grand Rapids: Eerdmans, 1994), p. 30.
9) Hartmut Stegemann, *The Library of Qumran - On the Essenes, Qumran, John the Baptist, and Jesus* (Grand Rapids: W. B. Eerdmans, 1998), pp. 90-95; 김창선, 《쿰란문서와 유대교: 중요 유대 문헌을 중심으로 한 유대학 입문》(서울: 한국성서학연구소, 2007^2), pp. 33-36.
10) H. Stegemann, *The Library of Qumran*, pp. 95-136; 천사무엘, 《사해사본과 쿰란공동체》, pp. 36-48; 김창선, 《쿰란문서와 유대교》, pp. 36-66.
11) 쿰란공동체는 성경의 율법을 자신에게 적용하도록 해석하기도 하였고, 한편 예언을 해석하여 자신의 공동체에 적용하기도 하였다. 이에 대하여는 Geza Vermes, "The

시 쓴 이야기'와 '다시 쓴 율법'으로 구분된다. '다시 쓴 이야기'는 '미드라쉬 식(式) 바꿔 쓰기(midrashic paraphrase)'로 불리기도 하는데, 성서 본문의 작은 단위나 큰 단위를 언급하며 재언(再言)하는 것이며,《창세기 외경》(1QapGen) 등이 이에 해당된다. '다시 쓴 율법'은 '할라카 식(式) 바꿔 쓰기(halakhic paraphrase)'로 불리기도 하는데, 서로 다른 율법들을 조합하거나 병치(竝置)하는 것으로 《성전 두루마리》가 이에 속한다.12) 이는 다른 성서 본문을 단순하게 언급하기만 하고 쿰란공동체의 종파적인 특징이 나타나지 않아서 쿰란공동체의 저술이 아니라 외부에서 유입된 것으로 간주한다. 한편, 후자인 '페샤림'은 '예언서 주석서'를 가리키는 용어로 이사야, 호세아, 미가, 나훔, 하박국, 스바냐, 말라기 등의 예언서와 시편에 대한 주석이 이에 속한다.13) 이 문서들은 '페쉐르' 방법으로 주석하였다고 하여 '페샤림'으로 불린다.14) 그리고《마지막 날의 해석》(4QFlor=4Q174),《메시아의 증거》(4QTestim=4Q175),《하늘의 대표자 멜기세덱》(11QMelch = 11Q13)도 페쉐르 방법에 따라 성서를 주석한 문서들이기 때문에 페샤림의 범주에 들어간다.

앞에서 언급된 두 부류의 문서 중 쿰란공동체의 성서해석을 살펴보기 적합한 자료는 '페샤림'이다. 왜냐하면 페샤림이 쿰란공동체의 종파적 성격을 강하게 드러내는 쿰란공동체의 산물(産物)로 여겨지기 때문이다. 그러므로 쿰란공동체의 성서 해석의 특징을 파악하려고 한

Qumran Interpretation of Scripture in its Historical Setting," *Annual of Leeds University Oriental Society* VI(Leiden: E. J. Brill, 1969), pp. 85-97 참조.
12) Florentino G. Martínez & Julio T. Barrera, *The People of the Dead Sea Scrolls* (Leiden: Brill, 1995), p. 113.
13) 김창선,《쿰란문서와 유대교》, pp. 64-66.
14) '페쉐르'(Pesher)는 '해석' 또는 '주석'을 의미하는데, 이 용어의 복수 '페샤림(Pesharim)'은 페쉐르 방법으로 주석한 주석서를 가리킨다. 이에 대하여는 천사무엘,《사해사본과 쿰란공동체》, pp. 44-45; 김창선,《쿰란문서와 유대교》, p. 64을 참조.

다면, 페샤림을 조사하는 것이 불가피하다. 이런 이유로 본 연구 논문에서는 페샤림을 중심 자료로 삼아 쿰란공동체의 성서 해석을 살펴보고자 한다. 먼저, 쿰란공동체의 페샤림이 무엇이며, 또 어떤 유형이 있는지 살펴보고, 그러고 나서 쿰란공동체 성서 해석의 특징을 조사해 보고자 한다. 이로써 신구약성서의 신학 사상과 성서 해석에서 그 교량 역할을 하는 쿰란 문헌의 성서 해석에 대한 개관을 약술하고자 한다.

II. 쿰란공동체의 페샤림

1. 페샤림의 정의

'페샤림'이란 어원(語源)적으로 살펴볼 때 '해설' 또는 '해석'이란 뜻을 지니고 있는 히브리어 '페쉐르'의 복수형이다. 이는 원래 아람어 '페샤르(peshar)'에서 차용한 용어인데, 구약성서에서는 전도서 8장 1절에서 '해석'의 의미로 단 한번 사용되었다.[15] 히브리어 '페쉐르'가 유래된 아람어 명사 '페샤르'는 다니엘서에서 31회 나타나는데, 다니엘의 꿈 해석과 관련하여 사용되었다.[16] '페쉐르'는 쿰란공동체가 구약성서 본문의 각 구절을 주석할 때 시작한 것에서 붙여진 말이다.[17] 이는 신비스런 내용을 구체적으로 풀이하거나 밝힐 때 사용되었으며,

---

15) *Theologisches Wörterbuch zum Alten Testament* VI, s.v. "rvP," by U. Dahmen, pp. 810-816(특히 p. 811).
16) *Ibid*. 다니엘서에서 아람어 '페샤르'는 31번 중 2장에서만 12번 사용되었으며, 그 아람어 동사는 5장에서 두 번 등장한다(12, 16절).
17) 김창선, 《쿰란문서와 유대교》, p. 64.

우리말로는 '해석'이나 '의미'로 번역될 수 있다. 이런 페쉐르 방법으로 해석된 주석서는 그 복수형인 '페샤림'이란 명칭으로 불렸다.[18] 오늘날 이 용어는 쿰란공동체에서 제작된 성서 해석 문서, 성서 해석의 문학적 유형, 주석 방법 등을 지칭하는 것으로 다양한 용례로 사용되고 있다.[19] 본 논문에서 이 용어는 '예언서의 주석서'라는 좁은 의미의 '페샤림'이 아니라, 쿰란공동체에서 사용된 성서 해석 전반을 지칭하는 넓은 의미의 '페샤림'의 뜻으로 사용되었다.

2. 페샤림의 유형

(1) 연속적 페샤림

현존하는 대부분의 페샤림은 '연속적 페샤림'의 유형으로 분류될 수 있는데, 쿰란의 제1동굴과 제4동굴에서 발견된 15개의 사본 조각들이 이에 해당된다. 예언서의 주석서인 《이사야 주석서》(4QpIsa[a-e]), 《호세아 주석서》(4QpHos[a-b]), 《스바냐 주석서》(1QpZeph, 4QpZeph), 《미가 주석서》(1QpMic), 《나훔 주석서》(4QpNah), 《하박국 주석서》(1QpHab)와 《시편 주석서》(4QpPs[a-b])에서 이 유형이 사용되었다. 대부분의 '연속적 페샤림'은 공통적인 구조와 주석 방법을 보여 주며, 또한 특정한 공동체, 그 지도자들과 적대자들, 그리고 그 역사를 언급하는 유사한 특징을 보여 준다.[20]

'연속적 페샤림'의 기본 구조는 다음과 같다. 먼저, 성서 본문을 짧

---

18) H. Stegemann, *The Library of Qumran*, p. 124.
19) *Anchor Bible Dictionary* V, s.v. "Pesharim, Qumran," by Devorah Dimant, pp. 244-251.
20) 위의 책, p. 245.

게 인용한 후 이에 대한 해석이 뒤따른다. 이 때 해석은 '그 의미(해석)는 ……이라' 라는 해석 도입어로 시작된다.21) 일반적으로 해석 부분의 맨 앞에는 '피쉐로'(그 의미/해석)라는 단어가 놓이는데, 이 용어는 뒤따르는 여러 다른 용어와 함께 다양한 해설 공식구로 사용된다.22) 《하박국 주석서》(1QpHab)의 예를 들면, '피쉐로 알'(그 의미는, I,2; II,12; III,4; III,9; VI,10; VII,4; VIII,1; VIII,8; XI,4; XI,12), '페쉐르 하-다바르 알'(그 말씀의 의미는, II,1; XII,12), '피쉐로 아쉐르'(그 의미는……이라, IV,1; VII,7), '페쉐르 하-다바르 아쉐르'(그 말씀의 의미는……라, II,5; V,3), '피쉐로 아쉐르 헴마'(그 의미는…이러하니라, VI,3; VI,6) 등으로 사용되었다.

이처럼 성서 본문의 각 절을 인용한 다음, 이어서 그 절을 주석하고 이를 연속적으로 주석하는 '연속적 페샤림'은 심하게 종말론적 해석 성향(이에 대하여는 III.1을 참조)을 보여 준다. 그 실례를 들면, 다음과 같다.23)

그 의미(해석)는 다음과 같다(피쉐로 아쉐르). 곧 마지막 때가 연장될 것이며, 더욱이 예언자들이 말한 모든 것을 능가할 것이다. 이는 하나님의 비밀들이 놀라움을 인함이라(1QpHab VII,7-8).24)

---

21) *Anchor Bible Dictionary* II, s.v. "Dead Sea Scrolls," p. 90.
22) 천사무엘, 《사해사본과 쿰란공동체》, pp. 138-139.
23) *Anchor Bible Dictionary* II, s.v. "Dead Sea Scrolls," p. 90.
24) Eduard Lohse(Ed.), *Die Texte aus Qumran - Hebräisch und Deutsch*(Darmstadt: Wissenschaftliche Buchgesellschaft, 1971²), pp. 234-235.

(2) 주제적 페샤림

'주제적 페샤림'[25])은 '연속적 페샤림'처럼 성서의 특정 본문을 연속적으로 주석하지 않고, 여러 성서 본문들을 하나 이상의 주제를 중심으로 주석하는 형태이다. 따라서 주제가 페쉐르의 구조를 결정하며, 또한 해석되어야 할 성서 본문들을 선택한다. 이 '주제적 페샤림'은 '연속적 페샤림'과 비슷한 구조를 지니고 있지만, 때로는 다양한 형태로 변형되기도 한다.[26])

《마지막 날의 해석》과 《하늘의 대표자 멜기세덱》 등이 이 유형에 해당한다. 예를 들면, 《마지막 날의 해석》은 사무엘하 7장 10-14절, 출애굽기 15장 17-18절, 아모스 9장 11절, 시편 1편 1절, 이사야 8장 11절, 에스겔 37장 23절, 시편 2편 1절, 다니엘 12장 10절 등을 인용하고 해석할 때, 마지막 때에 있을 성전(聖殿)과 메시아에 대해 알려준다.[27]) 또한 《위로의 말들》(4Q176ᵃ = 4QTanchumim)이라는 단편도 소위 '제2이사야서'의 성서 본문들로 구성되어 있고[28]), 《기(時期)에 관한 페쉐르》(4Q180 = 4QAges[of]Creat[ion])[29])도 구체적인 성서해석서는 아니지만 많은 성서 본문을 사용하는 '주제적 페샤림'을 포함하고 있다.[30]) 그리고 주석이 붙어 있지는 않지만 주제를 중심으로 성서

---

25) 학자들(H. Stegemann, *Library of Qumran*, pp. 118-122; 김창선, 《쿰란문서와 유대교》, pp. 60-63)에 따라서는 '주제적 페샤림'을 페샤림의 범주에 넣지 않고 '주제에 따른 미드라쉬'라는 다른 범주로 분류하기도 한다. 이렇게 분류하는 이유는 이들이 사용하는 '페샤림' 용어가 예언서, 주석서만을 가리키는 좁은 의미의 페샤림이기 때문이다. 본 논문에서는 페샤림을 넓은 의미로 사용하기 때문에 따로 독립된 범주에 넣지 않고 '페샤림'이라는 범주 하에 '주제적 페샤림'으로 분류한다.
26) 이에 대하여는 *Anchor Bible Dictionary* V, s.v. "Pesharim, Qumran," p. 247을 참조.
27) 천사무엘, 《사해사본과 쿰란공동체》, p. 140.
28) Johann Maier, *Die Qumran-Essener: Die Texte vom Toten Meer* II, UTB 1863(München: Reinhardt, 1995), pp. 111-116.
29) J. Maier, *Die Qumran-Essener: Die Texte vom Toten Meer* II, pp. 125-127.
30) *Anchor Bible Dictionary* II, s.v. "Dead Sea Scrolls," p. 91.

의 여러 본문들을 모아 놓은 《문서선집》(4Q175 = 4QTest[imonia])[31] 도 이 유형에 속한다. 이는 마지막 때에 나타날 메시아를 주제로 모인 다섯 개의 인용 부분들(신 5:28-29; 신 18:18-19; 민 24:15-17; 신 33:8-11; 수 6:26)로 구성되어 있다. 처음 네 개의 인용 부분에는 해석이 없으나 마지막 인용 부분에는 긴 해석이 붙어 있다. 이 경우 '주제적 페샤림'에서 해석이 붙어 있는 부분은 대개 '연속적 페샤림'과 동일한 구조를 보여 준다.[32]

(3) 독자(獨自)적 페샤림

'독자적 페샤림'은 "짧은 성서 본문을 본문의 상황과 관계없이 저자가 주장하는 내용의 증거 본문으로 인용하면서 해석하는 형태"[33]로, 그 구조는 다양하지만 인용하는 성서 본문에 해석을 덧붙인다는 점에서 '연속적 페샤림'과 유사하다. 이런 해석 유형은 대부분 《다메섹 문서》(CD = 4Q266[4QD^a])에서 발견된다. 구체적으로 살펴보면, 《다메섹 문서》 III, 20-21은 에스겔 44장 15절을, IV, 13-19는 이사야 24장 17절을, VI, 3-11은 민수기 21장 18절과 이사야 54장 16절을, VII, 10-21은 이사야 7장 17절과 아모스 5장 26-27절 및 9장 11절과 민수기 24장 7절을, VIII, 8-15는 신명기 32장 33절을, XIX, 7-13은 스가랴 13장 7절과 에스겔 9장 4절을 인용한다.[34] 그밖의 문서로는 《공동체 규율서》(1QS) 8장 13-15절이 이사야 40장 3절을 인용한다.[35]

---

31) J. Maier, *Die Qumran-Essener: Die Texte vom Toten Meer* II, pp. 107-110.
32) F. G. Martínez & J. R. Barrera, *People of the Dead Sea Scrolls*, 114; 천사무엘, 《사해사본과 쿰란공동체》, p. 140.
33) 천사무엘, 《사해사본과 쿰란공동체》, p. 140.
34) E. Lohse(Ed.), *Die Texte aus Qumran*, pp. 63-107.
35) E. Lohse(Ed.), *Die Texte aus Qumran*, pp. 30-31. 이에 대하여 *Anchor Bible Dictionary* V, s.v. "Pesharim, Qumran," p. 248 참조.

이러한 '독자적 페샤림'은 전부가 공동체를 권면하는 부분에서 발견된다. 이때 페샤림은 공동체의 역사에서 일어난 사건과 이데올로기에 대한 증거 본문의 역할을 한다. '독자적 페샤림'에 속해 있는 본문들은 거의 대부분 예언서를 인용하지만, 그 중에는 율법서에서 발견된 '고대의 노래들'(민 21:18; 신 32:33)을 인용하기도 한다.36)

(4) 그 외 형태의 페샤림

쿰란공동체 성서 해석의 또 다른 유형은 역사적 인물에 대하여 다양한 별명을 사용한 페샤림에서 찾아볼 수 있다. 이러한 별명의 대부분은 성서 본문을 해석하는 '페쉐르' 형태의 해석을 위한 암호로 사용된다. 예를 들면, 이사야 30장 10절에서 인용한 '부드러운 것을 구하는 자들'이란 별명은 공동체의 적대자들을 가리키는 것인데, 이는 이사야 30장 8-14절의 전체 맥락에 대한 페쉐르이다. 또한 호세아 10장 12절과 요엘 2장 23절을 기초로 하는 '의(義)의 교사'37)라는 별명은 두 본문의 보다 큰 문맥에 대한 페쉐르를 위한 자료로 사용된다. 이러한 별명들이 공식적으로 페샤림으로 간주되지는 않지만, 페샤림의 주석 원칙에서 파생된 것이다.38)

또 다른 형태의 페샤림은 뚜렷한 인용 없이 '암시'를 통해서 성서 구절들을 해석하는 형태이다. 예를 들면, 이방인 압제자를 향하여 화(禍)를 선포하는 하박국 2장 16절에 대한 《하박국 주석서》(1QpHab) XI, 12-14은 "마음에 할례를 행하고 목을 곧게 하지 말라"는 신명기 10장 16절을 암시한다.39) 암시된 구절을 해석하는 것 역시 페쉐르의 주

---

36) *Anchor Bible Dictionary* V, s.v. "Pesharim, Qumran," p. 248.
37) 이에 대하여 Gert Jeremias, *Der Lehrer der Gerechtigkeit*, Studien zur Umwelt des Neuen Testaments 2(Göttingen: V. & R., 1963)을 참조.
38) *Anchor Bible Dictionary* V, s.v. "Pesharim, Qumran," p. 248.

석 방법에서 나온 것이다.

III. 페샤림 성서 해석의 특징

1. 종말론적 해석

사해 북서안(北西岸)에 위치한 '키르벳 쿰란(Khirbet Qumran)' 지역의 거주지에 대하여 1952년부터 실시한 고고학적 발굴의 결과, 이곳에서 도서관, 사본 제작실, 필사실, 침실을 갖춘 주 건물과 부속 시설, 상업 목적의 건물, 회합 장소 등의 건물 잔해가 드러났는데, 이를 통해 이곳에 공동체가 존재했음이 입증되었다.[40] 쿰란지역에 살았던 공동체의 정체(正體)에 대해서 학자들은 대체로 이들이 에세네파(Essener)의 일원이었을 것이라고 추정한다.[41] 이들이 활동하던 시기는 포로후기였다. 이 시기는 전체적으로 묵시적 종말론이 팽배했던 시대로, 에세네파 사람들은 이러한 종말론적인 과도기에 자신의 공동체가 나아가야 할 방향을 찾고자 하였다.[42] 이들의 의식은 묵시적 종

---

39) E. Lohse(Ed.), *Die Texte aus Qumran*, pp. 240-241.
40) 쿰란공동체의 거주지에 대한 고고학적인 발굴에 대하여는 김창선, 《쿰란문서와 유대교》, pp. 70-77을 참조.
41) 버메스(G. Vermes)는 그 근거로 다음의 세 가지를 내세운다. 첫째, 주전 15년경 플리니우스(Pliny)가 언급한 에세네파의 거주 지역은 여리고와 엔게디 사이인데, 이는 쿰란 지역보다 더 잘 적합한 곳이 없다. 둘째, 요세푸스에 따르면 연대기적으로 에세네파는 마카비 가문의 요나단(주전 150년경)과 제1차 유대 전쟁(주후 66-70년) 사이에 활동했는데 이 시기는 쿰란 지역의 주거 상황과 정확하게 일치한다. 셋째, 사해사본에 나타난 공동체 생활이나 관습 등이 요세푸스나 필로 등이 묘사하는 에세네파의 것과 너무나 유사하다. Geza Vermes, *The Complete Dead Sea Scrolls in English* (London: Penguin Books, 1998), p. 47.
42) 조명기, "쿰란공동체의 종말론적 자기 이해," 《구약논단》제22호(2006.12), p. 115.

말론으로 가득 차 있었는데, 이들은 구약성서에 나오는 예언이 바로 자신들을 향한 것이며, 자신의 시대에 이루어지고 있다고 믿었다.[43] 이러한 종말론적 특징은 사해사본에 그대로 드러나 있으며 페샤림을 통해 더욱 분명하게 확인할 수 있다.

《하박국 주석서》(1QpHab)는 이런 종말론적 특징을 보여 주는 쿰란공동체의 대표적인 주석서이다. 이 주석서는 쿰란공동체의 예언서 주석서 중 가장 늦게 기록된 것으로 그 기록 연대가 주전 54년 직후로 추정된다.[44] 이는 《하박국 주석서》 IX:2-7에 기록된 내용이 주전 54년에 있었던 로마인(킷티임/깃딤)들의 예루살렘 성전 약탈 사건을 반영하고 있기 때문이다.[45] 이러한 위기의 역사적 정황 아래 기록된 《하박국 주석서》는 쿰란공동체가 자신들이 처해 있던 현실에서 성서를 어떻게 신학적으로 해석했는지를 잘 보여 준다. 이는 무엇보다도 '마지막 때'를 의미하는 '케츠(qets)'가 사용된 본문에서 더욱 두드러진다.

> 1 그리고 하나님께서는 하박국에게 [마지막 세대(하-케츠)에][46] 일어날 것에 대해 기록하라고 말씀하셨다. 2 그러나 그 시대의 완성에 대해서는 알려 주시지 않았다. 3 말씀하시기를 "이를 읽는 자가 달려갈 수 있게 하기 위함이다." [합 2:2] 4 '그것에 대한 해석은'(피쉐로 알) '의(義)의 교사'(모레 하-체데크)에 관한 것인데, 하나님께서 [그분의 종들인 예언자들의 말에 담긴 모든 비밀을] 알려 주

---

43) *Anchor Bible Dictionary* II, s.v. "Dead Sea Scrolls," pp. 99-100; 김창선, "쿰란시편 (1QH)에 나타난 성령 연구,"《기독교사상》제422호(1994.2), pp. 132-152.
44) H. Stegemann, *The Library of Qumran*, p. 131.
45) 김창선,《쿰란문서와 유대교》, p. 169.
46) E. Lohse(Ed.), *Die Texte aus Qumran*, pp. 234-237. 꺽쇠 괄호([ ]) 안에 들어가는 내용은 원래 다음 구절에 나오는 것인데, 문맥상 함께 번역할 때 자연스럽기 때문에 앞 절로 옮겼다. 이는 이후의 사역(私譯)에서도 마찬가지로 적용된다.

셨다. 5 "왜냐하면 그 묵시는 정해진 [시기에 관한 것이며(라-케츠)], 6 그것은 끝을 향해 달려갈 것이며 거짓되지 않을 것이다." [합 2:2] 7 '그 해석은 다음과 같다'(피쉐로 아쉐르). 곧 '마지막 때'(하-케츠)가 연장될 것이며 [예언자들이 말한] 모든 것을 뛰어 넘을 것이다. 8 왜냐하면 하나님의 비밀들은 놀랍기 때문이다. 9 "비록 그것이 더딜지라도 기다려라. 이는 반드시 올 것이며 [지체되지] 않을 것이기 때문이다." [합 2:3] 10 '그것에 대한 해석은'(피쉐로 알) 진리의 사람들에 관한 것인데, 11 율법을 행하는 자들은 그들의 손이 [마지막 때(하-케츠)가 연장될 때 진리]를 행하는 데 게으르지 않을 것이다. 12 왜냐하면 13 하나님의 모든 시간들은 정해진 때에 [그분의 지혜의 비밀 가운데 정하신 대로] 올 것이기 때문이다. 14 "보라, 그의 마음이 교만하며 그의 속에서 정직하지 않다." [합 2:4] 15 '그 해석은 다음과 같다'(피쉐로 아쉐르). 곧 [그들의 죄가] 두 배가 되었고 16 심판 때에 그들은 자비를 받지 못할 것이다. 17 "… 그러나 의인은 그의 믿음으로 말미암아 살리라." [합 2:4] (1QpHab VII,1-17)[47)]

《하박국 주석서》 VII 단락의 3, 5-6, 9, 14, 17행에서 인용된 성서 본문은 하박국 2장 2~4절이다. 인용된 하박국 본문을 이어 '그것에 대한 해석은'(페쉐로 알)이나 '그 해석은 다음과 같다'(피쉐로 아쉐르)라는 해석 도입(導入) 양식 문구로써 성서 본문에 대한 해석이 뒤따른다. 이러한 해석 유형은 앞에서 살펴보았듯이 본문의 각 절을 이어서 주석하는 '연속적 페샤림'에 해당된다. 본래 하박국 2장 1-4절은 불의한 자에 대하여 잠잠하시는 하나님께 의문을 제기하며 하나님의 공의를 탄식하는 하나님께 대하여 항변하는 예언자 하박국의 질문인 1장

---

47) F. G. Martínez & E. J. C. Tigchelaar, *The Dead Sea Scrolls Study Edition* I, pp. 16-17.

12-17절 단락에 대한 하나님의 대답이다. 이 답변에서 하나님께서는 하박국을 통하여 그의 백성에게 종말이 지체되더라도 믿음으로 살아야 하며, 결국 교만한 자는 멸망하고 의인은 살게 될 것을 말씀하신다. 여기서 '교만한 자'는 역사적으로 볼 때 '바벨론'을 지칭하며, '의인'은 '유다'를 가리키는 것으로 간주된다. 이런 이유로, 예언서 하박국서의 큰 틀은 앗수르의 수도 니느웨가 바벨론과 메대 사람들에 의해 파괴되었던 주전 612년과 유다 사람들이 바벨론에 포로로 잡혀갔던 해인 주전 587년 사이에 형성된 것으로 추정된다.[48] 이처럼 쿰란공동체는 자신들이 마지막 때에 살고 있다고 생각하고 하박국의 본문을 그 마지막 때와 관련시켜서 해석하였다.

주목할 만한 점은 쿰란공동체의 하박국서 해석자가 자신의 주석서에서 하박국 2장 1-4절을 그대로 인용하거나 한꺼번에 인용하지 않고 절이나 구문으로 나누어 인용하면서 자신의 해석을 곁들인다는 점이다. 이때 해석자는 하나님께서 하박국에게 주신 묵시를 구체적으로 '마지막 세대에 일어날 것'(1QpHab Ⅶ,2)이라고 규정하면서 그 묵시가 바벨론이 존재했던 과거를 위한 것이 아니라 바로 그들이 살고 있는 현재의 시대를 위한 것으로 이해한다. 이렇게 과거에 선포된 예언의 현재화는 '마지막 때'를 언급하는 하박국 2장 2절에 대한 주석(1QpHab Ⅶ,7)에서 더욱 분명하게 드러난다. 그 마지막 때가 비록 지체되더라도 하나님의 모든 시간은 정해진 때에 올 것이므로(1QpHab Ⅶ,13), 해석자는 진리의 사람들인 쿰란공동체가 진리를 행하는데 게으르지 않아야 함을 권면하며, '믿음으로 말미암아 살리라'는 하박국 말씀을 인용함으로써 이들이 결국에는 하나님의 자비함을 받을 사람

---

[48] R. L. Smith, *Micah-Malachi*, WBC 32 (Waco: Word Books, 1984), p. 94.

들임을 알린다.

위의 《하박국 주석서》를 통해서 알 수 있듯이, 쿰란공동체는 자신의 세대를 '마지막 세대'와 동일시하고, 성서의 예언을 자신의 세대, 즉 '마지막 때(qetz)'를 위한 것으로 해석하였다. 곧 쿰란공동체의 사람들은 하나님께서 주전 7세기에 활동한 예언자인 하박국을 통해 자신의 공동체에게 계시하신다고 믿었다. 더욱이 쿰란공동체는 성서의 예언적 계시뿐만 아니라 지금 현재 자신들이 처해 있는 상황과 이 시기와 관련된 연속적인 계시에 대해서도 믿었기 때문에 페쉐르 방법은 이러한 현재적인 하나님의 예언을 쿰란공동체에 전달해주는 역할도 하였다. 이는 쿰란공동체가 성서의 부분적인 계시를 연속적인 계시의 형태로 받아들이면서 분명한 언어로 성서를 재해석하고 있음을 보여준다.[49]

이처럼 쿰란공동체는 성서, 무엇보다도 예언서를 기록 당시의 사람들을 위한 예언이 아니라 자신을 위한, 임박한 미래에 다가올 종말에 대한 예언이라고 생각했다. 이들은 예언자들이 말한 종말의 때를 바로 현재 자신들이 살고 있는 시대로 여겼으며, 그 예언이 철저하게 바로 자신들의 시대에 성취된다는 종말론적인 입장에서 성경을 해석했다. 더 나아가 이들 공동체는 그러한 예언을 위기를 맞고 있는 자신의 시대에 적용하며, 역사적인 사건을 역사를 초월하는 사건으로 승화시키고, 자신들이 속해 있는 시대를 마지막 시대로 해석하였다.[50] 이러한 해석 경향은 자신들만이 참 이스라엘로서, 이스라엘 전체를 대표하는 '하나님의 언약 공동체(하-야하드)'[51]로 믿는 확신과 정체성

---

49) 조명기, "쿰란공동체의 하박국 재해석," 《구약논단》제20호(2006.4), pp. 21-22.
50) Frank Moore Cross, *The Ancient Library of Qumran*(Minneapolis: Fortress, 1995³), p. 90.
51) 김창선, 《쿰란문서와 유대교》, p. 176. 쿰란공동체에 대해서는 H. Stegemann, "The

에서 비롯된 것이었다.

2. 계시를 중시한 해석

이처럼 쿰란공동체는 성서의 예언을 자신의 시대에 적용하여 현재화하였고 예언의 계시를 받은 이스라엘을 자신의 공동체와 동일시하였다. 하박국에게 하나님의 예언의 계시가 임한 것처럼 자신들이 살고 있는 시대에 자신들의 공동체에도 하나님의 계시가 계속된다고 믿었다. 그러므로 이들의 성서 해석에서 계시가 중시될 수밖에 없었다. 이처럼 종말론을 현재화하는 종말론적 의식을 가진 쿰란공동체는 저절로 형성되지 않았다. 오히려 그 배후에 이 공동체를 이끄는 정신적 지도자가 있었다. 그 지도자의 성서 해석과 가르침은 그가 죽은 뒤에도 공동체 안에서 규범적인 것으로 받아들여졌을 정도로 지배적인 영향력을 끼쳤다. 쿰란공동체를 창설한 지도자의 이름이 알려지지는 않았지만 쿰란공동체가 남긴 문헌 가운데 그를 가리키는 칭호가 나타나 있는데, 그것은 바로 '의의 교사'(모레 하-체데크)이다.[52]

'의의 교사'가 쿰란공동체의 성서 해석에서 중요한 이유는 그가 성서 본문에 숨겨져 있는 비의(秘意)를 해석할 권위를 부여받았기 때문이다. 이는 《하박국 주석서》의 단락에 잘 나타나 있다.

Qumran Essenes - Local Members of the Main Jewish Union in Late Second Temple Times", in: Julio Trebolle Barrera & Luis Vegas Montaner(Eds.), *The Madrid Qumran Congress* I (Leiden: E. J. Brill, 1992), pp. 83-166, 특히 pp. 108-114 참조.
52) 쿰란 문헌에서 '의의 교사'가 언급된 구절들('모레 하-체데크': 1QpHab I ,13; V,10; VII,4; VIII,3; IX,9; XI,5; '모레 하-츠다카': II,2; '모레 체덱': CD I ,11; X X ,32)을 참조하라. 김창선, 《쿰란문서와 유대교》, p. 112.

16 "…… 너희는 열국을 보고 또 보고 17 서로 놀라고 또 놀랄 것이다. 왜냐하면 너희 생전에 내가 한 일을 행할 것이기 때문이다. 그러나 그것이 전해진다 하더라도 너희는 믿지 않을 것이다."[합 1:5] 1 '그 말의 해석은'(페쉐르 하-다바르 알) [거짓의] 사람과 함께 어울리는 배반자들에 관한 것인데 2 이는 그들은 [하나님의] 입에서 나온 '의의 교사'(모레 하-츠다카)의 말씀들을 믿지 않음을 인함이다. 3 또한 그것은 새 언약의 배신자들에 관한 것인데 4 이는 그들이 하나님의 언약을 믿지 않고 그의 거룩한 이름을 더럽힘을 인함이다. 5 마찬가지로 '그 말의 해석은'(페쉐르 하-다바르 알) 마지막 [날]에 있을 배신자들에 관한 것이다. 6-7 그들은 마지막 세대에 일어날 모든 일을 들을 때 믿지 않는 언약 위반자들이다. 8-9 그 일은 하나님을 선포하는, 하나님의 종인 예언자들의 모든 말씀을 해석하라고 하나님께서 [그 마음에 통찰력을] 주신 '제사장'(하-코헨)의 입에서 나온 것이다(1QpHab Ⅰ,16-2:9).[53]

위 본문 단락의 마지막 절인,《하박국 주석서》두 번째 단락의 여덟 번째 줄에서 '의의 교사'는 예언자들의 모든 말씀을 쿰란공동체에게 해석하기 위해 하나님께로부터 통찰력을 부여받은 '제사장'(하-코헨)이다. 그러므로 '의의 교사'의 정체성은 예언 말씀의 '해석자'[54]이다. 이는 "그것에 대한 해석은 의(義)의 교사에 관한 것인데, 하나님께서 [그분의 종들인 예언자들의 말에 담긴 모든 비밀을 알려 주셨다.]"(1QpHab Ⅶ,4-5a)라는《하박국 주석서》두 번째 단락의 네 번째 줄 이하에서도 확인할 수 있다.[55]

쿰란공동체는 성서의 예언자들에게 계시된 하나님의 비밀이 그

---

53) E. Lohse(Ed.), *Die Texte aus Qumran*, pp. 228-230.
54) 쿰란 문헌에서 '의의 교사'는 '유일한/공동체의 교사'(모레 하-이야히드, CD XX,1), '토라의 해석자'(도레쉬 하-토라), '그 제사장'(하-코헨, 4QpPs 37 Ⅱ,18)으로 불린다.
55) E. Lohse(Ed.), *Die Texte aus Qumran*, pp. 234-235.

공동체의 창시자(創始者)인 '의의 교사'에게 모두 알려졌다고 믿었으며, '의의 교사'를 예언자의 전통 노선에 있는 사람이자 또한 성서의 예언자들이 하나님께로부터 받은 계시를 온전히 해석할 수 있는 전권(全權)을 가진 사람으로 이해하였다. 공동체가 이렇게 여길 수 있던 것은 '의의 교사'가 가졌던 자의식(自意識)에서 비롯되었다. '의의 교사'는 자신을 성서에 기록된 하나님의 계시를 온전히 파악할 수 있는 유일한 사람, 곧 계시의 유일한 중재자로 이해하였다. 이는 '의의 교사'가 새로운 하나님의 비밀을 계시받았다는 것을 뜻하지는 않는다. 오히려 그것이 의미하는 바는 의의 교사가 전통적인 성서 예언자들을 통해 계시된 하나님의 비밀을 온전하게 해석할 수 있는 유일한 통로라는 것이다.56)

요약하면, 쿰란공동체는 성서를 해석할 때 계시를 중시하였다. 유대인의 전승에 의하면 모세가 시내산에서 하나님께 율법을 부여받으면서 그는 계시의 중재자가 되었고 그의 권한은 예언자들에게로 이어졌다.57) 그 연속선상에 쿰란공동체의 '의의 교사'가 서 있다. 즉, '의의 교사'를 통해 쿰란공동체는 하나님의 계시 말씀을 받았고, 그의 해석을 통해 하나님의 말씀을 이해하였다. 이는 이들이 하나님의 말씀인 성서를 잘못 해석해서 진리의 말씀을 분별하지 못하고 호도(糊塗)하

---

56) 의의 교사가 쿰란 공동체에게 하나님의 계시를 전달하는 중재자이며 성서해석에서 전권을 가진 자라는 것에 대하여는 하박국서 주석서 외에도 쿰란공동체의 《찬양집》(Hodayot)에서도 찾아볼 수 있다(1QH II,13; IV,5-6; IV,23; VII,10 등). 이에 대하여는 김창선, 《쿰란문서와 유대교》, pp. 126-128을 참조.
57) 초기 유대교의 금언집(金言集)인 《조상들의 어록》(Pirqe Aboth)의 서두(I,1)에 의하면, "모세는 시나이(에서 하나님)으로부터 율법을 이어 받아 이것을 여호수아에게 전하고 여호수아는 장로들에게, 장로들은 예언자에게, 예언자들은 큰 회당의 사람들에게 전하였다." 피르케 아보스, 《외경위경전서》 II(서울: 기독교문화사, 1985), p. 21. 이에 대하여 F. G. Martínez & J. R. Barrera, *The People of the Dead Sea Scrolls*, p. 112 참조.

여 멸망의 길로 가게 되는 것을 극도로 경계하였기 때문이다. 쿰란공동체에서 행해진 성서 해석 방법과 문서들, 즉 페샤림이 '의의 교사'에게서 비롯되었다고 하더라도 계시가 중시되었기 때문에 '의의 교사'의 권위가 성서의 권위보다 위에 놓일 수 없었다. 그러므로 계시의 중재자인 '의의 교사'를 통한 성서 해석은 쿰란공동체에게 성서의 계시성을 부각시키고 성서의 권위를 높여 주는 역할을 하였다.

3. 이원론(二元論)적 해석

쿰란의 성서해석자는 성서에 나오는 '의인'을 쿰란공동체 자신과 동일시하고, '악인'을 그들의 적대자들로 여겼다. 또 성서 본문에 언급된, 하나님의 구원 대상인 '참 이스라엘'을 자신들로 여겼고, 심판 대상인 '불의한 자'들을 자신의 공동체의 적대자들로 해석했다.[58] 이러한 해석은 제4동굴에서 발견된 이사야서 5장에 대한 본문의 주석에서 찾아볼 수 있다.

> 2 "화 있으리라! 아침에 일찍 일어나 독주를 마시며 밤 깊도록 포도주에 취하는 자들아! [사 5:11] 3 그들이 연회 때 수금과 비파와 소고와 피리와 포도주를 갖추었지만 야훼의 일에 관심을 두지 아니하며 4 그의 손으로 하신 일을 보지 아니하는구나! [사 5:12] 그러므로 내 백성은 지식이 부족하여 사로잡힐 것이며 귀족들은 굶주림으로 죽을 것이며 5 평민들은 목마를 것이다. [사 5:13] 그러므로 스올이 욕심을 크게 내어 측량할 수 없이 입을 크게 벌릴 것이니 6 그들의 귀족과 평민과 흥청거리는 자들이 거기에 빠질 것이다."
> [사 5:14] 이들은 [예루살렘에 있는] 거만한 자들이다. 7 "그들은

---
58) F. G. Martínez & J. R. Barrera, *The People of the Dead Sea Scrolls*, p. 112.

야훼의 율법을 버리고 [이스라엘의] 거룩하신 분의 말씀을 멸시하는 자들이다. [사 5:24] 8 그러므로 야훼의 진노가 그의 백성을 향해 타오르고 그들에게 손을 뻗쳐서 그들을 치셨도다. 9 산들이 진동하며 그들의 시체가 거리 한 가운데 분토같이 되었다. 그럼에도 불구하고 10 그 노가 가라앉지 않았고 그의 손이 계속 펼쳐져 있다." [사 5:25] 이것은 예루살렘에 있는 거만한 자들의 무리에 관한 말씀이다(4QpIsa^b II,2-10)[59].

위의 《이사야서 제2주석서》(4QpIsa^b=4Q162)[60]에 인용된 이사야 5장 11-14절과 5장 24-25절의 내용은 본래 하나님의 율법을 무시하고 거역하는 자들에 대한 하나님의 저주와 심판이었다. 쿰란의 성서해석자는 화(禍) 선포의 대상이 된 이들을 '예루살렘에 있는 거만한 자들'이나 '예루살렘에 있는 거만한 자들의 무리'로 해석하였다. 여기서 '예루살렘의 거만한 자들'은 쿰란공동체와 적대적인 관계에 있었던 자들로, 마카비 가문의 마티아스의 아들인 유대군 지휘자(마카비상 9장)였으나 자신의 정치력으로 주전 152년 예루살렘의 대제사장이 된 요나단과 그를 따르던 무리로 추정된다.[61]

《나훔 주석서》에서도 이와 비슷한 표현을 발견할 수 있다.

1 "아! 피로 물든 도성아! 배반으로 가득하고 약탈이 만연하구나!" [나 3:1] 2 그에 대한 해석은(피쉐로) 에브라임 성읍과 관한 것이

---

59) J. Maier, *Die Qumran-Essener: Die Texte vom Toten Meer* II, pp. 71-72.
60) 이사야서 제2주석서는 특히 참 이스라엘과 그 적대자들이 벌일 마지막 전투에 관해 언급한다. H. Stegemann, *The Library of Qumran*, p. 127.
61) 요나단은 주전 152년에 불법적으로 대제사장직을 강탈하였다. 그때 이름이 전해지지 않는 한 적법한 대제사장(주전 159-152년 예루살렘의 대제사장 역임)이 있었는데, 이 사람이 '의의 교사'이다. 김창선, 《쿰란문서와 유대교》, p. 103.

다. 그들은 마지막 날에 부드러운 것들을 구하고 거짓과 기만의 길로 걸으리라(4QpNah Ⅱ,1b-2)[62]

《나훔 주석서》(4QpNah = 4Q169)에서 인용된 나훔 3장 1절이 언급하는 '피로 물든 도성'(이르 하-다밈)은 본래 앗수르의 수도 니느웨를 가리키는 말이었다. 그러나 쿰란공동체의 성서해석자는 그 도성을 '부드러운 것을 구하며 거짓과 기만의 길로 걸어가는' 에브라임의 성읍으로 해석한다. 이에 따라 쿰란공동체는 에브라임을 자신들의 적대자들로 여기고 이들이 하나님의 심판을 받아야 한다고 생각했다.

한편, 쿰란공동체는 자신들의 적대자를 성서에 언급된 '불의한 자'로 여겼을 뿐 아니라, 스스로를 성서에 나오는 '의인'과 동일시하였다. 이는 《하박국 주석서》에서 모범적으로 찾아볼 수 있다.

"그러나 의인은 그의 믿음으로 말미암아 살리라." [합 2:4] 1 '그것에 대한 해석은'(페쉐로 알) 유다의 집에서 율법을 준수하는 모든 자들에 관한 것이다. 2 하나님께서 그들의 고통과 [의의 교사에 대한] 믿음 때문에 심판의 집으로부터 구원하실 것이다.(1QpHab Ⅶ:17-Ⅷ:2)[63]

《하박국 주석서》는 《나훔 주석서》에 언급된 에브라임과는 대조적으로 하박국 2장 4절을 인용하여 '의인'을 '유다의 집에서 율법을 준수하는 자들'로 해석한다. 이 해석에서 이들은 다름 아닌 쿰란공동체 자

---

62) F. G. Martínez & E. J. C. Tigchelaar, *The Dead Sea Scrolls Study Edition* Ⅰ, pp. 338-339.
63) E. Lohse(Ed.), *Die Texte aus Qumran*, pp. 228-230.

신들이었다. 이들이 의인인 이유는 율법을 파괴하는 적대자들과는 반대로 율법을 준수하기 때문이다. 또 이들은 "의인은 그의 믿음으로 말미암아 살리라"(합 2:4)는 구절을 자신들과 관련지어서, 그들이 지금은 비록 고통당하고 있지만 '의의 교사'에 대한 믿음으로 마지막 날에 있을 심판에서 구원받을 것이라는 확신을 피력한다.

페샤림에 나타나는 이러한 '의로운 자와 불의한 자'의 대조는 결국 페샤림의 첫 번째 해석 특징인 '종말론적 해석'과 두 번째 해석 특징인 의의 교사와 결부된 '계시 중시적 해석'과 관련되어 있다. 특히 선과 악을 철저하게 대조적으로 분리하는 것은 묵시적 종말 사상의 특징에 속하는 것인데, 이런 이원론적 사고 역시 '의의 교사'와 관련되어 있다. 《교사의 시》(1QH^a) 혹은 《감사찬양집》에 속하는 본문에서 '의의 교사'는 다음과 같이 자기로 말미암아 의인과 악인이 구분됨을 확신하고 있음이 분명하게 드러난다.

> 이는 내[역자주, 의의 교사]를 통하여 <u>의인과 악인</u>을 구분하시기 위하여 나의 모든 적대자들을 당신께서 유죄로 심판하심을 인함이라(1QHa XV:12).[64]

더 나아가 이 해석 구절에 '의의 교사'의 가르침을 따르면 구원을 받고, 그렇지 않으면 심판을 면치 못할 것이라는 독특한 결정(決定)의 이원론이 나타난다. 이 감사 찬양에 의하면, '의의 교사'가 가르치는 것을 준수하고 이를 행하는 자는 의인에 속하지만, 그의 가르침을 거부하는 자는 악인에 속하게 된다.[65] 그리고 '의의 교사'가 세운 쿰란

---

64) J. Maier(Ed.), *Die Qumran-Essener: Die Texte vom Toten Meer* Ⅰ, UTB 1862(München: Reinhardt, 1995), p. 86.
65) 김창선, 《쿰란문서와 유대교》, pp. 128-129.

공동체에서 활동하면 의인이 되지만, 쿰란공동체를 방해하고 대적하는 모든 무리는 악인이 된다. 이렇게 의인과 악인을 철저하게 분리하는 '의의 교사'의 자의식에서 이원론적인 성서 해석이 배태(胚胎)되었으며, 이는 종말론적 해석과 자연스럽게 연결되었다.

4. 유형론(類型論)적 해석

쿰란공동체는 앞에서 언급한 것처럼 성서를 종말론적으로, 의의 교사가 받은 계시 중시적으로, 이원론적으로 해석할 뿐 아니라 유형론적으로 해석했다. 이는 《나훔 주석서》(4QpNah = 4Q169)에서 두드러지게 나타나는 특징이다.[66]

5 그리고 그들이 말할 것이다. 6 "니느웨가 황폐하게 되었는데, 누가 그를 위해 애곡하겠는가? 너를 위로할 자들을 내가 어디서 찾겠는가?" [나 3:7] '그것의 해석은'(피쉐로 [알]) [부드러운 것을 찾는 자들]에 관한 것이다. 7 그들의 의회(議會)가 멸망할 것이며, 그들의 공동체가 흩어질 것이다. 그들은 회중을 잘못 인도하는 일을 계속하지 못할 것이며, 단순한 자들은 8 더 이상 그들의 의회를 지지하지 않을 것이다. "네가 강들 사이에 있는 노아몬보다 낫겠는가?" [나 3:8상] 9 '그것의 해석'(피쉐로)이다. 아몬은 므낫세이고, 강들은 므낫세의 큰 자들이며 귀족들이다. 10 "물이 그를 둘러싸여 있으니 그것의 성루(城樓)는 바다이고, 물이 성벽(城壁)이다." [나 3:8하] 11 '그것의 해석'(피쉐로)이다. 그것은 전사(戰士)들이며, 그의 전쟁의 영웅들이다. "구스와 애굽이 그 무한한 힘이 되고 12 …… 붓과 루빔이 네 도움이 되었으나" [나 3:9] (4QpNah III,5-12)[67]

---

66) F. G. Martínez & J. R. Barrera, *The People of the Dead Sea Scrolls*, p. 114.

나훔서에 나오는 니느웨는 주전 612년 바벨론과 메대에 의해 파괴될 때까지 역사상 실존했던 앗수르의 수도였다. 따라서 나훔서의 말씀은 역사적으로 니느웨의 멸망에 대한 내용을 담고 있는 나훔의 예언이었다. 그러나 이를 해석하는 쿰란공동체는 《나훔 주석서》에서 '니느웨'를 실제 도시가 아니라 '부드러운 것들을 찾는 자들'로 해석한다. 또한 이 단락에서 '암몬'은 '므낫세'와 동일시되며, '애굽에 있는 강들'은 '므낫세의 큰 자들과 귀족들'로 여겨진다. 그리고 '구스'(에티오피아)와 '애굽'은 '므낫세의 힘'으로 이해된다. 따라서 니느웨, 암몬, 므낫세, [나일]강, 구스, 애굽 등의 지리적인 도시나 나라나 지역이 역사적 지명이 아니라 쿰란공동체가 살고 있던 당시 그들과 갈등 관계에 있었던 유대교 종파들[68]을 가리키는 별칭들로 사용되었다.[69] 이러한 해석은 성서의 역사적 상황을 중시하는 현대의 역사비평적 해석이나 성서의 본문 그 자체를 중시하는 문학비평적 해석과는 전혀 다른 방법의 해석이다. 즉, 임박한 종말의 시대에 살고 있다고 여겼던 쿰란공동체는 역사적 배경이나 문맥에 상관없이 성서의 본문을 자신들의 역사를 위해서 기록된 것으로 보고 이를 유형론적으로 해석하였다.

이런 예는 《하박국 주석서》에서도 찾아볼 수 있다.

10 "이는 보라, 내가 [갈대아 사람들을] 일으킬 것을 인함이라. 11 그들은 사납고 성급한 백성이다."(합 1:6) 12 '그것에 대한 해석은' (피쉐로 알) 킷티임에 관한 것인데, 그들은 [전투에서] 날렵하고 강

---

67) E. Lohse(Ed.), *Die Texte aus Qumran*, pp. 266-267.
68) 《나훔 주석서》는 사두개인이나 바리새인뿐만 아니라 유대교의 정치적인 세력들을 주로 비판한다. H. Stegemann, *The Library of Qumran*, pp. 130-131.
69) 천사무엘, 《사해사본과 쿰란공동체》, p. 145.

하여 13 그리하여 많은 사람들을 파멸시킬 것이다. 14 킷티임, 그들 이 많은 나라를 차지할 것이며 [하나님의 율법을] 믿지 않을 것이다 (1QpHab Ⅱ,10-14).70)

하박국서에서 언급된 '갈대아 사람들'은 본래 바벨론 제국의 백성 을 의미하였는데, 《하박국 주석서》에서는 '킷티임'(한글 개역성경에서 는 '깃딤')으로 해석되었다. '킷티임'은 구약성서에서 인명으로는 야벳 의 손자이며, 야완의 아들로 등장한다(창 10:2-4; 대상 1:7). 또 지명으 로는 야완의 자손이 살던 '구브로'의 옛 이름으로 사용되었다(민 24:24; 렘 2:10; 겔 27:6). 그러나 《하박국 주석서》에서는 이는 갈대아 사람들이 살았던 바벨론처럼 거대한 제국을 가리키는 별칭으로 당시 의 로마 제국을 지칭하는 용어였다.71)

이외에도 쿰란 문헌에서 '유다'는 쿰란공동체로, '므낫세'는 사두개 인으로, '부드러운 것을 찾는 자들'(혹은 쉬운 해석을 찾는 자들)은 바 리새인으로, '사자'(獅子)는 '알렉산더 얀네우스'(Alexander Jannaeus, 주전 103-76)로, '레바논'은 예루살렘으로, '의의 교사를 지지하지 않고 침묵하는 제사장'은 맹렬한 어린 사자 등으로 해석되었다.72)

요약하면, 쿰란공동체는 성서에 나타난 역사적인 인물이나 민족, 나라, 지역 등을 가리키는 용어들을 그 기록 당시의 것으로 이해하지 않고, 자신들이 살고 있는 현재의 구체적인 대상과 일치시키며 이를 유형론적으로 해석하였다. 이러한 성서 해석 경향은 하나님께서 성서 의 예언자들을 통해서 주신 예언이 마지막 날에 살고 있다고 생각하

---

70) E. Lohse(Ed.), *Die Texte aus Qumran*, pp. 230-231.
71) F. F. Bruce, "Pesher," *Encyclopaedia Judaica* XⅢ, p. 331.
72) F. G. Martínez & J. R. Barrera, *The People of the Dead Sea Scrolls*, p. 114; 천사무엘, 《사해사본과 쿰란공동체》, pp. 145-146.

는 자신들에게 주신 것으로 여기고, 과거 지향적인 해석보다는 과거에 선포된 하나님의 말씀을 현재화하면서 현세 지향적인 해석을 추구한 결과이다. 쿰란공동체가 성서의 예언을 종말론적으로 현재화한 이유는 성서가 기록된 역사적 정황이 아무리 중요하다고 하더라도 자신들이 살고 있는 현재에 적용될 수 없는 것이라면 성서의 권위는 그만큼 평가 절하될 수밖에 없었기 때문이었다. 물론 현대 성서비평학의 입장에서 보면, 이러한 유형론적 해석은 본문의 원래 의미나 본문 자체의 의미를 통해 계시의 참 뜻을 알려는 해석과는 정면으로 배치된다. 그러나 쿰란공동체가 처해 있던 역사적, 시대적 상황을 감안한다면, 이런 유형론적 해석은 오히려 그 공동체의 정체성을 확인하게 하고 공동체를 유지할 수 있게 하였다.

IV. 나가는 말

성서 해석은 해석의 주체가 누구이며 또 그 해석자가 어떠한 상황에 처해 있었는지를 보여 준다. 다른 말로 표현하면, 성서 본문에 대한 해석의 결과는 그 본문을 읽고 해석한 자의 정체성(正體性)을 드러내고 그 해석자가 처해 있던 상황을 알게 해 주는 표지(標識)이다.

앞서 페샤림을 통해 살펴본 쿰란공동체 성서 해석의 특징은 모두 쿰란공동체의 정체성을 분명하게 보여 준다. 쿰란공동체는 당시 다른 유대교 종파들과 갈등 관계에 있었기에 광야에서 그들만의 공동체를 이루며 살았다. 쿰란공동체의 창시자이자 유일한 성서해석자였던 '의의 교사'는 자신의 공동체가 성서에 언급되는 '하나님의 의로운 백성'이요, '참 이스라엘'이며, '율법을 지키는 자'요, '광야에서 하나님의 길을 예비하는 자'로 여겼다. 또한 그는 쿰란공동체의 신앙과 의식, 생활방식 등이 성서에 계시된 것과 일치한다고 주장했다. 이렇게 자신의 정체성을 제시함은 쿰란공동체의 존재가 종교적으로 정당함을 나타내기 위함이었으며, 또한 구성원들에게 그 공동체를 계속 유지할 수 있도록 확신을 가질 수 있게 해 주었다.73) 따라서 '의의 교사'는 자신이 세운 공동체의 정체성을 유지하고 공동체가 존속하도록 성서에 있는 의인과 악인을 철저히 대립적으로 분리하는 이원론적인 해석 방법을 사용하여 자신들은 의인으로, 적대자들은 악인으로 철저하게 구분하였다.

이런 '의의 교사'의 가르침을 받아 쿰란공동체는 자신들이 살고 있는 시대를 하나님의 구원과 심판이 목전에 임박한 마지막 때로 여겼으며, 메시아가 와서 모든 악을 물리치고 정치적인 정의를 세울 것이라고 굳게 믿었다. 이런 확신으로 그들은 성서, 특히 예언서를 해석할 때 예언자들의 예언은 바로 자신들의 시대를 위한 것이며, 성서에 나오는 인물과 지명과 사건을 모두 현재와 임박한 미래의 상황과 동일시될 수 있는 것으로 해석하였다.74) 그러므로 그들은 성서를 종말론적으로 이해하게 되었고 유형론적인 해석을 받아들였다. 또한 마지막 때에 계시된 성서를 해석할 수 있는 유일한 권한이 '의의 교사'에게 있다고 믿음으로, 그를 통한 성서 해석을 수용하는 계시를 중시하는 해석의 경향을 가지게 되었다.

요약하면, 쿰란공동체의 성서 해석은 그 공동체의 정체성과 존속, 그리고 자신들이 처해 있던 사회학적 상황과 밀접하게 관련되어 있다. 양자(兩者)의 이런 불가분(不可分)의 상관성으로 인해 쿰란공동체

---

73) 천사무엘, 《사해사본과 쿰란공동체》, p. 149.
74) 천사무엘, 《사해사본과 쿰란공동체》, p. 151.

는 성서를 임박한 종말의 시대에 살고 있는 자신들에게 주신 예언으로 여기고 이를 현실에 적용하면서, 현실을 종말화하고 하나님의 말씀을 현재화하였다. 이로써 이들의 성서 해석은 '종말론적인 해석', '계시를 중시하는 해석', '의인과 악인을 분리하는 이원론적 해석', '유형론적 해석'이라는 독특한 성서 해석의 경향을 보이게 되었다. 이러한 성서 해석은 비록 현대 성서해석자들이 중시하는 성서 본문의 역사성과 문학성을 간과하고 있지만, 성서 해석에서 결코 배제되거나 도외시되어서는 안 될 신학성을 철저하게 보여 준다. 쿰란공동체의 이러한 성서 해석은 거의 동시대에 기록된 신약성서와 밀접하게 관련되어 있다. 그러므로 쿰란 문헌의 성서 해석에 대한 연구는 한 걸음 더 나아가 신약성서의 성서 해석과 어떻게 관련되어 있는지 그 상관성이 상세하게 밝혀지고 규명되어야 한다.

〈참고문헌〉

김창선, "쿰란시편(1QH)에 나타난 성령 연구." 《기독교사상》 422호 (1994. 2), 132-152쪽.
_____, 《쿰란문서와 유대교: 중요 유대 문헌을 중심으로 한 유대학 입문》. 서울: 한국성서학연구소, 2007^2.
조명기, "쿰란공동체의 하박국 재해석." 《구약논단》 제20호(2006.4), 21-22쪽.
_____, "쿰란공동체의 종말론적 자기 이해." 《구약논단》 제22호 (2006.12), 115쪽.
천사무엘, 《사해사본과 쿰란공동체》, 서울: 대한기독교서회, 2004.
Bruce, F. F. "Pesher," *Encyclopaedia Judaica* XIII. Jerusalem: Keter, 1972.

Collins, J. J. "Dead Sea Scrolls," *The Anchor Bible Dictionary* II. New York: Doubleday, 1992.

Cross, F. M. *The Ancient Library of Qumran.* Minneapolis: Fortress, 1995^3.

Dimant, D. "Pesharim, Qumran," *The Anchor Bible Dictionary* V. New York: Doubleday, 1992.

Jeremias, G. *Der Lehrer der Gerechtigkeit.* Studien zur Umwelt des Neuen Testaments II. Göttingen: V. & R., 1963.

Lohse, E.(Ed.), *Die Texte aus Qumran* - Hebräisch und Deutsch. Darmstadt: Wissenschaftliche Buchgesellschaft, 1971^2.

Maier, J.(Ed.), *Die Qumran-Essener: Die Texte vom Toten Meer* I / II, UTB 1862/3. München: Reinhardt, 1995.

Martínez, F. C. & Barrera, J. R. *The People of the Dead Sea Scrolls.* Leiden: Brill, 1995.

Martínez F. G. & Tigchelaar E. J. C. *The Dead Sea Scrolls.* Leiden: Brill, 1997-1998.

McNamara, M. *Intertestamental Literature*, 채은하 역, 《신구약 중간 시대의 문헌 이해》. 서울: 이화여자대학교 출판부, 1995.

Shanks, H. "Of Caves and Scholars: An Overview." In: H. Shanks(Ed.). *Understanding The Dead Sea Scrolls.* New York: Vintage Books, 1993.

Stegemann, H. *The Library of Qumran - On the Essenes, Qumran, John the Baptist, and Jesus.* Grand Rapids: Eerdmans, 1998.

_____, "The Qumran Essenes - Local Members of the Main Jewish Union in Late Second Temple Times". In: J. T. Barrera & L. V. Montaner(Eds.), *The Madrid Qumran Congress* I. Leiden: E. J. Brill, 1992. 83-166.

Tov, E. *Textual Criticism of the Hebrew Bible.* Minneapolis: Fortress, 1992.

Vanderkam, J. C. *The Dead Sea Scrolls Today.* Grand Rapids: Eerdmans, 1994.

Vermes, G. *The Complete Dead Sea Scrolls in English*. London: Penguin Books, 1998.

_____. "The Qumran Interpretation of Scripture in its Historical Setting." *Annual of Leeds University Oriental Society* VI. Leiden: E. J. Brill, 1969. pp. 85-97.

How do the scrolls help us root Jesus' teaching in the Gospels

Émile Puech

(E'cole Biblique et Arche' ologique
Francaise de Jérusalem

Sixty years ago, two young bedouins discovered the first scrolls in a cave in the cliffs overlooking Qumran near the Dead Sea. These discoveries continued until 1956. From the first publications, scholars looked for news not only about Biblical texts and ancient Judaism, but also revelations about Jesus and the New Testament. It was just after the Bultmanian School had stated that it was fruitless to inquire about the historical Jesus. Jesus of Nazareth had to be distinguished from the Christ of faith. After Renan's famous sentence saying that "Christianity is an Essenism which largely succeeded", Dupont-Sommer could write:

"The Galilean Teacher······appeared in many respects as a surprising reincarnation of the Teacher of Righteousness. As the latter, he preached······, prescribed the observance of Mosaic Law, ······was the Chosen one of God,······condemned and executed ······, and established a church."

But was Jesus the Essene to be called the Teacher *redivivus*?

Later, others tried to emphasize the importance of the scrolls, making the fictitious Jesus of the Gospels a figure of the Teacher, or with the help of the *pesher* genre they tried to identify some important figures such as John the Baptist with the Teacher, or Jesus with the Wicked Priest, or Qumran with Jerusalem, and so on. After 60 years of research, what can these scrolls offer us for understanding the origin of Christianity?

Qumran and the Essenes

First of all, some important data. I agree with most scholars, that the Qumran site is to be identified with the Essenes' occupation and that caves are related to the population of Qumran. The Essenes' etymology connects them to the Hassidaeans after their parting from the Pharisees. They are the Holy ones - the *Hosioi* of Philo. This has important implications for the movement and their beliefs. The Hassidaeans were opponents of Hellenism in the name of the Law, they resisted Antiochus IV during the holy war and openly withstood the Hasmonaeans under Jonathan Maccabaeus who was at the origin of the split into two religious movements, as Josephus wrote. When Jonathan took on himself the high priesthood in 152 B.C., the legitimate high priest went into exile with a group of priests and followers "to atone for the earth, to establish an eternal plant, the house of holiness for Israel,······" (1QS VIII). Its name was then erased from the high priesthood list of the Temple. In fact, a Hebrew manuscript (4Q523) hints at this situation, speaking of a robbery of the temple treasure by Jonathan. When this group withdrew into the desert, he took with him written copies of his cultural patrimony, so that a good part of the scrolls that have been recovered are copies from the temple library, to which were added the Essene compositions for their new way of life. The latest compositions found at Qumran are dated at least half a century before Jesus' birth, so they can give no hint about Jesus. Although founded earlier, the Essene movement was also contemporary to John the Baptist's and Jesus' preaching, and the beginning of Christianity. By that point, the question of direct contact between Essenes and Christianity is unavoidable.

I would like to make two more points: First, theproposed identifications of Greek fragments of Cave 7 with the gospel of Mark, Acts or Epistles are unacceptable. Second, to speak of any agreement or dependency is not easy because of the fragmentary state of the scrolls. It is possible to compare points on which Essenes and Christianity agree or disagree, only when the position of other Jewish movements is also known in order to qualify the respective positions of both parties. With that in mind, I will here try to show some correspondances between these two religious movements, since the scrolls are important for words, expressions or ideas very near to gospel passages or New Testament books.

1. The importance of the Wilderness

a. John the Baptist and the Essenes

The gospels present John the Baptist as the one who was in the wilderness till the day of his manifestation to Israel(Lk 1:80).

He went throughout the Jordan region preaching a baptism of repentance for the forgiveness of sins, as it is written "A voice is crying in the wilderness, prepare the way of the Lord······"(Lk 3:2-4). Are these proximities in space, time and themes enough to make John an Essene, even a dissident Qumranian followed by disciples?

In that part of the country, there were other ascetic and religious movements, but nothing proves that John belonged to any of them, not even to the Qumran Community, which he would have left in order to found his own movement, just as he would have had to leave the movement that his family belonged to, for his father was the priest Zekariah who served in the temple, and his mother was a daughter of Aaron. Certainly, if he were an orphan at the death of his old parents, he could have been adopted by the Essenes, but such instability seems very suspicious for the forerunner prophet. In contrast to the Essenes' immersion in pools, as frequent as necessary in the day for ritual purity, without any minister and any link to the eschaton, John baptized people in running water, a oneoff baptism for the forgiveness of sins, of which he was a minister, so that only he was called the Baptist. His baptism in the Jordan water, which Jesus received, was offered to the multitudes of Jerusalem and of the area, to all, Pharisees, Sadducees, soldiers, without any exclusion. Because of its efficacy in view of the divine Judgment to come, John's baptism was like an initiation rite with an eschatological value, preparing for the impending coming of the Kingdom of God which the Messiah would inaugurate, for which He would baptize with the Holy Spirit and with fire.

The ritual Essene immersions were like those in the temple, but access was limited to candidates admitted by the Community council or those who had to be readmitted to the community following some sin. The ritual of entry into the covenant which is the only warrant for belonging to the sons of light, was renewed every year. So we find two different and opposing concepts of the expectation of the end times. Whereas the Essene Community viewed itself as the realization of the prophetic words waiting for their eschatological completion with the coming of the Messiah, John was directly preparing that coming and the imminent irruption of God's wrath. As in the Old Testament, the judgment with fire at Qumran is God's prerogative, for John, it belongs to "he who is mightier than I is coming, he will purify by fire". John is only his forerunner preparing the coming of the One who will inaugurate the messianic kingdom.

Dressed with a garment of camel skin, like Elijah, and baptizing on the other side of Jordan to recall the place where Elijah was taken up, the gospels clearly present John as the Elijah redivivus whom Malachi and Ben Sira foretold. The hope for the return of Elijah, a tradition the Gospels attribute to the Scribes, is also present in the Qumran manuscripts, in a papyrus about the coming of the day of the Lord which says: "I will send you Elijah before······" (text is broken) with a clear allusion to Malachi, and in a parchment alluding to Malachi and Ben Sira: "The fathers turn to the sons". The same tradition is found also in Luke. Then follow the exultation of the earth to the coming of the king messiah. But the previous column of this manuscript(4Q521) gives a list of goods things which God himself will give in the days of the messiah, a list taken from Isaiah and Psalm 146:

"he will honour the pious on a throne of an eternal kingdom, freeing prisoners, giving sight to the blind, straightening out the twisted,···he will heal the wounded without hope and make the dead alive, to the poor he will proclaim good news and the needy he will fill up, the uprooted he will lead and the hungry he will fill."

To the question of John's disciples from their teacher: "Are you he who is to come, or shall we look for another?", Jesus answered John with the same words: "the blind receive their sight and the lame walk, lepers are cleansed and the deaf hear, the dead are raised up and the good news are preached to the poor."(Mt 11:3-6 // Lk 7:22-23)

The clear mention of resurrection and good news to the poor on both sides underline the similarities between the gospels and the manuscripts. God is the subject of these good things in the OT and in the Qumran documents, but in the gospels they confirm the mission of the Chosen One of God and allows John and the crowd to recognize Jesus as the Messiah. And those were signs that John did not perform.

Further, in the gospels we do not find any hint of the Essenes, whereas they often quote Pharisees, Sadducees, Herodians and scribes. Did the proximities and relations between these two groups, like those between the Herodian Family and the Essenes, have any meaning?

If it is impossible to know whether John knew the Qumran Community or not, it is very likely, if not certain, that he never entered it. He did not borrow from them the baptism for the forgiveness of sins, which was unknown among them. And John's disciples do not behave like Essenes. Like the Essenes, John kept his distance from the judaisms of the temple authorities in order to come back to the spirit of the Law, but nothing proves that he separated himself from his religious family group. With him, the messianic times are at hand and are shortly to be expected. Contrary to earlier conclusions which laid stress upon the similarities between John and the Essenes, like the preparation of the way, both quoting Isaiah 40(1QS VIII, 13ss, Mt 1:2-3), on the urgency to prepare for the divine visitation, the importance of water and of repentance, the proximity of the wilderness, we have to underline the essential differences. The departure to the wilderness was the action of a group around a Teacher wanting to live the experience of Israel around Moses, thus keeping alive the traditions and living themselves in a perfect state of purity to prepare their return to a purified temple. John called all his audience to conversion. The theme of the wilderness had no special place in his preaching, and there was no Qumran influence on it.

b. Jesus and the Teacher of Righteousness

In the manuscipts no tradition tried to identify Elijah *redivivus* with John the Baptist, and also no one identified the Teacher of Righteousness with the Davidic Messiah. After being baptized by John in the Jordan river, Jesus was led by the spirit into the wilderness where he was tempted by the devil. The threefold temptation calling up the submission of man under the double influence of angels and devils, reminds us of the main themes of the *Instruction on the Two Spirits in the Community Rule*(1QS III-IV). Could Jesus be the Teacher of Righteousness risen from the dead, as some have suggested?

In Jesus' ministry, the wilderness played no role and he was not at the head of a hierarchical and well structured Community with rules, even if he was called Teacher *didaskalos - moreh*, and built his church on rock, which reminds us of the foundation of the Community on the cornerstone(1QS VIII 7-8). When Jesus met Simon, he said to him: "You are Simon, the son of John, you shall be called *Kephas*(which means Peter)" (Jn 1:42). We can now fully appreciate the play on word, because for the first time the manuscripts have revealed the precise meaning of the Aramaic *kepha*, which means not just a pebble as it is stated in the lexicons, but also the rocky surface where the eagle hides his nest, the rocky hill where the ibex runs according to the *Job targum* of Cave 11, or the high rock on which stand the ram representing Moses in the Aramaic *Enoch Book*. Thus there is no difference between *Kepha-Petros-Petra*, which is also the name of the Nabatean City in the rocky mountains. This is an important case of philology being enlightened by the scrolls for the study of the Gospels, because there is no contradiction then between the meaning of the Greek and the Aramaic word, as formerly thought.

Jesus ate with tax-collectors and sinners, fed the crowds, approached the Roman centurion, paid taxes to Caesar, and so on, showing by that his openness to sinners and non-Jews, to those excluded from the temple for any reasons, inviting them all into the kingdom of God. For him "the first will be last and the last first", without any ranking or priority.

Indeed, by his teaching and his behaviour Jesus is also near the Essenes in some aspects. He is a *rabbi*- a Teacher as there was many in the Community. Sending his disciples to preach, he commanded them to take nothing for the journey but to eat what would be offered to them. At Gethsemane, Peter drew his sword and struck the high priest's slave. This can be compared to what Josephus wrote about the Essenes:

"They carry nothing whatever with them on their journeys, except arms as a protection against the brigands. In every city there is one of the order expressly appointed to attend to strangers, who provide them with raiment and other necessaries." (*War* II §§ 124-125)

In the Sermon on the Mount, Jesus tells the crowds that they are the light of the world, which is not too far from the Essene designation "the sons of light". He asks then not to swear, as the *Covenant of Damascus* demand, except when people are entering into the Covenant. The Teacher of Righteousness said that he received revelations from God like a prophet. He could even have been sometimes considered as the expected prophet, yet he was not seen as the Messiah, certainly not the Suffering Servant whose death would redeem his people. His return for the last judgment was not expected either, and he never received any cultic worship once dead. He commanded his followers to study the Law steadily and to accomplish the works of the Law, whereas Jesus commanded his disciples to believe in him and to follow him, observing only the command of love which sums up all the Law and the Prophets.

Jesus the Teacher taught as the New Moses, performing signs which confirmed him as the Chosen One send by God. Condemned to be crucified by the Temple authorities, having died for the salvation of many, God raised him according to the Scriptures. Speaking and behaving with the divine prerogatives, Jesus was not an Essene, and his disciples gave him a cult calling him *mare'* - *Kyrios* -Lord which Scriptures attribute to God alone, in contrast with the simple rank of moreh-Teacher in the Essene Community.

In order to better underline the similarities and essential differences between these two figures, I suggest we look at some important points concerning the beliefs and practices of the followers of these two Teachers.

2. The Beliefs

Heirs to the pietist tradition of the Hassidaeans, the Essenes and Pharisees both shared the same beliefs on matters at the center of prophetic thinking after the great trauma of the exile, such as the recovering of the Davidic Monarchy and individual and collective responsibility in the face of God's justice. There are two points at the heart of their thinking about the future: messianism, and rewards and punishments after death.

a. Messianism

The resumption of the cult in the temple and the restoration of the Davidic monarchy are at the origin of the diarchic messianism concept, sketches of which are found in Jeremiah, Ezechiel, Zechariah, Daniel and Chronicles, but also in the Apocrypha. Such a concept, still present in the Rabbinic messianic expectation with the pair Eleazar and Bar Kokkba during the 2nd c. A.D., was closely linked to the coming of the prophet, the New Elijah.

Basing this concept on earlier texts, the Essenes stated it clearly several times when they asked people to comply with the rules in use "until thecoming of the Prophet and the Messiahs of Aaron and Israel"(1QS IX 11, CD XIX 10-11). The priest will have precedence over the king. Their coming must inaugurate a new era for Israel, the victory over the wicked and the nations. This concept, which did not change, could have been strengthened as a reaction to the non-Davidic Hasmonean dynasty which illigitimately monopolised both powers in one person. The exile of the Teacher, the legitimate high priest, could only reinforce them in their study of biblical books and in their sadokite prerogative.

According to their calculation, the Teacher living in the last but one jubilee could have been considered as the prophet who would give the authentic interpretation of the Law and prepare for the imminent coming of the Messiahs. The manuscript, *the Messianic Apocalypse*, would support such a view. Another manuscript, *Apocryphal Daniel*, has the unique allusion to the coming of a man with whom kings will make peace and serve him:

"*the son of the* great sovereign he will be called and by his name he will be designated, the son of God he will be said and the son of the Most High they will call him······he will judge the earth in truth······ the great God himself is his strength······ and his rule is an eternal rule."

These lines could only refer to the king messiah and are found word for word in the Annuntiation pericope of Luke's Gospel:

"He will be great and will be called the son of the Most High ······and his rule will be eternal."

If this pre-Qumran text was clearly known in Palestinian judaism, it is not possible to find in the scrolls any hint that God begot the Messiah, as it was once asserted, nor a soteriological messianism with the sacrificial death of the Messiah to atone the sins of the people. Only God forgives sins.

In such expectation took place the incarnation and the manifestation of the Messiah Jesus of Nazareth, prepared for by the preaching of John the Baptist. But Jesus realized in his person the figure of the king messiah whose teaching and acts caused his condemnation to death on a cross with the double charge of king of the Jews and blasphemer, whereas the priest messiah offered himself as the victim of the New and Eternal Covenant. The *Epistle to the Hebrews* could then present the king-priest Melchisedek as a figure and the gospels of the Infancy could present Jesus' birth at Bethlehem in the city of David and Mary as Elizabeth's cousin from Aaronic descend. In this way, Jesus could be said to fulfill totally the Scriptures. Nowhere is the Teacher said to have fulfilled the Scripture, nor risen from the dead, nor was his return awaited for the last judgment. Although Essenism and Christianity are products of the same culture in the same area with the same hopes, the Teacher is only an authorized interpreter of the Scriptures, but Jesus, the New Moses, had revealed his spirit in fulfilling the divine plan.

b. The future life: rewards and punishments

The Essenes and Pharisees had the same view on the afterlife as their predecessors, just as the prophetic and wisdom books as well as the pre-Qumran scrolls testify: such as *Pseudo-Ezechiel*, the *Instruction, 1 Enoch*, and Qumran compositions such as the *Messianic Apocalypse*, the *Instruction on the two spirits* and some *Hymns*. In these pious circles, the resurrection ofthe dead as a reward at the eschatological time concerned only the just of Israel vested with Adam's glory before sin, like a return to the paradise of origins, whereas the punishments of the wicked was to stay in eternal death and everlasting contempt. This was already the understanding in Daniel 12, 2 Maccabees and the *Messianic Apocalypse* scroll(4Q521) and also Jesus' teaching. Answering the question of Sadducees, Jesus told them that the risen are like angels in heaven, thus declaring by that the resurrection at the end of time is not a return to the previous life, for in the resurrection they neither marry nor are given in marriage, but they get a glorious life in the company of the angels. But the New Testament knows only of the resurrection of the just, the general resurrection and the time for establishing all.

A Hebrew scroll(4Q521) describes this belief in the form of a *credo* as a new creation by God. As He created heaven, earth, seas and all that is in them, so he will judge and raise the just of his people, whereas the accursed shall be for death and mortals shall be changed into glory. At the time when everything will be renewed, God will create anew, raising the just dead, with angels welcoming them, whereas the accursed will fall rigid in the fiery abyss when they cross the bridge of Separation, as in Zoroastrianism. Much of this presentation is known in the New Testament.

These beliefs about the last things and the life of the just with God in the company of angels presupposes a developed speculation on the good and evil angels, which is very well known in the scrolls, and also among the Hassideans, Essenes and Pharisees. This is what Acts 23:8 tells us:

"The Sadducees say that there is no resurrection: no angel no spirit but the Pharisees acknowledge both (*ta amphotera*)."

This supposes that resurrection or the change into glory of the just cannot be perceived as a return on earth, but as the state of a New Adam becoming immortal, created at God's image, living in the company of the angels. This belief is found everywhere in the New Testament.

Like the New Testament, the Essenes understood resurrection not as a share in the messianic kingdom on earth, but as the entry into eschatological peace when heaven and earth would be renewed, when God and his messiah would sit for the last judgment.

3. Law

Even with much belief in common, the Essenes and the Pharisees part on many points concerning the Law. The Essenes blame the Pharisees as "seekers of flattering things" for having changed the Law of Moses. Matthew presents Jesus as the Prophet who promulgates with authority his law on the mount, like the New Moses. We notice first that the Sermon on the Mount begins with nine beatitudes, eight short ones in the 3rd person and a long one, the ninth in the 2nd person. Such an introduction seems to go back to a genre of macarism known for the first time in a Hebrew manuscript where the same order is found, as I have shown: 2 strophes of 4 short beatitudes and another with the ninth, each composed of the same number of words, as in Matthew 5:3-12. This cannot be due to chance and must show that Matthew's version, with its Semitic background, is nearer to the original than the Lukan version. To be sure, in the gospels the Beatitudes have a more eschatological aim oriented towards the Kingdom of God.

It is not suprising then to find a teaching on the salt of earth and the light for the world. Jesus' disciples are the proper sons of light, to whom he taught the Law of Moses revisited: "You have heard how it was said……, but I said this to you……." Among the subjects presented by Matthew: "You shall not kill, you shall not commit adultery, you shall not divorce your wife, you shall not break your oath, you shall forgive, you will love your neigbour", I will compare three of them with the Essenes' teaching, the case of the murderer presents no difficulty.

a. Divorce and adultery

Like Malachi(2:11-16), Jesus pronounces himself against divorce, except for the case of fornication(only in Matthew), because it opposes God's project in creation. These two cases are already found in the Qumran texts. The *Covenant of Damascus* writes:

"The builders of the wall······are caught twice in fornication by taking two wifes in their lives, even though the principle of creation is 《male and female he created them》······and 《they enter two by two into the ark》",

then later to have reminded the prince: "you shall not multiply wives to yourself", the *Covenant of Damascus* condemns incest and illicit marriage following Lv 18, and Ex 20:14 and Dt 5:18 on adultery. Polygamy and marriage after divorce, which is a *de facto* separation because the partner is still alive, are all condemned, as it is also written in the *Temple Scroll* about the king(RT LVII 17-19):

"He shall take no other wife in addition to her for she alone will be with him all the days of her life, and if she dies, he shall take for himself another from his father's house, from his family".

This is probably based on the levitic law for the high priest (Lv 21:14). This strict rule strays from Pharisaic permissiveness which permits the king to have up to eighteen wives(*Mishna Sanh.* II 4), and permits divorce for reason of indecency or immodesty or any other motive(*Mishna, Gittin* IX 10).

Among the *Covenant of Damascus* instructions to the inspector(XIII 12-18 to be completed by 4Q266 9 iii 4-10), there are cases where divorce had been pronounced:

"······and likewise with regard to anyone who marries a woman, he shall guide him with advice, and likewise with regard to anyone who divorces. He shall instruct their sons and daughters with a spirit of modesty and with compassionate love. He should not bear resentment against them in anger and rage because of their sins, nor also with one who is not bound by an oath according to their rules."

On the one hand, the cases of the builders of the wall and of the king give the Essenes rule condemning polygamy which is likened to fornication and marriage after divorce. This last passage recognizes possible divorces or separation *de facto* among married Essenes, following Dt 24:1-4, see the *Temple Scroll* (11Q19 LIV 4-5):

"Every vow of a widow or a divorcee, everything by which she binds herself formally will stand upon her, as everything which issues from her mouth".

Paul gives the same ruling, which, hesaid, is in fact the Lord's one: "a wife must not be separated from her husband, or if she has already left him, she must remain unmarried or else be reconciled to her husband, and a husband must not divorce his wife." (1 Co 7:10-11)

Compared to the Law of Moses, the *Temple Scroll* prohibits the divorce of a raped woman because rape is equivalent to marriage and consequently it is forbidden to marry two wives in their lives (the same in 1 Co 6:16). The same is found in another scroll (4Q159 2-4):

"In the case of a man slandering a maiden of Israel, if he

speaks at the moment of taking her, trustworthy women shall examine her; if he has not lied about her, she shall be put to death, but if he has testified falsely against her, he is to be fined two minas and shall not divorce her for all the days of his life."

The death sentence is based on her lie, because she committed adultery which the Law punishes by death.

On this subject, Jesus holds a different opinion. If he is stricter than his contemporaries on divorce and polygamy, he is more open, objecting to the death penalty for the adulterous woman (Jn 8:2-11). The case of fornication or impudicity in Matthew seems to correspond to the *Covenant of Damascus*(4Q270 7 13 = 267 9 vi 4):

"And whoever approaches his wife to have illegal sex with her, not in accordance with the regulation, shall leave and never return".

Such a ruling can have influenced the Christian tradition (see 1 Co 6:18).

b. Love of neighbour

For Jesus, love of God and of neighbour is the first and same commandment, on which hang the whole Law and the Prophets too(Mt 22:36-40). This ruling goes beyond the legalistic interpretation of the Pharisees, Sadducees and Essenes. To "You have heard how it was said, you will love your neighbour and hate your enemy" - but Lv 19:18 "you shall love your neighbour as yourself" is to be added Ps 139:21-22: "I hate those who hate you ······my hate for them has no limits, I regard them as my own enemies", Jesus answers by love of all:

"Love your enemies, pray for those who persecute you,······Do good to those who hate you, bless those who curse you······" (Mt 5:43-48 // Lk 6:27-36).

This is quite the opposite of the Essene ruling:

"······to love all the sons of light, each one according to his lot in God's plan, and to hate all the sons of darkness, each one according to his guilt in God's vindication"(1QS I 9-10), or elsewhere, "These are the regulations of behaviour for the inspector in these times, concerning his love and his hatred, everlasting hatred for the men of the pit"(1QS IX 21-22).

Love of the men in God's lot and hatred of the sons of darkness, Belial's lot, follow priests' blessings and levites' curses on the Pentecost feast when members renew their entering into the covenant(1QS I 16- II 18). This is the constant rule in their compositions (1QS X 17-21, etc.).

The parable of the good Samaritan(Lk 10:30 ff), the scene of the Last Judgment(Mt 25:31-46), or the golden rule(Mt 7:12 // Lk 6:31) show clearly who is the neighbour in Jesus' teachingand for the young Church among the different Jewish milieus. If in Leviticus 19 the neighbour is the Israelite, later on the neighbour will be the Jew opposed to the Samaritan, but for the Essenes only the Jewish sons of light. On that point also, Jesus' teaching cannot depend on Essenism, even if both movements ask their followers to be perfect as the heavenly father is perfect, or holy as God is holy, or to be sons of light as astute as the sons of this world(Lk 16:8).

c. Sabbath

Because the law on the sabbath is one of the most important one based on God's rest on the seventh day(Ex 20:8-11), because the sabbath is holy and allows one to draw breath, the death penalty shall be imposed on anyone who profanes the Sabbath(Ex 31:12-17). Several times, prophets have to remind the people of that rule. During the Hellenistic period, the pious prefered to escape in the wilderness and die rather than obey Antiochus IV and fight that day, whereas Mattathias permitted resistance on that day in order that not all be killed(1 M 2:29-41). The pious followed the law literally as it is summed up in *Jubilees*(50:6-13): "Whoever works, fasts or fights on the sabbath shall be put to death".

The Essenes have very rigid rules, stricter than those of Pharisees. The *Covenant of Damascus* gives 27 rulings but the scrolls found at Qumran have preserved some more. Here is a case with a parallel in the Gospels:

"No-one should help an animal give birth on the sabbath day. And if it falls into a well or a pit, he should not take it out on the sabbath···And a human being who falls into a place of water or into a pool, no-one should take him out with a ladder or a rope or an implement"(CD XI 13-14, 16-17 = 4Q270 6 v 17-18, 19-20 = 4Q271 5 i 8-9, 10-11).

The ruling distinguishes between an animal and a man, as another ruling explains (4Q265 7 i 6-8):

"And if a man falls into water on the Sabbath day, let him cast his garment to him to raise him up therewith, but an implement he may not carry to raise him up on the sabbath day."

These two rulings have the same strict interpretation of the sabbath law in the 2nd c. B.C.: in a negative or more positive form.

In contrast to the Essenes' rigorism, the teaching of Jesus goes beyond the Pharisees' softening of the law, as the gospels show, see Lk 14:1-6 during a meal with leading Pharisees:

"······There in front of him was a man with dropsy, and Jesus addressed the lawyers and Pharisees with the words: 'Is it against the law to cure someone on the sabbath, or not?' But they remained silent, so he took the man and cured him and sent him away. Then he said to them: 'Which of you here, if his son falls into a well, or his ox, will not pull him out on a sabbath day without any hesitation?' And to this they could find no answer."

The Pharisees' attitude shows that they had introduced some softening in their interpretation, because first they make no distinction between an animal and a man and the means to save a life, secondly even if they agree on that interpretation, they try to find a charge against Jesus, Mt 12:9-14:

"They asked him: 'Is it permitted to cure somebody on the sabbath day?' hoping for something to charge him with. But he said to them: 'If any one of you here had only one sheep and it fell down a hole on the sabbath day, would he not get hold of it and lift it out? Now a man is far more important than a sheep, so it follows that it is permitted on the sabbath day to do good'. Then he said to the man: 'Stretch out your hand'······"

This is a precious example to help us understand how different the Essenes and the Pharisees were in their interpretations of the same law. Using their rabbinic rules, Jesus concludes that the man is more important than a sheep, and consequently it is possible to do good on the sabbath. All the miracles on the sabbaths can prove it. That is why Jesus reminded the Pharisees of a different approach to the law:

"The sabbath was made for man, not man for the sabbath; so the Son of Man is master even of the sabbath"(Mk 2:27-28).

Such an assertion of his authority is oriented to the service of love, the exigences of which make void the rulings which could impede it. Consequently, the lame, the disabled, the blind, the poor are all invited to the kingdom of God (Lk 14:12-24), whereas they are excluded from the Community as from the temple, in the name of the mosaic law for reasons of ritual purity (1QSa II 3-11).

4. Practices

Although customs and practices are based on the Law, some are not so clearly explained, such as exorcisms, calendars and capital punishment by crucifixion, which the scrolls have greatly enlightened.

a. Exorcisms

The invocation of the divine name is always at the centre of the ritual of exorcisms of which the scrolls have given the first Hebrew examples. The scroll (11QApPs) contained the four Psalms to be sung over the stricken, as quoted in another scroll (11QPs^a XXVII 9-10). To fight the power of the devil in the heart of man, it is necessary to invoke the name of YHWH, as Mk 5:7 reported in Greek. The *Instruction on the Two Spirits* reminds us that God created the good and the bad spirits.

Jesus cured demoniacs, but without invoking the name of YHWH, he did it from his own authority and power. He could say: "Deaf and dumb spirit, I command you, come out of him and never enter again"(Mk 9:25). He sent his disciples giving them authority over the evil spirits, to drive them out in his name (see Lk 9:49). Instead of the tetragrammaton prescribed in the ritual shown in the Essenes scroll, Jesus has innovated, changing the immutable formula, at the center of the exorcisms, using the first person "I", and ordering that it be done in his name. That provoked the immediate reaction of the crowds:

"Here is a teaching that is new and with authority behind him. He gives orders even to unclean spirits and they obey him."

Only Jesus could change the formula without affecting its efficacy, as nobody had done before or since, even today.

Because Jesus changed the formula, Christianity uses the name of Jesus or the Lord instead of the tetragrammaton. The formula which is one of the *ipsissima verba Jesu* expresses the perception Jesus had of himself and of his mission, in brief, the mystery of his person as the Son of God, the "I" taking the place of YHWH, as he considered himself to be equal to God, which will be one of the motives for his condemnation to death on the cross. We can better understand now why he could do all the signs that the Bible and the *Messianic Apocalypse* attributed to God. Like God he had power over the devil as he could forgive sins, raise the dead, all part of the good news expected in the messianic era.

b. Calendars

Calendars are central for organizing feasts and cult. The *Rule of the Community* remind us that:

"······in order to walk in perfection in his sight, complying with all revealed things concerning the regulated times of their stipulations ······They shall not stray from any one of all God's orders concerning their appointed times; they shall not advance their appointed times nor shall they delay any one of their feasts." (1QS I 8-9,13-15)

The same is found in the Covenant of Damascus(III 13-15 and VI 18-20):

"God established his covenant with Israel for ever, revealing to them hidden matters in which all Israel had gone astray: his holy sabbaths and his glorious feasts······to keep the sabbath day according to its exact interpretation, and the festivals and the day of fasting, according to what was discovered by those who entered the new covenant in the land of Damascus······"

The Essenes could not partake of the sacrificial cult in the temple which had been defiled by the illegitimate priesthood and the use of a calendar which contradicted the revealed commands of God.

The Essenes follow a priestly solar calendar of 364 days with vestiges in Genesis, Ezechiel *1 Enoch, Jubilees*, the 364 davidic Psalms for the burnt offering (11QPs^a XXVII 6), Essenes' texts as *MMT,* ······, *as Pesher Habakkuk* proves it (IX 4-8). This calendar has fixed dates for feasts and no feast occurs on a sabbath day.

This way, the first of Nisan being always from Tuesday night to Wednesday night, when God created the lights of heaven, the 14th, the Passover feast, will be two weeks later on the same weekday. But with the luni-solar calendar Passover can fall on any day in the week, even a sabbath as in the year 30 and 33 AD.

As against the Essenes who did not offer sacrifices in the defiled temple which followed a wrong calendar, Jesus made his pilgrimages to the Temple for the feasts and taught there. He did not follow the solar calendar, even during his last week in Jerusalem. He could not have celebrated Passover before his death on the cross, since the Pharisees were killing the lambs in the temple on the day before the sabbath, the Preparation day, as it is reported by all four gospels (Mt 27:62 // Mk 15:42 // Lk 23:54 // Jn 19:14, 31, 42). An anticipated Passover is also excluded. The temple authorities wanted to finish with him before the feast, and this confirms a remark by John(13:29) during the last meal of Jesus: "Since Judas had charge of the common fund, some of them thought Jesus was telling him 'Buy what we need for the festival'", which means that the feast was still to come.

The practice of both calendars in the Jewish society during that period permits us to solve an apparent contradiction: on the one hand "two days before the Passover" (Mk 14:1 // Mt 26:1), on the other side "six days before the Passover" (Jn 12:1). The "two days" correspond to the Passover meal by the Essenes on Tuesday night, and the "six days" to the date of Passover according to the luni-solar calendar, on Friday evening. In order to enter Jerusalem freely, in order not to be arrested before he had decided, Jesus would celebrate his last supper only in the Essenes' quarter, in the house where he had friends (see Mt 26:18 "it is at your house that······", Mk 14:14 "where is my room where ······", Lk 22:11 "where is the room where······") and where nobody could have suspected his presence and that of his group on the evening of the Essene Passover. When the evening came, Jesus entered with the Twelve, ate his last supper in a room for purity motives different from the one where the Essenes celebrated their Passover without a lamb.

Such practice of different calendars explains quite well the "Essene surroundings" of John narrative on the last supper (Jn 13: festival meal reclining, the special garment, the purity ritual, the devil and Judas, the night) and the Passover character in the Synoptic gospels (Mk 14: the blessing on the bread and on the cup) and the song of Psalms (*Hallel*), and also the earliest tradition on the Eucharist in the *Epistle to Corinthians*: "On the night he was betrayed, the Lord Jesus took some bread······" (1 Co 11:23-26). From these data, it is clear that that night cannot be the night before Jesus was crucified, but only the night of the Essene Passover on Tuesday evening followed by the arrest at Gethsemane later on. The Sanhedrin had plenty of time for the trials on Wednesday and Thursday before meeting Pilate on Friday morning before the Passover of the Jews according to the luni-solar calendar, as reported by all the gospels (Mk 14:2 // Mt 26:5; 27:15-26 // Lk 23:26 // Jn 13:1~29; 18:28).

Jesus' last supper in the Essene quarter does not prove that it was *de facto* the Passover meal for Jesus and the Twelve. But the solar calendar explains the time-frame of the last supper in the Essenes' quarter of Jerusalem, the unique mention of the bread and the cup of wine inthis meal, typical of Essenes' meals (1QS II). In the final analysis, if Jesus followed a luni-solar calendar, his last supper could not have been the Passover meal of that year. He was crucified the Friday before the Passover that year. This difficulty in the gospels has been solved with the help of the scrolls.

c. The crucifixion

Usually, we read that crucifixion was not a Jewish punishment, and that according to the Mosaic Law, Jesus should have been stoned to death. Crucifixion is supposed to be a Roman punishment for slaves and, in so doing, Jesus was executed like brigands and robbers. Such an interpretation is not without its problems. How could the high priests who awarded punishments according to the Law of Moses, condemn anyone to a Roman penalty for purely Jewish motives, such as a messianic claim and blasphemy?

There are two key questions at the center of the debate. Which crime, according to the Law, is punishable by crucifixion, and who, Jews or Romans, judged the case and crucified the culprit? The answer cannot be found in the much latter rabbinic explanations after the fall of the temple. Here again, the scrolls can help us to find a better answer, and better understand the historical events.

At first sight, crucifixion seems to be unknown in the Old

Testament. Yet, how are we to understand the law of Dt 21:22-23? Is it a question of hanging a corpse, as it is usually supposed according to a latter rabbinic interpretation, or of the suspension/crucifixion of a man before death? The textual tradition is not so clear. The Syriac translation, Greek textual revisions and the Qumran scrolls suppose the crucifixion of a man alive. In fact, the Hebrew text can be translated this way:

"If a man, guilty of a capital offence, is to be executed, you shall hang him up on a tree. His corpse must not remain on the tree overnight. You must bury him the same day, since anyone hanged is cursed by God, and you must not defile the soil which Yahweh your God is giving you as your heritage".

This translation - interpretation, underlining the capital offence on one side and the application of the punishment on the other, receive ancient support in Judaism. The *Temple Scroll* (4Q524 14 2-4 et 11Q19 LXIV 6-13) quoted these verses citing two distinct cases:

"If a man passes on information against his people or betrays his people to a foreign nation, or does evil against his people, you shall hang him on a tree and he will die. On the evidence of two witnesses or on the evidence of three witnesses he shall be put to death and they shall hang him on the tree.

If it happens that a man has committed a capital offence and he escapes amongst the nations and curses his people, (and) the children of Israel, you shall hang him also on the tree and he will die.

And their corpse shall not spend the night on the tree; instead you shall bury them that day because those hanged on a tree are cursed by God and man; thus you shall not defile the land which I give you for inheritance."

Between the two Qumran copies, one (4Q524) from the last third of 2nd c. B.C. and the other (11Q19) around the end of the 1st C. B. C., the *Nahum Commentary*(4Q169 3-4 i 6-8) refers to the crucifixion for treason of 800 Pharisees, around 88 B.C., by the high priest Jannaeus, because they called for help from Demetrius III; this is exactly one of the cases in the *Temple Scroll*:

"Its interpretation concerns the Angry Lion [who filled his caves with a mass of corpses, carrying out rev]enge against those looking for smooth interpretations, who hanged living men [on the tree as it was done to a man guilty of a capital offence] in Israel since ancient times, for it is written about the one hanged alive on the tree".

If the *Temple Scroll* changed the sequence of words, it has not changed the Deuteronomic law. The new formula replaces an older and obsolete Hebrew syntax, which could not be well understood, as ancient translations have shown, and it clarified the cases: the man who passes information and betrays his people, and a man who escapes and curses his people. It is not permitted to conclude that this interpretation of Law is unique among Essenes, who were not more bloodthirsty than other Jews. They only transmitted the meaning of the Law as they received it. True, crucifixion has no meaning as a capital punishment after death, because it was not necessary to nail the feet and hands of a crucified body, (we have now one example with the bones found in an ossuary in the northern suburb of Jerusalem). Note also that in the Deuteronomic sentence the mention of a corpse comes only in the verse after the crucifixion/suspension for burial on that same day; in the preceding verse the text uses the pronoun which refers to a man alive. Otherwise, we would have expected a different construction: you shall hang his corpse, he must not remain······ The *Nahum Commentarys* speaks clearly of live men, and that is what the scripture refers to.

Clearly this is not a secondary or late interpretation of the Law of Moses, nor an exclusively Essene one. It was older and also common among Sadducees and Pharisees. The aaronic high priest Alcimus crucified sixty pious Jews, Hassidaeans on the side of Judas Maccabaeus before the division into Essenes and Pharisees (1 M 7:16 ff, see also Josephus, Ant. XII § 256 for crucifixions of Jews alive under Antiochus IV). Later the Sadducean high priest Jannaeus crucified 800 Jews, around 88 B.C., long before the coming of the Roman Pompey in 63 B.C., then the wise Pharisee Simon ben Shetah crucified 80 Jews (Josephus, *War I* §§ 97, 113, *Ant.* XIII §§ 380-82, *Mishna, Sanhedrin* VI 4).

Such a Jewish pre-Essene and Hasmonaean practice finds support in another manuscript, *Apocryphal Levi* (4Q541 24 2-5) which speaks about a high priest:

"Do not mourn with sacks [on..] and do not commit [faults which could not be re]deemed, hidden faults as well as revealed ones, and[···]. Examine, ask and know what the agitator asks for, and do not bring him to the point of exhaustion, and do not punish him with crucifixion, and do not bring nail near him."

The combination of exhaustion, crucifixion and nail to torture an agitator, whom a high priest would be tempted to condemn, seems to refer to crucifixion as a capital punishment at the end of a long process of physical exhaustion. Furthermore, this command to a high priest could only refer to a common practice during the Hellenistic period at least, even before, because after the exile they held all the powers. This explains very well the crucifixion of Jews by the high priests Alcimus and Jannaeus, by Shimon ben Shetah later, which could not find any other explanation, and of course Jesus' crucifixion later.

Thus, crucifixion was not an exclusively Roman or Hellenistic capital punishment, but also a Jewish one used against Jews. More, the Hebrew word *tlh 'l 'ç* does not mean "hang on a tree" for a death by strangulation, as it is often explained, but "to crucify", as it was well understood by Josephus in the examples I quoted, by ancient Aramaic translations of the Bible and by the scrolls. This kind of penalty seems to be already known in Ancient Canaan, as a letter in medio-assyrian from the king of Sidon found at Ugarit in Syria would prove (RS 86.2221+). It is a question of crucifixion of men convicted of blasphemy. Such a Canaanite practice would explain the same practice at Carthage from where the Romans could have adopted it, as well as the practice in Ancient Israel, before and after exile.

These new texts explain perfectly Jesus' condemnation to crucifixion, as the gospels and Acts recount it: high treason for the messianic claim (Lk 23:1-2, and //) and blasphemy for the claim to be divine and equality to God (Mk 14:60-64 et //); each claim must be punished by crucifixion according to the transmitted interpretation of the Mosaic Law. The high priests and the whole Sanhedrin asked for that punishment, even looking for two or three lying witnesses (Mt 26:59-66), trying to implicate the Roman governor Pilate who did not find any reason for such a penalty, which depend only on Jewish religious offences (Mt 27:11-26, Mk 15:9-15, Lk 23:4,13-24, Jn 18:38; 19:6, 12, 16, Ac 3:13-15). After death on the cross, the corpse was brought down and buried in a nearby new tomb before the Sabbath, because a Jewish tradition forbids a convict to be put into the family tomb before the decomposition of the flesh of sin.

So the Sanhedrin had by then the right not only to instruct but also to condemn to death according to the Jewish law, as a *baraita* of the Jeruslem Talmud (*Sanhedrin* I 1, 18a) says: the Sanhedrin lost this right forty years before the destruction of the temple in 70 AD., it means that it lost it at or around 30 AD. (the Passover fell on a sabbath day on 30 and 33 AD), precisely the year generally accepted for Jesus' crucifixion. This implies that this unjustified condemnation by the Sanhedrin and a collusion with the Roman authority was not without very serious consequences for the country. But indisputably, Jesus' case concerned directly the temple authorities more than the Roman Power.

In conclusion, the Dead Sea scrolls which were not copied or composed for or by Christians, have not revealed any clue that John the Baptist nor Jesus belonged at any time to the Essene movement, even if both of them had certainly met Essenes in Judaea and Jerusalem. However, the scrolls let us know from the inside the ways of life and beliefs of a religious movement, previously only known by observations from outsiders. They reveal to us the existence of different Judaisms at the turn of our era.

Several texts enlighten passages of the gospels by words, expressions, identical or very similar concepts in Hebrew and Aramaic languages locally spoken, better than the ancient Hebrew or Aramaic of biblical books. Only on some points, can the scrolls be used as a missing link showing the roots of Jesus' message and teaching: such as actions and words, practices, beliefs, hopes which find exact or very near correspondent in the scrolls, for the same area and period.

The previous explanation by scholars of the *logia* of Jesus from Greco-roman philosophy becomes obsolete, but these new data do not prove that Jesus, the Galilaean Teacher, was an Essene, nor the Teacher of Righteousness *redivivus*. Nowhere is the Teacher of Righteousness called the Messiah or the Suffering Servant dying forthe forgiveness of sins and the world's salvation, which is the central message of the Easter *Kerygma* in the Acts of the Apostles: Jesus, Christ and Lord, dead and risen, whose return Christians are waiting for as the Eschatological Judge of the living and the dead. With Jesus, the Messiah priest and king has come, the Kingdom of God is with us and there is nothing more to expect.

The Scriptures are fulfilled, Jesus has revealed their full meaning and given the key for reading them (Lk 24:13-35).

Jesus fulfilled perfectly the hopes of the biblical books and surpassed the Essenes' interpretations. Thus it would not be surprising that Essenes (not Qumranians) should have later recognized him as the awaited Messiah. This would better explain similarities and borrowings such as sharing goods in common in the young church of Jerusalem, even with some changes because this was not obligatory or so strictly organized, or the large group of priests who submitted themselves to the faith, or to the way, and so on, and the central place of the Cenacle in the Essene's quarter of Jerusalem for the young church, as well as no mention of Essenes in the New Testament.

Many other themes should be studied, such as the temple of men, the praise of lips, the dualism, the pure and impure, the brotherly correction (Mt 18:15-17 et 1QS V 24 -VI 1, CD IX 2-8), the Inspector and the *episcopos*, the New Covenant, and so on, but the subjects presented above are sufficient, it seems to me, to position Jesus, the Teacher of righteousness, and Christianity among the other Jewish movements of that period.

If there are many points common to both movements, there is also a very important evolution exemplified in the institutions, rites, beliefs, Christian faith opened to all believers without any distinction, with a unique baptism in the name of Jesus, dead and risen. The differences are more important and fundamental than the common points which are easily explained by a same cultural heritage and a same contemporaneous Jewish milieu. They originated in the very different personality of both Teachers, and the radical novelty of the New and Eternal Covenant in the blood of the Lamb.

사해 사본은
복음서에 나타난 예수 가르침의 기원을
이해하는 데 어떤 도움을 주는가?

에밀 퓌에쉬
예루살렘 성서 및 고고학연구소 교수
번역 : 송 창 현 교수

    60년 전, 젊은 두 베두인은 사해 근처 쿰란이 내려다보이는 절벽의 동굴에서 첫 사본들을 발견하였다. 이 발견은 1956년까지 계속되었다. 첫 발표 때부터 학자들은 성서 본문과 고대 유대교에 관한 새로운 정보뿐만 아니라 예수와 신약 성서에 관한 계시들을 찾았다. 이것은 불트만 학파가 역사적 예수에 관한 탐구가 무익하다는 것을 주장한 직후의 일이었다. 나사렛 예수는 신앙의 그리스도와는 다르게 구별되어져야 했다. "그리스도교는 크게 성공한 하나의 에세네파이다"라는 르낭의 유명한 주장 이후, 뒤퐁-소메르는 다음과 같이 썼다: "갈릴리안아의 스승은 …… 여러 측면에서 정의의 스승의 놀라운 재육화로 나타난다. 후자처럼 그는 선포하였고, …… 모세 율법의 준수를 명령하였으며 …… 하느님의 선택받은 이였으며,…… 단죄받고 처형받았으며 ……, 하나의 교회를 세웠다."

    그런데 예수는 환생한 정의의 스승이라고 불리는 에세네파였는가?

    그 후 다른 학자들은 복음서의 가상의 예수를 정의의 스승이라는 인물로 만들면서 사해사본의 중요성을 강조하려고 시도하였다. 혹은 성서 주해라는 문학 유형의 도움으로 세례자 요한과 같은 몇몇 중요한 인물을 정의의 스승과 동일시하려 했거나 예수를 악한 사제와 동일시하거나 쿰란을 예루살렘과 동일시하기도 했다. 60년의 연구 후에 이 사해사본들은 그리스도교의 기원을 이해하기 위하여 우리에게 무엇을 제공할 수 있는가?

쿰란과 에세네파

먼저 몇몇 중요한 자료를 통해서 필자는 쿰란 유적지가 에세네파들이 차지했던 곳이라는 것과 동굴들은 쿰란의 거주자들과 관련 있다는 사실에서는 대다수 학자들의 의견에 동의한다. 에세네파의 어원은 그들을 바리새파와의 결별 이전의 하시딤과 연결시킨다. 그들은 필로의 하시오이, 즉 거룩한 이들이다. 이것은 그 운동과 그들의 신조를 위해 중요한 의미를 가진다. 하시딤은 율법의 이름으로 헬레니즘에 대해 반대한 자들이었고, 거룩한 전쟁 중에 안티오쿠스 4세에 저항하였다. 그리고 그들은 요세푸스가 기록한 대로 두 종교 운동의 분열의 기원이었던 요나단 마카베오 통치하의 하스모네아에 공공연히 저항하였다. 기원전 152년에 요나단이 스스로 대사제가 되었을 때, 합법적인 대사제는 사제와 추종자 그룹과 함께 "땅을 위해 속죄하기 위하여, 영원한 식물과 이스라엘을 위하여 거룩함의 집을 세우기 위하여"(1QS VIII) 유배를 떠났다. 그 이름은 성전의 대사제 목록에서 삭제되었다. 사실 어떤 히브리어 사본(4Q523)은 이 상황에 대한 암시를 주는데, 요나단이 성전의 보물을 약탈하였다고 말한다. 이 그룹이 광야로 축출되었을 때, 문화적 유산인 필사본들을 가지고 갔다. 그래서 발견된 사본의 대부분은 성전 문서고의 필사본들이고, 여기에 그들의 새로운 생활 방식을 위해 쓰여진 에세네파의 작품들이 추가되어 있었다. 쿰란에서 발견된 가장 후대의 작품들은 적어도 예수탄생 보다 반세기 전의 것으로 추정된다. 그래서 그것은 예수에 대한 그 어떤 암시도 주지 못한다. 에세네파 운동은 이보다 일찍 창설되기는 했지만, 세례자 요한과 예수의 선포, 그리고 그리스도교의 시작과 동시대의 것이었다. 이 점에서 에세네파와 그리스도교 사이의 직접적인 교류가 있었을 것이라는 질문을 피할 수 없다.

필자는 덧붙여서 두 가지 점을 지적하고자 한다: 첫째, 제7동굴의 그리스어 단편을 마르코 복음서와 동일시하는 제안은 받아들일 수 없다는 것이다. 둘째, 그 어떤 일치와 종속을 말하는 것은 사본의 단편적인 상태 때문에 쉽지 않다는 것이다. 에세네파와 그리스도교가 일치하거나 불일치하는 점들을 비교하는 것은 가능하다. 그런데 그것은 두 그룹의 입장을 규정짓기 위하여 다른 유다 운동들의 입장이 또한 알려질 때만 가능하다. 이것을 고려하여 필자는 이들 두 종교 운동 사이의 몇몇 일치를 드러내도록 시도할 것이다. 왜냐하면 사해사본은 복음서의 구절들이나 신약성서와 매우 가까운 단어들, 표현들, 사상들에 있어서 중요하기 때문이다.

1. 광야의 중요성

a. 세례자 요한과 예수

복음서들은 세례자 요한을 이스라엘 앞에 나타날 때까지 광야에 있었던 인물로 소개한다(눅 1:80). 그는 "광야에 외치는 자의 소리가 있어 가로되 너희는 주의 길을 예비하여라……"(눅 3:2-4)라고 쓰여진

대로, 죄의 용서를 위한 세례를 선포하며 요단 강 지역을 두루 다녔다. 이 공간과 시간, 그리고 주제의 근접성은 요한을 에세네파로, 심지어 제자들이 따르던 반체제 쿰란파로 만들기에 충분한가?

이스라엘의 그 지방에서 금욕적이고 종교적인 다른 운동들이 있었으나, 그 무엇도 요한이 그들 중의 하나에, 심지어 쿰란공동체에 속했다는 것을 입증하지 못한다. 그의 아버지는 성전에서 봉사했던 사제 사가랴였고, 그의 어머니는 아론의 딸이었기 때문에 요한은 마치 자신의 가족이 속했던 운동을 떠났던 것처럼, 그 자신의 운동을 창립하기 위하여 다른 운동들을 떠났을 것이다. 그가 늙은 부모가 죽어서 고아가 되었다면, 에세네파에 의해 입양되었을 수도 있었다. 그러나 그러한 불안정성은 선구자 예언자를 위해서는 매우 의심스럽다. 그 어떤 집행자나 종말과의 연결 없이 정결례를 위해 날마다 필요한 만큼 자주 물 저장소에 에세네파가 침수하는 것과 대조적으로 요한은 흐르는 물에서 세례를 주었는데, 그것은 죄의 용서를 위한 단 한번의 세례였다. 그는 세례의 집행자였다. 그래서 그는 세례자로 불린다. 예수가 받았던 요단 강에서의 그의 세례는 그 어떤 예외 없이 예루살렘과 지역의 군중들, 모든 바리새파, 사두개파, 군인들에게 베풀어졌다. 다가올 하느님의 심판을 위한 그 효과 때문에 요한의 세례는 성령과 불로 세례를 베풀 메시아가 시작할 하느님 나라의 임박한 도래를 준비하는 종말론적 가치를 가진 입문 예식과 같았다.

에세네파의 제의적 침수는 성전의 그것과 같았는데, 그 접근은 공동체가 허락한 후보자들이거나 죄를 지은 후 공동체에 다시 받아들여진 이들로 제한되었다. 빛의 아들에 속하기 위한 유일한 보증이 되는 계약에의 입문 예식은 매년 갱신되었다. 그래서 우리는 마지막 시대를 기다리는 두 개의 서로 반대되는 개념을 발견한다. 에세네파 공동체는 자신을 메시아의 도래와 함께 종말론적인 완성을 열망한 예언자의 말을 실현한 것으로 보았던 것에 반해, 요한은 메시아의 도래와 임박한 하나님의 분노를 직접적으로 준비하였다. 구약성서에서처럼 쿰란에서 불의 심판은 하나님의 특권인데, 요한에게 있어 그것은 "오고 있는 나보다 더 강한 분, 불로써 정화시킬 분"에게 속한다. 요한은 메시아 왕국을 시작할 이의 도래를 준비하는 그의 선구자일 뿐이다.

엘리야처럼 낙타 가죽 옷을 입고 들려졌던 곳을 회상시키기 위하여 요단 강 건너편에서 세례를 베풀면서, 복음서는 요한을 말라기서와 집회서가 예고한 환생 엘리야로 분명히 소개한다. 복음서가 율법학자에게 돌리는 전승인 엘리야의 귀환에 대한 희망은 쿰란 사본 중에서, 본문은 훼손되어 있지만 말라기서에 대한 명백한 암시가 있는 주님의 날의 도래에 관해 파피루스는 말한다: "나는 너 엘리야를 앞서 보낼 것이다……". 그리고 말라기서와 집회서에 대한 암시가 있는 양피지에도 존재한다: "아버지들을 아들들에게 돌린다". 동일한 전승이 누가복음에서도 발견된다. 그리고 메시아 왕의 도래에 땅의 환희가 뒤따른다. 그러나 사본(4Q521) 앞의 열은 하나님 자신이 메시아의 날에 베푸실 좋은 일들의 목록을 제공하는데, 이 목록은 이사야와 시편 146편에서 만들어졌다:

"그분은 경건한 사람들을 영원한 왕권의 옥좌 위에서 영예롭게 하실 것이기 때문이다, 감옥에 갇힌 사람들을 풀어 주시고, 소경들에게 시력을 되돌려 주시며, 굽은 것을 다시 세우시면서…… 그분은 희망 없이 상처받은 사람들을 낫게 하실 것이고, 죽은 사람들을 다시 살리실 것이며, 가난한 사람들에게 복음을 선포하실 것이기 때문이다. 그리고 그분은 [부족한] 사람들을 만족시키실 것이고, 내쫓긴 사람들을 인도하실 것이며, 굶주린 사람들을 풍요롭게 하실 것이기 때문이다."

요한의 제자들은 그들 스승의 질문을 묻는다: "오시기로 되어 있는 분이 바로 당신입니까?" 이에 예수가 같은 말로 요한에게 대답한다: "소경이 보며 앉은뱅이가 걸으며 문둥이가 깨끗함을 받으며 귀머거리가 들으며 죽은 자가 살아나며 가난한 자에게 복음이 전파된다 하라"(마 11:3-6//눅 7:22-23).

두 본문에서 부활과 가난한 이들에 대한 복음의 명백한 언급은 복음서와 사본 사이의 유사성을 강조한다. 구약성서와 쿰란 사본에서 하나님은 좋은 일들의 주체이다. 그러나 복음서에서 그것들은 하나님의 선택받은 이의 사명을 확인하고 요한과 군중이 예수를 메시아로 알아보게 한다. 그것들은 요한이 행하지 않았던 표징들이다.

더욱이 복음서에서 우리는 에세네파에 대한 그 어떤 암시도 발견하지 못한다. 이에 반해 복음서는 바리새파, 사두개파, 헤롯 당원과 율법학자들을 자주 인용한다. 이 두 그룹의 근접성과 관계는 헤롯 왕가와 에세네파 사이에서처럼 어떤 의미를 가지는가?

요한이 쿰란공동체를 알고 있었는지를 알아 내는 것은 불가능할지라도, 그가 거기에 가입하지 않았다는 것은 그럴 듯하거나 확실하다. 그는 죄를 용서한다는 세례 개념을 쿰란공동체에서 빌려 오지는 않았다. 그들은 그것을 알지 못했다. 그리고 요한의 제자들은 에세네파처럼 행동하지 않는다. 요한은 에세네파처럼 율법 정신으로 다시 돌아가기 위하여 성전 지도자들의 유대교와 거리를 두었다. 그러나 그가 자신의 종교적 가족 그룹으로부터 떨어져 나갔다는 것을 입증할 것은 아무것도 없다. 그와 함께 메시아 시대는 임박했고 머지 않아 기대되었다. 이사야 40장을 인용하면(1QS VIII 13 이하, 마 1:2-3) 길을 준비하는 것, 신적 징벌을 준비하기 위한 긴박함, 물과 회개의 중요성, 광야의 근접성 등과 같이 요한과 에세네파 사이의 유사성을 강조하는 초기의 결론과는 반대로, 우리는 근본적인 차이점에 주목해야 한다. 광야로의 떠남은 모세시대의 이스라엘 경험을 존속시키기 원했고, 전통을 생생하게 지키고, 완전한 정결 상태로 살면서, 정화된 성전으로 되돌아갈 준비를 하는 정의의 스승 주변의 그룹의 행동이었다. 요한은 그의 청중들에게 개종을 요구하였다. 광야라는 주제는 그의 선포에서 특별한 위치를 차지하지 않고, 그것에 대한 쿰란의 영향은 없다.

b. 예수와 정의의 스승

사본에서 그 어떤 전승도 환생 엘리야를 세례자 요한과 동일시하는 시도를 하지 않았고, 정의의 스승을 다윗의 메시아와 동일시하려고 시도하지 않았다. 요단 강에서 요한에게 세례를 받은 후 예수는 성령에 의해 광야로 인도되는데, 거기서 악마의 유혹을 받았다. 천사와 악마의 이중적인 영향 아래에 있는 인간의 복종을 기억하게 하는 삼중의 유혹은 **공동체 규칙서의 두 가지 영에 대한 가르침**(1QS III-IV)의 중요 주제를 회상시킨다. 몇몇 학자들이 제안한 것처럼 예수는 죽은 이들로부터 부활한 정의의 스승일 수 있었는가?

비록 예수가 스승이라고 불리웠고, 머릿돌 위에 공동체가 세워진 것을 회상시키듯이(1QS VIII 7-8) 그의 교회를 바위 위에 세웠을지라도, 예수의 활동에 있어서 광야는 어떤 역할도 하지 않았고, 그는 위계적이고 규칙들로 잘 조직화된 공동체의 우두머리가 아니었다. 예수가 시몬을 만났을 때, 그는 "너는 요한의 아들 시몬이 아니냐? 앞으로는 너를 게파라 부르겠다"(요 1:42)라고 말했다. 우리는 이제 단어 사용을 잘 평가할 수 있다. 왜냐하면 처음으로 사본은 아람어 게파의 정확한 의미를 드러냈기 때문이다. 게파는 사전들에서 말하는 것처럼 작은 돌을 의미하지 않고, 독수리가 자신의 둥지를 숨기는 바위 표면, 제11동굴의 **욥기 타르굼**에 따르면 야생 염소가 뛰노는 바위 동산, 혹은 아람어 **에녹서**에서 모세를 상징하는 수양이 서 있는 높은 바위를 의미하기도 한다. 이와 같이 게파-베드로-페트라 사이에는 아무런 차이가 없는데, 이것은 바위 산의 나바테아인 도시의 이름이기도 한다. 이것은 복음서 연구를 위해 사본에 의해 밝혀진 중요한 언어학 문제이다. 왜냐하면 앞서 생각되어진 것처럼 그리스어와 아람어 단어의 의미 사이에는 그 어떤 모순이 없기 때문이다.

예수는 세리들과 죄인들과 함께 식사를 하고, 군중을 먹이고, 로마 백인대장에게 다가가고, 황제에게 세금을 바쳤다. 그렇게 함으로써 어떤 이유에서든 성전에서 배제되었던 죄인과 비 유대인들에게 그의 개방성을 보였고, 그들을 하나님 나라로 초대하였다. 그에게 있어서는 그 어떤 순서 매김과 우선권 없이 "처음 된 자가 맨 나중 되고, 맨 나중 된 자가 처음 된 자가 될 것이다."

예수는 가르침과 행동 등 몇몇 측면에서 에세네파에 가깝다. 그는 공동체 안에 많이 있는 한 사람의 랍비, 즉 스승이다. 그는 말씀을 선포하기 위해 제자들을 보내면서 여행을 위해 아무것도 가져가지 말고 주어지는 것을 먹으라고 명령하였다. 겟세마네에서 베드로는 칼을 빼어 대사제의 종을 쳤다. 이것은 요세푸스가 에세네파에 관하여 기록한 것과 비교될 수 있다:

"그들은 강도로부터 보호해 줄 무기 이외에는 여행 중에 아무것도 가지고 다니지 않는다. 모든 도시에 있는 이방인들을 기다리도록 명시적으로 정해진 공동체의 한 사람이 있는데, 그는 그들에게 옷과 다른 필수품을 제공한다"(유다전쟁사 II §§ 124-125). 산상설교에서 예수는 군중에게 그들이 세상의 빛이라고 말한다. 그런데 이 말은 '빛의 아들들'이라는 에세네파의 명칭과 아주 멀지 않다. 그는 다마스쿠스 문헌이 명령한 것처럼 맹세하지 않도록 요구한다. 그러나 사람이 계약 안으로 들어갈 때는 예외이다. 정의의 스승은 그가 예언자처럼 하나님으로부터 계시를 받았다고 말했다. 그는 가끔 기다려졌던 예언자로 여길 수 있었다. 그러나 그는 메시아로 보이지 않았고, 죽음으로 백성을 속량하는 고통 받는 종으로는 전혀 보이지 않았다. 최후 심판을 위한 그의 재림이 기다려지지 않았고 그가 죽은 후 제의적 숭배를 받지도 않았다. 그는 추종자들에게 율법을 충실히 연구하고 율법의 행업을 완성하도록 명령하였다. 이에 반해 예수는 단지 모든 율법과 예언서들을 요약하는 사랑의 계명을 지키면서 그의 제자들이 그를 믿고 따르도록 명령하였다.

예수는 자신을 하나님으로부터 파견된 선택받은 이로 확인하는 표징들을 행하면서 새로운 모세로서 가르쳤다. 성전 지도자들에 의해 십자가형에 단죄 받아 많은 이의 구원을 위하여 죽었으나, 하나님은 성서에 따라 그를 다시 살렸다. 신적인 특권으로 말하고 행동하면서 예수는 에세네파가 아니었고, 그의 제자들은 성서가 단지 하나님에게 돌리는 주님이라고 그를 부르면서 하나의 제의를 그에게 바쳤다. 이에 반해 에세네파 공동체에서 스승은 단순한 지위였다. 이 두 인물 사이의 유사성과 본질적인 차이점을 더 잘 강조하기 위하여, 필자는 이 두 스승의 추종자들의 신조와 실천을 관련하여 몇몇 중요한 사항을 살펴보는 것을 제안한다.

2. 신조들

하시딤의 사제적 전통의 계승자인 에세네파와 바리새파는 모두 유배라는 큰 충격 이후 예언자들 사상의 중심을 이루는 여러 주제들에 대하여 동일한 신조를 나누어 가졌는데, 다윗 왕조의 재건과 하나님의 정의 앞에서의 개인적이고 집단적인 책임과 같은 것이다. 미래에 대한 그들 사상의 핵심에는 두 가지 사항이 있다: 메시아 사상과 죽음 이후의 보상과 처벌.

a. 메시아 사상

성전 제의의 재개와 다윗 왕조의 재건은 쌍두 체제의 메시아 사상의 기원이 되는데, 그 개요는 예레미야, 에스겔, 스가랴, 다니엘과 역대기뿐 아니라 외경들에서도 발견된다. 그러한 개념은 기원후 2세기에 엘레아자르와 바르 코크바의 짝과 함께 랍비 메시아 사상에 여전히 존재하는데, 이것은 새로운 엘리야 예언자의 도래와 밀접히 연관되어 있다.

이 개념을 앞선 시기의 본문들 위에 근거를 두고서, 에세네파는 백성들이 "예언자와 아론의 메시아와 이스라엘의 메시아가 올 때까지"(1QS IX 11; CD XIX 10-11) 통용되는 규칙들에 부합하도록 요구할 때 여러 번 명백하게 주장한다. 사제는 왕에 대해 우선권을 가질 것이다. 그들의 도래는 이스라엘을 위한 새로운 시대를 시작하고 악인과 이방 민족들에 대한 승리를 가져다 줄 것이다. 변화되지 않은 이 개념은 정치 권력과 종교 권력을 비합법적으로 한 사람에게 독점시킨 다윗 계열이 아닌 하스모네아 왕조에 대한 반발로서 강화될 수 있었다. 합법적인 대사제인 정의의 스승의 유배는 그들을 성서 연구와 사독 계열의 특권에 더욱 열중하게 하였을 것이다.

그들의 계산법에 따르면, 끝에서 두 번째 희년에 살았던 정의의 스승은 율법에 대한 올바른 해석을 주고 메시아의 임박한 도래를 준비할 예언자로 간주되었을 것이다. 메시아적 묵시록 사본은 그러한 관점을 지지한다. 다른 사본인 다니엘서 외경은 왕들이 평화롭게 지내고 섬기게 될 어떤 인물의 도래에 대한 유일한 암시를 지닌다: "[위]대한 [주님의 아들]이라 그는 불릴 것이다. 그리고 그의 이름으로 불려질 것이다. 그는 하나님의 아들이라 일컬어질 것이다. 그리고 지극히 높으신 분의 아들이라 불릴 것이다. 그는 땅을 진리 안에서 심판할 것이다.…… 위대하신 하나님은 그의 힘이다.…… 그의 지배는 영원한 지배일 것이다."

이 구절들은 왕으로서의 메시아를 가리킬 것이며 누가복음서의 탄생 예고 본문에서 글자 그대로 발견된다: "그는 위대하게 될 것이고 지극히 높으신 분의 아들이라 불릴 것이다.…… 그는 영원히 다스릴 것이다."

만일 쿰란 이전의 이 본문이 분명히 팔레스타인 유대교 안에서 알려졌다면, 사본들에서 하나님이 메시아를 탄생시켰다는 것과 한때 주장되었던 것처럼, 백성의 죄를 속죄하기 위한 메시아의 희생적 죽음과 함께 구원론적인 메시아 사상에 대한 그 어떤 암시를 발견하는 것은 가능하지 않다. 오직 하나님만이 죄를 용서한다.

이러한 대망 안에서, 세례자 요한의 설교에 의해 준비된 메시아인 나사렛 예수의 육화와 출현이 이루어졌다. 그러나 예수는 그의 가르침과 행동이 유대인의 왕이요 신성 모독자라는 이중 죄목으로 십자가 죽음에 단죄하게 하는 왕으로서의 메시아를 자신의 인격 안에서 실현하였다. 그에 반해 대사제로서의 메시아는 새롭고 영원한 계약의 희생물로 자신을 봉헌하였다. 그래서 히브리서는 왕이며 사제인 멜기세덱을 하나의 표상으로 소개할 수 있었고, 어린 시절의 복음서들은 다윗의 도시 베들레헴에서의 예수 탄생을 소개하고, 마리아를 아론의 후손인 엘리사벳의 사촌으로 소개할 수 있었다. 이러한 방식을 통하여 예수가 성서를 완전히 성취하였다고 언급할 수 있었다. 그 어디에도 정의의 스승이 성서를 성취하였다고, 죽음에서 다시 일으켜졌다고, 그의 재림이 최후 심판을 위하여 기다렸다고 말하지 않는다. 비록 에세네파와 그리스도교가 동일한 희망을 가진 동일한 영역의 동일한 문화의 산물일지라도, 정의의 스승은 단지 성서의 권위 있는 해석자이지만, 예수는 새로운 모세로서 신적인 계획을 성취함으로써 그의 영을 계시하였다.

b. 미래의 삶: 보상과 처벌

에세네파와 바리새파는 그들의 앞선 이들로서 사후 삶에 대한 동일한 관점을 가졌다. 사본 예언서와 지혜 문학처럼. 에스겔서 위경, 가르침, 에녹1서와 같은 전-쿰란의 작품들, 메시아적 묵시록, 두 가지 영에 대한 가르침과 찬양 시편과 같은 쿰란 작품들. 이 경건한 그룹들에서 종말론적 시대의 보상으로서 죽은 이들의 부활은 단지 죄 이전의 아담의 영광을 입는 이스라엘의 의인과 관련되었다. 이에 반해 악인의 징벌은 영원한 죽음과 지속적인 모욕에 머무는 것이었다. 이것은 이미 다니엘 12장, 마카베오 하권, 메시아적 묵시록 사본(4Q521), 예수의 가르침에서 이해하는 것이다. 사두개파의 질문에 대답하면서 예수는 그들에게 부활한 이는 하늘의 천사를 닮는다고 말하였다. 이와 같이 마지막 때의 부활은 이전 삶에로의 회귀가 아니라는 사실로 밝힌다. 부활 때 그들은 장가도 가지 않고 시집도 가지 않는다. 그러나 그들은 천사와의 친교에서 영광스런 생명을 얻는다. 그러나 신약성서는 오직 의인의 부활, 보편적인 부활, 모든 것을 확증할 시간을 알고 있다.

어떤 히브리어 사본(4Q521)은 이 신앙을 하나님에 의한 새로운 창조로서 하나의 신앙고백 형식으로 묘사한다. 하나님이 하늘과 땅, 바다와 그 안에 있는 모든 것을 창조한 것처럼 그는 당신 백성의 의인을 심판하고 일으킨다. 이에 반해 저주받은 이는 죽음에 처해지고 죽을 운명의 인간은 영광으로 변화될 것이다. 모든 것이 갱신되는 때에 하나님은 새롭게 창조할 것이고, 그들을 환영하는 천사들과 함께 죽은 의인을 부활시킬 것이다. 이에 반해 저주받은 이는 조로아스터교에서처럼 분리의 다리를 건널 때 불타는 심연에서 멸망한다. 이 표상은 신약성서에서 알려진다. 마지막 일들과 천사들과 친교 중에 하나님과 함께하는 의인의 삶이라는 신앙은 선한 천사와 악한 천사에 대한 발전된 숙고를 전제한다. 그것은 사본들, 하시딤, 에세네파와 바리새파 사이에서 잘 알려진 것이다. 이것은 사도행전 23장 8절이 우리에게 말하는 것이다:

"사두개파는 부활도 천사도 영적 존재도 다 없다고 주장하는 사람들이고 바리새파는 그런 것이 다 있다고 믿는 사람들이었던 것이다".

이것은 부활과 의인의 영광으로의 변화는 지상으로의 회귀로 인식될 수 없다는 것을 전제한다. 그러나 아담의 상태처럼 불사불멸이 되고, 하나님의 모상으로 창조되어 천사들과 친교를 맺으며 살아간다. 이 신앙은 신약성서에서 발견된다.

신약성서처럼 에세네파는 부활을 지상에서 메시아의 나라에 참가하는 것이 아니라 하늘과 땅이 갱신되고, 하나님과 그의 메시아가 최후 심판을 위하여 좌정할 때 종말론적 평화에로 들어가는 것으로 이해하였다.

3. 율법

신앙에 있어서 많은 공통점을 가진 에세네파와 바리새파는 율법에 관해 많은 점에서 서로 분리된다. 에세네파는 바리새파가 모세의 율법을 변조한 것에 대하여 '아첨을 따르는 사람들'이라고 비난한다. 마태는 새로운 모세처럼 산에서 권위 있게 율법을 공표하는 예언자로 소개한다. 우선 우리는 산상 설교가 3인칭 형태의 짧은 여덟 개와 2인칭 형태의 긴 하나로 된 아홉 개의 행복 선언으로 시작한다는 것을 안다. 그러한 도입은 동일한 순서가 처음 발견된 것으로 알려진 히브리어 사본에서의 행복 선언 장르로 되돌아간다. 필자가 제시하였듯이, 4개의 짧은 행복 선언의 두 행과 아홉 번째, 각각은 마태복음 5장 3-12절에서처럼 동일한 수의 단어로 쓰여졌다. 이것은 우연에 의한 것일 수 없고 셈족어 배경과 함께 마태의 본문은 누가의 본문보다 원본에 더 가깝다. 확실히 복음서에서 행복선언은 하나님 나라를 향한 더 종말론적인 목적을 가진다.

그래서 세상의 소금과 빛에 대한 가르침을 발견하는 것은 놀라운 일이 아니다. 예수의 제자들은 바로 그 빛의 아들인데, 그들에게 예수는 수정된 모세의 율법을 가르쳤다: "…… 하신 말씀을 너희는 들었다. 그러나 나는 이렇게 말한다……" 마태에 의해 소개된 주제들 가운데 "너희는 살인하지 마라, 간음하지 마라, 아내와 이혼하지 마라, 맹세하지 마라, 용서하여라, 이웃을 사랑하여라", 필자는 그 중 셋을 에세네파의 가르침과 비교할 것이다. 살인의 경우는 어려움이 없다.

a. 이혼과 음행

말라기(2장 11-16절)처럼, 예수는 음행의 경우를 제외(마태복음에서만)하고 이혼을 반대한다. 왜냐하면 이혼은 창조 때 하나님의 계획에 반대되기 때문이다. 두 경우가 이미 쿰란 사본에서 발견된다. **다마스쿠스 문헌**은 다음과 같이 말한다: "벽을 세운 이들은…… 그들 생애에 두 아내를 맞이하여 두 번 음행한 것으로 비난받는다. 이에 반해 창조의 원칙은 '그분은 그들을 남자와 여자로 만들었다'와 '암컷과 수컷 두 쌍씩 배에 들어갔다'이다." 후에 이 원칙이 회고된다. "너희는 아내를 많이 가져서는 안 된다." **다마스쿠스 문헌**은 레위기 18장, 출애굽기 20장 14절, 신명기 5장 18절에 따라 근친상간과 불법적인 결혼을 단죄한다. 일부다처와 이혼 후의 재혼은 배우자가 여전히 살아 있기 때문에 사실상 별거인데, 모두 단죄된다. 그것은 왕에 대하여 성전 두루마리에 적혀 있는 대로이다(RT LVII 17-19):

"그는 그녀 외에 더 이상 아내를 맞이하지 않아야 한다. 왜냐하면 그녀만이 그와 함께 그녀 생애의 모든 날을 함께할 것이기 때문이다. 만일 그녀가 죽으면 그는 자신을 위하여 그의 아버지 가문과 가족에서 다른 여자를 맞아들일 것이다."

이것은 아마도 대사제를 위한 레위 법(레위기 21장 14절)에 근거를 둔다. 이 엄격한 규칙은 왕이 열여덟 아내까지 가질 수 있게 허용하는 바리새파의 관용주의와는 다르다(미쉬나, 산헤드린 II 4).

다마스쿠스 문헌에서 관찰자에 대한 가르침(4Q266 9 iii 4-10에 의해 보충되는 XIII 12-18)에는 이혼이 선언되는 경우들이 있다:

"부인을 맞이한 어떤 사람에게처럼, 그는 그를 충고로 지도할 것이다. 그리고 이혼한 어떤 사람에게처럼; 그는 그들의 아들과 딸을 겸손의 정신과 열정적인 사랑으로 가르칠 것이다. 그는 그들의 잘못 때문에 분노와 격정으로 그들에 대한 원한을 가져서는 안 된다. 그들의 규율에 따라 맹세로 연결되지 않은 사람과 원한을 가져서는 안 된다."

다른 한편, 벽을 세운 이들과 왕의 경우는 음행과도 같은 일부다처와 이혼 후의 결혼을 단죄하는 에세네파의 규칙을 제공한다. 이 마지막 구절은 신명기 24장 1-4절에 따라 사실상 결혼한 에세네파 중에 가능한 이혼과 별거를 인정하는데, 성전 두루마리(11Q19 LIV 4-5)를 보라:

"과부나 이혼당한 여자의 모든 서원, 개인적으로 그녀가 무슨 서약을 하였든 그녀의 입에서 나온 말에 따라 그녀에게 유효하다."

바울은 동일한 규칙을 제공하는데, 그는 그것이 주님의 명령이라고 말했다: "아내는 남편과 헤어져서는 안 됩니다. 만일 헤어졌거든 재혼하지 말고 혼자 지내든지 그렇지 않으면 자기 남편과 다시 화해해야 합니다"(고전 7:10-11).

모세의 율법과 비교하여, **성전 두루마리**는 강간 당한 여자의 이혼을 금지한다. 왜냐하면 강간은 결혼과 동등하며, 결국 생애 중 두 번 결혼하는 것은 금지되어 있다(동일한 것은 고전 6:16). 동일한 것이 다른 사본(4Q159 2-4)에서 발견된다:

"만일 한 남자가 이스라엘 처녀의 명예를 훼손하고 그가 결혼 날짜를 말하면, 신뢰할 만한 여인들이 그녀를 시험할 것이다. 만일 그가 그녀에 대해 거짓말을 하지 않았으면 그녀는 죽음에 처해질 것이다. 그러나 그가 그녀를 반대하여 잘못 증언했으면, 그는 두 미나를 갚아야 하고 그의 온 생애 동안 그녀를 소박시켜서는 안 된다."

죽음의 선고는 그녀의 거짓말에 기초하는데, 왜냐하면 그녀는 율법이 죽음에 처하는 간통을 범했기 때문이다.

이것과 관련하여 예수는 다른 의견을 가진다. 만일 그가 이혼과 일부다체에 관하여 그의 동시대보다 더 엄격하다면, 그는 간음한 여인에게 죽음의 벌을 주는데 반대하고 더 개방적이다(요 8:2-11). 마태복음에서 음행이나 추행의 경우는 **다마스쿠스 문헌**에 일치하는 듯하다(4Q270 7 13=4Q267 9 vi 4).

"누구든지 음행을 하기 위하여 아내에게 다가가면, 그것은 규율에 맞지 않으며, 그는 떠나서 다시는 되돌아오지 말아야 한다."

이러한 규칙은 그리스도교 전승에 영향을 주었을 수 있다(고전 6:18을 보라).

b. 이웃 사랑

예수에게 있어 하나님 사랑과 이웃 사랑은 우선적이고 동일한 계명인데, 여기에 모든 율법과 예언서들이 근거한다(마 22:36-40). 이것은 바리새파, 사두개파, 그리고 에세네파의 율법주의를 넘어선다. "'네 이웃을 사랑하고 원수를 미워하여라' 하신 말을 너희는 들었다"에 대하여 -그러나 레위기 19장 18절 "네 이웃을 네 몸처럼 아껴라"는 시편 139편 21-22절의 "당신께 원수진 자들을 내가 어찌 미워하지 않으리까? 당신께 맞서는 자들을 어찌 싫어하지 않으리이까? 내가 그들을 지극히 미워하니 그들은 나에게도 원수입니다"에 덧붙여진다- 예수는 모든 이에 대한 사랑으로 대답한다: "원수를 사랑하고 너희를 박해하는 사람들을 위하여 기도하여라…… 너희를 미워하는 사람들에게 잘해 주고 너희를 저주하는 사람들을 축복해 주어라"(마 5:43-48//눅 6:27-36).

이것은 에세네파의 규칙과는 반대이다. "모든 빛의 아들들을 사랑하기 위하여, 각자의 잘못에 따라 모든 어둠의 아들들을 미워하기 위하여, 하나님의 복수를 따라서"(1QS I 9-10). 혹은 "이것들은 이 시간들에 지혜의 교사를 위한 행동의 규율이다. 그의 사랑과 미움, 멸망의 사람들에 대한 영원한 미움에 관하여"(1QS IX 21-22).

하나님 몫의 사람들에 대한 사랑과 어둠의 아들들, 즉 벨리알의 몫에 대한 미움은 모든 회원이 계약에의 입문을 갱신하는 오순절에 사제들의 축복과 레위인들의 저주를 따른다(1QS I 16-II 18). 이것은 그들 작품들에서 계속되는 규칙이다(1QS X 17-21 등).

착한 사마리아인의 비유(눅 10:30 이하), 최후 심판 장면(마 25:31-46), 혹은 황금률(마 7:12//눅 6:31)은 예수의 가르침에서 그리고 상이한 유다 배경의 신생 교회를 위한 이웃은 누구인지를 명백히 보여 준다. 레위기 19장에서 이웃이 이스라엘인이라면, 사마리아인에 반대하는 유대인 에세네파를 위하여는 단지 유대인 빛의 아들이다. 이 점에서 예수의 가르침은 에세네주의에 의존하지 않는다. 그럼에도 불구하고 두 운동은 그들의 추종자들을 하늘의 아버지가 완전한 것같이 완전하도록 요구하고, 혹은 하나님이 거룩한 것처럼 거룩하도록 요구하고, 혹은 이 세상의 아들들만큼 약삭빠른 빛의 아들이 되도록 요구한다.

C. 안식일

안식일에 관한 율법은 칠 일째 하나님의 휴식(출 20:8-11)에 근거를 둔 가장 중요한 것이고, 안식일은 거룩하며 안식일을 범하는 이는 사형에 처해져야 한다(출 31:12-17). 여러 번 예언자들은 이 규칙의 백성을 회상해야 한다. 헬레니즘 시대 동안 경건한 이들은 광야로 피신하고 안티오쿠스 4세에게 복종하는 것보다 죽기를, 안식일에 싸우기를 선호하였다. 이에 반해 맛다디아는 모두 죽지 않기 위하여 안식일에 저항을 허락하였다(1 마카 2:29-41). 경건한 이들은 희년서

(50:6-13)에서 요약하고 있는 것처럼 율법을 글자 그대로 따랐다: "안식일에 일하고, 단식하든지 싸우는 이는 누구든지 죽음에 처해져야 한다."

에세네파는 매우 엄정한 규칙을 가졌고, 바리새파보다 더 엄격하다. 다마스쿠스 문헌은 27개의 규칙을 제시하는데 쿰란에서 발견된 사본은 다른 것들도 포함한다. 복음서와 병행하는 경우가 있다:

"안식일에 짐승이 새끼를 낳도록 도와줘서는 안 된다. 만일 짐승이 우물이나 구덩이에 빠졌어도 안식일에 끌어내어서는 안 된다…… 만일 살아 있는 사람이 물 구덩이에 빠지면 사다리나 밧줄이나 도구를 사용하여 끌어내어서는 안 된다"(CD XI 12-17, 16-17= 4Q270 6 v 17-18, 19-20=4Q271 5 i 8-9, 10-11).

규칙은 짐승과 사람 사이를 구별하는데, 다른 규칙이 설명하는 바와 같다(4Q265 7 i 6-8): "안식일에 물에 빠진 짐승을 끌어내지 마라. 그러나 만일 안식일에 사람이 물에 빠진다면, 그를 끌어내기 위하여 그의 옷을 내밀어라. 그런데 안식일에 그를 끌어내기 위하여 도구를 사용할 수는 없다."

이 두 규칙은 기원전 2세기의 매우 엄격한 율법 해석을 보여 준다. 짐승에 대하여는 부정적인 표현을 사용하며, 사람에 대하여는 긍정적인 표현을 한다.

에세네파의 엄격주의에 비하여 예수의 가르침은, 바리새파 지도자와의 식사 도중 복음서가 보여 주는 것처럼, 율법에 대한 바리새파의 유연한 태도를 능가한다. 누가복음 14장 1-6절을 보라.

"……그때 마침 예수 앞에는 수종병자 한 사람이 있었다. 예수께서는 율법교사들과 바리새파 사람들을 향하여 '안식일에 병을 고쳐 주는 일이 법에 어긋나느냐? 어긋나지 않느냐?' 하고 물으셨다. '너희는 자기 아들이나 소가 우물에 빠졌다면 안식일이라고 하여 당장 구해 내지 않고 내버려 두겠느냐?' 그들은 이 말씀에 아무 대답도 못하였다."

바리새파의 태도는 해석에서 유연한 것을 도입했는데, 먼저 그들은 짐승과 인간 사이, 생명을 구하는 도구의 구별을 하지 않고, 둘째 비록 그들은 이런 해석에는 동의하지만 마태복음 12장 9-14절에서 예수를 고발하려고 애쓴다:

"사람들은 예수를 고발할 구실을 찾으려고 '안식일에 병을 고쳐주어도 법에 어긋나지 않습니까?'하고 넌지시 물었다. 예수께서는 이렇게 대답하셨다. '너희 가운데 어떤 사람에게 양 한 마리가 있었는데 그 양이 안식일에 구덩이에 빠졌다고 하자. 그럴 때에 그 양을 끌어내지 않을 사람이 있겠느냐? 사람이 양보다 얼마나 더 귀하냐? 그러므로 안식일에라도 착한 일을 하는 것은 법에 어긋나지 않는다.' 그리고 나서 그 불구자에게 '손을 펴라' 하고 말씀하셨다."

이것은 에세네파와 바리새파가 동일한 율법에 대한 해석에 있어 어떻게 다른지를 이해하는 데 도와 주는 귀중한 예이다. 랍비적인 규칙을 사용하면서 예수는 사람이 양보다 더 중요하며, 따라서 안식일에 선을 하는 것이 가능하다고 결론짓는다. 안식일의 모든 기적이 그것을 증명한다. 이것은 예수가 율법에 대한 다른 접근방식의 바리새파를 언급하는 이유이다:

"안식일이 사람을 위하여 있는 것이지, 사람이 안식일을 위하여 있는 것은 아니다"(막 2:27-28).

그러한 권위의 주장은 사랑의 봉사와 그것을 방해하는 규칙을 무효화시키는 것의 요구로 향하게 된다. 따라서 절름발이, 불구자, 소경, 가난한 이는 모두 하나님 나라에 초대된다(눅 14:12-24). 이에 반해 그들은 제의적 정결의 이유로 모세 율법의 이름으로 성전에서처럼 공동체로부터 제외된다(1QSa II 3-11).

4. 실천들

비록 관습과 실천들은 율법에 기초하지만 몇몇은 명백히 설명되지 않는데, 사해사본이 아주 분명하게 밝히는 구마, 달력, 십자가형에 의한 처형 등이다.

a. 구마

하나님의 이름을 부르는 것은 항상 구마 예식의 중심인데, 사해사본은 그것의 첫 번째 히브리어 예를 제공한다. 사본 11QApPs는 부마자를 위한 네 편의 시편을 담고 있는데, 다른 사본 11QPs^a XXVII 9-10에서 인용된다. 사람의 마음 속에서 악마의 세력과 싸우기 위하여, 마가복음 5장 7절이 그리스어로 전하는 것처럼 '주님(YHWH)'의 이름을 부르는 것이 필수적이다. **두 가지 영에 대한 가르침**은 하나님이 선한 영과 악한 영을 창조하였다고 말한다.

예수는 주님의 이름을 부르지 않고 자신의 권위와 힘으로 부마자를 치유하였다. 그는 말할 수 있었다: "말 못하게 하고 듣지 못하게 하는 악령아, 들어라. 그 아이에게서 썩 나와 다시는 들어가지 마라."(막 9:25). 그는 악령에 대한 권한을 주면서 제자들을 파견하였는데, 이것은 그의 이름으로 악령을 쫓아내기 위해서이다(누가복음 9장 49절을 보라). 에세네파의 사본에서 나타난 예식에서 규정된 신명사문자 대신에 예수는 불변의 양식을 바꾸면서 구마 중심에 '나'라는 1인칭을 사용하고 그의 이름으로 구마가 행하도록 명령하면서 변경하였다. 그것은 군중의 즉각적인 반응을 낳았다: "이것은 권위 있는 새 교훈이다. 그의 명령에는 더러운 악령들도 굴복하는구나!"

예수만이 그 효과에 영향을 주지 않고 양식을 바꿀 수 있었는데, 그 누구도 이전과 그 후에, 심지어 오늘날에도 그렇게 하지 않았다.

예수가 양식을 바꾸었기 때문에 그리스도교는 신명사문자 대신에 예수나 주님의 이름을 사용한다. 예수가 직접 한 말(ipsissma verba Jesu) 중의 하나인 이 양식은 예수가 자기 자신과 자신의 사명에 대해 가졌던 인식을 표현하는데, 간단히 말해 하나님의 아들로서의 인격의 신비, 그가 자신을 하나님과 동등하게 여겼던 것처럼 그가 십자가 죽음의 단죄를 받게 된 계기 중의 하나가 되는 '주님'의 자리를 대신하는 '나' 등이다. 우리는 예수가 성서와 메시아적 묵시록이 하나님에게 돌리는 온갖 표징들을 행한 이유를 더 잘 이해할 수 있다. 하나님이 악령에 대한 힘을 가지듯이 그는 죄를 용서하고, 죽은 이를 일으킬 수 있다. 이것은 메시아 시대에 기대되었던 기쁜 소식의 모든 부분들이다.

b. 달력

달력은 축제와 제의를 조직하기 위한 핵심이다. **공동체 규칙서**는 우리에게 말한다:

"그들 규정의 정해진 때에 관한 모든 계시에 따라, 그분 앞에서 완전하게 걷기 위하여……정해진 때에 대한 하나님의 명령에서 그들은 벗어나지 않을 것이다. 그들은 정해진 때보다 앞서지도 않을 것이고, 그들의 축제 중 어떤 것도 늦추지 않을 것이다"(1QS I 8-9, 13-15).

동일한 것이 **다마스쿠스 문헌**에서 발견된다(III 13-15과 VI 18-20):

"하나님은 이스라엘과 영원한 계약을 맺었는데, 그들에게 숨겨진 일들을 계시하였다. 이스라엘은 거기서 벗어났었다: 그의 거룩한 안식일과 영광스런 축제들…… 정확한 해석에 따라 안식일을 지키고, 다마스쿠스 땅에서의 새로운 계약에 들어온 이들에 의해 발견된 것에 따라 축제와 단식일을 지키기 위하여."

에세네파는 불법적인 사제직과 하나님의 계시된 명령에 어긋나는 달력의 사용에 의해 더럽혀진 성전의 희생 제사에 참여할 수 없었다. 에세네파는 창세기, 에스겔, 에녹 1서, 희년서, 번제를 위한 다윗의 364 시편(11QPs^a XXVII 6), 에세네파 문헌인 MMT에서처럼 365일 사제적인 태양력을 따른다. 이것은 하박국 주해서(XI 4-8)에서 증명된다. 이 달력은 축제를 위한 날짜를 고정하는데, 축제는 결코 안식일과 일치하지 않는다.

이 방식은 항상 니산달 첫째 날은 화요일 밤부터 수요일 밤에 해당하고, 하나님이 하늘의 빛을 창조했을 때 과월절 축제인 니산달 14일은 2주 후 같은 평일에 해당한다. 그러나 태음태양력과 함께 과월절은 주중의 하루에 해당하는데, 심지어 기원후 30년과 33년에는 안식일에도 해당한다.

잘못된 달력을 따라 더럽혀진 성전에서 제사를 바치지 않았던 에세네파와는 반대로, 예수는 축제를 위해 성전으로 순례를 하였고 거기서 가르쳤다. 그는 태양력을 따르지 않았는데, 심지어 예루살렘에서의 마지막 주간에도 마찬가지다. 그는 십자가 죽음 이전에는 과월절을 지낼 수 없었다. 왜냐하면 네 복음서에 의해 알려진 바와 같이 바리새파는 안식일 전날 즉 준비일에 성전에서 어린양을 죽였기 때문이다(마 27:62//막 15:42//눅 23:54 //요 19:14, 31, 42). 미리 앞선 과월절 식사는 배제된다. 성전의 지도자들은 축제 이전에 그를 처형하기 원했는데, 이것은 예수의 최후 만찬 동안 요한(13:29)에 의해 지적된 것을 확인한다: "유다가 돈 주머니를 맡아 보고 있었기 때문에 더러는 예수께서 유다에게 명절에 쓸 물건을 사오라고 하신 줄로만 알았다." 이것은 축제가 아직 시작되지 않았다는 것을 의미한다.

그 당시 유대 사회에서의 두 달력의 실천은 명백한 모순을 해결하게 한다: 한편 "과월절 이틀 전"(막 14:1//마 26:1)과 다른 한편 "과월절 엿새 전"(요 12:1)에서 '이틀'은 화요일 밤의 에세네파에 의한 과월절 식사와 일치하고, '엿새'는 금요일 저녁인 태음태양력에 따른 과월절 날에 일치한다. 예루살렘에 자유롭게 들어가고, 그가 정한 때보다 이전에 체포되지 않기 위하여 예수는 에세네파 구역에서 그의 친구들이 있었던 집에서 그의 최후 만찬을 거행하였을 것이다(마 26:18, 막 14:14, 눅 22:11을 보라). 거기에서는 그 누구도 에세네파의 과월절에 예수와 그의 그룹에 참여하는 것을 의심하지 않았다. 저녁이 되었을 때, 예수는 열두 제자와 함께 들어가 정결의 이유 때문에 에세네파가 어린 양 없이 과월절을 거행했던 곳과는 다른 방에서 최후 만찬을 먹었다.

이렇게 서로 다른 달력의 실행은 최후 만찬에 대한 요한복음서의 이야기(요 13: 축제 식사, 특별한 예복, 정결례, 악마와 유다, 밤)의 '에세네파 배경'과 공관복음서의 과월절적인 성격(막 14: 빵과 잔에 대한 축복), 그리고 시편의 노래(**할렐**), 고린도 서간의 성찬례에 대한 가장 오래된 전승: "주 예수께서 잡히시던 날 밤에 빵을 손에 드시고 ······" (고전 11:23-26) 등을 잘 설명한다. 이 자료들로부터, 그 밤은 예수가 십자가형을 당하기 전의 밤이 될 수 없고, 겟세마네에서의 체포가 이어지는 화요일 저녁이 에세네파 과월절의 밤이라는 사실이 분명하다. 모든 복음서들에 의해 알려진 것처럼(막 14:2//마 26:5;

27:15-26//눅 23:26//요 13:1~29, 18:28), 태음태양력에 따른 유다인들의 과월절 이전인 금요일 아침에 빌라도를 만나기 전에 산헤드린은 수요일과 목요일에 재판을 위한 충분한 시간을 가졌다.

에세네파 구역에서의 예수의 최후 만찬은 그것이 사실상 예수와 열두 제자를 위한 과월절 식사였다는 사실을 입증하지 않는다. 그러나 태양력은 예루살렘 에세네파 구역에서의 최후 만찬의 시간적 틀을 설명해 준다. 이 최후 만찬에서의 빵과 포도주 잔에 대한 유일한 언급은 에세네파 식사에서 전형적인 것이다(1QSa II). 마지막 분석에서 만일 예수가 태음태양력을 따랐다면, 그의 최후 만찬은 그 해의 과월절 식사가 될 수 없었다. 그는 그 해 과월절 이전 금요일에 십자가형에 처해졌다. 복음서들에서의 이러한 어려움은 사해사본의 도움으로 해결되었다.

c. 십자가형

보통 우리는 십자가형이 유다적 형벌이 아니었고, 모세의 율법에 따르면 예수는 투석형을 당해야 했다는 주장을 읽는다. 십자가형은 노예들을 위한 로마식 형벌이라고 여겨지는데, 그것을 통해 예수는 도둑과 강도처럼 처형되었다. 그러한 해석은 문제가 없지 않다. 모세의 율법에 따라 형벌을 내리는 대사제들이 어떻게 메시아적 주장과 신성모독과 같은 순전히 유다적인 동기에 대해 누군가에게 로마식 처벌을 내릴 수 있었겠는가?

논쟁의 중심에 두가지 핵심 질문이 있다. 율법에 따르면 어떤 죄가 십자가형에 처해지고, 유다인이든 로마인이든 누가 사건을 심판하고 죄인을 십자가형에 처하는가? 대답은 성전 파괴 이후의 후대 랍비들의 설명에서 발견될 수 없다. 여기서 다시 한번 사해사본은 더 나은

응답을 발견하고 역사적 사건을 더 잘 이해하는 데 도움을 줄 수 있다.

언뜻 보아 십자가형은 구약성서에서 알려지지 않은 듯하다. 그런데 신명기 21장 22-23절의 율법을 우리는 어떻게 이해해야 하는가? 그것은 후대 랍비적 해석에 따라 시체를 매다는 것인가 아니면 죽기 전에 사람을 십자가에 매다는 것인가? 본문 전승은 그렇게 분명하지 않다. 시리아어 번역, 그리스어 본문 수정과 쿰란의 사본은 살아 있는 사람의 십자가형을 상정한다. 사실, 히브리어 본문은 이렇게 번역될 수 있다:

"죽을 죄를 지은 사람을 처형하고는 나무에 달아 효시할 경우가 있다. 이렇게 나무에 달린 시체는 하나님께 저주를 받은 것이니, 그 시체를 나무에 단 채 밤을 보내지 말고 그 날로 묻어라. 그렇게 두어서 너희 하나님 야훼께 유산으로 받은 너희 땅을 더럽히면 안 된다."

이 번역과 해석은 한편으로 죽을 죄를 강조하고 다른 한편으로는 형벌의 적용을 강조하는데 유대교에서 오래된 지지를 받는다. **성전 두루마리**(4Q524 14 2-4과 11Q19 LXIV 6-13)는 서로 다른 두 경우를 거론하며 이 구절을 인용한다:

"만일 어떤 사람이 그의 백성을 거슬러 말하고 그의 백성을 이방 민족에게 넘기며 그의 백성에 나쁜 일을 행하게 되면, 너희는 그를 나무에 매달 것이고 그는 죽을 것이다. 두 사람 혹은 세 사람의 증언으로 그는 죽을 것이고 그들이 그를 나무에 매달 것이다. 만일 어떤 사람이 죽을 죄를 짓고 이방 민족들 사이에 도망하여 그의 백성을 저주하면, 이스라엘의 자손인 너희는 그를 나무 위에 매달 것이고 그는 죽을 것이다. 그들의 시체가 나무 위에서 밤을 보내어서는 안 되고, 너희는 당일에 그들을 묻어야 한다. 왜냐하면 매달린 자들은 하나님과 사람들의 저주를 받은 자들이기 때문이다. 내가 너에게 유산으로 준 땅을 너는 더럽히지 말지어다."

쿰란의 두 필사본 즉 기원전 2세기 마지막 삼분기의 것(4Q524)과 기원후 1세기 말경의 것(11Q19) 사이에서, 나훔 주해서(4Q169 3-4 i 6-8)는 기원전 88년경 배반한 800명의 바리새파가 대사제 얀네우스에 의해 십자가형을 당한 것을 언급한다. 왜냐하면 그들이 데메트리우스 3세의 도움을 청했기 때문이다. 이것은 정확히 성전 두루마리의 경우 중 하나이다:

"이것은 성난 새끼 사자에 관한 해석이다. [그는 하나님의 분노의 도구로서] 느슨함을 찾는 이들에 대한 [복]수를 [실행하였다.] 이전에 이스라엘에서 [죽을 죄를 지은 자에게 행하였던 것처럼], 그는 살아 있는 사람들을 [나무 위에] 매달았다. 왜냐하면 성서에 나무 위에 살아 있는 채로 매달린 자에 관하여 기록되어 있기 때문이다."

만일 **성전 두루마리**가 단어의 순서를 바꾸었을지라도, 신명기의 율법을 바꾸지는 않았다. 새로운 형식은 고대 번역들이 보여주는 대로 잘 이해될 수 없었던 오래되고 낡은 히브리어 문장을 교체하는데, 그것은 상황을 더 명료하게 한다: 정보를 넘기고 동족을 배신하는 자와 도망하여 동족을 저주하는 자의 경우이다. 이러한 율법의 해석은 다른 유대인들보다 더 잔인한 에세네파 사이에서 유일하다는 결론을 허용하지 않는다. 그들은 단지 받은 대로 율법의 의미를 전하였다. 사실 십자가형은 죽은 후에는 사형으로서 아무런 의미를 갖지 못한다. 왜냐하면 십자가형을 당하는 몸의 발과 손을 못박는 것은 필수적이지 않기 때문이다(우리는 예루살렘 북쪽에서 발견된 유골함의 유골 예를 가지고 있다). 또한 신명기의 문장에서 시체에 대한 언급은 단지 당일에 묻을 십자가형 다음의 구절에 온다는 것을 명심하라; 앞선 구절에서 본문은 살아 있는 사람을 가리키는 대명사를 사용한다. 달리 말해 우리는 다른 구성을 기대할 것이다: 너는 그의 시체를 매달아야 하고, 그는 남아 있어서는 안 된다. **나훔 주해서**는 명백히 살아 있는 사람에 대해 말하는데, 그것은 성서가 가리키는 것이다.

명백하게도 이것은 모세 율법에 대한 이차적이거나 후대의 해석이라든지, 배타적으로 에세네파의 해석인 것은 아니다. 그것은 더 오래되고 사두개파와 바리새파 사이에서 또한 공통적인 것이다. 아론 계열의 대사제 알키모스는 에세네파와 바리새파의 분열 이전에 유다 마카베오의 편이었던 하시딤인 60명의 경건한 유대인을 십자가형에 처했다(1마카 7:16 이하, 또한 안티오쿠스 4세 때 산 유대인들의 십자가형에 대하여는 요세푸스 유대고대사 XII § 256을 보라). 그 후 사두개파 대사제 얀네우스는 기원전 88년 경에 800명의 유다인을 십자가형에 처하였다. 이것은 기원전 63년 로마의 폼페이우스보다 훨씬 이전의 일인데, 그때 현인 바리새파 시몬 벤 쉐타가 80명의 유대인을 십자가형에 처하였다(요세푸스, 유다전쟁사 I §§ 97, 113, 유다고대사 XIII §§ 380-382, 미쉬나 산헤드린 VI 4).

그러한 전-에세네파와 하스모네아의 유다적 실천은 다른 사본에서 지지를 발견하는데, **외경 레위**(4Q541 24 2-5)는 어떤 대사제에 대하여 말한다:

"자루옷으로 애통하지 마라. [속량되지 못할 잘못을] 범하지 마라. 그것이 감춰진 잘못이든 드러난 잘못이든. 그리고 [……] 선동자가 명하는 것을 찾고 연구하고 알아라. 그리고 그를 탈진하게 만들지 마라. [사형]으로 십자가형을 [선고하지 말고] 그에게 못을 대지 마라."

대사제가 단죄하려는 선동자를 고통스럽게 하기 위하여 탈진, 십자가형과 못을 연결하는 것은 육체적인 탈진의 긴 과정 끝에 사형으로서 십자가형을 가리키는 듯하다. 더욱이 대사제에 대한 이러한 명령은 적어도 헬레니즘 시대 동안, 심지어 그 이전에, 하나의 공통적인 실천을 가리킬 수 있다. 왜냐하면 유배 이후에 그들은 모든 권력을 가졌기 때문이다. 이것은 다른 설명을 발견할 수 없었던 대사제 알키모스, 얀네우스 그리고 후대의 시몬 벤 쉐타에 의한 유대인들의 십자가형과 당연히 후대의 예수의 십자가형을 매우 잘 설명한다.

이와 같이 십자가형은 배타적으로 로마나 헬레니즘적인 사형이 아니었고, 유대인이 유대인에 대하여 사용하기도 했다. 더욱이 히브리어 단어는 종종 설명되는 것처럼 교수형에 의한 죽음에 대해서 "나무에 매달기"를 의미하지 않고, 필자가 인용한 요세푸스와 성서의 고대 아람어 번역과 사해사본에 의해 잘 이해된 것처럼 "십자가형에 처하기"를 의미한다. 이러한 종류의 처벌은 시리아의 우가릿에서 발견된 시돈 왕의 중-아시리아어 편지가 입증하는 것처럼(RS 86.2221+) 이미 고대 가나안에 알려진 듯하다. 이것은 신성모독의 판결을 받은 사람의 십자가형에 관한 것이다. 그러한 가나안의 실천은 유배 이전과 이후 고대 이스라엘에서의 실천뿐 아니라 로마인들이 받아들인 카르타고에서의 동일한 실천을 설명할 수 있다.

이 새로운 본문은 복음서와 사도행전이 이야기하는 것처럼 예수의 십자가형 단죄를 완벽하게 설명한다: 메시아적 주장의 큰 반역(눅 23:1-2 병행)과 신성하고 하나님과 같다고 주장하는 신성 모독(막 14:60-64 병행); 각각의 주장은 모세 율법에 대한 전승된 해석에 따라 십자가형으로 처벌받아야 한다. 대사제들과 전체 산헤드린은 그러한 처벌을 요구하였는데, 두 명 혹은 세 명의 거짓 증인들을 찾고(마 26:59-66), 단지 유대의 종교적 죄에 관한 벌을 위한 이유를 발견하지 못한 로마 총독 빌라도를 연루시키려 한다(마 27:11-26; 막 15:9-15,

눅 23:4,13-24; 요 18:38; 19:6,12,16; 행 3:13-15). 십가가의 죽음 이후, 시체는 내려져서 안식일 이전에 근처의 새 무덤에 매장되었다. 왜냐하면 유대 전통은 단죄 받은 자는 죄스런 육신의 부패 이전에 가족묘 안에 두는 것을 금지하기 때문이다.

예루살렘 탈무드의 **바라이타**(산헤드린 I 1,18a)가 말하는 것처럼, 산헤드린은 가르치는 권리뿐 아니라 유대 율법에 따라 사형에 처할 권리도 가지고 있었다: 산헤드린은 이 권리를 기원후 70년의 성전 파괴보다 40년 전에 잃었다. 그것은 기원후 30년 혹은 그 부근에 잃었다는 것을 의미하는데(기원후 30년과 33년에 과월절은 안식일이었다), 정확하게 이때는 예수가 십자가형에 처형된 해로 받아들여진다. 산헤드린에 의한 부당한 단죄와 로마 지도자와의 결탁은 나라를 위한 매우 심각한 결과를 초래했다. 그러나 이론의 여지 없이, 예수의 소송은 로마 세력보다는 성전 지도자들과 직접적으로 관련되었다.

결론적으로, 그리스도인들을 위하여 혹은 그들에 의해서 필사되든지 저작되지 않은 사해사본은, 세례자 요한이나 예수가 비록 에세네파를 유대와 예루살렘에서 만났던 것이 확실하지만, 그들이 어느 시기에 에세네파 운동에 속하였다는 그 어떤 실마리도 드러내지 않았다. 그러나 사본은 그 이전에 단지 외부의 관찰자에 의해 알려졌던, 어떤 종교 운동의 생활 방식과 신조들을 내부로부터 알게 한다. 그들은 기원전과 후의 전환기에 서로 다른 유대교의 존재를 우리에게 보여 준다.

여러 본문들은 성서의 고대 히브리어나 아람어보다 그 지역에서 말하여진 히브리어와 아람어에서 동일하거나 유사한 단어와 표현들로써 복음서들의 구절들을 더 잘 밝혀 준다. 단지 몇 가지 점에서 사해사본은 예수의 메시지와 가르침의 뿌리들을 보여 주는 잃어버린 연결고리로서 사용될 수 있다: 그러한 행동과 말들, 실천들, 신조들, 희망들은 동일한 지역과 시기에 사본들에서 정확하게나 아주 유사한 상응점을 발견한다.

예수의 말씀을 그리스-로마 철학으로부터 설명했던 학자들의 이전의 시도는 낡은 것이 되었다. 그러나 이 새로운 증거들은 갈릴래아의 스승 예수가 에세네파였다거나 환생한 정의의 스승이었다는 것을 입증하지는 않는다. 그 어디에도 정의의 스승이 메시아나 죄의 용서와 세상의 구원을 위하여 죽은 고통 받는 종이라고 불리지는 않는다. 그것은 사도행전에서 부활절 케리그마의 중심 메시지이다: 죽고 부활한 그리스도요 주님인 예수의 재림을 그리스도인들은 산 자와 죽은 자의 종말론적 심판자로서 기다리고 있었다. 예수와 함께 사제요 왕인 메시아가 왔고, 하나님의 나라가 우리와 함께 있으며 더 이상 기다릴 것이 없다. 성서는 실현되었고, 예수는 그것의 충만한 의미를 계시했으며 그것을 읽을 열쇠를 제공하였다(눅 24:13-35). 예수는 성서의 희망을 완벽하게 실현하였고 에세네파의 해석을 능가하였다. 이와 같이 (쿰란 거주자가 아닌) 에세네파는 후에 예수를 기다렸던 메시아로 인정했다는 것은 놀라운 것이 아닐 것이다. 이것은 예루살렘의 신생 교회에서 재산을 공동으로 나눈 것과 같은 유사성과 차용을 더 잘 설명할 것이다. 그런데 재산 공유는 의무적이거나 엄격히 조직되지 않았기 때문에 약간의 변화가 있었다. 또한 이것은 큰 그룹의 사제들이 신앙을 따랐던 것, 신생 교회에게 예루살렘의 에세네파 구역의 다락방이 차지했던 핵심적인 위치, 신약성서에 에세네파가 언급되지 않는 것 등과 같은 유사성과 차용을 더 잘 설명할 것이다.

사람들의 성전, 입술의 찬양, 이원론, 정결과 부정, 형제적 충고(마

18:15-17과 1QS V 24-VI 1, CD IX 2-8), 관찰자와 주교, 새로운 계약 등과 같은 여러 다른 주제들도 연구되어야 한다. 그러나 위에서 소개한 주제들은 필자가 보기에는 예수, 정의의 스승, 그리고 그리스도교를 당시의 다른 유대 운동들 안에 자리잡게 하기에 충분하다.

비록 두 운동에서 많은 공통점이 있을지라도 제도, 예식, 신조들, 그 어떤 구별 없이, 그러나 죽고 부활한 예수의 이름에 의한 유일한 세례로써 모든 신앙인들에게 열려 있는 그리스도 신앙에서 제시되는 매우 중요한 진화도 있다. 차이점들은 동일한 문화적 유산과 동일한 동시대의 유대적 배경으로 쉽게 설명되는 공통점보다 더 중요하고 근본적이다. 그것들은 두 스승의 매우 다른 인격과 어린 양의 피로 맺은 새롭고 영원한 계약이라는 근본적인 새로움에서 유래하였다.

쿰란공동체의 생활과 사상
(1QS와 1QSa를 중심으로)

김 판 임
세종대학교 교수

I. 들어가는 말 : 문서의 발견과 공동체에 대한 관심, 서술 방법

1947~1956년 사해 부근 쿰란 동굴에서 900개 정도의 문서들이 발견되었다.[1] 이 문서들은 사해사본(The Dead Sea Scrolls), 혹은 쿰란 문서(The Qumran texts)라고 일컬어진다. 그리고 이 문서들을 필사, 집필, 보관, 관리해 온 유대 공동체를 쿰란 공동체라고 부른다. 문서의 발견 이후 이들이 누구이며, 어떠한 특징을 지닌 공동체인지에 대한 연구가 영국과 미국, 프랑스, 독일 등 서구 여러 나라들의 학자들에 의해 지속적으로 이루어졌다.[2] 그 결과 이 공동체에 대한 윤곽이

---

1) 문서 발견의 역사에 관한 최근 자료로는 Ph. R. Davies/G.J. Brooke/Ph.R. Callaway, *The Complete World of The Dead Sea Scrolls*, (London 2002); F. Mebarki/E. Puech, *Les manuscrits de la mer Morte*, (Rodez: Rouergue, 2002); 국내 자료로는 민영진, 《히브리어에서 우리말까지》, (서울: 두란노, 1996), pp. 29-40; 김창선, 《쿰란문서와 유대교》,(서울: 한국성서학연구소, 2002), pp. 23-62 등이 있다.
1990년대에 들어 쿰란 문서들의 사진본도 찾아볼 수 있게 되었다. R. Eisenman/ J. M. Robinson, *A Facsimile Edition of the Dead Sea Scrolls, Prepared with an Introduction and Index*, Vol. 1-2,(Washington, 1991); E. Tov(ed.), *The Dead Sea Scrolls on Microfiche: A Comprehensive Facsimile Edition of the Texts from the Judean Desert*,(Leiden: Brill, 1993).
2) 가령 1957년부터 Paris에서 출간되고 있는 쿰란문서 전문 학술지 Revue de Qumran

어느 정도 잡혔다.
 이 문서가 발견되기 전에 이미 요세푸스를 통해 예수 시대 유대교 내에 세 종파의 존재에 대해 알려져 있었다: 바리새파, 사두개파, 에세네파. 신약성서에 바리새파와 사두개파가 예수의 적대자로 종종 등장하는 반면, 에세네파에 대한 언급은 없다. 쿰란 문서에 대한 연구를 통해 쿰란 문서를 소장, 보관하던 쿰란공동체와 요세푸스와 필로가 보도한 에세네파가 동일 그룹이라는 것이 학계의 지배적인 이론이다.3)
 이 공동체가 어떤 생활을 하였는지, 어떠한 가치관과 사상을 가지고 있었는지에 대해서는, 그 공동체가 직접 기술한 그들의 규율서 1QS를 통해 그 윤곽이 드러난다. 요세푸스와 많은 부분에서 일치한

(RQ)을 통해 연구 결과들이 지속적으로 발표되었고, 1994년 이후 영어권에서 Dead Sea Discoveries(DSD)가 출간되고 있다. 그 외 Journal of Jewish Studies(JJS)를 통해서도 연구 결과들이 발표된다.
3) 쿰란 공동체가 세상을 등진 소수인의 수도원 공동체나 섹트(Sect=이단 종파)가 아니라 유대종교 주류의 하나인 에세네파라는 주장은 쉬테게만에 의해 주창된 이래 많은 학자들의 호응을 받고 있다. 쉬테게만은 공동식사, 정결 목욕, 엄격한 조직, 입회 조건의 까다로움, 공동체 멤버들의 재산 공동 소유 등, 다섯 가지 특징으로 쿰란 공동체와 에세네파가 동일 집단임을 증명한다. H. Stegemann, "The Qumran Essenes-Local Members of the Main Jewish Union in late Second Temple Times", *The Madrid Qumran Congress* Vol. 1, J. T. Barrera/L. V. Montaner(eds.),(Leiden: Brill, 1992), 108-114; H. Stegemann, *Die Essener, Qumran, Johannes der Taeufer und Jesus*, (Freiburg: Herder, 21994), pp. 194-226. J. Maier, *Die Qumran-Essener*, UTB 224, (Muenchen/Basel: Reinhardt, 1982, 1992). E. Puech, *La croyance des Esseniens en la vie future: immortalie, resurrection, vie eternelle? Histoire d'une croyance dans le Judaisme*, vol. I, (Paris: Galbada, 1993), pp. 25-28. H. Lichtenberger, "Qumran", TRE 28(1997), p. 65 이하. J. C. VanderKam, *The Dead Sea Scrolls Today*, (Grand Rapids: Eerdman, 1994), p. 71; G. Vermes, *The Complete Dead Sea Scrolls in English*, (London/New York: The Penguin Press, 1997), p. 48; 김창선, 앞의 책(2002), pp. 63-90; 천사무엘, 《사해사본과 쿰란공동체》, (서울: 대한기독교서회, 2004), 51-82. 쿰란 공동체에 대한 다양한 이해에 관해서는 Ch. Hempel, "Qumran Community", *Encyclopedia of the Dead Sea Scrolls*, vol. II, L. H. Schiffman/J. C. VanderKam(eds.), (Oxford: Oxford University Press, 2000), pp. 746-751 참조.

다. 상이한 부분도 있는데, 그 부분에 대해서는 요세푸스가 공동체에 가입하지 않은 외부인으로서 관찰할 때 생기는 오류로 평가되고 있다.

그러므로 이 논문에서는 쿰란공동체의 규율집인 1QS와 1QSa를 중심으로 쿰란 공동체의 경건생활과, 그러한 생활의 기초가 되는 사상을 살펴보도록 하겠다.[4]

II. 1QS와 1QSa에 관하여[5]

1. 문서의 발견과 보존 상태

1QS는 1947년 첫 번째 쿰란 동굴에서 발견되었다. 이 동굴에서 발견된 대표적인 문서 일곱 중 하나이다.[6] 24.1cm의 높이에 11개의 단으로 이루어져 전체 길이는 186cm이다. 가장자리 부분이 훼손되기도 하였지만, 비교적 보관 상태가 훌륭한 편이다.[7] 현재 이스라엘 박

---

[4] 필자는 2003년 한국학술진흥재단에서 시행하는 선도연구 지원사업에 선정되어 "쿰란 공동체와 초기 그리스도교 공동체 비교 연구"를 수행한 바 있다. 이 연구는 두 공동체의 유사한 모습을 중심으로 비교한 것으로서, 1) 공동체 입회 과정과 자격 조건, 2) 공동식사, 3) 혼인생활, 4) 예배생활 등에 관해 4편의 논문을 발표하였다. 1)-3)의 논문은 〈신약논단〉(2004 겨울, 2005 여름, 2005 겨울), 4)의 논문은 〈신학사상〉 131(2005 겨울호)에 각각 게재되었다.

[5] 이에 대해 H. Stegemann, *op. cit.*(1994), pp. 152-164; H. Stegemann, "Some Remarks to 1QSa, to 1QSb and to Qumran Messianism", RQ 17(1996), pp. 479-505 참조.

[6] 베두인에 의해 발견된 첫 번째 동굴에서는 56개 정도의 문서가 발견되었는데, 그중 보존 상태가 좋은 문서들 일곱은 다음과 같다: 1QS, 1QH(감사시편), 1QM(전쟁두루마리), 1QpHab(하박국 주석서), 1QIs a(The great Isaja Scroll 이사야서 1-66장 수록), 1QIs b(The Isaja Scroll 이사야서 38-66편 수록), 1QGen(창세기 위경).

[7] J.H. Charlesworth(ed.), *The Dead Sea Scrolls: Hebrew, Aramaic, and Greek Texts with English Translation* Vol. 1 : The Rule of the Community, and Related Documents

물관 "책의 전당(The Shrine of Books)"에 전시되어 있다.

발견 이후 초기에는 공동체의 지도자들이나 교사들을 위한 지침서 성격을 띠기 때문에 버로우(M. Burrow)에 의해 1951년 훈련 지침(The Manual of Discipline)이라는 이름으로 출간되었다. 그 후로 많은 학자들은 이 문서의 앞부분에 표제어처럼 나오는 세렉 하 야하드(공동체 규율: The Rule of the Community)라는 표현을 따서 "공동체 규율"이라고 명명한다. 1952년에는 제4동굴과 제5동굴에서 공동체 규율 문서들이 11개 발견되었다.

1QSa는 1QS와 분리된 상태에서 발견되었으나 1QS와 같은 문서로 파악되어 1QS의 XII-XIII단에 위치했던 것으로 이해되고 있다. 맨 처음 문장이 "이것이 **날들의 끝(아하릿 하야밈)**에 (사는) 이스라엘의 모든 공동체를 위한 규율이다"(1QSa I, 1)로 시작하여 새로운 문서의 표제어처럼 보이기 때문에 1QS에 첨가된 부록으로 여겨졌다. 그리고 네 번째 동굴에서 10개의 규율문서 사본이, 다섯 번째 동굴에서 1개의 사본이 발견되었으나, 한 사본을 제외하고 더 이상 1QSa의 내용이 없는 것으로 미루어 1QSa는 나중에 더 이상 사용되지 않은 것으로 여겨진다. 1QSa는 현재 요르단 문화재 관리국의 소유이다.

1QSb는 여러 문서 조각으로 발견되었으나 성립 시기와 내용에 근거해서 볼 때 1QSa와 짝을 이룬다. 그리하여 1QSa와 마찬가지로 1QS 두루마리의 XIV-XX단에 속했던 것으로 추정되고 있다. 1QSa와 마찬가지로 이 문서도 더 이상 다른 사본은 발견되지 않았다.

(The Princeton Theological Seminary Dead Sea Scrolls Project), (Tuebingen: J.C. B. Mohr, 1994) 참조.

2. 문서의 내용

이 문서는 쿰란공동체가 자신들의 공동체 구성과 생활 유지를 위해 필요한 규율을 직접 저술한 것으로 이해되고 있다.[8]

1) 1QS I,1-III, 12은 공동체 (조직을 위한) 지침(Die Gemeinschaftsordnung)이다.

공동체 지침이란 말은 그 문서 첫째 단, 첫째 줄에 나오는 표현(세렉 하 야핫: היחד סרך)을 따서 붙인 것이다. 이 부분은 공동체 이상과 목표, 공동체 가입 예식, 연례 총회를 위한 규율을 내용으로 하고 있다. 신입회원의 가입, 연례 총회 시 개별적인 회원의 새로운 위치 설정 및 제사장, 레위인, 일반 이스라엘인, 그 신분에 따라 해야 할 과제 제시 등을 내용으로 하고 있다.

2) 1QS III, 13-IV, 26은 소위 "두 영에 관한 가르침(Die zwei-Geister-Lehre)"이다.

이 가르침에 의하면, 하나님이 전 세계를 처음부터 빛과 어둠으로 나누어 창조하셨다고 묘사된다. 빛과 어둠, 선과 악, 의와 죄 등 이원론적 사고가 자리잡고 있어서 바빌론의 영향을 받은 에세네인의 가르침에 속하는 것으로 평가되고 있다. 이원론적 사고는 자연현상을 근거해서 자연스럽게 유출된다. 즉, 여름은 낮이 길고 밤이 짧듯이, 빛과 어둠이 일 년 중 때에 따라 다르게 분배된 것처럼, 개개인도 태어나기 전에 이미 선과 악의 분배에 따라 특별한 운명이 결정된다고 본

---

[8] 단락별 독일어 제목은 H. Stegemann, *op. cit*(1994)을 따른다.

다. 머지않은 미래에 하나님이 성령으로 종말 심판을 수행하신다는 내용도 나온다.[9]

3) 1QS V, 1-XI, 22 공동체 (질서를 위한) 훈련 지침(Die Diszi-plinarordnung)

이 부분은 공동체 조직과 관련하여 여러 규정들을 모아 놓은 것이다. 공동체 초기 전승과 후에 발전된 다양한 규정들을 포함하여 매우 포괄적이다. 공동체 생활의 전반적인 원칙에서 시작하여 공동체 가입 시 선서와 절차(V,7-19), 공동체 생활을 위한 조직(V,20-VI,7), 회집을 위한 규정(VI, 8-12), 신입회원의 입회 규정(VI, 13-23), 규정을 어겼을 경우 처벌 사항(VI, 24-VII, 27), 이사야 40장 3절의 인용과 해석으로 공동체 생활에서 성서 연구의 중요성을 확인시키고, 공동체 규율이 메시아가 도래할 때까지 유효하다는 것을 강조한다(VIII,1-IX 11). 이어서 지도자를 위한 권면이 있고(1QS IX, 12-26), 끝으로 기도시간에 사용될 찬양이 전해진다(IX, 26-XI,22).

4) 1QSa 에세네 공동체의 옛 규율(Die aeltest Gemeindeor-dnung der Essener)

이 문서는 "시대의 마지막에 이스라엘의 모든 모임에 관한 규율"이라는 표제어로 시작되고 있다. 표제어의 표현을 따서 '회중 규율(The Rule of Congregation)'이라고 부르기도 한다. '시대의 마지막(אחרית הימים) 아하릿 하야밈)'이라는 표현으로 인해 초기 쿰란 문서 학

---

9) 종말 심판에 관해 김판임, "쿰란 문헌에 나타난 종말심판과 새창조 - 1QS IV, 18-25와 4Q186을 중심으로",《밀레니엄과 신약성서의 종말론》, 한국신약학회 편, (서울: 한들출판사, 1999), pp. 65-87 참조.

자들은 이 문서가 미래에 메시아가 등장할 때에 사용될 것으로 보고 "메시아 시대의 규율(Messianic Rule)"이라고 명명하기도 하였다. 그러나 최근 아하릿 하야밈이 미래를 가리키는 것이 아니라 쿰란공동체의 현재 이해와 관련 있다는 주장이 설득력을 얻으면서10) 이 문서가 미래에 관한 규정이 아니라 쿰란공동체를 위한 가장 옛 규율이라는 이해가 새롭게 자리를 잡고 있다.11)

아이들과 여성들을 포함한 모든 회원들에 대한 규율이 주된 내용이다. 토라 공부에 대한 의무, 연령에 따른 규정, 즉 20세가 되어야 혼인이 가능하다거나, 30세가 되어야 재판과 행정에 관한 직책을 맡을 수 있다는 내용이 나온다. 이 문서의 후반부(1QSa II, 11-22)에 메시아의 등장과 그의 역할에 관한 내용이 포함되어 있다. 흥미로운 것은 식사시에 일반 제사장이 메시아보다 우위에 있다는 점이다(1QSa II, 11-14).

5) 1QSb 축복문

이 문서에는 4편의 축복문이 들어 있다. 맨 처음 이스라엘의 의인들을 위한 축복문, 이스라엘 최고 대표자인 대제사장에 대한 축복문, 그 다음 사독 가문의 제사장들을 위한 축복문, 끝으로 미래에 올 메시아에 대한 축복문으로 구성되어 있다.

---

10) A. Steudel, "סימיה תירחא in the texts from Qumran", RQ 16(1993), pp. 225-246.
11) H. Stegemann, op.cit.(1994), pp. 159-163; H. Stegemann, op.cit.(1996), pp. 488-495 참조.

III. 쿰란공동체의 경건생활

경건생활이라고 하면 일반적으로 세속적인 생활과 반대 개념으로 이해된다. 세속적인 생활이란 살기 위해 행하는 모든 일들, 즉, 성생활과 식생활, 그리고 경제생활이 대표될 것이다. 거룩한 경건생활이란 일반적으로 금식하고 금욕하고 성경 읽고 예배드리는 일로 인식된다. 종교인들은 세속생활을 단절하고 오로지 도나 구원과 같은 종교적인 이념을 추구하는 사람으로 대표된다. 혹자는 종말이 가까웠다고 여기면 결혼을 하지 않고 독신을 선택한다고 생각하고, 쿰란공동체도 그랬을 것이라고 짐작하기도 한다. 임박한 종말의식이 혼인을 포기하게 만드는가? 과연 쿰란공동체는 그들의 경건을 어떻게 생활화했는가?

1. 쿰란공동체는 독신 남자들만의 수도원 공동체인가?[12]

쿰란공동체 혹은 에세네파에 관해 조금 들어본 바 있는 사람들은 이 공동체가 세속을 떠나 은둔하여 살았던 독신 남성 수도사들의 그룹으로 이해하는 경향이 있다.[13]

많은 종교집단이 독신 남성으로 구성되어 있다. 가령 한국 불교의 경우, 불교계에 귀의하는 것을 출가라 한다. 부처나 한국의 성철 스님처럼 젊은 나이에 혼인하여 자녀를 생산, 양육하고 난 후에 나이 들어서 출가하기도 하고, 10대의 젊은 나이에 성경험을 하기 전에 종교에

---

12) 이에 관해 김판임, "쿰란공동체와 초기 그리스도교 공동체 비교(3): 혼인생활을 중심으로", 〈신약논단〉 12/(2005 가을), pp. 645-671 참조.
13) Matin McNamara, 채은하 역, 《신구약 중간시대 문헌 이해》, (서울: 이화여자대학교출판부, 1995), pp. 120-125.

귀의하는 사람도 있다. 일본 불교의 스님들은 대개 아내를 가진 대처승이다. 반면, 가톨릭의 경우는 기혼자들은 아예 신부가 될 수 없다. 요즘은 연령 제한을 두기도 한다. 경우에 따라 수도원 수사의 경우는 기혼 남성일지라도 가입이 허용되는 사례가 있다. 반면 개신교 목사의 경우는 독신으로는 목회 생활이 불가할 정도이다. 과연 쿰란공동체의 멤버들은 어떻게 살았는가?

쿰란공동체 사람들이 혼인하지 않은 숫총각들로 구성된 수도원 공동체라고 많은 사람들이 생각하는 이유는 요세푸스의 저서 《유대고대사》에 나오는 다음과 같은 서술 때문이다:
"그들은 아내도 두지 않고, 노예도 없다. 그들은 노예제도를 부당한 것으로 여기고 결혼은 불화로 이끄는 것으로 여긴다"(유대고대사 5/21).14)

그러나 요세푸스의 다른 문헌 "유대전쟁사"에는 혼인한 에세네파 사람들에 관한 언급이 나오기도 한다: "그들은 사람이 결혼을 하지 않으면 종족의 번식이 중단된다고 믿는다. 그들은 모든 사람들이 같은 견해를 가진다면 인류가 매우 빨리 사멸하리라고 믿는다. 그러하여 그들은 삼 개월 동안 그들이 여자를 관찰하여, 스스로 세 번 정결예식을 하여 아이를 낳을 수 있다고 입증되면, 그 여자와 결혼한다. 아내가 임신을 하면, 육체관계를 맺지 않음으로써 그들이 쾌락 때문에 결혼한 것이 아니라 아이를 낳을 목적으로 결혼했다는 것을 보여 준다"(유대전쟁사 13/160-161).15)

그렇다면 요세푸스가 자신이 쓴 문서에 서로 다른 증언을 하는 이유는 무엇일까? 혹자는 쿰란공동체 안에 두 종류의 집단이 있다고 여

---

14) 천사무엘, 앞의 책(2004), p. 68에서 인용.
15) 앞의 책(2004), p. 67.

기기도 한다.16) 즉, 독신 그룹과 기혼자들의 그룹. 그러나 이러한 설명은 두 저서 모두 요세푸스의 저작일진대, 서로 다른 두 그룹이 있었음을 알았다면, 이 책에서는 금욕자 그룹을, 저 책에서는 기혼자 그룹을 소개할 것이 아니라 두 종류의 그룹이 있다고 표현해야 마땅하다. 필자가 보기에는 로마에서 처음으로 유대전쟁사를 쓸 때 그가 경험하고 들었던 바대로 진술하였지만, 나중에 집필한 유대고대사에서는 로마 사람들에게 호감을 얻기 위해 로마 세계에서 가치를 인정하는 금욕생활을 실행한 그룹이 유대교 안에도 있음을 보여주고자 하는 의지에서 그렇게 했다고 볼 수 있다.

필로도 에세네파에 관해 언급하면서 그들이 혼인을 하지 않았다고 말한다: "그들은 완전한 절제의 실천을 명령함과 동시에 결혼을 금했다. 실제로 에세네파의 어느 누구도 여자를 취하지 않는데, 여자는 이기적이고 극단적으로 질투하며, 어떤 배우자의 도덕성을 유혹하는 것과 끝없는 매혹으로 그를 사로잡는 데 능하기 때문이다"(유대인을 위한 변증, 14).

에세네파가 혼인을 하지 않았다는 필로와 요세푸스의 기록에 대해 쉬테게만은 역사성이 없다고 본다.17) 그는 유대인들에겐 혼인이란 선택사항이 아니라 의무로 본다. 왜냐하면 창세기 1장에 인간을 창조한 직후 생육하고 번성하라는 하나님의 말씀은 토라에 있는 하나님의 법으로 여겨지기 때문이라는 것이다. 다시 말해 유대인들에게 토라의 말씀은 그것이 명령의 형태이든 축복의 형태이든 모두 하나님이 주신 법으로 이해된다는 것이다. 쿰란 에세네 사람들이 혼인을 했다는 쉬테게만의 주장은 쿰란 문서의 내용을 통해 입증된다.

---

16) J. Maier, op.cit.,(1992), pp. 41-47.
17) H. Stegemann, op.cit.(1994), pp. 267-274 참조.

1QSa I, 9-11에서 혼인 적령기에 관한 언급을 찾아볼 수 있다: "(선)과 악을 알 수 있는 20살이 될 때까지 사람은 성적 접촉을 하기 위해 여자에게 가까이 가서는 안 된다"(1QSa 9-11). 일반적으로 유대 사회에서 남자들이 16세 정도에 혼인을 하는 일반적인 경우보다 몇 년 더 늦은 나이에 혼인을 하도록 권장하고 있는 것으로 보아 이 그룹이 독신을 주장하거나 강요하는 그룹이 아니라는 것은 분명하다.

뿐만 아니라 성생활 자체를 불결한 것으로 평가하는 표현이 나오기도 한다: "거룩한 도시가 그들의 부정으로 인해 더러워지지 않도록 거룩한 도시에서는 어떠한 남자도 여자와 함께 누워서는 안 된다"(CD XII, 1-2). 이 문구로 보아 쿰란공동체가 일반 사람들이 생각하는 것과 같이 성생활을 거룩한 행위로 보지 않았다는 것을 알 수 있다. 그러나 그들의 경건생활을 위해 성생활을 완전히 포기했다고 볼 수는 없고, 성생활을 하되 장소와 시간을 가려서 했다고 볼 수 있다. 이러한 전거들은 이 공동체가 미혼 독신자 그룹이라고 볼 수 없는 증거이다.

최근에는 남성들만의 공동체가 아니라 여성도 이 공동체의 멤버였다는 주장도 나오고 있다. 이 주장은 슐러에 의한 것인데, 슐러는 1QSa I, 4-5에 기록된 내용에 근거하여 쿰란공동체의 구성원이 성인 남성으로만 구성된 것이 아니라 여성과 어린아이들도 포함된다고 주장하였다.[18] "그들이 모일 때에 그들은 어린이에서부터 여자들에게 이르기까지 모든 사람들이 모이도록 해야 한다. 그리고 그들의 귓전에 공동체의 모든 규정들을 읽어 주어야 한다. 그들이 잘못된 길로 빠지지 않도록 하기 위하여(1QSa I, 4-5)".

그러나 제사장도 남성만 가능하고, 레위인도 남성만 가능한 가부

---

18) E. Schuller, "Women in the Dead Sea Scrolls", P.W. Flint/J.C. VanderKam (eds.), *The Dead Sea Scrolls after Fifty Years, Vol. II* (Leiden: Brill, 1995), pp. 117-144.

장적 사회에서 여성이 남성과 동등한 자격으로 쿰란공동체의 멤버가 된다는 것이 가능한 일일까? 쉬테게만은 여성이 남성과 똑같은 정회원 자격은 갖지 못했을 것으로 보고, 1QSa에 언급된 바, 모일 때 함께 모여야 하는 어린아이와 여자는 공동체 정회원들의 가족들 정도로 본다. 공동체 멤버들이 미혼 독신자들로 구성되어 있다는 것은 현실적으로 불가능한 가설로 볼 수밖에 없다.

많은 사람들은 임박한 종말의식으로 인하여 혼인의 의미를 중히 여기지 않는다고 생각한다. 그러나 종말이 다가오기 때문에 혼인의 가치가 무너진다는 생각은 성서적인가? 유대인들에게 있어서 구약성서, 특히 토라는 하나님의 법이다. 창세기 1장 27절에서 하나님이 남자와 여자로 인간을 창조하시고, 생육하고 번성하라고 명하신 것은 혼인이 사람들이 선택할 내용이 아니라, 하나님의 명령으로 어느 누구도 범할 수 없는 것이다. 그러므로 유대인들에게 있어서 혼인을 하지 않고 지낸다는 것은 하나님의 뜻을 어기는 것이다. 종말이 다가왔다고 여기는 쿰란공동체일지라도 혼인을 기피하는 것은 상상할 수 없는 일이다. 다만, 성생활이 쾌락을 위한 것이 아니라, 자녀를 생산하기 위한 필수적인 일이고, 종말이 다가온다고 불필요한 일로 여겨지지는 않았기 때문이다. 에녹서에 의하면, 의인은 구원의 시대에 의인은 1,000명의 자손과 함께 있다는 표현이 나오는 것으로 보아, 종말에는 자녀를 생산할 필요가 없다는 생각은 하지 않았던 것으로 보인다.

2. 쿰란공동체는 금식함으로 경건생활을 했는가?

일반적으로 한국의 그리스도인들은 식사를 하는 일은 세속적인 생활의 대표적인 일로 생각한다. 밥 먹고 잠자고 배설하고 청소하고 돈 버는 일 등은 일상적인 세속의 일에 속한다. 그리고 금식은 곧 경건이라고 생각하는 사람도 다수 있는 것으로 보인다. 실제로 유대교 안의 경건생활 중의 하나는 금식이기도 하다. 그리고 이슬람교에서도 라마단이라는 금식기간이 경건생활의 실천으로 행해지기도 한다. 그러나 종교인이든 비종교인이든 먹어야 목숨을 유지할 수 있다. 불경건한 사람과 경건한 사람의 식생활에 차이가 있는 걸까? 불교에서는 고기를 먹지 않는 것으로 그들의 경건한 식생활을 영위하고 있다고 볼 수 있을 것이다.

식사와 관련하여 쿰란공동체의 특징은 금식을 했다는 것보다는 공동체 정회원들 간에 공동으로 식사했다는 점을 들 수 있다.[19] 공동체 규율(1QS)에 기록된 내용을 보면 다음과 같다.

"그리고 그들이 공동식사나 마시기 위해 모일 때에는 공동 식탁이 마련되어야 하며, 마실 음료수가 마련되어야 한다. 그리하여 어느 누구도 빵과 포도즙에 제사장에 앞서 손을 대어서는 안 된다. 왜냐하면 그가 축복의 말을 해야 하기 때문이다. 첫 번째 빵과 포도즙에. 그리고 그가 먼저 손을 뻗어 빵에 대면, 그 다음에 이스라엘의 메시아가 손을 뻗어 빵에 대어야 한다. 그 다음에 그들은 공동체 모든 멤버들에게, 개개인의 지위에 걸맞게 축복의 말을 해야 한다"(1QSa II, 17-21).

"그들은 공동으로 식사하고, 공동으로 찬양하며, 공동으로 결정해야 한다. 그리고 공동체 모임 중에 열 사람이 있는 장소에서는 그들 중 제사장이 없어서는 안 된다. 그들은 각자 자신의 지위에 따라 정해진

---

[19] 김판임, "쿰란공동체와 초기 그리스도교 공동체 비교 (2): 공동식사를 중심으로", 〈신약논단〉 12/1(2005 봄), pp. 133-155 참조.

자리에 앉아야 한다. 그리고 그들은 모든 경우마다 그들이 조언을 구해야 한다. 그들이 먹기 위해 식사를 차리거나 마시기 위해 포도즙을 준비할 때, 제사장은 손을 뻗어 빵과 포도즙에 먼저 축복의 말을 해야 한다"(1QS VI, 2-5).

요세푸스도 에세네파의 공동식사의 특징에 관해 서술한다: "그들은 제5시까지 쉼없이 일한 후에 같은 장소에 다시 모여 허리까지 올라오는 아마포 옷을 걸치고 찬물에 들어가 목욕을 한다. 이 정결예식이 끝나면, 그들은 동일한 신앙을 갖지 않은 사람은 아무도 들어올 수 없는 특별한 건물로 모인다. 그들이 깨끗하다면 스스로 큰 식당에 들어가는데, 마치 거룩한 영역에 들어가는 것과 같다. 그들이 조용히 앉을 때 빵 굽는 사람이 빵 덩어리를 차례로 나누어 주고 요리하는 사람이 음식을 한 사람에 한 접시씩 나누어 준다. 식사 전에 제사장이 기도를 하는데, 기도 전에 음식을 먹는 것은 아무에게도 허용되지 않는다. 그들이 먹고 난 후 다른 기도를 암송한다"(유대전쟁사 II, 128-130).

이러한 자료에 근거하여 그들의 생활을 재구성해 본다면 적어도 다음과 같은 사실을 말할 수 있을 것이다. 이들은 식사 전에 반드시 정결예식으로 몸을 씻었다. 정결예식 때에 입는 옷이 따로 있다. 식사 때에 입는 거룩한 성의가 있었다. 하루에 두 번 이러한 예식을 정결예식과 공동식사를 나누었다. 식사에는 빵과 따뜻한 음식을 들었다.

이들의 공동식사가 여느 식사와 달리 경건생활에 해당할 만한 이유가 있다면 무엇일까?

1) 첫째, 공동식사 전에 공동으로 침수 예식을 행한다는 점이다. 일반적으로 유대인들은 식사 전에 정결예식으로 손을 씻는다. 쿰란공

동체는 식전에 몸 전체를 씻음으로써 정결예식을 철저히 행했다. 아침 식사도 함께했다는 증거는 찾아보기 어렵다. 그러므로 하루에 한 끼나 두 끼 식사를 했을 것이고, 두 번 식사를 했다면 두 번 씻었다고 볼 수 있다. 정결예식에 아무나 참여할 수 없는 것처럼 공동식사에도 아무나 참여할 수 없다. 정결예식은 입회를 지원한 사람들 중 1년의 대기기간을 지나 시험에 합격한 준회원에 가능하며, 공동식사는 이후 2년 이상의 수련을 지난 소정의 시험에 합격한 정회원에게 가능했다.

2) 둘째로 정결예식에서와 마찬가지로 공동식사에서도 이들은 거룩한 의복을 갈아입었다. 이러한 행위는 공동식사를 거룩한 행위로 보았으리라고 짐작할 수 있다. 뿐만 아니라 식사시에 개개인이 앉을 자리는 공동체 안에서의 지위에 따라 지정되어 있었던 것으로 보인다. 매우 엄격한 질서를 따라 이루어진 것으로 보인다.

3) 셋째로 식사 내용이 이들의 식사를 경건한 것으로 만들었을까 고려해 볼 수 있다. 불교에서처럼 고기를 삼간다거나 혹은 현재 한국 개신교인들과 같이 술을 금함으로써 경건생활을 유지한 것일까? 1QSa와 1QS 본문에서 알 수 있는 바와 같이 쿰란공동체 사람들은 공동식사 때에 빵과 포도즙 내지 포도주를 취한 것으로 보인다. 그들이 경건생활을 위해 일부러 고기를 먹지 않았다거나 술을 마시지 않았다고 볼 만한 전거는 찾을 수 없다. 물론 고기는 당시 흔하게 먹을 수 있는 것이 아니니만큼, 명절이나 특별한 날에 가끔 먹었을 것으로 짐작된다. 마찬가지로 포도주는 축제와 같은 즐거운 명절날 마시고, 주로 포도즙을 마셨으리라고 생각된다. 이처럼 쿰란 사람들도 일반인들이 먹는 것들과 다르지 않은 음식을 들었을 것으로 보인다. 음식의 종류로 그들이 경건을 취한 흔적은 없어 보인다.

4) 공동식사가 그들의 경건생활의 하나라는 것은 식사 전후에 제사장의 기도가 있다는 점으로 알 수 있을 것이다. 어느 누구도 제사장이 식사 기도를 하기 전에 음식에 손을 대어서는 안 되고, 식사 후 제사장의 마감 기도 전에 자리를 떠나서는 안 된다. 식사 시 제사장의 권위는 메시아가 등장해도 변하지 않을 정도이다.

아쉽게도 식전 기도와 식후 기도의 내용이 무엇이었는지 잘 알 수 없다. 요세푸스의 기록에 의하면 식전 기도와 식후 기도가 달랐으며, 식전 기도는 반드시 제사장이 하고, 식후 기도는 다함께 기도문을 암송했을 가능성을 배제할 수 없다.

3. 학문생활 - 성서 연구

쿰란공동체 사람들은 무엇보다도 성경을 연구하는 것을 가장 중요한 일로 여겼다. 그리고 공동체 생활을 유지하기 위해 공동체 규정에 관해서도 확실한 지식을 가지도록 했던 것으로 보인다.

"그들이 모일 때에 그들은 어린아이에서부터 여자들에 이르기까지 모든 사람들이 모이도록 해야 한다. 그리고 그들의 귓전에 공동체의 모든 규정들을 읽어 주어야 한다. 그들이 잘못된 길로 빠지지 않도록 하기 위하여, 그리고 그 법령들로 그들을 가르쳐야 한다. 이것은 공동체에 속한 모든 사람들, 이스라엘에서 태어난 모든 사람들을 위한 규정이다. 어린 시절부터 사람은 하기 책(הגוי ספר)으로써 지도받아야 한다. 그리고 그의 연령에 따라 언약(계약) 규정들로 가르쳐야 한다. 그리고 그는 10년 동안 그 규정들로써 육을 받아야 한다"(1QSa I, 4-8).

"열 명이 있는 곳에 낮과 밤으로 토라를 연구하는 사람이 빠져서는 안 되며, 밤낮으로 끊임없이 돌아가면서 차례로 토라를 연구해야 한다. 그리고 많은 사람들(= 정회원)은 일 년 중 모든 밤의 1/3을 깨어 있어야 한다. 책을 읽고 의를 추구하며 공동으로 찬양을 드리기 위해"(1QS VI, 6-8).

이들 모임의 가장 기본적인 단위는 10명인 것으로 보인다. 모든 모임은 최소한 10명이어야 하고, 그중 한 명은 반드시 사제여야 한다. 그리고 최소한 1명은 토라를 연구하는 사람이어야 한다. 그리고 정회원들은 일 년 중 1/3, 즉 120일(4개월 정도) 동안 밤중에 성서 공부를 해야 한다. 이들에게는 입회 과정에서부터 토라와 예언서, 시편에 대해 올바른 지식이 요구되었다. 쉬테게만에 의하면 입회 대기 기간 처음 1년간 신명기를 외우다시피 공부하여 합격하면, 정결 목욕에 참여한 준회원 자격을 얻고, 이듬해 이사야서, 그 다음 해 시편을 외워서 합격하면 비로소 공동식사에 참여할 수 있는 정회원 자격을 얻는다.[20] 그리고 정회원이 된 이후에도 가장 중요한 것이 성서 연구이다. 성서는 하나님의 뜻이 담긴 책이고, 하나님의 뜻을 수행하는 자만이 구원에 참여할 수 있다고 여겼기 때문에 하나님의 뜻을 알기 위해서는 무엇보다도 성서 연구가 중요한 일이었다.

그리고 공동체 유지를 위해 그들이 만든 규율에 관해서도 가르쳤다. 토라와 공동체 규율에 대한 교육은 적어도 10년 이상 계속되었다고 볼 수 있다. 쿰란공동체도 모든 가르침의 기준으로 토라를 중시했을 것이 분명하다.

공동체 입회를 위해서 성서 연구가 중요했을 뿐만 아니라 정회원

---

20) H. Stegemann, "Qumran und das Judentum zu der Zeit Jesu", *Theologie und Glaube* 84(1994), pp. 186-187 참조.

들의 삶에도 성서 연구가 중요한 비중을 차지한다. 회원이 되면 바쳐야 하는 것 세 가지는 지식, 힘, 재산(1QS I, 11-12 참조)인데, 여기서 지식이란 성서 연구를 통해서 얻는 지식을 의미한다고 볼 때, 이들에게 성서 연구는 공동체 구성원의 주된 일로 볼 수밖에 없다.

1QS VIII, 12-15에 이사야 40장 3절이 인용되고 있는데, 이 구절에서 주의 길을 예비하는 길은 성서 연구를 의미한다고 해석하고 있다.[21] 이로써 쿰란공동체 사람들은 시대의 마지막에 사는 사람들로, 다가올 하나님의 통치를 준비하는 일로 성서 연구를 가장 중요하게 여겼다는 것을 알 수 있다. 토라를 각자 알아서 개별적으로 이해하는 것이 아니라 함께 연구하고 실천하는 것이 공동체 생활의 주된 과제로 삼았다.

이들이 성서 연구에 얼마나 열중했는지는 분명한 증거들이 있다.

1) 그들이 중요하게 여기는 공동체 규율에 상당수 성서가 인용되어 해석되고 있으며,[22]

2) 이사야, 미가, 호세아, 나훔, 하박국 등 예언서나 시편을 직접 주석한 책들(페쉐르)도 상당수 전해지고 있다.[23]

---

21) 이에 관해 김판임, "쿰란공동체와 세례요한", 〈한국기독교신학논총〉 47(2006), pp. 47-49 참조.
22) S. Metso, "Biblical Quotations in the Community Rule", The Bible as Book: The Hebrew Bible and the Judaean Desert Discoveries, ed. E.D. Herbert and E. Tov (London: The British Library and Oak Knoll, 2002), pp. 81-92 참조.
23) 쿰란공동체 사람들은 예언서를 일일이 인용하며 "이 말의 뜻(페쉐르 רשפ)"은 이라는 표현을 써서 성서를 자신들의 현재 상황과 결부해서 해석하는 독특한 성서 주석을 남겼다. 현재 알려진 것으로 이사야 주석서: 3QpIsa, 4QpIsa a-e(=4Q161-165), 호세아 주석서:4QpHos a-b(4Q166-167), 미가 주석서: 1QpMic; 나훔 주석서: 4QpNah (=4Q169), 하박국 주석서:1QpHab, 스바냐 주석서:1QpZeph, 시편 주석서: 4QpPs 등이 있다. 이 중 가장 옛것으로는 이사야 주석서로 BC 100년경에 기록된 것으로 알려져 있다. 그리고 가장 후기에 기록된 것으로는 하박국 주석서로 알려져 있다. 하박국 주석서는 기원전 50년경에 기록된 것으로, 쿰란공동체가 예상했던 종말심판의

3) 멜기세덱, 종말, 창세기와 같은 특정한 주제를 위해 성서가 인용되고 해석되기도 하였다(미드라쉬).24) 이들은 특별히 종말에 대해 특별히 관심이 많았다.25) 그리하여 4Q175 문서같이 해석 없이 종말에 나타날 메시아에 대한 증거를 표현한 성서 구절들을 발췌, 인용하여 열거한 것도 있다.26)

4. 예배생활 - 기도문과 찬양

쿰란공동체 사람들의 경건생활은 성서 연구뿐만 아니라 그들이 하루 생활을 어떻게 영위했는지 살펴보면 분명하게 드러난다.27) 이들

때가 도래하지 않자, 종말 지연에 대해 심사숙고한 결과를 하박국서를 해석하면서 그 연구 결과들을 내놓고 있는 것이라고 볼 수 있다.
24) 이러한 문서들에 대한 간략한 소개로는 H. Stegemann, 앞의 책(1993), pp. 167-172 참조.
25) 따로 취급되었던 4Q177과 4Q174가 종말론에 관한 미드라쉬라는 것은 A. Steudel이 연구한 결과이다. A. Steudel, *Der Midrasch zur Eschatologie aus Qumrngemeinde* (4QMidrEschat a,b). Materialle Rekonstruktion, Textbestand, Gattung und traditionsgeschichtliche Einordnung des dur 4Q174 ("Florilegium") und 4Q177 ("Catena") repraesentierten Werkes aus Qumran Funden (Leiden Brill, 1994).
26) 4Q175는 하나의 단으로 이루어진 문서이다. 크게 네 부분으로 나누어진다. 첫째 부분인 1-8줄은 신명기 5장 28-29절, 18장 18-19절의 인용이고, 둘째 부분인 9-13줄은 야곱에게서 솟는 별에 대한 예언인 민수기 24장 15-17절이고 그 다음 14-20줄은 레위에 대한 모세의 축복인 신명기 33장 8-11절이 인용되고 있는데, 이는 각각 종말론적 예언자, 왕적 메시아, 제사장적 메시아에 대한 대망을 증거하는 것이다. 21-30줄에 나오는 내용은 앞부분과는 달리 부정적인 존재에 대한 것으로, 여호수아 6장 25절이 포함된 외경 여호수아의 시편(4Q 379 frg.22 II, 7-15)의 인용이다. 이 외경의 공식판은 뉴섬에 의해 DJD XXII(1996년) 발표되었다. 4Q175의 공식판은 1968년 알레그로(J.M. Allegro)에 의해 DJD V에 발표되었다. 현재 요르단 문화재 관리국 소유로 되어 있다. 이 문서의 한국어 번역은 김판임, "쿰란 문서의 메시아 이해와 신약성서의 예수 그리스도 이해", 〈신약논단〉 13/1(2006년 봄), pp. 234-235를 보시오.
27) 일반 유대인들이 하나님에 대한 경배를 성전제의로 실천했다면, 쿰란공동체는 성전제의를 멀리하고 일상성에서 기도와 찬양으로 하나님을 경배했다는 것이 특징이다. 이에 대해 H. Stegemann, *op.cit.*(1994), pp. 242-245 참조. 쉬테게만에 의하면 이들이 성전

은 아침 해가 떠오르는 새벽부터 하나님을 찬양하며 하루를 시작하고 일정한 시간에 기도한다:

"창조주를 찬양하라, 모든 경우마다 (······) 열거하고, 하나님이 정하신 시간에 입술의 열매로 그를 찬양할지어다. 즉, 빛이 비치는 처음 시간, 그리고 빛이 본래의 처소로 물러가는 시간에······ 천상의 빛이 거룩한 처소로부터 비치기 시작할 때, 그리고 그 빛들이 영광의 장소로 물러갈 때 그리할 것이다"(1QS IX, 26-X, 3).

이슬람교에서 하는 것처럼 아침 기도문, 저녁 기도문 등 시간이나 절기에 따라 드리는 기도문이 다를 것으로 예상되지만, 과연 어떤 기도가 어떤 때에 사용되었는지 상세히 알기 어렵다. 1960년에 탈몬(Talmon)은 1QS IX,26 - XI,15이 쿰란공동체가 정해진 시간에 드리는 찬양으로 확증하고, "정해진 시간에 드리는 찬송시(Psalm of Appointed Times)" 혹은 "은혜의 시편(Psalm of Benedictions)"으로 명명하였다.28) 텍스트의 일부를 소개하면 다음과 같다:

"내가 지식 안에서 노래하나이다.
나의 모든 악기 연주는 하나님의 영광을 위한 것입니다.
내 하프 연주는 그의 정해진 거룩한 질서에 따른 것입니다.
그리고 내 입술 피리를 나는 그의 계명을 따라 불 것입니다.

제의에 참여하지 않는 이유는 캘린더 때문이다. 안식일과 정해진 축제일에 성전에 바쳐야 할 제물이 토라에 정해져 있으므로 제물이 유효하려면 정해진 날에 정해진 제물을 드려야 하는데, 캘린더의 교체로 인해 올바른 제의를 행할 수 없게 되었다고 보고, 성전 제의를 거부하였다고 본다. 쉬테게만은 4QMMT를 의의 선생이 캘린더의 문제를 지적하면서 당시 왕이자 대제사장인 요나단에게 정중하게 써 보낸 서간문으로 평가한다. 김판임, "쿰란공동체와 초기 그리스도교 공동체의 예배생활", 〈신학사상〉 131 (2005 겨울), pp. 132-140 참조.
28) Sh. Talmon, "The Manual of Benedictions of the Sect of the Judaean Desert", RQ 2(1960), pp. 475-500.

낮이 가고 밤이 올 때 나는 하나님의 계약에 들어갈 것입니다.
그리고 밤이 사라지고 아침이 오면 나는 그의 계명들을 말하겠습니다.
그것들이 있음으로 나는 나의 한계를 정하겠나이다.
다시금 나락에 떨어지지 않도록.
나의 죄과에 대한 그의 심판을 나는 의롭다고 말하겠나이다.
나의 죄가 새겨 놓은 법과 같이 나의 죄가 내 눈 앞에 있나이다.
그러나 하나님께 말하렵니다: 나의 의여.
지고하신 분께 말하렵니다.
나의 선함의 근거자,
나의 지식의 원천, 거룩함의 원천, 지고한 명예, 능력 모든 것은 영원하나이다.

그가 내게 가르쳐준 것을 선택하고,
그가 가르쳐 준 방법을 기꺼이 따르겠나이다.
내 손과 발이 움직이기 시작할 때,
나는 그의 이름을 찬양하겠나이다.
나가거나 들어올 때,
앉거나 서기 시작할 때,
내가 침소에 누워있을 때,
그를 칭송하며,
나의 입술에서 나오는 예물로 그를 찬양하겠나이다"(1 QS X,9-14).

이 예문에서 알 수 있듯이 쿰란공동체는 매일 정해진 시간에 기도를 했다. 기도의 내용은 쿰란 찬송시편(1QH)에서와 마찬가지로, 하나님을 칭송하고(1QS X, 9-12), 기도자의 의지(1QS X, 12-14)를 고백한다.[29])

쿰란 문서의 발견 이후 쿰란의 찬송시에 관한 연구를 소개한 E. Chazon은 매일의 기도를 위해 4Q408(아침과 저녁 기도문), 혹은 4Q503(매일의 축복문)이 사용되었을 것으로 추정하고 있다.30) 쿰란 공동체는 매일 정해진 시간에 기도했을 뿐만 아니라 안식일이나 특정 절기에도 기도나 찬송을 드렸을 것으로 생각된다. 4Q504 1-2, VII, 4에 안식일에 드리는 찬양이란 표제어가, 4Q504 3 II, 5에는 요일의 네 번째 날에 드리는 기도라는 표제어가 나오는 것으로 보아 확인된다. 그 외 연초에 드리는 기도문, 안식년이나 희년에 드리는 기도문도 있었을 것으로 추정된다(1QS X, 6-8).

IV. 경건생활의 사상적 기초

1. 종말 심판의 가까움

쿰란공동체는 자신의 현재를 특별한 용어로 표시하고 있다. 아하릿 하야밈(אחרית הימים)이라고, 직역을 하면 "날들의 마지막"이라고 할 수 있다. 이 용어로 인해 학계에서는 쿰란공동체가 "마지막 때, 즉

---

29) 가령 1QH XIV, 8-22도 마찬가지이다.
30) E. Chason, "Hymns and Prayers in the Dead Sea Scrolls", *The Dead Sea Scrolls after Fifty Years*, P.W. Flint/J.C. VanderKam(eds.), (Leiden: Brill, 1993), pp. 244-270 참조. 이외 쿰란공동체의 기도문에 관한 연구로는 E. Schuller, "Petitionary Prayer and the Religion of Qumran:", *Religion in the Dead Sea Scrolls*, J.J. Collins/R.A. Kugler(eds.)(Grand Rapids: Eerdmans, 2000), pp. 29-45; E. Schuller, "Prayer, Hymnic, and Liturgicl Texts from Qumran", *The Community of the Renewed Covenant*, E. Urlich/ J.C. VanderKam (eds.), CCJA 10(Notre Dame Press, 1993), pp. 153-171; A. Steudel, "4Q408 A Liturgy on Morning and Evening Prayer-Preliminary Edition", RQ 63 (1995), pp. 313-334 참조.

종말의 때에 살고 있는 종말 공동체(The Eschatological Community) 라고 쉽게 정의 내렸다.31) 이러한 개념에서 좀더 면밀히 물어야 할 것은 쿰란공동체가 아하릿 하야밈이라는 표현으로써 그들의 현재를 종말 심판이 수행되고 있는 것으로 보았는지, 혹은 종말 심판 이후에 있을 구원의 때로 이해했는지 물어야 한다.

이들의 현재는 아직 종말 심판의 때도 구원의 때도 아니다. 하나님이 이스라엘 군대를 이끌고 수행하실 종말 전쟁에 관한 문헌(1QM) 을 가지고 있음에도 불구하고 이들은 전쟁을 일으키지 않았다. 그것은 미래의 일로 보고 있기 때문이다. 종말에 있을 이방 민족에 대항하는 전쟁은 아직 일어나지 않았다(1QSa I, 21). 현재는 더러운 것들로 가득한 존재들이 존속하고 있다(1QSa II, 5 이하). 어둠과 악의 세력인 벨리알이 지배하는 때이다(4QMidrEscha III, 8-9). 본래적 의미의 종말 심판과 구원의 때가 시작되기 전 마지막 단계를 묘사할 수 있는 온갖 부정적인 개념들이 쿰란의 현재에 해당한다고 할 수 있다. 그들의 현재는 "악의 때(קץ הרשעה)"로 표시되기도 한다.32) 하나님을 찬양하는 찬양 시편에도 그들의 현재가 폭행하는 자들, 사악한 무리들에 의해 생명을 위협받고 있음이 드러나고 있다(1QH II, 20-30). 그들의 현재는 사악한 사람들이 득세하여 답답하고 불행한 현실이다(1QH III, 24-25). 미래에야 비로소 하나님은 종말 심판을 통해 현재 존재하고 있는 모든 악에 끝을 내리시리라.33)

그 심판의 때는 머지않았다. 준비하지 않으면 모두 파멸에 이를 것이다. 이들은 미래에 있을 종말 심판의 양상으로서 불심판, 고문,

---

31) F. Schiffman, The Eschatological Community of the Dead Sea Scrolls. A Study of the Rule of the Congregation(SBLMS 38), (Atlanta, 1989).
32) CD VI,14; XII,23; XV,7; 1QpHab V,7.
33) 가령 1QS III, 13-IV, 26, 그리고 4QMidrEscha III,7-8을 보시오.

칼 등으로 다양하게 묘사한다(가령 1QH III, 19-36).³⁴⁾ 그러나 쿰란공동체 사람들은 다가온 종말 심판을 두려워할 이유가 없다. 오히려 그들은 종말 심판 시에 하나님이 이끄시는 군대로 참여케 될 것이다. 이들은 준비하면서 종말의 때를 기다리고 있다.

종말 심판에 대한 준비는 성서 연구이다. 1QSd에 인용된 이사야 40장 3절에 대한 해석이 이러한 그들의 이해를 잘 말해 준다:

"기록된 바와 같이, '광야에서 주의 길을 예비하라. 사막에서 하나님이 오실 큰 길을 곧게 하여라.' 이는 토라에 대한 연구를 의미한다. 이것은 그때마다 계시된 모든 것에 따라, 그리고 예언자들이 그분의 거룩한 영을 통해 계시하신 것에 따라 행하기 위함이다"(1QS VIII, 14-16).

그들은 성서 안에 기록된 하나님의 뜻을 알고 지키는 것만이 구원에 이르는 길임을 확신하고 있다. 성서에 입각해서 만든 그들 공동체의 규율을 준수함으로 공동체에서 벗어나지 않는 것이 마지막 때 구원을 얻을 방도이다. 그러므로 그들의 규율은 종말론적 인물들(예언자, 아론의 메시아, 이스라엘의 메시아)이 등장할 때까지 유효하다(1QS IX, 11).

2. 구원에 대한 확신

쿰란공동체가 함께 공동식사를 하며, 일반 유대인들보다 더 철저

---

34) 이 텍스트의 해석과 번역, 의의 선생에 관해서는 필자의 논문, "고난 중에 가지는 구원의 확신과 희망(1QH III, 19-36을 중심으로)", 〈말씀과 교회〉 18(1998 봄), pp. 113-131 참조.

하게 정결례를 지키고 공동체 생활을 영위할 수 있었던 이유로는 미래의 구원을 확신했기 때문인 것으로 생각해 볼 수 있다. 현재는 종말 심판이 이루어지고 있는 것도, 구원의 시대가 당도한 것도 아니다. 오히려 종말 심판이 임박한 현상들을 보이고 있다. 악한 세력들이 더욱 날뛰고 위협적인 현실에서 그들은 절망하지 않고, 흔들리지 않고, 견고하게 하나님을 찬양한다.

공동체 규율서에 나오는 찬양시에서 쿰란공동체가 가진 구원의 확신을 엿볼 수 있다:

"나로 말할 것 같으면, 나의 의는 하나님 곁에 있나이다.
그의 손에 나의 온전한 길과 나의 의로운 마음이 있나이다.
그의 의를 통해 나의 죄가 깨끗게 되었나이다.
그의 지식의 샘으로부터 그가 그의 빛을 여시므로,
나의 눈이 그의 기적과 내 마음의 빛과 다가올 비밀을 보았나이다.
영원하신 주께서 나의 오른손을 붙들어 주시고,
견고한 반석 위에 나의 갈 길이 있으니,
그 어느 것에 의해서도 요동치지 않을 것입니다.
왜냐하면, 하나님의 진리, 그것이 나의 갈 길의 반석이며,
그의 능력이 나의 오른손을 붙잡아 주시기 때문입니다"(1QS XI, 2-5).

공동체의 리더인 의의 선생과 공동체의 찬양시에서 그들의 구원의 확신을 엿볼 수 있다:

"내가 당신을 찬양하나이다. 주님, 왜냐하면 당신은 내 영혼을 구렁텅이에서 건지시고, 절망적인 죽음의 세계에서 나를 끌어내어 영원

한 곳으로 이끄시나이다. 그리하여 나는 끝없는 평탄한 길을 걸으며, 당신께서 영원한 공동체를 위해 먼지에서 만들어 내신 사람들에게 희망이 있음을 알 수 있나이다"(1QH III, 19-21).

"내가 당신을 찬양하나이다 주님, 당신은 나를 당신의 강직함으로 붙드시고, 당신의 성령을 내게 부으셨기에 내가 동요하지 않습니다. 사악한 싸움의 와중에서도 내게 힘을 주셨나이다. 모든 파멸에도 불구하고 나로 하여금 당신의 언약에서 이탈하지 않도록 하셨으며, 나를 마치 높은 담벼락 위의 탄탄한 탑과 같이 세우셨나이다"(1QH VII, 6-8).

구원의 확신은 하나님의 언약을 꼭 붙들고 있다는 사실과 하나님에 대한 지식을 가지고 있다는 사실에 있는 것으로 보인다: "당신께서 나를 의의 선택받은 자를 위한 계시로, 그리고 놀라운 비밀에 대한 지식을 선포하는 자로 세우셨나이다"(1QH II, 13).

의의 선생은 하나님이 주신 놀라운 비밀을 전수하여 공동체 멤버들에게 알려 줌으로써 의의 선생과 공동체 멤버 모두가 하나님과 그의 뜻을 아는 것으로 미래의 구원을 확신하고 있다고 볼 수 있다. 의의 선생의 성서 해석이 공동체 멤버들에게 절대적인 권위를 가지고 있었음은 하박국 주석서에서 엿볼 수 있다. 공동체 멤버들은 의의 선생을 절대적으로 신뢰하며 그가 가르쳐 주는 성서해석에 근거하여 하나님과 그의 뜻을 깨달아 알았다:

"통찰력을 가진 배운 자로서 나는 당신이 내게 주신 영을 통해 당신을 알고 있습니다. 나의 하나님, 당신의 성령으로 말미암아 당신의 놀라운 조언에 관해 확실한 것을 들었나이다"(1QH XII, 11-12).[35]

---

[35] 이 찬양시는 의의 선생의 찬양시가 아니라 공동체의 찬양시로 이해되고 있다. 그러므로 여기서 1인칭 단수(나)로 노래하는 기도자는 공동체 개개인으로 이해되어야 한다.

이상에서 본 바와 같이 이들이 구원을 확신하는 말 속에 통찰력, 지식, 성령, 하나님 비밀에 대한 이해, 빛과 계시, 진리 등의 표현이 나오는 것으로 보아, 구원의 확신과 성경 공부를 통한 하나님의 뜻에 대한 깨달음, 그리고 그것이 성령과 빛을 얻은 것으로 이해된다는 것을 헤아릴 수 있다.

V. 결론: 쿰란공동체의 경건생활의 특징

연구 결과로서 우리는 다음과 같은 결론을 제시할 수 있을 것이다.

쿰란공동체의 경건생활과 관련하여 금식이나 금욕에 관한 사항은 없다. 쿰란공동체는 적어도 하루에 한 끼 내지 두 끼는 먹었다. 그리고 나 홀로 식사를 하지 않고 공동체 멤버들이 함께 먹었다.

그들은 혼인도 하고 자녀를 출산하기도 하였다. 입양을 하기도 하였다. 당시 다른 유대인들과 다른 점이 있다면 혼인 가능한 연령이 매우 늦은 20세였으며, 한 번 혼인한 이상 이혼이나 사별의 경우에도 재혼을 하지 않고 독신으로 머물렀다.

그들은 함께 노동을 하였다. 노동을 할 수 없는 저녁 식사 이후의 시간에는 성경 연구를 중요한 과제로 여겼다. 이들에게 성경 연구는 주의 길을 예비하는 일이다. 하나님의 뜻대로 사는 길만이 종말 심판

쿰란공동체의 성령 이해에 관해서는 필자의 논문, "쿰란문헌에 나타난 성령이해", 〈성서와 성령〉(박창건 교수 은퇴기념 논문집), (서울: 대한기독교서회, 2002), pp. 273-292 참조. 필자의 학위논문, Heilsgegenwart bei Paulus. Eine religionsgeschichtlich-theologische Untersuchung zu Suendenvergebung und Geistesgabe in den Qumrantexte, sowie bei Johannes dem Taeufer, Jesus und Paulus, (Goettingen: Diss, 1996), pp. 112-137 참조.

시 구원을 얻는 유일한 길인데, 하나님의 뜻은 성경에 기록되어 있기 때문이다. 이들은 그들이 하는 성경 연구에 자부심을 가졌다. 왜냐하면 그들의 지도자 의의 선생만이 권위 있는 성경 해석자라고 여기기 때문이다.36) 의의 선생은 합법적인 대제사장으로서 그의 성서해석만이 유일하게 올바른 것으로 인정받았기 때문이다. 의의 선생은 종말이 다가왔음을 가르치고, 다가올 종말 심판 때에 자기 자신과 자신의 공동체의 구원을 확신한다. 구원 확신의 근거는 올바른 성서 해석에 있다.

공동체의 리더인 의의 선생에 대한 절대적인 신뢰 속에서 함께하는 공동체 경건생활과 그들이 그런 생활을 할 수 있게 하는 곳은 구원의 확신이다. 이처럼 경건생활과 구원의 확신은 불가분리의 관계에 있다. 한편 구원을 확신하기 때문에 공동체 생활이 가능한 것이며, 다른 한편 공동체 리더와 구성원이 신뢰와 결속력으로 견고한 공동체 생활을 영위함으로써 현재 힘들고 어려운 일이 산재해 있다 하더라도 흔들리지 않고, 앞으로 있을 구원에 대한 확신이 가능하기 때문이다.

---

36) 의의 선생의 성서해석에 대해 절대적인 권위를 인정했다는 것은 쿰란공동체의 후기 성서해석인 하박국 주석서에서 찾아볼 수 있다: "그 해석은 의의 선생에 관한 것이다. 그에게 하나님께서 그의 종들, 즉 예언자들의 모든 비밀을 알려 주셨다"(1QpHab VII, 4-5).

How the Scrolls Cave 4 Scrolls Were Saved?

Dr. Weston W. Fields
Dead Sea Scrolls Foundation

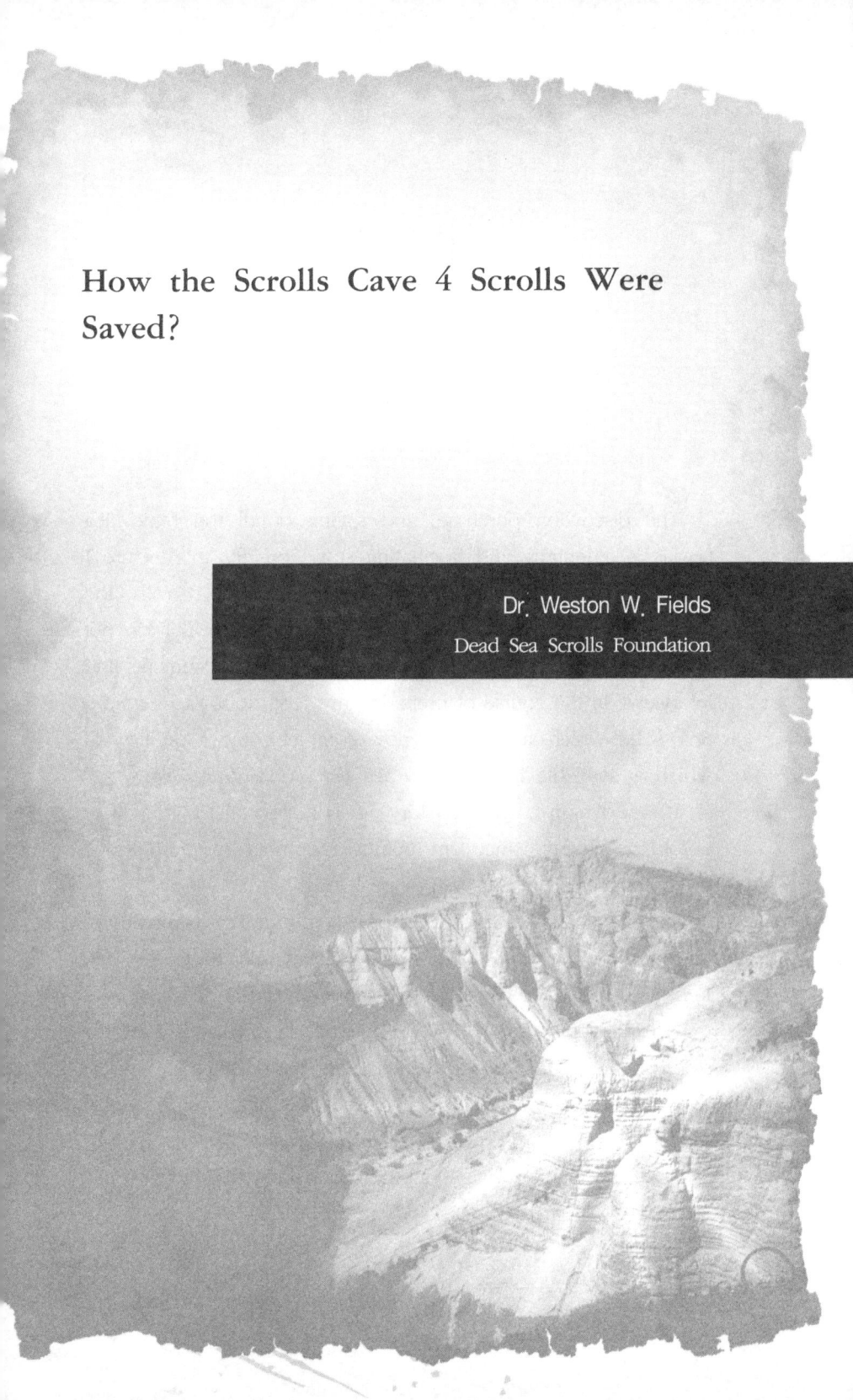

The discovery, purchase, and saving of all the Dead Sea Scrolls is a lengthy and fascinating story, but for this lecture I have limited myself to the most famous group of scrolls, the Qumran Cave 4 corpus, emphasizing information that is not generally known, but which I have gleaned from documents and interviews in the course of preparing my *History of the Dead Sea Scrolls*, of which volume 1 is now complete, and a preview of which is available in my *Dead Sea Scrolls, A Short History*.

It is a dynamic, ongoing story. It is a story that continues to unfold yet today, since an unknown number of unpublished scroll fragments are still in private hands.

To understand the mechanism for acquiring scrolls already in place when the first Cave 4 materials started to trickle into Jerusalem in September 1952, we must rehearse briefly some of the main events during 1947-1951. The general outline of the story of the first discovery is well-known, but details were unclear and disputed from the beginning, and it is highly unlikely that they will ever all be known.

By the beginning of 1949 all the major scrolls then known had been bought or taken out of the new countries of Jordan and Israel, which together had been Palestine under the British Mandate when the first scrolls were discovered. Israel's War of Independence had come to a halt with an uneasy cease-fire on 7 January 1949, and when the dust settled, Transjordan, later known as the Hashemite Kingdom of Jordan, had control of Qumran, East Jerusalem, The Old City, and Mt. Scopus, including the campus of the Hebrew University.

From 1949 onward, the center of scrolls acquisition became the Palestine Archaeological Museum, and the central players, Gerald Lankester Harding, Fr. Roland de Vaux, and Yusef Saad. Harding and de Vaux had to face the reality of illegal excavation square in the face, and made momentous, fortuitous decisions about how to handle the Bedouin and their booty.

By January 1949 none of the officials of the Palestine Archaeological Museum or the Department of Antiquities of Jordan yet knew about the discovery of the scrolls, much less the location of Cave 1. Once they knew of the discovery they took steps to locate the cave and it was rediscovered later that month.

After the cave was located, it took Harding and de Vaux just two weeks to organize the official excavation. Under their direction a joint effort of the École Biblique, the American Schools of Oriental Research (ASOR), and the Palestine Archaeological Museum (PAM) excavated Cave 1 for three weeks until 5 March.

Harding and de Vaux each had been well prepared by training as well as experience to fill the roles shortly to be thrust upon them.

During his years at the École, Fr. de Vaux was Professor of history and archaeology (1935-1971), editor of the *Revue biblique* (1938-1953) and Director (1945-1965), and also served during the crucial years of 1949-1952 as Prior of the Dominican Monastery of St. Stephen (host of the École), as well as President of the Board of Trustees of the Palestine Archaeological Museum during the 1940s-1960s. As a result of his concurrent positions of École Director, Monastery Prior, and Museum President he wielded wide influence during the crucial early days of purchasing the scrolls and excavating Qumran and Murabba'at.

Gerald William Lankester Harding first came to Jordan in 1932 after having excavated in south Palestine with Sir Flinders Petrie. He returned in 1936 as Chief Curator of Antiquities during the British Mandate. He became Inspector of Antiquities in 1939 and took over the Department of Antiquities of Jordan shortly after its formation in 1949.

During their excavation of Cave 1 De Vaux and Harding found hundreds of scroll fragments together with remains of thirty pots and a quantity of the cloth in which scrolls had been wrapped.

But in a report he made at the time, Harding says, "It is deeply to be regretted that those who received the earliest information about the find in 1947 and 1948 did not take all possible steps to ensure the proper handling and treatment of the original excavation of the cave."

Harding launched an investigation about how it was that neither the Department of Antiquities nor the Museum had been told about the discovery. He wrote to a colleague at the Museum, "*I propose to write very strongly about the action of both the American School of Oriental Research and the Hebrew University in failing to take all possible steps to ensure the proper handling of the whole matter.* We have fragments of scrolls which must be contemporary with the Lachish Letters at least, and if *these and others have been lost, the American Schools of Oriental Research and the Hebrew University must accept the grave responsibility of having failed lamentably in their scientific duty, quite apart from the fact that the whole transaction was illegal from the start.* Details from the American side can be found in the *Biblical Archaeologist* and recent issues of the *BASOR*, while Sukenik has published in Hebrew a preliminary account of the scrolls in their possession. *I cannot of course let fly until I am sure of my ground, but shall certainly do so as soon as I am sure*, so must wait a reply from you and Harry······."

In the end, nothing came of Harding's plan to prosecute. In fact there was a total reversal of strategy because Harding and de Vaux realized that any scrolls discovered later would never be recovered through normal channels. They, together with Yusef Saad, gradually came up with a system of accommodation to the facts on the ground: *they entered into an agreement with Kando that if he would offer scrolls coming onto the market to the PAM first, neither he nor his sources, usually Bedouin, would be prosecuted.*

The purchasing system is discussed at more length below, but for now it should be noted that the practice was adhered to, at least on the side of the Museum and the Department of Antiquities of Jordan (DAJ), until 1967 and the incident between Kando and Yadin over the Temple Scroll. Only in the last few years has it become clearly evident that Kando and the Bedouin did not always keep up their end of the bargain. But this was all to come later. For now, Harding and de Vaux realized that the important thing was to excavate the first, and at that time only, cave, and find whatever might have been missed by the Bedouin and their compatriots during multiple visits over the previous two years.

Prof. Carl Kraeling of the University of Chicago and the American Schools of Oriental Research entered the picture shortly afterwards, during the preparations for a short two-week exhibit (23 October-6 November 1949) of the St. Mark's scrolls at the Library of Congress.

Kraeling got hooked on the scrolls, and became central to the whole business of scrolls acquisition for the next decade through his association with Albright, the American Schools of Oriental Research, and most importantly as the conduit for money from the Rockefeller family.

It was not long before de Vaux and Harding had engaged a team of two scholars to edit and publish the fragments they discovered in Cave 1. At this point no one could know that the Cave 1 scrolls were just the tip of the iceberg, for all the other caves were yet to be discovered, at least officially. The two whom Harding and de Vaux chose were Fr. Dominique Barthélemy and Fr. Józef Milik. Barthélemy had been in Jerusalem since 1949; Milik came in December 1951 at the invitation of Fr. de Vaux on the basis of his early publications, in Latin, of various notes about and translations of scrolls from Cave 1.[46] Milik and Barthélemy were what Prof. Frank Cross refers to as the "proto-team," in the sense that they came before the Cave 4 Team. In fact they began their work even before Cave 4 was discovered. Later, Milik was also appointed to be a member of the Cave 4 Team, whereas Barthélemy was not, due to his untimely departure from Jerusalem in 1953 as a result of serious illness, though he did do some preliminary work on the Cave 4 materials.

The Scrolls Ledger (beginning 6 May 1950)

Among the more than one thousand pages of documents I was allowed to copy from the Palestine Archaeological Museum Archives, presently in the Rockefeller Museum under the trusteeship of the Israel Antiquities Authority, is a handwritten ledger entitled "Purchase of Antiquities." More precisely, it is a record of scroll fragments from Cave 1, Wadi Murabba'at, Cave 2, Cave 4, possibly a tomb near or in Jericho, and "Unknown Caves," Khirbet Mird, Wadi Seyyal, and Cave 11, purchased by the Palestine Archaeological Museum between 6 May 1950 and 8 April 1957.

The Ledger reveals: (1) the precise identities of those involved in the buying and selling of scrolls; (2) an exact accounting of the amounts paid; (3) locations of the discoveries, at least as reported by the sellers, and (4) records of "rewards." Taken as a whole, the Ledger is both confirmation and vindication of the formula worked out by Harding, de Vaux, and Saad for saving the fragments, what one might call, "the Harding-de Vaux Plan." Were it not for this plan, it is virtually certain that far fewer fragments would have survived to be studied and preserved.

In any event, the Department of Antiquities, through the Palestine Archaeological Museum, *paid*, and it was not always directly for scrolls; sometimes it was simply for information (rewards). It was the beginning of a new era.

How did this evolve? To understand what happened, we must go back again briefly to the events of 1946-1948. As we have pointed out, none of those who had first contacts with the scrolls turned immediately to the Palestine Museum or the Anti- quities Department: neither the Bedouin, nor the Bethlehem and Jerusalem antiquities dealers, the Archbishop Samuel, Anton Kiraz, Sukenik, Trever, Brownlee, Burrows, and all the others who had known about the discovery. This behavior angered Harding, as we have seen in his letter cited above. But along the way Harding had a change of heart. He accepted the facts as they were, and the facts were that no one had the power to stop the clandestine digging. He came to the arrangement with and de Vaux became Harding's agent for this purpose.

It was not long before this policy bore fruit. An entry for 12 May 1951 records that JD31 was paid for Cave 1 fragments, and on 22 December 1951 we have the first record of a "refund" to Rev Father R. de Vaux in the amount of JD600 for Murrabba'at fragments (Murrabba'at was discovered in 1951 and virtually all Museum funds then available were expended to buy that material.). De Vaux was advancing money, on the spot, when

Bedouin would knock on the gates of the École Biblique. He was either reimbursed periodically by the Palestine Archaeological Museum or took money in advance to the Ecole so that he could take possession of fragments immediately as they were brought in.

This arrangement had been officially sanctioned by the PAM board on 2 November 1950. De Vaux, was given broad powers of discretion to spend funds as he saw fit for the acquisition of scrolls.

What a wise move! All the normal bureaucratic machinery of requests for payments, transfers between accounts, approval by committees, and whatever other safeguards are normally used in institutions, were all dispensed with in one fell swoop. De Vaux's unfettered and immediate access to funds was the best thing that could have happened for the scrolls.

Gradually, too, a price of one pound Sterling per square centimeter of text came to be fixed to avoid at least some of the bargaining and also because de Vaux, Harding, and Saad quickly realized that when they were paying the Bedouin by the piece, these wily nomads were tearing up fragments into smaller pieces to raise the total price.

The second cave at Qumran was discovered nearby the first in February 1952. At least de Vaux first heard about it toward the end of February, just before the excavations at Murabba'at were finished (3 March 1952). Cave 3 and the Copper Scroll were discovered in March 1952.

By July 1952 the Ta'amireh Bedouins' constant clandestine examination of the area had borne fruit again. They discovered another cache of manuscripts near the ruins of a Christian monastery at Khirbet Mird, about five miles from Qumran. During July and August, 1952, Bedouin brought to Jerusalem manuscripts from an "unidentified" cave, probably Nahal Hever (Wadi Khabra), which included a Greek text of the Minor Prophets.

Middle of September 1952: Cave 4

As the summer of 1952 waned, de Vaux and Harding began to get clues about an even greater discovery. This time, it did not take the Bedouin long to start bringing the new finds to the attention of the Museum and Harding. By now, after having worked so closely with so many from the Ta'amireh Bedouin tribe, Harding and de Vaux were considered friends, and the arrangements for buying and selling were firmly in place.

De Vaux reports it as follows: "The first batches of their treasure arrived in Jerusalem on [Saturday] 20 September, and through two different channels. Very early in the morning, about ten Bedouin arrived at the École Archéologique Française [École Biblique] and they undid a heap of fragments. At first they seemed reticent to reveal where they had found them, but the appearance of the fragments and their writing showed that they came from Qumran, which the Bedouins willingly admitted. Trading lasted the whole morning, and finally, a settlement was reached that seemed satisfactory to everyone. This negotiation had hardly finished when Mr. Yusef Saad, Curator of the Palestine Archaeological Museum, announced that the same morning Khalil

Iskander Shahin, nicknamed Kando, the Antiquities dealer in Bethlehem, the principle agent involved in the sale of manuscripts from the [Judaean] desert, had offered him a huge batch of fragments of the same kind and obviously from the same origin.

"Quick action was necessary. Mr. G. L. Harding, who was then Director of Antiquities in Amman, was immediately notified. He alerted the police station in Jericho, and at 3 in the afternoon of the same day a mounted patrol arrived in the area of Qumran and quickly found the cave, from which illegal diggers escaped en masse."

20-21 September 1952, Saturday night and Sunday

"The police left a guard there, and the next day, Sunday, 21 September, the three institutions that were associated from the very beginning with research near the Dead Sea, the Department of Antiquities of Jordan, the Palestine Archaeological Museum and the École Archéologique Française, prepared themselves, and the lawful excavation of the cave began on the morning of 22 September; this excavation lasted until 29 September."

22 September 1952, Monday- 29 September 1952, Monday

"The Bedouins had already removed more than half the contents of the cave and they had worked so meticulously that only a few minuscule fragments remained in their tailings. But the archaeologists themselves explored the lower layers of the cave and a small underground chamber that the Bedouins had not reached, and they discovered the original entrance. They collected almost a thousand fragments belonging to about 100 different manuscripts, which were almost all represented among the fragments bought from the Bedouins, confirming the origin of the batches the Bedouins sold [in Jerusalem]. On the other hand this dispersion of the pieces of the same manuscripts in the whole heap of the deposit signifies a previous upheaval that we shall try to explain below. While Cave 4 was being emptied, the surrounding area was being explored as well. Very near Cave 4, Milik discovered Cave 5 and in it the remains of about fifteen manuscripts. The small Cave 6, from which the Bedouin had only shortly before removed a certain number of fragments belonging to more than twenty manuscripts, was located. The two batches presented on 20 September and the finds harvested during the official excavation, however, only represented the lesser part of the discovery: many of the fragments were still in the hands of the Bedouins. Taking the advice of G. L. Harding, Director of Antiquities, and aware of the importance of the glorious discovery for the country, the Jordanian Government allocated a sum of JD 15,000 [£15,000=$42,000] to buy the two batches, which already had been stored in a safe place, and which could be acquired. Given the limits of its budget and the urgent, and sometimes tragic, requirements its funds had to satisfy, this enlightened generosity on the part of the Jordanian Government deserves the recognition of the scholarly world. But this grant was exhausted before all the elements of this rich discovery could be acquired.

Upon Mr. G. L. Harding's recommendation, the Government authorized foreign institutions to purchase fragments which remained in the hands of Bedouins and Antiquities dealers, through the agency of the Director of Antiquities [and the Palestine Archaeological Museum], provided that the fragments remained together at the Palestine Archaeological Museum while preparatory work was being done toward publication. Each institution was eventually to receive a quantity of fragments, not the actual mixed up, disassociated ones its money had bought, but a batch of associated fragments equal in quantity to the amount for which its money had been spent. These fragments were classified according to the manuscripts to which they belonged. [Until today some tags remain on Cave 4 plates of fragments identifying which donor would eventually receive them.] The institutions participating in this rescue, in the [chronological] order of the donation of their financial support are: McGill University, Montreal; the Vatican Library; Manchester University; Heidelberg University; and McCormick Theological Seminary in Chicago. The total of these financial contributions represented more than the total budget allocation of the Jordanian Government. The purchases of fragments [from Cave 4] from the Bedouin continued until the summer of 1958 [nearly six years after the first fragments were brought to Jerusalem]. These last purchases were made possible by generous gifts to the Palestine Archaeological Museum by McCormick Theological Seminary, All Souls Unitarian Church, New York, and the University of Oxford. Finally [5 August 1961], the Jordanian Government saw these manuscripts as belonging to its national heritage and thought that they should stay in the country. It decreed that all manuscripts found in the region of the Dead Sea belonged to the State, and the State had to repay the institutions which had procured the funds necessary for their purchase. It still remains that the initial permission [for foreign institutions to buy fragments] given by the Jordanian government, and the response that this arrangement received abroad, made it possible to save from certain dispersion and possible loss these texts whose exceptional importance is universally recognized, as will be obvious to those who read these volumes. The initial authorization also made their study possible. Each fragment among a small batch of fragments considered separately did not mean very much; it was absolutely essential that everything was retrieved and kept in the same place to allow the texts to be identified and assembled.

[Note]: If one compares the fate of many manuscript finds, both ancient and modern, this retrieval and reassembly of fragments of Cave 4, at least 15,000, is a remarkable achievement. Only a few fragments were acquired and exported illegally by certain people who inconsiderately preferred the misplaced vanity of owning a little piece of the "Dead Sea Scrolls" to the general interest of science. Some of these fragments were sent to us afterwards in photographic form and they will be incorporated where they belong in the volumes of *Discoveries in the Judaean Desert*. If there are others out there, would the owners please make them known to us as soon as possible [!]"

De Vaux telescopes several years of purchasing and negotiations in this summary. His figures are basically supported by the Scrolls Ledger from the PAM, but the whole business of purchasing and fund raising was quite a bit more complicated than it was possible for him to explain in his introduction. It would be necessary to follow the story for about fourteen years, from 1950 to 1964 (only part of which we have time to explore here) to get the complete picture of the financial burdens assumed by the PAM and the DAJ in order to acquire all the fragments being offered. Unfortunately, it has become clear through the years that not everything was ever offered to Harding and de Vaux.

We now go back and fill in some of the details of the story from Harding's letters and other records in the PAM Archive.

As de Vaux pointed out, by the time he and Harding found out about the discovery of Cave 4, when booty began appearing on the market, the cave had been "cleared out by almost the entire Ta'amireh tribe working in relays over a period of some days."

There is some confusion about the timing of the purchase of the first fragments from Cave 4, but possibly some purchases on 3, 4, and 11 September purchases were thought to have come from Cave 2 or Murabba'at and were actually from Cave 4. Kando and the Bedouin would not have told de Vaux or Harding that the fragments were coming from a new cave (Cave 4), because none of the officials yet knew that Cave 4 existed! After de Vaux and the others found out there was another cave, Kando and the Bedouin could have then come clean on the source of the early September fragments. The notation was then changed from Murabba'at to Cave 4 for 3 September, and Cave 4 was added as a reference for the other two. This is probably also the same with the big 23 September sale, or this may have been the first one they identified as Cave 4. This conclusion may also be corroborated by the alignment of the last column in the Scrolls Ledger, which is changed after the 3 September notation, suggesting that the last four "Q4" entries were added at a later time. In little more than a week the PAM paid more than £4158 ($11,642) for Cave 4 fragments, but there was much more to come! For now, Mr. Kando was on a roll!

As de Vaux recounted, the Department of Antiquities of Jordan took immediate action (within hours!) to stop the illegal digging, but by then, the majority of the fragments had already been removed. It was to be many years before these were bought by the Palestine Archaeological Museum, and some never were, as shown by de Vaux's poignant, posthumous plea in *DJD* 6 in 1977.

24 September?

Sometime after the first fragments from Cave 4 were offered to de Vaux, but before the completion of its excavation, Harding composed a letter probably sent to both Prof. Carl Kraeling and Kenneth and Elizabeth Bechtel and a similar letter was sent a few days later, when the excavation of Cave 4 was complete on September 29. I quote here from the last one. These letters show that it was immediately apparent to de Vaux and Harding that they had a serious problem, particularly after the purchases from Kando 3-11 September 1952. The amount of money it would take to rescue the vast number of Cave 4 fragments threatened to overwhelm the financial resources of the Palestine Archaeological

Museum, which, as we have said, had already been exhausted by purchasing the Murabbaʿat fragments. Extensive fund raising would have to be done. The day the excavation of Cave 4 was completed, 29 September 1952, Harding sat down and wrote another letter to Prof. Carl Kraeling at the Oriental Institute of the University of Chicago:

"Further to my letter of the 24 September 1952, I now enclose a short account of the finds in the last cave, which we have just finished clearing up. It makes our position clear I think, and both Père de Vaux and I considered that it was only right we should send to you the information so that you can, if you see fit, pass it on to Mr. Rockefeller [John D., Jr.] so that he might have a chance of doing something about it if he felt so inclined."

"We rescued quite a nice lot of stuff from our excavations, but it is disheartening always to come in on the tail end of the Bedu. Still, they have nothing else to do except search for caves, whereas our activities are slightly more varied."

"Please consider the information as confidential for the moment, at least so far as any sort of published information is concerned. I am actively trying other possible sources for raising the urgent cash, but it all takes time. *Meanwhile, as we have had to stop buying; I have reports that others are already doing so.*"

Harding was desperate, turning wherever he could. In this recounting of the situation, he reveals some new and stunning information: "Since the discovery in 1947 by Bedu of the Taʿamireh tribe of a cave near the Dead Sea in which were hidden some leather scrolls which turned out to be the earliest known manuscripts of books of the Old Testament, members of that tribe have been very active to try and find further similar caches to argument their always meager incomes."

"During the past two years they have been most successful, and the remoteness of their district, and the difficulty of access to it, has enabled them to complete clearance of the caves at leisure before offering the material on the market. As soon as locations of the caves could be established, a combined expedition of the Department of Antiquities [of Jordan], the Palestine Archaeological Museum and the École Biblique et Archéologique Française would proceed to excavate them, but usually 'when we got there the cupboard was bare.' Some idea of the difficulties can be given when I say that the caves we worked last Spring [at Murabba'at] were three hour's walk away from the nearest point to which transport could be brought, and supplies and equipment had to be carried by mule to the top of the gorge in which they were situated, from where everything, including an electric light plant, had to be carried down the precipice on the backs of the workers."

"The Palestine Archaeological Museum was able to buy up all the material from these finds from savings which had accumulated in the past few years, but recently these savings were running very low. However, it appeared that the flow of material was also diminishing so we were not unduly worried. It is of great importance that such documents should be kept together in one place, or there will be a repetition of the results of the first find, where parts were smuggled out to Israel and to America during the difficult times of 1948-1949. There are now fragments of the same documents here [in Jordan], in Israel and in America, and owing to political and other circumstances, they cannot be brought together."

"It has been the object of the Museum to try and avoid this dispersal of material, and so far it has been succeeding very well. But last week the Bedu found another cave [Cave 4], not far from the first one, containing more biblical manuscripts of the same type and period. The quantity of the material is astonishing, and though fragmentary, is probably of more importance than the original find, as many more Old Testament books were represented. In fact a rough assessment of what we have seen so far suggests that is will give a cross section of 75% of the Old Testament."

"The savings of the Museum are now, alas, exhausted, and we have only been able to secure about one third of the material. It is a most disturbing situation as it simply means that the rest will be either smuggled away out of the country, or perhaps be destroyed when they find no market for it here. In order to get a lien on what is left, I estimate that at least £5,000 is needed urgently. This sum would not cover the whole cost, *particularly if there are, as rumoured, two complete Scrolls.* Leaving these out of consideration for the moment, I should say a further £10,000 (£15,000 in all) would be the minimum required to complete the bargain, and to publish the material."

"This latter is a most important consideration, and if the money is forthcoming *I should propose to make it an international affair, inviting the various Institutes represented on the Board of the Museum to send a Scholar to Jerusalem to take part in the big work of sorting, assembling of fragments, photo-*

graphing and translating the material for final publication."

"But the urgent matter is to have £5000 now to rescue these unique and priceless Manuscripts which are of world wide interest, and acquisition of all the material from this latest find would give the Museum unrivalled pre-eminence in the field of Old Testament studies and Palestinian palaeography and epigraphy."

One can feel the urgency running through the whole of Harding's letter. Only a few days after the discovery he has already run out of money and been thrust into the very unfamiliar territory of raising money, an onerous task the Museum would be saddled with for many years to come. In fact, funding was to become the primary issue in connection with the speed of publication, and has dogged scrolls scholars up until the present. Much of the public has assumed right down through the years that funding for the publication and preservation of such an important set of documents, of so much interest to so many people throughout the world, would more or less "fall down from the sky." It has never been so. In fact, as I write this there are as many as sixteen Hebrew biblical fragments and one fragment of Enoch languishing in a vault in Switzerland, 140 Greek fragments in Jerusalem, and a large fragment of Genesis elsewhere, for whose purchase I have not been able to get one penny despite four years of work, scores of letters and meetings, and hundreds of dollars worth of phone calls.

Another remarkable thing about Harding's letter is that it contains the first hint about a team of scholars specifically assembled to sort, reassemble, photograph and translate this new huge batch of documents from Cave Four, so that the material could be published. We will call this group, the *Cave 4 Team*. We don't have time here, but in my *History* I have shown how this team was put together over the ensuing two years, why each prospective member was invited, who refused, and who accepted. And because we have many personal letters written by these exceptional men at the time, and have been privileged to interview the living four (1999) of the original eight, I have become quite well acquainted with them indeed.

At the earliest stage, De Vaux's right hand man during all these events was Fr. Barthélemy. He vividly recalled his relationship to the manuscripts of Cave 4, and to Kando in particular, when my wife, Diane, and I, accompanied by Eva Ben-David, interviewed him at the Albertinum Dominican monastery in Fribourg, Switzerland in February 2000. I have excerpted this interview below:

DB: "I was still in Jerusalem at the time when they found Cave 4, though I never personally went there. It was discovered all the way at the end of my stay in Jerusalem, but I knew a lot of manuscripts from Cave 4, because I was the one to receive from the Bedouin the manuscripts that they came to sell. I always had to make the first classification of the manuscripts of Cave 4, a first try at identification and division of the manuscripts.

WWF: I'm trying to picture what it was like when a Bedouin had a piece of a scroll. Did he come up to the École Biblique and knock on the gate? If he did, whom would he ask for? Would he ask for Fr. Barthélemy, would he ask for Père de Vaux? Anton Hazou?

DB: Père de Vaux. Père de Vaux as Director of the École, having worked on the archeological part of the manuscripts of the Dead Sea, was the most competent.

WWF: And what would they say? Would they say, "we have a piece; we want so many Dinars for this?" Or would they say, "how many Dinars will you give us?" Did the Bedouin set the price, or did Père de Vaux set the price?

DB: The prices were fixed. There was a certain rate established … calculated on the basis of the square centimeters of an inscribed fragment's size.

WWF: How much was it?

DB: I think it was about one pound sterling per square centimeter of writing.

WWF: How did they come up with that? What was that based on?

DB: It's very simple. The Bedouins always wanted to raise the price, and we wanted to get it down. So this was fixed little by little, by discussions between the two parties.

WWF: I heard a story that in the very first days, the Bedouin would tear the scrolls in pieces to get a higher price, because at that time they were being paid by the piece. Only later on de Vaux changed the rate of payment to the square centimeter price, in order to keep the Bedouin from tearing them up.

DB: I think that is true, yes.

WWF: So the Bedouin would say to de Vaux or to you, "here's the piece." The next question is: how would they get the money? Did Père de Vaux go to Lankester Harding and say, for example, "I need 500 pounds sterling, because I have this piece?"

DB: (Chuckling) The Bedouin deceived themselves about how easy it was for us to get money. They thought it was enough to write to the bank, that the bank would send money forever!

WWF: But in reality, Père de Vaux had to ask Lankester Harding for the money?

DB: Harding fixed a certain amount we could use to purchase fragments for a certain cave, once he was sure they were important and interesting and old fragments. So he fixed an amount, and we had to stay within the amount. So it was a budget he set for us when a new cave was discovered, saying we could go up to a certain amount to buy the fragments from a certain cave.

WWF: So it was like they had an open account, from which he could draw out.

DB: For each cave.

WWF: So de Vaux did not have to talk to Harding every single time. He had access to a certain amount of money, and he could dispense that immediately to the Bedouin if he decided to get the piece?

DB: That's right, yes.

WWF: Once he dispensed the money, and they had the fragments at the École Biblique, what happened next? Did De Vaux immediately take the fragments to the Palestinian Archaeological Museum, or did the fragments stay for some time at the École?

DB: No. They went directly, immediately, to the Rockefeller [Palestine Archaeological] Museum.

WWF: And then they came into the hands of Yusef Saad?

DB: That's correct, yes. Yusef Saad was a very useful man, and very honest. I never saw that Saad was dishonest.

WWF: Once Yusef Saad had a piece of scroll, what happened next? Would de Vaux immediately choose a scholar who would be responsible for editing this piece?

DB: It depends. When I was still there, I personally had the task of making a first classification of all the fragments we bought.

WWF: So, you actually met Bedouin and purchased, and helped purchase scrolls from them. Did you work also with Kando?

DB: Yes, I received Kando [at the École]. And I remember that he brought me a certain number of fragments, and then I asked him whether there were other fragments, because some of the fragments had cuts that were fresh, and they must have been attached to other fragments and had been broken afterwards. So then he explained to me that the preceding autumn [probably late 1952] he had put a great number of fragments in an inner tube, the inside of a tire. Lifting up the stone of the doorstep, he put all this underneath the doorway of his house. He put it there for the winter, to avoid their getting humid during the rainy period. Then he explained to me that afterwards, in the spring, he lifted it up to look, and the fragments were all damp: there wasn't anything left. They had become practically liquefied. They had become jelly. So he was really sorry because he couldn't sell them anymore. That's when I understood why there will always be many fragments missing from the fragments of Cave 4, because it was fragments from Cave 4 that he put there. That was in the winter of '52-'53. I'm very sorry about the misfortune that happened to Kando's fragments.

WWF: Oh, it makes one sick to think about it. One of the Bedouin that I met a number of years ago told me the story that when they first went into Cave 4, before de Vaux of course, there were lots of fragments around, so they took their keffiyehs and spread them out on the floor, and piled fragments in them. Then they tied them up, and put them over their shoulders, and came back down. He also said that in Cave 4 there were pieces of wood, perhaps shelves for the scrolls, and they didn't know what they were, so they just threw them out into the wadi, and of course the first time it rained, they were all washed away. Did you ever hear any story like that about shelves?

DB: "No, I never heard anything about that."

WWF: Who made the decision about the person who was going to work on the particular fragment? Did de Vaux make that decision?

DB: That was decided progressively. I mean by this that among those who were in Jerusalem, it was known that this or that person was still sufficiently free to take new fragments and edit them. They looked among those that were sufficiently free to work on new fragments.

WWF: Whose idea was it to constitute the committee of eight people [later for Cave 4]? Was that de Vaux's idea, Harding's idea?

DB: Generally those people were people that came to Jerusalem for other reasons, often, for example, to see the actual state of our work, because this work was interesting to them. So we took advantage of the fact that they were in Jerusalem to propose that they work with us.

WWF: But in the case of Allegro or Strugnell, they received a specific invitation to come.

DB: I think all invitations were in an unofficial manner, that is to say that when X or Y were present, they were asked if they would also accept to take such and such fragment and to edit them. [Here Fr. Barthélemy is mistaken because he did not have access to Harding's papers, which show a rather systematic and official choice of the members of the Cave 4 Team, wwf.]

WWF: In those years, who was the star, who was the great paleographer to whom everyone else looked up? Milik or Strugnell?

DB: I think that Strugnell was excellent.

WWF: Now we talked about when the Bedouins found a piece, one would come and knock at the door of École and ask for Père de Vaux or you maybe, and then Père de Vaux would give him the price, he would pay for the scroll, and take the scroll to the Museum. Where in all that would Kando come in? What was Kando's part?

DB: The Bedouin would first go to Kando and then Kando himself came to the École.

WWF: So usually de Vaux was dealing with Kando, not with the Bedouin directly?

DB: Yes, but also with the Bedouin, because every group of fragments came in its own way. Some [fragments] went through Kando, and others didn't go through Kando, because the Bedouin already had direct relations with de Vaux and Harding.

WWF: So, Kando was sometimes the man who came to the

École, sometimes it was the Bedouin directly.

DB: Yes.

WWF: Was there anybody else besides Kando and the Bedouin?

DB: No, I don't think so. I don't remember others.

WWF: There were no other antiquities dealers?

DB: No.

WWF: Do you recall who brought the Nahal Hever Prophets Scroll? Was it the Bedouin or Kando?

DB: The Bedouin brought it directly.

WWF: When Kando got the money from De Vaux, did he get the money in cash or in a check?

DB: It was always cash.

WWF: Then he split it with the Bedouin?

DB: Yes I think so.

WWF: Do you know what percentage he would keep or would it be different every time?

DB: I think it was different every time.

WWF: Do you think Kando kept more than half for himself or less than half?

DB: Less than half.

WWF: I read somewhere that at least in the early days Kando kept for himself 20 percent and he gave to the Bedouin 80 percent.

DB: It's possible.

WWF: I suppose if he were not honest with the Bedouin, then they would stop bringing him things.

DB: He must have known that if he didn't give enough to the

Bedouin, the Bedouin wouldn't come to him anymore.

WWF: Do you think there was any money that ever went to Yusef Saad?

DB: No, Yusef Saad never got money.

[Frank Cross is quite sure that later, during the negotiations for the Cave 11 material, Saad played both sides of the fence and was a secret partner with Kando, wwf.]

WWF: Do you know of any pieces that ever were sent to Rome, to the Vatican?

DB: No.

WWF: During the years that you were at École Biblique and you were working on the fragments, did you ever receive any instructions from the Vatican saying, hide this, don't do that?

DB: No, nothing at all.

WWF: Do you know of anybody at École Biblique that ever received any such instructions?

DB: No.

WWF: What about any pieces of scrolls that were ever hidden at École Biblique?

DB: In fact, it was at the École Biblique that the buying took place, because the Bedouin or Kando went directly to Fr. de Vaux or me, and we were at the École Biblique. And there the buying took place.

WWF: But no scrolls were ever kept there?

DB: No.

WWF: I understand that Père de Vaux never edited any of the manuscripts is that correct?

DB: No, he always dealt with the archeological part [this is not strictly true; he did edit one. wwf]

8 October 1952

It did not take Prof. Kraeling long to answer Harding's letter of 29 September. On 8 October 1952 he replied, promising to bring the matter of funding to the attention of John D. Rockefeller, Jr. After a long and complicated story, he succeeded and secured money which supported the work of sorting for the next eight years.

About this same time Harding appealed to the Bechtel family, the American Ambassador, the National Educational Association in the USA, the US Department of State, the Library of Congress, the British Museum and the University of Chicago. In the end, after months of work, it was the Bechtel family who came through with the first contribution: $5000 for the purchase of Cave 4 materials, for which they got a tax deduction from ASOR with the help of Prof. Carl Kraeling.

It was Kraeling's idea, in fact, to approach various institutions in the USA and Europe about purchasing scrolls for themselves to which de Vaux referred above.

The last of the known Cave 4 material came into the Museum in 1958. Murabba'at had virtually broken the Museum; Cave 4 finished it off and then some. When Cave 11 was discovered in 1956 nothing at all could be bought immediately, nor could materials from other sites that became available later. The financial crisis resulted in the nationalization of the Museum itself in 1966 and all acquisition came to a halt when the Palestine

Archaeological Museum was taken over during the 6-Day war of June 1967.

Extraordinary people kept the Cave 4 scrolls from being lost; extraordinary people have stepped in from time to time to save more. There are still opportunities today for purchase, for publication, and for conservation. If you are interested or know someone who is interested, please contact me.

Sources:

Abu-Da'ud, Interview, 1992.
Albright to Harding, 2 March 1953. PAM Archive.
Albright to Knight (Provident Trust Company of Philadelphia), 2 March 1953. PAM Archive.
Albright to Skehan from Cairo, 9 February 1951. Skehan Archive.
Dominique Barthélemy, Interview in Fribourg, Switzerland, 12 February 2000 and 13 January 2001, conducted by Weston and Diane Fields with Eva Ben-David.
Bechtel to ASOR, proposed letter, 23 December 1952. PAM Archive.
Bechtel to Harding, telegram, 22 October 1952. PAM Archive.
Bechtel to Harding, 30 October 1952. PAM Archive.
Bechtel to Harding, 18 November 1952. PAM Archive.
Bechtel to Harding, 23 December 1952. PAM Archive.
Bechtel to Harding, 14 January 1953. PAM Archive.
Bechtel to Harding, 9 February 1953. PAM Archive.
Bechtel to Kraeling, 9 February 1953. PAM Archive.
Benoît, P. "Homelie" at the funeral of Fr. de Vaux, 13 September 1971, Jerusalem. Skehan Archive.
Bisheh, Razi, Nsour, Sahar, and Fakhoury, Qamar. "Interview of Akash al-Zaben," translated by Mustafa International Arabic

Centre, Cape Town, South Africa.

Brownlee, W. *Phenomenal Discoveries.* Unpublished book manuscript. Brownlee Archive.

Cross to Brownlee, 13 October 1951. Brownlee Archive.

Cross, F. M. Numerous Interviews, telephone conversations, emails and letters, 1999-2007.

Cross, F. M. "Reminiscences of the Early Day in the Discovery and Study of the Dead Sea Scrolls," *The Dead Sea Scrolls: Fifty Years after Their Discovery*, eds. L. H. Schiffman, E. Tov, and J. C. VanderKam. Jerusalem: Israel Exploration Society, 2000. pp. 936-938.

Dajani to Harding, 1 March 1956. PAM Archive.

De Vaux to Bechtel, 1 March 1953. PAM Archive.

De Vaux to Brownlee, 15 June 1952. Brownlee Archive.

De Vaux, R. "Dead Sea Scrolls" (unpublished lecture circa 1963, PAM Archives).

De Vaux, R. "Discovery, Excavation and Purchases," DJD 6 (1977) 3., translated by Davina Eisenberg and Weston W. Fields. Although this article is unsigned, Jozef Milk confirmed it was de Vaux who wrote it (telephone conversation, 26 February 2003.

De Vaux, R. "Historique des Découvertes," DJD 2 (1961) 3-8. Translated by Davina L. Eisenberg and Weston W. Fields.

De Vaux to Albareda (Vatican Library), 12 June 1960. PAM Archive.

De Vaux to D. A. Perdigâo, Gulbenkian Foundation, 5 December 1958. PAM Archive. Trans. D. Eisenberg and W. Fields.

De Vaux to the Director of Antiquities of Jordan, 12 June 1960. PAM Archive.

De Vaux to Frost, McGill University, 4 June 1960. PAM Archive.

De Vaux to the President, McCormick Theological Seminary, 4 June 1960, PAM Archive.

De Vaux to the Rector, Ruprecht-Karl University, 4 June 1960. PAM Archive.

De Vaux to the Vice-Chancellor, University of Manchester, 4 June 1960. PAM Archive.

Driver, G. R. "Obituary," *London Times* (September, 1971) pp. 15-16.

Green, Joseph. U.S. Ambassador to Jordan, to John D. Jernegan of the NEA, Department of State in Washington D.C., 20 October 1952. PAM Archive.

Harding, G. W. L. *The Antiquities of Jordan.* London: Lutterworth Press, 1959.

Harding, G. W. L. "Communiqué to the Press," 21 March 1949. PAM Archives.

Harding to Albright, 12 March 1953. PAM Archive.

Harding to Bechtels (?), 22/23 (?) October 1952. PAM Archive.

Harding to Bechtel, 23 October 1952. PAM Archive.

Harding to Bechtel, 18 November 1952. PAM Archive.

Harding to Bechtel, 4 January 1953. PAM Archive.

Harding to Bechtel, 29 January 1953. PAM Archive.

Harding to Bechtel, 27 July, 1956. PAM Archive.

Harding to Kraeling (?), 24 September 1952 (?). PAM Archive.

Harding to Kendrick, 23 October 1952. PAM Archive.

Harding to Minister of Education, after 2 August 1956. PAM Archive.

Harding, G. W. L., Secretary of the PAM Board of Trustees, 19 June 1956 summary of Extraordinary Trustees meeting, 9 June 1956.

Harding to Ottoman Bank, 28 June 1956. PAM Archive.

Harding to Tushingham, 3 August 1956. PAM Archive.

Harding to Kendrick, 23 October 1952. PAM Archive.

Harding to Kraeling, 29 September 1952. PAM Archive.

Harding, to Robert [Hamilton], 6 March 1949. PAM Archives.

Harding, unaddressed letter, 30 September 1952. PAM Archives.
Hazou, Anton. Interview conducted in his home in the Old City of Jerusalem near St. Mark's Monastery, by Weston and Diane Fields, March 1999.
Kando, William. Numerous interviews, telephone conversations and emails, 2002-2007 in Jerusalem and Bethlehem.
Kendrick to Harding, 8 November 1952. PAM Archive.
Kiraz, George A., ed., *Anton Kiraz's Archive on the Dead Sea Scrolls*. Piscataway, NJ: Gorgias Press, 2006.
Kraeling to Harding, 8 October 1952. PAM Archive.
Kraeling to Harding, 8 November 1952. PAM Archive.
"Le Père Roland de Vaux." *Lettre de Jérusalem* 37 (1971) pp. 1-7.
Milik, J. T. Numerous Interviews in Paris conducted by Weston and Diane Fields and Eva Ben-David 1999-2005.
Minutes of the Eighteenth Ordinary Meeting held in the Board Room of the Palestine Archaeological Museum, Saturday, November 28th 1959 at 10:30 a.m. PAM Archive.
O'Connor, Gerald. "Vaux, Roland de." Manuscript given to me by G. O'Connor at the École, 12 January 2000.
"Order of the High Commissioner regarding the ownership of the PAM," 22 April 1948. PAM Archive.
Saad, Yusef. "Report on the Palestine Archaeological Museum, December 1959." PAM Archive.
Samuel, A. Y. *Treasure of Qumran*. Philadelphia: Westminster, 1966.
Sanders, James A. Interviews at the Ancient Biblical Manuscript Center, Claremont, California, 8 April 1999 and 17 March 2000, December 2006, and numerous telephone calls, emails, and letters 1999-2007.
Scrolls Ledger, pp. 2-3 ("Purchase of Antiquities). PAM Archive.
P. W. Skehan, P. W. "Newsletter #5 from ASOR, Jerusalem." 15 June

1956. CBA Archive.
"Statement from the Palestine Archaeological Museum," 30 September 1952. PAM Archive.
Tushingham to Harding, 17 July1956. PAM Archive.

어떻게 4번 동굴 사본이 구출될 수 있었는가?

웨스턴 W. 필드 박사
사해사본 재단
번역 : 김 명 숙
감수 : 이 윤 경 교수

　사해 사본을 발견하고 구매하여 안전한 곳에 보관하기까지의 과정에 얽힌 이야기는 길고도 재미있습니다. 그러나 저는 이 강의에서 가장 유명한 사본 그룹인 쿰란 4번 동굴에 초점을 맞추어 일반적으로 알려지지 않은 정보를 강조하고자 합니다. 이 정보는 현재 1권이 완성되어 있는 《사해 사본의 역사》 책과 입문서인 《사해 사본과 그 역사》를 준비하면서 제가 확보했던 문서들과 인터뷰 과정에서 얻게 된 것입니다.

　사해 사본 이야기는 다이나믹하면서도 현재까지 진행되고 있는 이야기입니다. 오늘날까지도 개인 수집물로 섞여서 자취를 감춘 사본의 수를 정확히 알지 못하고 있고, 이렇게 출판되지 않은 사본들에 관한 이야기가 계속 밝혀지고 있기 때문입니다. 4번 동굴 사본들이 처음으로 예루살렘에 조금씩 들어오기 시작한 1952년 9월 무렵에는 사본 구입 시스템이 이미 형성되어 있는 상태였고, 그 체제를 이해하기 위해서는 1947년에서 1951년 사이에 일어났던 몇몇 주요 사건들을 간단히 살펴볼 필요가 있습니다. 첫 번째 발견 당시에 대한 일반적인 이야기는 잘 알려져 있지만 그 외 제반 상세 사항들은 불분명하고 처음부터 논쟁의 여지가 있었기 때문에, 모든 사실 자체가 알려지기는 상당히 힘듭니다.

1949년 초 당시 발표된 대부분의 주요 사본들은 당시 새로 세워진 요르단과 이스라엘 밖으로 구매되거나 유출되었습니다. 첫 번째 사본이 발견된 당시 팔레스타인의 요르단과 이스라엘은 영국 통치 하에 있었지요. 이스라엘의 독립 전쟁은 1949년 1월 7일 어렵게 휴전 협정을 맺으면서 중단되었고 이 모든 혼란이 정리된 다음 요르단 하심 왕조라 알려지게 되는 트랜스요르단이 쿰란, 동 예루살렘, 예루살렘 올드 시티, 히브리 대학교 캠퍼스를 포함한 전망산 지역을 관할하게 되었습니다.

1949년부터 사해 사본을 구매하기 시작했던 중심지는 팔레스타인 고고학 박물관이었고, 게랄드 윌리엄 란케스터 하딩, 롤랑 드보 신부, 유세프 사아드와 같은 중심인물들이 활동했습니다. 하딩과 드보는 불법 발굴의 실체를 대면해야 했고, 베드윈들과 그들이 획득한 전리품을 처리하기 위해 예기치 않았던 중요한 결정을 내려야 했지요.

1949년 1월이 되도록 팔레스타인 고고학 박물관이나 요르단 고대 문화재청은 사본이 발견된 사실에 대해서도 전혀 모르고 있었고 1번 동굴의 위치는 더더욱 파악하지 못하고 있었던 실정이었습니다. 그들이 이 발견에 대해 알게 되자마자 그들은 동굴 위치 파악에 나서고 같은 달 후반에 가서야 재발견하게 됩니다.

동굴이 발견되고 나서 하딩과 드보는 2주 만에 공식적인 발굴단을 조직했습니다. 이들의 감독하에 에꼴 비블릭, 미국 동양학 연구소(ASOR), 팔레스타인 고고학 박물관(PAM)이 협력하여 3월 5일까지 3주에 걸쳐 1번 동굴을 발굴했고, 하딩과 드보는 그들에게 던져진 역할을 해낼 수 있을 정도로 경험과 훈련으로 이미 다져진 학자들이었습니다.

에꼴에서 드보는 역사와 고고학 교수(1935-1971년)였고, 〈Revue biblique〉의 편집자(1938-1953년)이자 국장(1945-1965년)이었으며, 1945-1952년에 걸친 중요한 시기 동안(에꼴 비블릭 관장) 수도원인 도미니칸 성 스테파노 수도원장이자 1940-1960년대에 팔레스타인 고고학 박물관 이사회 회장을 역임했습니다. 에꼴 비블릭 학장, 수도원장, 박물관 관장이라는 지위를 겸임한 결과 그는 사본을 구매하고 쿰란과 무라바트 지역을 발굴하는 초기 주요 기간 동안 넓은 영향력을 발휘했지요.

게랄드 윌리엄 란케스터 하딩은 플린더스 페트리에 경과 함께 팔레스타인 남쪽을 발굴한 뒤 1932년 요르단에 처음 들어왔습니다. 그리고 요르단을 떠났다가 영국 통치령 시기인 1936년 고대 문화재청 수석 큐레이터로 다시 돌아왔습니다. 그는 1939년 고대 문화재청 검열관이 되었고, 1949년 요르단이 확립된 후 얼마 지나지 않아 요르단 고대 문화재청을 인계받았습니다.

1번 동굴을 발굴하는 동안 드보와 하딩은 사본들을 싸고 있었던 다량의 천과 30개 정도의 토기와 함께 몇백 개의 사본 조각들을 발견했습니다. 그러나 그가 당시 보고한 내용에 따르면 "1947년과 1948년에 이 발견을 최초로 알았던 사람들이 정당한 방법으로 동굴을 발굴하고 처리할 수 있도록 절차를 밟지 않았다는 것이 매우 유감스럽다"라고 말했습니다.

하딩은 고대 문화재청이나 박물관이 어떻게 이 새 발견에 대해 전혀 듣지 못했는지 조사를 시작했고, 박물관에 있는 동료에게 이렇게 썼습니다: "저는 미국 동양학 연구소와 히브리 대학교 양쪽 모두 이 문제를 정당한 방법으로 처리하는 절차를 밟지 않은 그 행위에 대해 강하게 대처할 것을 제안합니다. 우리는 적어도 라기쉬 편지 문서와 동시대임에 틀림없어 보이는 사본 조각들을 가지고 있는데, 이들 사본들과 다른 사본들이 손실되기라도 했다면, 미국 동양학 연구소와 히브리 대학교는 모든 거래가 처음부터 불법이었다는 사실을 제외하고도, 그들이 맡은 과학자적 의무를 이행하지 못했다는 이 통탄할 만한 사안에 대해 중대한 책임이 있음을 인정해야 합니다. 미국 학교 측에서 보고한 상세사항은 성경 고고학자(biblical archaeologist)와 최근 〈BASOR〉지에서 읽을 수 있으며 수케닉 교수는 그들이 가지고 있었던 사본들에 대한 예비 보고서를 히브리어로 펴냈습니다. 물론 배경을 확실히 알기 전까지는 확언할 수 없지만 제가 확실히 알게 되는 순간에는 분명히 조치를 취할 것입니다. 그래서 당신과 해리의 답변을 기다려야 합니다……."

기소하려던 하딩의 계획은 종국에는 실행되지 않았습니다. 사실상 전략이 완전히 바뀌어 버리게 되는데, 이는 하딩과 드보가 후에 발견될 사본들이 절대로 정당한 방법으로 회수되지 않을 것이라는 것을 깨달았기 때문입니다. 그들은 유세프 사이드와 함께 이러한 환경에 적절한 시스템을 만들어 내기에 이르렀는데, 이 시스템은 칸도와 동의안을 체결하여 그가 팔레스타인 고고학 박물관(PAM)에 먼저 사본을 판매 제시를 한다면 그와 그에게 사본을 제공하는 측인 베드윈들도 기소되지 않는다는 내용에 기반하고 있습니다.

이 구매 시스템은 아래에 더 자세히 토론될 예정입니다만, 지금 간단히 언급한다면 박물관과 요르단 고대 문화재청은 사본을 구매할 때, 1967년 칸도와 야딘 사이에서 성전 사본을 두고 일어난 사건이 일어나기 전까지 계속 이 시스템을 지켰습니다. 최근 몇 년 동안에야 비로소 칸도와 베드윈들이 박물관과 체결한 조건을 끝까지 지키지 않았다는 것이 분명해졌지요. 그러나 이러한 내용들은 모두 나중에 밝혀지게 되었습니다. 현 상태에서 하딩과 드보에게 중요했던 건 첫 번째, 당시로서는 유일하게 발견된 그 동굴을 발굴하여 이전 2년 동안 수없이 방문하면서 베드윈들과 그 동료들이 가져가 버렸을 유물들을 찾아내는 것이 급선무라는 사실을 깨달았던 거지요.

시카고 대학과 미국 동양학 학교 교수인 칼 크랠링이 얼마 후 미국 국회 도서관에 2주 동안(1949년 10월 23일-11월 6일)의 성 마르코 수도원 사본 전시를 준비하면서 이 일에 관여되게 됩니다.

크랠링 교수는 이 사본 사업에 연관된 다음 10년 동안 미국 동양학 학교인 올브라이트 센터와 연계하여 사본 구입 사업의 중심적인 인물이 됩니다. 또한 록펠러 가문 기금을 끌어오는 데도 가장 중요한 역할을 했던 인물이었습니다.

드보와 하딩은 곧 1번 동굴 사본 조각들을 편집하고 출판할 두 명의 학자로 구성된 팀을 발족했습니다. 이 시점에서는 1번 동굴 사본들이 빙산의 일각에 불과하다는 것을 아무도 알지 못했지요. 다른 동굴들이 정식으로 발견되기 전이었으니까요. 하딩과 드보가 선택한 두 학자는 도미닉 바르텔레미 신부와 조제프 밀릭 신부였습니다. 바르텔레미 신부는 1949년 이후부터 계속 예루살렘에 있었고 밀릭 신부는 1번 동굴 사본 라틴어 주석과 번역 초기 출판물을 쓴 후 드보 신부의 초청을 받고 1951년 12월에 도착했습니다. 밀릭 신부와 바르텔레미 신부는 프랭크 크로스 교수가 '최초 팀'이라 칭하는 학자들이었습니다. 그들이 4번 동굴 팀이 형성되기 전에 등장했기 때문이지요. 이미 4번 동굴이 발견되기 전부터 그들은 사본 작업을 시작한 상태였습니다. 후에 밀릭 신부는 4번 동굴 팀의 구성원으로도 임명되었습니다. 반면 바르텔레미는 4번 동굴 팀 자료에 몇몇 예비적인 작업을 하기는 했지만 중대한 병을 얻어 1953년 예루살렘을 떠나게 되면서 4번 동굴

팀에 참여하지 못했습니다.

사본 관리 대장 (1950년 5월 6일부터 시작됨)

제가(IAA 이스라엘 고대 문화재청 소속) 현 록펠러 박물관에 있는 팔레스타인 고고학 박물관 자료실에서 복사 허가를 받은 1천 페이지 이상 되는 문서들 중에서 '골동품 구매'라고 손으로 쓴 원고 대장이 있었습니다. 더 자세히 말하자면, 이것은 팔레스타인 고고학 박물관이 1950년 5월 6일부터 1957년 4월 8일까지 구입한 1번 동굴, 와디 무라바트, 2번 동굴, 4번 동굴, 여리고 안이나 그 근처에 있는 무덤으로 보이는 지역과 '알려지지 않은 동굴들', 키르베트 미르드, 와디 세얄, 11번 동굴 등에서 나온 사본 조각에 대해 기록하고 있는 원고 대장입니다.

이 원고 대장에는: (1) 사본을 사고 파는 데 관련된 사람들의 상세한 신원; (2) 정확한 구입 금액 회계; (3) 판매자에 의해 보고된 발견물의 위치; (4) '보상' 기록 등이 적혀 있습니다. 전체적으로 종합해 보면, 이 원고 대장은 '하딩 드보 계획'이라고도 불릴 수 있는 것으로, 하딩과 드보, 사아드가 사본을 구출하기 위해 만들어낸 시스템을 확인하고 입증해 주는 자료입니다. 이 계획이 없었더라면, 아마 지금까지 연구되고 보존된 사본 조각 수가 훨씬 적었을 것은 분명합니다.

어찌되었건, 팔레스타인 고고학 박물관을 통해 고대 문화재청이 자금을 대었는데, 이 자금은 항상 사본을 직접적으로 사기 위한 것만은 아니었습니다. 때때로 정보를 제공한 보상으로 사용되기도 했던 것입니다. 이것이 새로운 시대의 개막이었지요.

이 일이 어떻게 진행되었느냐구요? 당시 일어난 일들을 이해하기 위해서 우리는 1946-1948년 사이의 사건들을 짧게 알아볼 필요가 있습니다. 우리가 이미 지적한 것처럼, 사본을 처음으로 대했던 사람들은 팔레스타인 박물관이나 고대 문화재청에 즉시 신고하지 않았습니다: 베드윈들이나 베들레헴/예루살렘 골동품 상인들, 사무엘 주교, 안톤 키라즈, 수케닉, 트레베르, 브라운리, 버로즈 그리고 이 발견에 대해 알았던 다른 모든 사람들이 아무도 알리지 않았던 거죠. 위 편지에서 보셨던 것처럼 이러한 행위는 하딩의 분노를 삽니다. 그러나 그 후 하딩은 마음을 바꾸게 되죠. 그는 비밀 발굴 작업을 멈출 수 있는 힘을 가진 사람이 아무도 없다는 사실을 있는 그대로 받아들이게 됩니다. 그는 드보와 연계하게 되면서 드보는 이 목적을 달성하려는 하딩의 대리자 역할을 하게 됩니다.

이러한 정책이 열매를 맺기 시작한 것은 얼마 지나지 않아서부터 였습니다. 1951년 5월 12일 기록에 따르면 1번 동굴 조각을 구매하기 위해 31요르단 디나르가 지불되었고, 1951년 12월 22일 기록에는 무라바트 사본 조각을 구매한 600요르단 디나르가 드보에게 '상환'된 사실이 처음 명시되어 있습니다(무라바트는 1954년 발견되었고 실제적으로 모든 박물관 기금이 이 자료를 구매하는 데 소요되게 됩니다). 드보는 베드윈들이 에꼴 비블릭의 문을 두드릴 때마다 바로 그 자리에서 돈을 먼저 지불해 주었습니다. 그 후 팔레스타인 고고학 박물관이 주기적으로 그에게 돈을 상환하거나 에꼴로 먼저 선금을 보내어 사본이 도착할 때마다 드보가 즉시 사본을 구입할 수 있게 했던 거죠.

이러한 제도는 1950년 11월 2일 팔레스타인 고고학 박물관(PAM) 이사회로부터 공식적인 재가를 받은 것입니다. 드보는 사본을 구입할 때 적당한 양으로 생각되는 기금을 소비할 수 있는 재량권을 받았습니다. 정말 현명한 선택이었죠! 지불 요청을 하고 계좌 사이에 이체를 하며 위원회의 승인을 받는 다른 모든 기관에서 사용되는 보호장치들에 대한 모든 관료적 규범 시스템들이 단번에 면제되었던 것입니다. 드보가 자금을 자유롭게 사용할 수 있었던 재량권은 사본 사업에서 만들어진 시스템에서 가장 좋은 대책이었습니다.

매매 교섭을 피하기 위해 텍스트 1평방 센티미터당 1파운드라는 가격이 점차적으로 고정되었는데, 이는 드보, 하딩 그리고 사아드가 베드윈들에게 사본 조각당 돈을 지불하면 이 교활한 유목민들이 총 금액을 올리기 위해 더 조그만 조각으로 조각 낸다는 사실을 알게 되었기 때문인 것도 있습니다.

쿰란에서 발견된 두 번째 동굴은 1952년 2월 첫 번째 동굴 근처에 있었습니다. 적어도 드보는 무라바트 발굴이 끝나기 바로 직전 (1952년 3월 3일), 2월 말경에 가서 이에 대해 알게 되었죠. 그리고 3번 동굴과 청동 스크롤이 1952년 3월 발견되었습니다.

1952년 7월 타아미레 베드윈들이 끊임없이 수행한 은밀한 발굴 조사는 다시 열매를 맺었는데, 쿰란에서 5마일 정도 떨어진 키르베트 미르드의 한 크리스트교 수도원 폐허 유적 근처에 있는 사본 은닉물들을 발견했던 것입니다. 1952년 7월과 8월 사이에 베드윈들이 알려지지 않은 한 동굴에서 사본을 가지고 왔는데, 아마 나할 헤벨(와디 카브라)이었던 것으로 생각되고, 여기서 소 예언자 그리스어 사본이 발견됩니다.

1952년 9월 중반: 4번 동굴

1952년 여름이 끝나갈 무렵, 드보와 하딩은 더 큰 발견물에 대한 실마리를 얻기 시작했습니다. 이번에는 베드윈들이 박물관과 하딩에게 이 새로운 발견물을 가져오는 데 그다지 오래 걸리지 않았습니다. 타아미레 베드윈 부족과 아주 가깝게 일해온 터라 하딩과 드보는 그들의 친구로 간주되었고 구매와 판매의 합의 사항이 굳건했기 때문이었지요.

드보는 당시 이와 같이 보고했습니다: "그들이 발견한 첫 번째 보물 묶음들이 두 개의 루트를 통해 9월 20일(토요일) 예루살렘에 도착했다. 아침 이른 시간에 10명 정도의 베드윈들이 프랑스 고고학 학교(에꼴 비블릭)에 도착하여 많은 사본 조각들을 풀어 놓았다. 처음에 이 베드윈들은 발견한 장소를 발설하지 않기 위해 말을 삼가는 것처럼 보였으나 사본 조각의 형태와 필체 형태로 보아 쿰란에서 발견된 것임을 보여주고 있었고, 베드윈들도 기꺼이 시인한 사실이다. 매매가 아침 내내 지속되었고 마침내 모두를 만족시킬 만한 해결책이 모색되었다. 이 매매 교섭이 끝나기도 전에 팔레스타인 고고학 박물관 큐레이터인 유세프 사이드 씨는 그 날 아침 유다 광야 사본 판매 주요 에이전트인 칼릴 이스칸더 샤힌(칸도라 흔히 불리는)이라는 베들레헴 골동품 상인이 같은 곳에서 나온 것으로 보이는 같은 종류의 어마어마한 사본 뭉치를 가져와 판매를 제의했다고 알렸다.

"재빠른 조치가 취해져야 했다. 암만에 있는 고대 문화재청 총재였던 G.L. 하딩 씨에게 이 사실이 즉각적으로 보고되었고, 하딩 씨는 여리고에 있는 경찰서에 신고하여 그날 오후 3시에 말을 탄 순찰대를 쿰란으로 보내어 그 동굴을 발견하고 불법 발굴자들을 한꺼번에 차단

했다."

1952년 9월 20-21일 토요일 밤과 일요일

"경찰은 그곳에 경호원을 배치했고 그 다음날인 일요일 9월 21일에는 사해 근처에서 행해진 작업에 처음부터 관련되어 있었던 세 개 기관인 요르단 고대 문화재청, 팔레스타인 고고학 박물관, 프랑스계 에꼴 비블릭이 준비를 마치고 9월 22일 아침부터 동굴 발굴작업을 시작했다." 이 작업은 9월 29일까지 지속되었다.

1952년 9월 22일 월요일부터 1952년 9월 29일 월요일까지

"베드윈들은 이미 동굴 내에 있었던 내용물을 절반 이상이나 가져간 후였다. 그들이 매우 조심스럽게 작업을 했었기 때문에 아주 적은 수의 조각만 남아 있을 뿐이었다. 그러나 고고학자들은 동굴 아래 층들을 발굴하여 베드윈들이 찾아내지 못한 조그만 지하 방을 발견하고 그곳으로 통하는 원래 입구도 발견했다. 그들은 그곳에서 100개 정도의 서로 다른 사본에 속하는 것으로 보이는 천 개 정도의 조각들을 수집했는데, 거의 모든 조각들이 베드윈들로부터 구입한 사본들과 매치되는 것이었으므로 베드윈들이 (예루살렘에서) 팔았던 사본 묶음들이 어디서 나오는 것인지를 확인해 주었다. 한편으로 이곳에 쌓인 모든 사본 조각들 사이에서 발견된 같은 종류의 사본 조각들이 분산된 것은 우리가 다음에서 알아보겠지만 대격변의 전조가 된다. 4번 동굴이 이렇게 발굴되고 있는 동안 그 주위도 함께 발굴되고 있었다. 밀릭은 4번 동굴 매우 가까이에서 5번 동굴을 발견했고, 그 안에서 15개 정도의 사본 조각을 발견했다. 바로 얼마 전 베드윈들이 20개 이상의 사본 종류에 속하는 조각들을 가져가 버린 조그만 6번 동굴의 위치도 확인되었다. 그러나 9월 20일 모습을 드러낸 두 묶음의 사본과 공식 발굴 작업에서 거둬들인 발견물은 이 발견물의 한 부분만을 차지할 뿐이었다: 많은 사본들이 여전히 베드윈들의 손에 있었기 때문이다. 고대 문화재청 총재인 G.L. 하딩의 충고를 받아들인 요르단 정부는 이 영광스러운 발견이 나라에 어떠한 영향력을 미칠 것이라는 것을 파악하고 이미 안전한 곳에 보관중이었던 이 두 묶음을 사기 위해 15,000요르단 디나르(15,000파운드=42,000달러)를 할당했다. 예산의 한계, 그리고 절박하고 때로는 비극적이기까지 했던 기금 사정을 볼 때, 요르단 정부에서 이러한 견식 있는 아량은 학계의 인지를 받을 만 하다.

그러나 이 할당 기금은 수많은 발견물들이 모두 구매되기 전에 고갈되어 버렸고, G.L. 하딩의 권유에 따라 요르단 정부는 출판 준비 작업이 진행되고 있는 동안에는 팔레스타인 고고학 박물관이 사본들을 보관한다는 조건 하에 외국 기관들이 고대 문화재청과(팔레스타인 고고학 박물관)의 중재를 통해 베드윈과 골동품 상의 손에 남아 있는 사본 조각을 구매할 수 있는 권한을 부여하기에 이르렀다. 모든 단계를 거친 다음에는 각 기관들이 이 많은 양의 사본 조각을 받기로 되어 있었는데, 투자한 자금으로 구입하게 되는 여러 혼합 사본 조각들이 아니라 그 돈에 해당하는 양에 걸맞은, 종류 별로 조합된 사본들을 받기로 되어 있었다. 이 사본들은 각각 속한 사본 종류에 맞게 분류되었고 (오늘날까지도 기부자가 받기로 되었던 사본을 표시하는 꼬리표가 4번 동굴 사본 판에 남아 있는 흔적을 볼 수 있다.) 재정적 지원을 위해 이 사본 구출 작업에 참여했던 기관들을 (시간) 순서대로 열거하면 다음과 같다: 몬트리올 맥그릴 대학, 바티칸 도서관, 맨체스터 대학, 하이델베르그 대학, 시카고 맥코믹 신학대학.

이렇게 기부된 재정은 요르단 정부가 할당한 총 예산을 넘어서는 금액이었고, 베드윈들로부터 (4번 동굴) 사본을 구매하는 작업은 1958년 여름까지 지속되었다(첫 사본 조각들이 예루살렘에 등장한 이후로 거의 6년이라는 세월에 해당함). 그리고 마지막 4번 동굴 사본 구매가 맥코믹 신학대학과 뉴욕의 유니테리언 교회, 옥스퍼드 대학의 관대한 기부금으로 완료될 수 있었다. 그러나 종국(1961년 8월 5일)에 가서 요르단 정부는 이 사본들을 국가 유산으로 규정하여 나라 밖으로 나갈 수 없다고 생각하게 되면서, 사해 지역에서 발견된 모든 사본들이 국가 소유이며, 구매에 필요한 자금을 제공해 준 기관들에게 국가가 다시 자금을 돌려주겠다는 결정을 내리게 된다. 그러나 요르단 정부가 처음에 내렸던(외국 기관들이 사본을 구매할 수 있다는) 허가와 이에 해외에서 보인 반응으로 인해 사본이 분산되거나 세계적으로 이례적인 중요성을 띠고 있는 이 사본들이 손실되는 사태를 어느 정도 막을 수 있었고, 사본 연구도 가능하게 한 것이 사실이다. 각각 종류가 다른 조각들이 함께 묶인 사본 자체는 그다지 의미가 없다; 이 조각들을 한 곳에 모아 어떤 사본 조각인지를 인지하고 분류하여 재생 작업을 할 필요가 있다는 것은 분명했다.

[각주]: 만약 발견된 많은 사본들의 운명을 비교해 본다면, 고대 사본이든 현대 사본이든 간에 적어도 15,000개나 되는 4번 동굴 조각들을 재수집하여 복구한 이 작업은 눈부신 성과가 아닐 수 없다. 단 몇몇 사본만이 '사해 사본' 조각을 소유하려는 허영심에 이끌려 전체의 과학적 관심을 무시하고 불법 수집가의 손에 들어가게 된다. 이러한

사본 몇몇은 나중에 사진으로 우리에게 보내졌고 'Discoveries in the Judaean Desert' 시리즈에 포함될 예정이다. 만약 다른 사본들이 존재하고 있다면 가능한 빨리 모든 이들에게 공개함이 옳을 것이다!

드보의 보고서는 협상과 구매로 보냈던 몇 년이라는 세월을 요약하여 보여주고 있습니다. 그가 기록한 도표는 PAM 사본 대장과 기본적으로 일치하지만 사본을 구매하고 기금을 마련하는 작업 전체는 그가 설명할 수 있는 것보다 좀더 복잡했습니다. 1950년에서 1964년까지 약 14년 동안 있었던 이야기를 모두 이해하려면 모든 사본들을 획득하기 위해 팔레스타인 고고학 박물관(PAM)과 요르단 고대 문화재청(DAJ)이 떠맡은 재정적 부담을 이해할 필요가 있지요. 불운하게도 세월이 지나면서 하딩과 드보에게 구매 제안되었던 사본들이 발견된 사본 전부가 아니라는 것은 분명해졌습니다.

지금부터 하딩의 편지와 PAM 자료실 기록에서 나온 이야기로 빈 공간을 채워 보도록 합시다.

드보가 지적한 것처럼, 4번 동굴 전리품들이 시장에 등장하기 시작하면서 드보와 하딩이 4번 동굴이 발견된 사실을 인지하기 시작했을 즈음에는 "타아미레 부족이 동굴에서 며칠 동안 교대로 작업하면서 동굴을 모두 털어간" 후였습니다.

4번 동굴 첫 사본을 구매한 시점에 대해서는 약간 혼돈스러운 면이 있습니다. 그러나 아마도 9월 3, 4, 11일에 구매가 이루어졌던 것으로 보이고, 2번 동굴이나 무라바트에서 발견된 사본이라 생각했던 사본들이 사실상 4번 동굴 사본들이었던 것으로 보입니다. 칸도와 베드윈들은 관료들이 4번 동굴이 존재한다는 것 자체를 몰랐기 때문에 드보와 하딩에게 사본들이 새로운 동굴(4번 동굴)에서 나왔다는 사실을 말하지 않으려 했을 것입니다! 드보와 다른 이들이 다른 새로운 동굴이 존재한다는 것을 알아낸 후에야 칸도와 베드윈들은 9월 초에 발견된 사본이 나온 장소에 대해 자백하기에 이르죠. 그래서 9월 3일 구매 기록은 무라바트에서 4번 동굴로 바뀌게 되고 4번 동굴이 4일과 11일자에 추가되었습니다. 어쩌면 9월 23일에 판매된 많은 사본들의 경우와 동일한 것일 수도 있고, 처음으로 4번 동굴 사본임을 인지했던 사본들일 수도 있습니다. 이 결론은 사본 대장 마지막 열 배열을 보면 더 확신할 수 있는데, 여기서 9월 3일 기록이 바뀐 이후 마지막 4개 'Q4'가 나중에 추가되었다는 사실을 시사해 주고 있기 때문입니다. 일주일 조금 넘어서 PAM이 4,158파운드(미화 11,642달러) 이상을 내고 4번 동굴 사본을 구매하지만, 사야 하는 사본의 양은 그보다 훨씬 더 많습니다. 현재로서는 칸도의 운이 틔고 있던 상황이었습니다!

드보가 자세히 보고하는 내용과 같이, 요르단 고대 문화재청은 즉시 행동을 취해 (몇 시간도 채 걸리지 않았다) 불법 발굴을 중단하지만 대부분의 사본들은 이미 없어진 후였습니다. 이 사본들이 다시 팔레스타인 고고학 박물관으로 돌아오기까지 수년이 흐르게 되지요. 그리고 드보가 죽은 후 출판된 1977년 DJD 6에 그가 적은 통렬한 탄원서에서도 보여지듯이 몇몇 사본은 다시는 돌아오지 않았습니다.

9월 24일?

드보가 첫 4번 동굴 사본 판매 제안을 받은 후 동굴 발굴이 완전히 끝나지 않았던 어느 시점에서 하딩은 칼 크랠링 교수와 케네스, 엘리자베스 베흐텔 부부에게 편지를 보냈던 것으로 보이고, 9월 29일 4번 동굴 발굴이 종료된 며칠 후에도 비슷한 편지가 다시 보내졌습니다. 저는 여기서 뒤의 편지를 인용하고자 합니다. 이 편지들은 1952년

9월 3-11일 사이 칸도에게서 구매를 마치고 난 후 드보와 하딩이 깨닫게 되는 중대한 문제를 명확히 보여주고 있습니다. 거대한 양의 4번 동굴 조각을 구출하기 위해 필요한 돈의 양이 팔레스타인 고고학 박물관 재정 자원을 완전히 압도할 지경에 이르렀고, 이전에 말한 대로 박물관 자금은 무라바트 사본을 구매하느라 거의 바닥을 치고 있었기 때문입니다. 광범위한 자금 조성이 필요했습니다. 4번 동굴 발굴이 종료된 1952년 9월 29일 하딩은 시카고 대학 동양학 연구센터의 칼 크랠링 교수에게 또 다른 편지를 보냈습니다: "1952년 9월 24일에 보낸 편지에 덧붙여 저는 방금 정리를 끝낸, 마지막 동굴에 필요한 자금양을 간략하게 적은 회계 장부를 동봉합니다. 이 편지를 통해 우리 입장이 명확히 드러날 텐데요, 드보 신부님이나 저는 이 정보를 교수님께 보내어 가능하다면 록펠러 씨(존 D., Jr.)에게 전달하셔서 그분이 하실 수 있는 어떠한 조치를 취해 주실 수 있으리라 생각했습니다."

"우리는 동굴을 발굴하면서 많은 양의 유물들을 구할 수 있었습니다만 늘 베드윈들이 선수 친 것이 너무나 안타깝습니다. 그러나 그들은 동굴 수색 외에는 달리 할 일이 없지만 우리가 행하는 작업은 그보다 좀더 다양합니다."

"지금 당장은 이 정보가 발표되지 않게 비밀로 지켜주시기 바랍니다. 급한 자금을 조성하는 데 다른 모든 방안들을 모색하고 있습니다만 시간이 걸리고 있습니다. 그동안, 우리는 사본 구매를 멈출 수 밖에 없고 다른 사람들도 마찬가지라는 보고를 받았습니다."

하딩은 너무 절박하여 할 수 있는 방법은 모두 모색하고 있었습니다. 이 상황을 다시 적어 보면 그는 새롭고 놀라운 정보를 밝히고 있는데 다음과 같습니다: "1947년 사해 바다 근처 타아미레 베드윈 부족이 구약성서 중 세상에서 가장 오래된 사본으로 판명된 양피지 두루마리를 발견하고 난 이후 이 부족은 그들의 빈약한 수입을 높이기 위해 다른 비슷한 은닉 장소를 찾으려 왕성하게 활동하고 있습니다."

"지난 2년 동안 그들은 가장 성공적인 결과를 보였는데, 위치가 외딴 곳이고 접근하기가 힘든 곳이다 보니 이러한 부분들이 그들에게 여유롭게 동굴을 탐색하고 발굴하여 시장에 사본을 내놓게 하고 있습니다. 동굴 위치가 확인되는 즉시 (요르단) 고대 문화재청, 팔레스타인 고고학 박물관, 프랑스계 에꼴 비블릭이 조인하여 발굴 작업을 서두르지만 늘 우리가 그곳에 도착할 즈음에는 선반이 비어 있을 뿐입니다. 우리가 지난 봄 (무라바트에서) 작업했던 동굴들은 교통수단이 들어갈 수 있는 지점에서 3시간을 걸어서야 들어가는 곳에 있었고, 공급품이나 장비들은 동굴이 있는 골짜기 꼭대기까지 노새로 운반해야 했으며 그곳에서 전기 발전소를 포함한 모든 장비들을 작업자들이 등에 지고 벼랑까지 옮겨 가야 했던 어려움들을 이해하실 수 있을 것입니다."

"팔레스타인 고고학 박물관은 지난 몇 년 동안 축적된 기금으로 이 발견물들을 살 수 있었지만 최근 들어 이 기금들이 거의 동이 났습니다. 하지만 사본이 우리에게 들어오는 속도 또한 줄어들고 있어 걱정이 이만 저만이 아닙니다. 이러한 자료들이 한 곳에 함께 소장되어야 한다는 것은 너무나 중요한 일입니다. 그렇지 않으면 1948-1949년 사이 지난 첫 번째 사본 발견물의 경우처럼 일부 사본이 이스라엘 밖을 나가 미국으로 간 것과 같은 결과가 반복될 겁니다. (요르단과) 이스라엘, 미국 이곳에 같은 사본 조각들이 있고 정치 상황과 다른 정황들로 인해 함께 유지될 수 없는 상황입니다."

"박물관의 목적은 이 유물이 퍼지지 않도록 막는 것이고 이제까지 성공적으로 잘 해왔습니다. 그러나 지난 주 베드윈들이 첫 번째 동굴에서 그다지 멀지 않은 다른 동굴 (4번 동굴)을 발견하였는데, 그 안에 시대가 같고 형태가 같은 성서 사본들이 더 많이 발견되었습니다. 일단 발견된 사본의 양이 너무 많아 놀랍고, 조각난 상태이긴 하지만 구약 성서 책들이 많이 포함되어 있기 때문에 아마도 이전 원래 발견물보다 훨씬 큰 중요성을 띨 겁니다. 사실상 우리가 이제까지 보아온 계산에 따르면 구약성서의 75% 정도를 발견한 것 같습니다."

"박물관의 기금은 불운하게도 거의 고갈되었고 우리는 사본 1/3만을 획득할 수 있는 상태입니다. 이는 나머지 사본들이 이 나라 밖으로 떠나 밀수출될 것임을 의미하기 때문에 매우 불편한 상황입니다. 아니면 적절한 시장을 찾지 못해 손상 파기되어 버릴 수도 있습니다. 남아 있는 사본들의 선취 특권을 획득하기 위해 제 계산으로 적어도 5,000파운드 정도가 급히 필요하다고 생각됩니다. 이 금액은 특히 소문이 난 것처럼 완전한 사본 두 개가 발견되었다면, 모든 비용을 커버하지는 못할 겁니다. 지금 당장에는 이 모든 걸 떠나서 구매 협상을 종결하고 이 자료들을 출판하는 데 최소 10,000파운드(총계는 15,000)가 더 필요하게 될 거라는 것을 말씀드립니다."

"특히 후자를 가장 중요하게 고려해 보아야 합니다. 그리고 만약 돈이 오게 된다면 저는 이 사업을 국제적인 사업으로 만들자고 제안하고 싶습니다. 박물관 이사회를 대표하는 다양한 협회들을 통해 학자를 예루살렘에 보내어 분류, 수집, 사진작업, 번역 작업을 하여 최종 출판 준비를 할 수 있도록 초청하는 겁니다."

"그러나 급한 사안은 지금 현재 5,000파운드를 구하여 전 세계적인 가치를 가지는 이 유일하고도 가격을 따질 수 없는 사본들을 구출하는 겁니다. 최근에 발견된 이 사본들을 획득하면 이 박물관은 구약성서 학계와 팔레스타인 팔레오그라피(고문서학)와 에피그라피(비문연구/비명학) 분야에서 가장 뛰어난 위치를 보장받게 될 것입니다."

누구라도 하딩의 편지에서 흐르는 그 급박성을 느낄 수 있을 것입니다. 발견이 되고 난 바로 며칠 후 이미 자금이 동나 있었고 그래서 그는 다가올 수년 동안 박물관이 짊어지게 되는 성가신 작업, 자금 조성이라는 그다지 친숙하지 않았던 분야에 뛰어들게 된 것입니다. 사실상 자금 조성은 출판 속력을 좌지우지하는 주요한 이슈가 됩니다. 그리고 현재까지도 사본 학자들을 따라다니고 있는 문제이지요. 많은 대중은 일반적으로 이렇게 중요하고 전 세계 사람들에게 흥미를 불러일으키는 사본을 출판하고 보존하는 자금은 "하늘에서 뚝 떨어졌을 것"이라 생각해 왔지요. 그러나 그런 상태와는 거리가 멀었죠. "사실, 제가 여기서 쓰고 있는 바와 같이 16개 히브리어 성서 사본 조각과 에녹 사본 한 조각이 스위스 금고에서 시들어 가고 있고 예루살렘에 140개의 그리스어 사본과 다른 곳에 있는 창세기 사본 큰 조각이 하나 있는데, 4년 동안 수십 통의 편지를 쓰고 미팅을 하고 수백 달러에 해당하는 전화 통화를 하면서 노력해 왔음에도 불구하고 1페니도 얻을 수가 없었습니다."

하딩의 편지에서 주목할 만한 사실 중 하나는 4번 동굴에서 나온 거대한 양의 사본을 분류, 재수집, 사진 작업, 그리고 번역하여 출판할 학자 팀 구성을 처음으로 시사하고 있다는 점입니다. 우리는 이 팀을 4번 동굴 팀이라고 부르겠습니다. 여기에서는 시간이 없지만 제가 쓴 《사해 사본과 그 역사》에 이 팀이 다음 두 해 동안 어떻게 형성되고 왜 각각의 구성원이 초청되었으며 누가 거절하고 누가 이를 받아들였는지가 나와 있습니다. 그리고 그 당시 이 이례적인 학자들이 쓴 개인 편지들을 우리가 많이 가지고 있고 원래 8명의 구성원 중

(1999년) 살아 있는 4명을 인터뷰할 수 있었던 특권을 가졌던 탓에 이들과 상당히 친숙해진 상태입니다.

가장 초기 단계에 드보의 오른팔로 선택한 한 사람은 바르텔레미 신부였습니다. 2000년 2월 제 아내 다이앤과 제가 에바 벤-다비드 씨와 동행하여 스위스 프라이보르그에 있는 알베르티눔 도미니칸 수도원에 있는 그분과 인터뷰를 했을 때, 4번 동굴 사본, 그리고 특히 칸도와 맺었던 그 관계를 생생하게 기억하고 있었습니다. 이 인터뷰 내용을 요약하면 다음과 같습니다.

DB: "4번 동굴에서 사본을 찾았을 무렵 저는 개인적으로 그 동굴에 가지는 않았지만 예루살렘에 있었습니다. 제가 예루살렘에 있는 시간이 끝나갈 무렵에 발견되지만 저는 4번 동굴 사본을 많이 알게 되었죠. 베드윈들이 그 사본들을 팔려고 왔을 때 그들을 받아들인 사람이 저였으니까요. 저는 항상 제일 먼저 4번 동굴 사본 분류 작업 임무를 맡았는데, 이것은 사본을 인지하고 분류했던 첫 번째 시도였습니다.

WWF: 저는 한 베드윈이 사본 조각을 들고 왔을 때 어떠할지 상상해 보려 하고 있습니다. 그가 에꼴 비블릭에 와서 문을 두드렸나요? 만약 그랬다면, 그가 찾은 사람은 누구였지요? 그가 바르텔레미 신부님을 찾았나요, 아니면 드보 신부님을 찾았나요? 안톤 하조우는 아니었나요?

DB: 드보 신부님이었지요. 드보 신부님은 에꼴 비블릭의 학장으로써 사해사본 고고학 파트를 맡아 작업하셨던 가장 유능한 분이셨습니다.

WWF: 그렇다면 보통 그들은 뭐라고 말을 하나요? "우리가 사본을 가지고 있습니다. 돈을 많이 주셔야 합니다" 등으로 말을 하나요, 아니면 "어느 정도 돈을 줄 수 있습니까?" 라고 묻나요? 베드윈들이 가격을 정하나요 아니면 드보 신부님께서 가격을 정했나요?

DB: 가격은 정해져 있었어요. 확정된 가격이 있었죠. 글씨가 쓰여진 사본 크기에서 평방 센티를 기준으로 정해져 있었습니다.

WWF: 기준 당 얼마였지요?

DB: 제 생각으로는 평방 센티미터당 1파운드였던 것 같습니다.

WWF: 어떻게 그런 방법을 선택하게 됐지요? 그 근거가 무엇이었습니까?

DB: 아주 간단하죠. 베드윈들은 항상 가격을 올리길 원했고 우리는 항상 낮추길 원했죠. 그래서 양방의 협상을 통해 가격이 조금씩 정해지기 시작했지요.

WWF: 저는 초기 시절 베드윈들이 가격을 올리려고 사본 두루마리들을 찢곤 했다는 이야기를 들었는데요 그것은 조각마다 돈을 받았기 때문이라고 들었습니다. 나중에 와서야 찢기는 걸 방지하기 위해 드보 신부님께서 평방 센티미터로 가격 기준을 바꾸셨다고 합니다.

DB: 아마 그랬던 걸로 생각됩니다.

WWF: 그렇다면 베드윈들이 드보 신부님이나 바르텔레미 신부님께 "여기 사본이 있습니다"라고 말을 했겠군요. 다음 질문은, 그들이 돈을 지급받은 방법에 대해 알고 싶습니다. 드보 신부님이 란케스터 하딩에게 가서, 예를 들면 "사본이 있기 때문에 500 파운드가 필요합니다"라고 말을 했나요?

DB: (웃으며) 베드윈들은 우리가 돈을 받아내는 것이 매우 쉬운 걸로 잘못 생각하고 있었죠. 은행으로 편지를 쓰면 은행이 영원히 돈을 보내줄 거라고 생각했던 겁니다!

WWF: 그러나 사실상, 드보 신부님은 하딩에게 돈을 요청해야 하지 않았나요?

DB: 하딩은 발견된 사본이 중요하고 흥미로우며 오래된 사본이라는 것만 확신하면 특정 동굴에서 사본 조각을 살 때 우리가 사용할 수 있는 금액을 정해 놓고 있었습니다. 그래서 정해진 양이 있었고 우리는 그 양 안에서 해결하면 됐었죠. 새로운 동굴이 발견될 때마다 우리를 위해 세워준 예산이 있었어요. 특정 동굴에서 발견된 사본 구매를 위해 특정 금액으로 올릴 수 있다고 우리에게 말해 주었죠.

WWF: 그러면 뽑아 쓸 수 있는 오픈된 계좌가 있었을 법 하군요.

DB: 동굴마다 있었죠.

WWF: 그렇다면 드보 신부님은 매번 하딩에게 말을 하지 않아도 되었겠군요. 스스로 일정한 양의 돈을 사용할 수 있었고 사본 조각을 사기로 결정할 때마다 베드윈들에게 즉시 분배할 수 있었겠구요.

DB: 그렇죠.

WWF: 일단 돈을 지불하고 에꼴 비블릭에 사본을 보관하게 되면 그 다음 단계는 뭐였지요? 드보 신부님은 바로 팔레스타인 고고학 박물관에 사본을 가져가야 했나요? 아니면 사본이 당분간 에꼴에 소장이 되었나요?

DB: 즉시 록펠러(팔레스타인 고고학) 박물관으로 보내졌지요.

WWF: 그런 후 유세프 사아드에게 가게 되나요?

DB: 그렇습니다. 유세프 사아드는 매우 도움이 되는 정직한 사람이었어요. 사아드가 부정직했던 모습을 한번도 본 적이 없습니다.

WWF: 일단 유세프 사아드가 사본 조각을 받게 되면 그 다음 단계는 어땠습니까? 드보 신부님이 이 조각을 편집할 학자를 즉시 선택을 했나요?

DB: 그건 상황에 따라 달랐죠. 제가 그곳에 계속 있었을 때는 구입한 모든 사본 분류 작업은 저에게 제일 먼저 주어졌습니다.

WWF:. 그래서 신부님께서는 베드윈을 실제로 만나셔서 구입하시고 구입 과정에 도움도 주셨군요. 칸도와도 함께 일하셨습니까?

DB: 그렇죠. 저는 칸도도 (에꼴에서) 받아들인 적이 있어요. 그가 저에게 특정 사본 조각들을 가지고 왔던 것을 기억합니다. 그에게 다른 조각들도 있느냐고 물었었는데, 사본 군데군데 잘려나간 흔적들이 갓 만들어진 듯 보였거든요. 다른 조각에 붙어 있다가 후에 잘려 나간 것이 틀림 없었기 때문입니다. 그때 그가 저에게 지난 가을(아마도 1952년 후반부였을 겁니다) 타이어 안 튜브에다가 사본 조각을 많이 집어 넣고 현관 계단을 들어 이 튜브를 파묻었다고 말을 했지요. 겨울 우기 동안 축축해지는 걸 막으려고 거기다 두었다고 합니다. 그러다가 봄에 한번 보려고 사본을 들추어 보았더니 모두 축축하게 젖어 있었다고 했어요. 남아 있는 것이 하나도 없었답니다. 액체가 되어 버려 젤리처럼 된 거죠. 그래서 그는 그 사본들을 팔 수가 없어 매우 미안하다고 말했습니다. 그때 4번 동굴 사해 사본 조각들이 중간 중간 많이 비게 된 이유를 알게 되었죠. 그가 그 밑에다 집어 넣었던 조각들이 4번 동굴 조각들이었거든요. 이때가 52-53년 겨울 동안이었습니다. 칸도 사본에 일어난 일에 대해 매우 유감스럽게 생각하고 있지요.

WWF: 정말 사람을 질리게 하는 사건이네요. 제가 수 년 전에 만났던 베드윈 하나도 저에게 이런 이야기를 들려 주었는데, 4번 동굴에 처음 갔을 때(당연히 드보 신부님보다 먼저였죠), 사본들이 매우 많았어요. 그래서 그들은 카피예(아랍 남성들의 두건)를 가져와서 바닥에 놓고 사본 조각을 그 안에 쌓은 다음 꽁꽁 묶고 어깨에 짊어지고 내려갔다고 합니다. 4번 동굴에 나무 조각도 있었는데 아마도 사본 선반이었겠지요. 그러나 그들은 그게 뭔지 몰랐기 때문에 와디에다 버려 버렸다는 말을 하더군요. 당연히 비가 내리자마자 모두 씻겨 가버렸 겠죠. 선반에 대한 이런 이야기를 들어보신 적이 있으신가요?

DB: 아니요, 그런 얘기는 한번도 들은 적이 없습니다.

WWF: 특정 사본을 작업할 사람을 결정했던 사람은 누구였나요? 드보 신부님이었나요?

DB: 점진적으로 정해졌죠. 즉 예루살렘에 있던 사람들 중에서 이 사람 또는 저 사람이 새로운 사본을 맡아 편집할 시간이 있다는 소식이 알려지게 되죠. 새 사본을 작업할 때 충분히 자유로운 시간이 있는 학자를 선택하려 했습니다.

WWF: (4번 동굴 팀으로 후에 불리는) 8명 위원회를 구성하려던 건 누구 생각이었지요? 드보 생각이었나요, 하딩의 아이디어였나요?

DB: 일반적으로 그 학자들은 각종 다른 이유로 예루살렘에 왔었죠. 예를 들어 우리 작업의 실제적인 상태를 보거나 하려는 등이죠. 왜냐하면 이 일 자체가 그들의 흥미를 끌었기 때문입니다. 그래서 우리는 그들이 예루살렘에 있을 때를 이용해 우리와 함께 작업하자는 제의를 했지요.

WWF: 그러나 알레그로와 스트러그넬의 경우에는 와 달라는 초청장을 받았죠.

DB: 저는 모든 초청 자체가 비공식적인 형태로 이루어졌다고 생각합니다. 즉 X 또는 Y가 와 있다면 이러 이러한 사본 조각을 편집 작업 해달라고 요청하는 거죠. (여기서 바르텔레미 신부가 잘못 알고 있는 것은 하딩의 서류를 보지 못했기 때문이다. 하딩 서류를 보면 4번 동굴 팀 구성원을 선택했었던 구체적이고 공식적인 선택 양식을 볼 수 있다.)

WWF: 이 시간 동안 누가 중심적인 역할을 했고 누가 모든 사람들이 우리러 볼 정도로 훌륭한 고문서학 학자였지요? 밀릭입니까 스트러그넬입니까?

DB: 제 생각으로는 스트러그넬이 훌륭했던 것 같습니다.

WWF: 지금 우리는 베드윈들이 사본을 발견하고 에꼴에 와서 드보 신부님이나 바르텔레미 신부님을 요청하면 드보 신부님이 가격을 지불하고 사본을 박물관으로 가져간다고 말했습니다. 그렇다면 칸도가 등장하는 곳은 어디입니까? 칸도가 했던 역할은 무엇이었지요?

DB: 베드윈들은 일단 칸도에게 가고 칸도 자신이 에꼴에 왔지요.

WWF: 그럼 보통 드보 신부님이 칸도와 협상을 했겠군요, 베드윈 자체가 아니라.

DB: 그렇죠. 그러나 베드윈과 협상할 때도 있었습니다. 왜냐하면 사본 묶음들이 도착하는 방식이 다 달랐으니까요. 몇몇(사본)은 칸도를 통해서 오고 어떤 건 칸도를 통해 오지 않을 때도 있었죠. 베드윈들은 이미 드보와 하딩과 직접적인 연결관계를 가지고 있었으니까요.

WWF: 그렇다면 칸도가 때때로 에꼴로 오기도 했겠고 때때로 베두윈들이 오기도 했겠군요.

DB: 그렇죠.

WWF: 칸도나 베두윈 외에 다른 이가 온 적도 있었습니까?

DB: 아니요, 그렇게 생각하지 않아요. 다른 사람들은 기억나는 바가 없어요.

WWF: 다른 골동품 상인들도요?

DB: 그렇죠.

WWF: 나할 헤벨에서 발견된 예언자 사본을 누가 가져왔는지 기억나십니까? 베드윈이었나요 칸도였나요?

DB: 베드윈들이 직접 가져왔지요.

WWF: 칸도가 드보 신부로부터 돈을 받으면 현금으로 받았나요 수표로 받았나요?

DB: 늘 현금이었습니다.

WWF: 그런 다음 그는 베드윈들과 함께 나누었나요?

DB: 그랬을 거라 생각합니다.

WWF: 칸도가 가진 퍼센트가 어느 정도였나요? 매번 바뀌었나요?

DB: 매번 달랐던 것 같아요.

WWF: 칸도가 반 이상을 가졌나요 그 이하를 가졌나요?

DB: 반 이하죠.

WWF: 제가 어디선가 읽은 바로는 초기에만 해도 칸도가 20%를 가지고 80%를 베드윈들에게 주었다고 하던데요.

DB: 그럴 수도 있죠.

WWF: 그가 베드윈들에게 부정직하게 한다면 베드윈들이 칸도에게 물건을 가져오는 일을 중단했겠군요.

DB: 그는 자신이 베드윈들에게 충분히 주지 않으면 베드윈들이 다시는 오지 않을 것이라는 걸 알았음에 틀림없죠.

WWF: 혹시 유세프 사이드에게 돈이 간 게 있다고 생각하세요?

DB: 아니요, 유세프 사이드는 한번도 받은 적이 없어요. (프랭크 크로스는 나중에 11번 동굴 사본을 협상할 때 사이드가 울타리 양쪽에 서 있으면서 칸도의 비밀 파트너였다고 확신하고 있다.)

WWF: 로마 바티칸에 조각이 있는지 혹시 아시는 게 있으십니까?

DB: 아니요.

WWF: 신부님께서 에꼴 비블릭에 계시면서 사본 작업을 하시는 동안 바티칸에서 어떤 사본을 숨기라거나 하지 말라는 등의 지령을 받은 적이 있으십니까?

DB: 아니요, 전혀 아니죠.

WWF: 에꼴 비블릭에 이러한 지령을 받은 사람을 혹시 알고 계십니까?

DB: 아니요.

WWF: 에꼴 비블릭에 숨겨졌었던 조각이 혹시 있었는지 아시는 게 있으십니까?

DB: 사실 모든 구매가 이루어졌던 장소는 에꼴 비블릭이었어요. 베드윈이나 칸도가 직접 드보 신부님이나 저에게 왔었고 우린 모두 에꼴 비블릭에 있었으니까요. 그래서 그곳에서 모든 구매가 이루어졌습니다.

WWF: 사본이 그곳에 저장된 적은 없구요?

DB: 없어요.

WWF: 드보 신부님이 사본을 편집한 적은 없다고 알고 있는데 맞나요?

DB: 드보 신부님은 고고학적인 분야만 맡았습니다(이 부분도 아주 옳지는 않다. 드보 신부가 하나를 편집했기 때문이다).

1952년 10월 8일

크랠링 교수가 9월 29일 보낸 하딩의 편지에 곧 답장을 했습니다. 1952년 10월 8일 그는 존 D. 록펠러 Jr.에게 기금 문제를 상의하겠다는 약속을 주었습니다. 길고 복잡한 이야기 끝에 그는 다음 8년 동안 분류 작업을 할 수 있을 만큼의 자금을 확보할 수 있었습니다.

같은 시간에 하딩은 베흐텔 가문, 미국 대사, 미국 시립 교육 협회, 미국 국무부, 국회 도서관, 영국 박물관, 시카고 대학에 호소했습니다.

몇 달에 걸친 노력 끝에 베흐텔 가문이 첫 번째 기부를 하게 되지요. 4번 동굴 사본을 구매할 수 있는 5,000달러를 기부하여 칼 크랠링 교수의 도움으로 미국 동양학 연구소(ASOR)에서 감세 혜택을 받았습니다.

사실 사본 구입 문제를 두고 미국과 유럽 여러 기관들에게 접근해 보자는 것도 크랠링 교수의 아이디어였습니다.

4번 동굴로 알려진 사본들이 마지막으로 박물관에 온 것은 1958년이었습니다. 무라바트 사본이 사실상 박물관(재정)을 압도해 버리지만 4번 동굴이 완전히 그것마저 끊어버리게 되지요. 11번 동굴이 1956년 발견되었을 때 즉시 구매할 수 있는 것은 아무것도 없었고 나중에 구매되는 다른 지역 사본들도 마찬가지였습니다. 재정 위기는 1966년 박물관 자체 국유화로 이끌어가고, 1967년 6월 6일 전쟁 동안 팔레스타인 고고학 박물관이 점령되면서 모든 구매 작업이 중단되었습니다.

4번 동굴 사본이 손실되지 않도록 지킨 사람들은 그야말로 대단한 사람들이었고, 때때로 다른 사본을 구하기 위해 여러 비범한 사람들이 끼어 들었습니다. 오늘날에도 사본 구매, 출판, 관리 기회가 있기 때문에 만약 관심이 있으시거나 관심 있는 분을 아신다면 저에게 연락을 주시기 바랍니다.

정보 제공:

아부 다우드(Abu-Da'ud), 인터뷰, 1992.
올브라이트가 하딩에게, 1953년 3월 2일. PAM 자료실.
올브라이트가 나이트(Knight: 필라델피아 Provident 신탁 은행)에게,

1953년 3월 2일. PAM 자료실.
올브라이트가 스케한에게 카이로에서, 1951년 2월 9일. 스케한 자료실.
도미닉 바르텔레미, 스위스 프라이보르그에서의 인터뷰, 2000년 2월 12일과 2001년 1월 13일, 인터뷰 진행: 웨스턴/다이앤 필드 부부와 에바 벤 다비드.
베흐텔이 ASOR에게, 제안 편지, 1952년 12월 23일. PAM 자료실.
베흐텔이 하딩에게, 전보, 1952년 10월 22일. PAM 자료실.
베흐텔이 하딩에게, 1952년 10월 30일. PAM 자료실.
베흐텔이 하딩에게, 1952년 11월 18일. PAM 자료실.
베흐텔이 하딩에게, 1952년 12월 23일. PAM 자료실.
베흐텔이 하딩에게, 1953년 1월 14일. PAM 자료실.
베흐텔이 하딩에게, 1953년 2월 9일. PAM 자료실.
베흐텔이 하딩에게, 1953년 2월 9일. PAM 자료실.
베노이트, P. 드보 신부님 장례식에서 "Homelie", 1971년 9월 13일, 예루살렘. 스케한 자료실.
비셰(Bisheh), 라지(Razi), 느수르(Nsour), 사하르(Sahar), 그리고 파크 후리(Fakhoury), 카마르(Qamar). "아카쉬 알 카벤(Akash al-Zaben)의 인터뷰", 무스타파 국제 아랍 센터 번역, 케이프 타운, 남 아프리카 공화국.
브라운리, W. *Phenomenal Discoveries.* 출판되지 않은 책 원고. 브라운리 자료실.
크로스가 브라운리에게, 1951년 10월 13일. 브라운리 자료실.
크로스, F. M. 수많은 인터뷰, 전화 통화 내용, 이메일과 편지 자료, 1999-2007년.
Cross, F. M. "Reminiscences of the Early Day in the Discovery and Study of the Dead Sea Scrolls," *The Dead Sea Scrolls: Fifty Years after Their Discovery*, eds. L. H. Schiffman, E. Tov, and J. C. VanderKam. Jerusalem: Israel Exploration Society, 2000. pp. 936-938.
다자니가 하딩에게, 1956년 3월 1일. PAM 자료실.
드보가 베흐텔에게, 1953년 3월 1일. PAM 자료실.

드보가 브라운리에게, 1952년 6월 15일. 브라운리 자료실.
드보, R. "Dead Sea Scrolls" (출판되지 않은 강의록 대략 1963년경, PAM 자료실).
De Vaux, R. "Discovery, Excavation and Purchases," *DJD* 6 (1977) p. 3., translated by Davina Eisenberg and Weston W. Fields. 이 책에 서명은 없지만, 조제프 밀릭에 의하면 이 책을 쓴 사람은 드보 신부이다(전화 통화 내용, 2003년 2월 26일).
De Vaux, R. "Historique des Découvertes," *DJD* 2 (1961) pp. 3-8. Translated by Davina L. Eisenberg and Weston W. Fields.
De Vaux to Albareda (바티칸 도서관), 1960년 6월 12일. PAM 자료실.
De Vaux to D. A. Perdigâo, Gulbenkian Foundation, 1958년 12월 5일. PAM 자료실. D. Eisenberg과 W. Fields 번역.
드보가 요르단 고대 문화재청 총재에게, 1960년 6월 12일. PAM 자료실.
드보가 맥그릴 대학 프로스트에게, 1960년 6월 4일. PAM 자료실.
드보가 맥코믹 신학대학 총장에게, 1960년 6월 4일, PAM 자료실.
드보가 루프레흐트-칼 대학 학장에게, 1960년 6월 4일. PAM 자료실.
드보가 맨체스터 대학 부총장에게, 1960년 6월 4일. PAM 자료실.
Driver, G. R. "Obituary," 런던 타임즈(1971, 9월) pp. 15-16.
그린, 조세프. 요르단 미국 대사가 워싱턴 D.C. 국무부 NEA 존 D. 제르네간에게, 1952년 10월 20일. PAM 자료실.
Harding, G. W. L. The Antiquities of Jordan. 런던: Lutterworth Press, 1959년.
Harding, G. W. L. "Communiqué to the Press," 1949년 3월 21일. PAM 자료실.
하딩이 올브라이트에게, 1953년 3월 12일. PAM 자료실.
하딩에 베흐텔 가문에게, 1952년 10월 22/23일경(?). PAM 자료실.
하딩이 베흐텔에게, 1952년 10월 23일. PAM 자료실.
하딩이 베흐텔에게, 1952년 11월 18일. PAM 자료실.
하딩이 베흐텔에게, 4 January 1953. PAM 자료실.
하딩이 베흐텔에게, 29 January 1953. PAM 자료실.
하딩이 베흐텔에게, 27 July, 1956. PAM 자료실.

하딩이 크랠링에게(?), 1952년 9월 24일(?). PAM 자료실.
하딩이 켄드릭에게, 1952년 10월 23일. PAM 자료실.
하딩이 교육부 장관에게, 1956년 8월 2일 이후. PAM 자료실.
하딩, G. W. L., PAM 이사회 비서관, 1956년 6월 19일 특별 이사회 미팅 요약문, 1956년 6월 9일.
하딩이 오트만 은행에, 1956년 6월 28일. PAM 자료실.
하딩이 터섬햄에게, 1956년 8월 3일. PAM 자료실.
하딩이 켄드릭에게, 1952년 10월 23일. PAM 자료실.
하딩이 크랠링에게, 1952년 9월 29일. PAM 자료실.
하딩이 로버트 [해밀턴]에게, 1949년 3월 6일. PAM 자료실.
하딩, 주소없는 편지, 1952년 9월 30일. PAM 자료실.
하조우, 안톤. 예루살렘 올드 시티 성 마르코 수도원 근처 그의 저택에서 인터뷰, 인터뷰 진행자: 웨스턴/다이앤 필드, 1999년 3월.
칸도, 윌리엄. 수많은 인터뷰, 전화 통화, 이메일 내용, 예루살렘과 베들레헴에서, 2002-2007년.
켄드릭이 하딩에게, 1952년 11월 8일. PAM 자료실.
Kiraz, George A., ed., *Anton Kiraz's Archive on the Dead Sea Scrolls*. Piscataway, NJ: Gorgias Press, 2006.
크랠링에 하딩에게, 1952년 10월 8일. PAM 자료실
크랠링에 하딩에게, 1952년 11월 8일. PAM 자료실.
"Le Père Roland de Vaux." *Lettre de Jérusalem* 37 (1971) pp. 1-7.
밀릭, J. T. 웨스턴/다이앤 필드 부부와 에바 벤-다비드에 의해 진행된 수많은 인터뷰 내용, 1999-2005년.
팔레스타인 고고학 박물관 이사회실에서 열린 18번의 미팅 메모들, 1959년 11월 28일 토요일 오전 10시 30분. PAM 자료실.
O'Connor, Gerald. "Vaux, Roland de." Manuscript given to me by G. O'Connor at the École, 12 January 2000.
"Order of the High Commissioner regarding the ownership of the PAM," 22 April 1948. PAM 자료실
Saad, Yusef. "Report on the Palestine Archaeological Museum, December 1959." PAM 자료실.

Samuel, A. Y. Treasure of Qumran. Philadelphia: Westminster, 1966.
Sanders, James A. Interviews at the Ancient Biblical Manuscript Center, Claremont, California, 8 April 1999 and 17 March 2000, December 2006, and numerous telephone calls, emails, and letters 1999-2007.
Scrolls Ledger, pp. 2-3 ("Purchase of Antiquities). PAM 자료실.
P. W. 스케한, P. W. "예루살렘 ASOR 뉴스레터 #5." 1956년 6월 15일. CBA 자료실.
"팔레스타인 고고학 박물관 성명서," 1952년 9월 30일. PAM 자료실.
터성햄이 하딩에게, 1956년 7월 17일. PAM 자료실.

The Dead Sea Scrolls and the New Testament

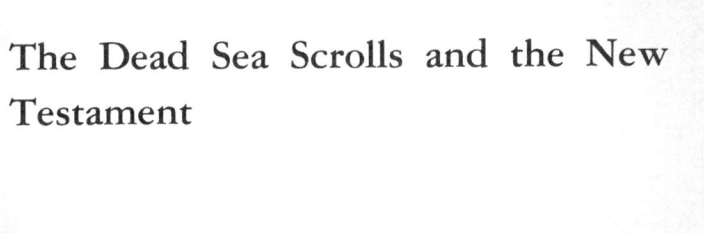

Prof. Peter Flint
Trinity Western University in Canada

Introduction

This lecture consists of six parts: (1) Comments on the Dead Sea Scrolls. (2) Misusing the Dead Sea Scrolls. (3) The Same Three Favourite Biblical Books at Qumran and in the New Testament. (4) Jesus in the Dead Sea Scrolls. (5) A New Reading in Isaiah 53. (6) The "Works of the Law" in Paul's letters and at Qumran.

After introducing the Dead Sea Scrolls, I will demonstrate their supreme importance, and show how they influence our reading of the Old and New Testaments. We will then see how the Scrolls support certain claims of Jesus, how they bring clarity to difficult Old Testament passages, and how Paul argues against Essene theology in passages from Romans and Galatians.

(1) Comments on the Dead Sea Scrolls

In 1947, near a place called Qumran, a Shepard boy threw a

stone into a cave and heard the sound of breaking pottery. Although he did not know it, this Shepard boy — whose name was Mohammed the Wolf — had made the greatest discovery of our time, the Dead Sea Scrolls. For the clay jar he had broken, and several more jars in the cave, contained precious ancient writings now called the Dead Sea Scrolls. Two of the documents he found are the Great Isaiah Scroll and the War Scroll, which you can see on the screen.

Later that year, Professor William Foxwell Albright announced to the world the discovery of the Dead Sea Scrolls. Albright — who was America's greatest archaeologist at the time — declared that the Scrolls were the most important archaeological discovery ever made, and that they would revolutionize our understanding of the world of the New Testament.

How could Professor Albright make such an amazing claim — that the Dead Sea Scrolls are the most important archaeological discovery ever made? There are five reasons:

(a) The Scrolls were found in the land of Israel itself. This is the land where the prophets preached and where Jesus walked, and is holy to three faiths: Judaism, Christianity, and Islam.

(b) The Scrolls are written in the very languages of Scripture: Hebrew, Aramaic, and Greek. For students and scholars of the Bible, these languages are indispensable because they enable us to study the Scriptures and early Christianity in their earliest forms.

(c) The Scrolls include our oldest biblical manuscripts. Copied between 250 BC and 68 AD, the Biblical scrolls are over 1,000 older than the medieval biblical manuscripts that scholars relied on for centuries. Now the Dead Sea Scrolls enable scholars to recover the earliest form of Scripture for many Old Testament books.

(d) The Scrolls provide new information of Judaism in the days of Jesus Christ, for example on the Pharisees and Saducees. But the Scrolls also throw light on another Jewish sect known as the Essenes, whose headquarters were at Qumran and who were responsible for copying many of the Dead Sea Scrolls and hiding them in the nearby caves.

(e) The Dead Sea Scrolls provide important insights into Christian origins. For example, some scrolls contain words almost identical to those used by Jesus a century later, and other scrolls contain key terms used by Paul.

For these five reasons, we must agree with Professor Albright that the Dead Sea Scrolls are the most important archaeological discovery ever made.

(2) Misusing the Dead Sea Scrolls

Several scholars and writers have misused the Dead Sea Scrolls to back sensational claims about Jesus and early Christianity.

One example is **John Marco Allegro**, who belonged to the original team of Dead Sea Scrolls editors. Allegro's ideas on Jesus and early Christianity are most fully expressed in *The Dead Sea Scrolls and the Christian Myth*(1979), in which he claimed to identify a mystical tradition connected with hallucinogenic mushrooms, and out of which the myth of Jesus arose. He believed that Jesus Christ never existed as an historical person, and that the Gospel writers took symbolic narratives found in many Dead Sea Scrolls for literal truth, giving rise to traditional Christianity.

One of the most famous books that misuses the Dead Sea Scrolls is the *DaVinci Code* by **Dan Brown**(2003), which has been translated into many languages. In this exciting novel, Brown tries to show that many real truths about Jesus Christ have been hidden from the world by the Church, but these truths are available in the Dead Sea Scrolls and other ancient writings. Here are several fictions found in the *DaVinci Code*, with a refutation in brackets:

(a) *Fiction 1:* "The Dead Sea Scrolls were found in the 1950s hidden in a cave near Qumran in the Judean desert ···" (*Fact:* the Scrolls were found in late 1946 or in 1947 in eleven Caves at Qumran.)

(b) *Fiction 2:* "In addition to telling the true Grail story, [the Dead Sea Scrolls] speak of Christ's ministry in very human terms." (*Fact:* The Scrolls never mention Jesus directly. They were written between 250 BC and 68 AD, the vast majority before Jesus was born.

(c) *Fiction 3:* "Some of the gospels that Constantine attempted to eradicate managed to survive." (*Fact:* The Roman Emperor Constantine never attempted to eradicate or suppress any Gospels or other Scriptures.)

(d) *Fiction 4:* Jesus was married to Mary Magdalene, and they had children. (*Fact:* Not one of the Dead Sea Scrolls or other ancient writings say that Jesus was married to Mary Magdalene, or had a sexual relationship with her, or had children by her.)

What we can say about the Scrolls and the New Testament

None of the Dead Sea Scrolls was written by or for a Christian, and they never mention any Christian individuals. However, several Scrolls are of relevance for Christian origins by:

(1) Providing helpful information about Jewish society, groups, practices, and beliefs at the time.

(2) Increasing our knowledge about Early Judaism, which makes it clear that many aspects of the Gospel message are indebted to the mother religion.

(3) Helping us see in sharper outline some of the basic differences between the message of Jesus and other Jewish groups.

(4) Providing new texts with wording similar to certain Gospel passages, which shows that some or much of Jesus' teaching was anticipated in earlier texts, rather than being the product of the later Church.

(5) Providing texts with wording similar to certain Pauline passages, which provides a more nuanced understanding of Paul's message in some of his letters.

(3) The Same 3 Favourite Biblical Books at Qumran and in the New Testament

Many scholars have noted important similarities between several Dead Sea Scrolls and New Testament writings. For example, the community of the Dead Sea Scrolls had the same three favorite Old Testament books as the early Christians. We reach this conclusion in several stages:

(a) A survey of copies Old Testament books found in the Qumran caves shows that the following five were most popular, in descending order:

Qumran Scrolls
6. Leviticus(9copies)
5. Exodus(14copies)
4. Genesis(20copies)
3. Isaiah(24copies)
2. Deuteronomy(27copies)
1. Psalms(34copies)

(b) We can compare this list to the most popular books in Rabbinic Judaism by counting the number of times books are quoted in the Mishna, which was compiled by various Rabbis in the first two centuries of the Common Era:

Qumran Scrolls	*Quotes in Mishna*
6. Leviticus(9copies)	6. Genesis(35times)
5. Exodus(14copies)	5. Psalms(41times)
4. Genesis(20copies)	4. Exodus(133times)

3. Isaiah(24copies)   3. Numbers(133times)
2. Deuteronomy(27copies) 2. Deuteronomy(234times)
1. Psalms(34copies)   1. Leviticus(349times)

It is clear that the Rabbis' three favourite books were mostly from the Torah(Pentateuch), while the top three books at Qumran included the Isaiah and the Psalms. The Rabbis loved Leviticus most of all, but at Qumran this book is in sixth place, with only 9copies.

(c) When we can compare the list of favourite books at Qumran to the most popular books in early Christianity by counting the number of times books are quoted in the New Testament, a different picture emerges:

Qumran Scrolls   *Quotes in New Testament*
6. Leviticus(9copies)   6. Minor Prophets(30times)
5. Exodus(14copies)   5. Genesis(39times)
4. Genesis(20copies)   4. Exodus(44times)
3. Isaiah(24copies)   3. Deuteronomy(54times)
2. Deuteronomy(27copies)   2. Isaiah(66times)
1. Psalms(34copies)   1. Psalms(79times)

Both the Qumran community and the New Testament writers had the same three favourite books: Isaiah, Deuteronomy, and Psalms. How is this common focus to be explained?

One prominent scroll is the Smaller Isaiah Scroll from Cave 1 (slide provided). Much of this scroll has been lost due to decay, but what is still intact is legible. The theme in Isaiah that fascinated the Qumran community and the New Testament writers is Messiah. Both the early Christians and the people of Qumran were messianic communities living in the end times.

A second important manuscript is the "All Souls" Deuteronomy Scroll from Cave 4(slide provided). The theme in Deuteronomy that interested the Qumran community and early Christians is Covenant — the Qumranites referred to themselves as "the men who entered of the New Covenant" (*Damascus Document* 8:21 and 19:33); while at the Last Supper Jesus refers to the cup poured out as the "New Covenant in my blood" (Luke 22:20).

Another prominent manuscript is the Great Psalms Scroll from Cave 11(slide provided). The Psalms were especially important to the Qumran community and the New Testament writers because both groups quoted some Psalms to praise God, and interpreted others as referring to the Messiah and the end times.

(4) Jesus in the Dead Sea Scrolls

One of the most important issues for understanding Jesus is whether he claimed to be the Messiah. To find him doing so in the Gospels is very rare, a phenomenon that scholars refer to as the "Messianic Secret." While Jesus did at times go to great lengths to conceal his identity as the Messiah, we now know from the Dead Sea Scrolls that in Luke 4:16-21 and Luke 7:18-23 (= Matthew 11:2-6) he is clearly claiming to be the Messiah.

Luke 4:16-21

In this passage, Jesus reads from Isaiah 61:1-2:

(16) When (Jesus) came to Nazareth, where he had been brought up, he went to the synagogue on the sabbath day,······He stood up to read,

(17) and the scroll of the prophet Isaiah was given to him ······:

(18) "The Spirit of the Lord is upon me, because he has anointed me to bring good news to the poor.
He has sent me to proclaim release to the captives
and recovery of sight to the blind, to let the oppressed go free,

(19) to proclaim the year of the Lord's favor."

(20) And (Jesus) rolled up the scroll, gave it back to the attendant, and sat down. The eyes of all in the synagogue were fixed on him.

(21) Then he began to say to them, "Today this scripture has been fulfilled in your hearing."

In this Gospel passage, most Christians might say it is obvious that Jesus is claiming to be the Messiah. Many scholars, however, are not convinced, partly because the term "Messiah" is not used in Luke 4:16-21.

We now have a scroll that provides the missing link; its title is the *Messianic Apocalypse*. This important scroll from Cave 4 is not a Christian composition, since it is dated to the first century BC. In line 1 the term "Messiah" is found, and in later lines several features that also appear in Luke 4 are mentioned: setting captives free, opening the eyes of the blind, raising up the op(pressed). Here is a translation of the first few lines:

The Messianic Apocalypse

[··· For the hea]vens and the earth shall listen to His Messiah [and all w]hich is in them shall not turn away from the commandments of the holy ones ······
For He will honor the pious upon the th[ro]ne of His eternal kingdom, setting captives free, opening the eyes of the blind, raising up the op[pressed].

The common terms in the *Messianic Apocalypse* and Luke 4 are far more than coincidental, and indicate that at least some Jews of Jesus' day understood Isaiah 61:1-2 as a messianic prophecy. With the term "messiah" preserved in line 1, it is now clear in the light of the *Messianic Apocalypse* that Jesus was claiming to be a prophetic Messiah in Luke 4:16-21.

Luke 7:22-23

But what about the dead being raised as a sign of the Messiah's coming? In Luke 7, John the Baptist sends his disciples to Jesus to enquire of he is really the Messiah. Jesus replies by describing several signs the accompany the coming of the Messiah:

(20) And when (John's disciples) came to Jesus, they said, "John the Baptist has sent us to you to ask, 'Are you the one who is to come, or are we to wait for an- other?'" ······
(22) Jesus answered them, "Go and tell John what you have seen and heard:
the blind receive their sight,
the lame walk, the lepers are cleansed, the deaf hear,

the dead are raised,

the poor have good news brought to them.

(23) And blessed is anyone who takes no offense at me."

In the list presented here, Jesus says that the dead are being raised through his ministry. However, some scholars claim that a belief in bodily resurrection is not found in 1st century Judaism, and therefore Jesus could not have been claimed this as part of his ministry. In other words, according to these scholars the reference in v 22 to dead people being raised was added later by the Gospel writer (Luke).

But now these scholars are proved wrong by the *Messianic Apocalypse*, which includes the raising of the dead as a sign of the Messiah's coming:

The Messianic Apocalypse

[··· For the hea]vens and the earth shall listen to His Messiah [and all w]hich is in them shall not turn away from the commandments of the holy ones······

(11) and the Lord shall do glorious things which have not been done, just as He said.

(12) For He shall heal the wounded,

He shall revive the dead,

He shall bring good news to the poor.

Again, the common terms in the *Messianic Apocalypse* and Luke 7 are far more than coincidental. Comparison of the two texts shows that at least some Jews of Jesus' day understood the features described in Luke 7:22 as signs of the coming of the Messiah. One of these signs is the raising of the dead, which proves that belief in bodily resurrection was indeed found in 1st century Judaism. Moreover, the *Messianic Apocalypse* provides strong evidence that Jesus was again claiming to be a prophetic Messiah in Luke 7:22-23.

(5) A New Reading in Isaiah 53

The Dead Sea Scrolls sometimes provide important new readings that affect our understanding of key Biblical passages. One such passage is in Isaiah 53, which deals with the Suffering Servant of the Lord. This passage is interpreted differently in Jewish tradition, which views the Servant as Israel, and in Christian tradition, which regards the Servant as Jesus Christ. The traditional Hebrew text is translated as follows:

Isaiah 53:10-11

(10) Yet it pleased the Lord to bruise him; he hath put him to grief: when thou shalt make his soul an offering for sin, he shall see his seed, he shall prolong his days, and the pleasure of the Lord shall prosper in his hand.

(11) He *shall see of the travail of his soul*, and shall be satisfied: by his knowledge shall my righteous servant justify many; for he shall bear their iniquities.

In this passage, the first part of v 11 is difficult to interpret:

He shall see of the travail of his soul.

In the Dead Sea Scrolls, however, the text is different, adding the additional word 'light':

Isaiah 53:10-11 in the Great Isaiah Scroll

(11) *Out of the suffering of his soul he will see light,* and find satisfaction. And through his knowledge my servant, the righteous one, will make many righteous, and he will bear their iniquities.

The additional word 'light' changes the exegesis of Isaiah 53:11, by introducing the idea of light. This new reading has important implications for exegesis of the verse, since it hints at life, or even resurrection. This longer reading is found in all three Scrolls that contain v 11, namely 1QIsa^a, 1QIsa^b, and 4QIsa^c. This reading is so powerful that many English translations now feature the longer reading "he will see light" as the original or preferred reading.

(6) The "Works of the Law" in Paul's Letters and at Qumran

How do the Dead Sea Scrolls affect our understanding of Paul? Scholars and students of the New Testament are aware that Paul uses a special term "works of the Law"(*ergon nomou*) several times in Romans(3:20, 28) and Galatians (2:16; 3:2, 5, 10). One example is Galatians 3:10, which reads:

For all who rely on works of the law(*ergon nomou*) are under a curse; for it is written, "Cursed be everyone who does not abide by all things written in the Book of the Law, and do them."

Many scholars have interpreted such passages to mean that Paul is proclaiming a gospel of grace, which is by faith in Jesus Christ, as opposed to Judaism, which is based on "the works of the law." However, this interpretation is problematic, since there are many examples in the Old Testament of people being saved by God's grace (Hebrew: *chesed*). One example of this is Exodus 34:5-7:

> (5) The LORD descended in the cloud and stood with [Moses] there, and proclaimed the name of the LORD.
> (6) The LORD passed before him and proclaimed, "The LORD, the LORD, a God merciful and gracious, slow to anger, and abounding in steadfast love (*chesed*) and faithfulness,
> (7) keeping steadfast love for thousands, ..."

So what is Paul really saying in the passages from Romans and Galatians that mention the "works of the law"?

The answer to this puzzle is provided by a very important scroll from Qumran, known as 4QMMT(slide provided), which contains the key words "some of the works of the law" (or "some of the precepts of Torah"). This scroll consists of three sections:

> A calendar of 21 lines, based on a 364-day solar calendar.
> About 24 religious laws or *Halakhot*, numbering 82 lines.
> An epilogue of 32 lines, on the separation of the group from those

who disagree with their laws.

Here is an example of the key words "some of the works of the law" in 4QMMT:

> Now, we have written to you [27]some of the works of the Law(*miqsat ma'ase ha-Torah*), those which we determined would be beneficial for you and your people,⋯. [31]And it will be reckoned to you as righteousness, in that you have done what is right and good before Him, to your own benefit [32]and to that of Israel(4QMMT C, lines 26-32).

A search of ancient literature reveals that the key phrase "works of the law" is found in only Paul's writings (Romans and Galatians) and in 4QMMT.

The implications for understanding Paul's writings are profound. Because the term "works of the law" is found elsewhere only at Qumran, in the quoted passages from Romans and Galatians Paul must be arguing against Essene Jews or Christians who are influenced by their teachings. In other words, Paul is not arguing against Judaism in general, but rather against a group specifically influenced by Essene teaching, for whom "the works of the law" was a characteristic term.

Conclusion

In this lecture, we introduced the Dead Sea Scrolls, and saw how they have been misused by scholars such as John Allegro and popular writers such as Dan Brown. We then explored the relevance of the Scrolls for understanding the New Testament under four headings: the same three favourite Biblical Books at Qumran and in the New Testament; Jesus in the Dead Sea Scrolls; a new reading in Isaiah 53; and the "Works of the Law" in Paul's letters and at Qumran.

사해사본과 신약성서

피터 플린트
캐나다 트리니티 웨스턴 대학교 교수
번역 : 최 영 민
서울대 인문대학 종교학과 석사과정
감수 : 배 철 현 교수

서론

이 강의는 6개의 부분으로 구성되어 있다. (1) 사해사본에 대한 설명 (2) 사해사본 오용 사례 (3) 쿰란과 신약성서에서 공통적으로 많이 인용한 3개의 성서 (4) 사해사본과 예수 (5) 이사야 53장의 새로운 해석 (6) 바울서신과 쿰란에서 "율법의 행위(the Works of the Law)."

사해사본에 대해서 간단히 소개한 다음에 그 중요성을 증명하고, 사해사본이 구약과 신약성서를 읽는 데 어떻게 영향을 미치는지를 보일 것이다. 그리고 나서 사해사본이 예수의 특정한 말씀들을 어떻게 뒷받침하는지, 난해한 구약성서 구문을 어떻게 분명하게 하는지, 《로마서》와 《갈라디아서》의 구절들에서 바울이 에세네파의 신학에 어떻게 대응했는지 볼 수 있을 것이다.

(1) 사해사본에 대한 설명

1947년 쿰란이라고 부르는 지역 가까이에서 한 소년 목동이 동굴 안으로 돌을 던졌다가 항아리가 깨지는 소리를 들었다. 무함메트-아

-디브(Muhammed-Ah-Dhib, Mohammed the Wolf, 무함메드 늑대))라는 이름의 이 양치기 소년은 그것이 무엇인지 몰랐지만 금세기 최고의 발견이라고 할 수 있는 사해사본을 발견한 것이다. 그 동굴에서 다른 항아리들과 함께 그가 깨트린 진흙 항아리가 지금 사해사본이라고 하는 귀중한 고대 문서를 담고 있었다. 발견된 문서들 중에서 두 개가 《대이사야 두루마리(the Great Isaiah Scroll)》와 《전쟁 두루마리(the War Scroll)》이다.

몇 년 후에 당시 미국 최고의 고고학자인 W. F. 올브라이트(Albright) 교수는 사해사본의 발견을 공식적으로 선언하였다. 올브라이트는 이 두루마리들이 역사상 가장 중요한 고고학적 발견이며, 이것이 신약성서 세계에 대한 우리의 이해를 근본적으로 바꿀 것이라고 선언하였다.

어떻게 올브라이트 교수는 '사해사본이 금세기 최고의 고고학적 발견'이라는 대담한 주장을 할 수 있었을까? 거기엔 5가지 이유가 있다.

(a) 이 두루마리들이 바로 이스라엘 땅에서 발견되었다는 것이다. 대언자들(Prophets)이 하나님의 말씀을 전하고, 예수가 거닐던 이스라엘은 유대교와 기독교, 이슬람에게 거룩한 곳이다.

(b) 이 두루마리들은 성서의 언어인 히브리어와 아람어, 그리스어로 기록되었다. 성서를 연구하는 학생들과 학자들에게 이들 언어는 성서와 그리스도교의 초기 형태를 연구할 수 있게 하기 때문에 필수적인 것이다.

(c) 이 두루마리는 가장 오래된 성서 사본을 포함하고 있다. 기원전 250년~기원후 68년까지 필사된 이 성서 두루마리는 수세기 동안 학자들이 의지한 중세 성서 사본보다 1,000년이 앞선 것이다. 이제 사

해사본으로 학자들은 많은 구약성서 책들의 초기 형태를 발견할 수 있다.

(d) 이 두루마리는 예수 그리스도 당시의 바리새파나 사두개파와 같은 유대교에 대한 새로운 정보를 제공한다. 뿐만 아니라 이 두루마리는 에세네파로 알려진 다른 유대교 종파까지 조명하고 있다. 에세네파는 쿰란 지역에 본부를 두고 많은 사해사본 두루마리를 필사하였고, 가까이에 있던 동굴에 이 두루마리들을 숨긴 사람들이다.

(e) 사해사본은 기독교의 기원에 대한 중요한 시각을 제공한다. 예를 들면 어떤 두루마리는 1세기 후에 예수가 사용한 똑같은 단어를 포함하고 있으며, 어떤 두루마리는 바울이 사용한 핵심 어휘를 포함하고 있다.

위의 5가지 이유에서 올브라이트 교수가 사해사본에 대해 주장한 "금세기 최고의 고고학적 발견"이라는 말에 동의할 수 있다.

(2) 사해사본의 오용 사례

몇몇 학자들과 작가들은 예수와 초기 그리스도교에 대한 선정적인 주장을 근거로 사해사본을 잘못 인용해 왔다.

첫 번째 예는 사해사본 편집자 모임에 참여했던 J. M. 알레그로(John Marco Allegro)이다. 그의 예수와 초기 그리스도교에 대한 생각은 《사해사본과 그리스도교 신화(The Dead Sea Scrolls and the Christian Myth, 1979)》에 잘 나타나 있다. 이 책에서 그는 환각성 버섯과 관련된 신비적 전통으로 예수 신화가 나왔다고 주장하였다. 그는 예수 그리스도는 역사적 인물로 전혀 존재하지 않았으며, 복음서 기자들이 전통 그리스도교를 일으키면서 많은 사해사본의 문자적 사실에서 발견된 상징적 이야기들을 채택한 것이라고 하였다.

사해사본을 오용한 가장 유명한 책은 댄 브라운의 《다빈치 코드 (the DaVinci Code, 2003)》이다. 전 세계 많은 언어로 번역된 이 소설에서 댄 브라운은 교회가 숨긴 예수 그리스도에 대한 많은 '진실'을 밝히려 하였다. 그는 이 '진실'이 사해사본과 다른 고대 문헌에 있다고 주장하였다. 《다빈치 코드》에서 보이는 몇 가지 허구의 예가 있다.

구분	《다빈치 코드》의 주장	사실
허구 1	사해사본은 유대 사막 쿰란 가까이에 있는 동굴에 숨겨졌다가 1950년에 발견되었다.	사해사본 두루마리는 1946년 말에서 1947년에 쿰란에 있는 11개 동굴에서 발견되었다.
허구 2	성배에 대한 실제 이야기에 덧붙여, 사해사본은 예수의 선교를 매우 인간적인 용어로 서술하고 있다.	사해사본에서는 전혀 예수에 대해 직접적으로 언급하고 있지 않다. 사해사본은 기원전 250년에서 기원후 68년 사이에 기록되었으며, 대부분의 내용이 예수가 태어나기 이전에 대기록되었다.
허구 3	콘스탄틴 대제가 제거하려 했던 어떤 복음서가 겨우 살아남았다.	로마황제 콘스탄틴은 어떤 복음서나 다른 문헌들을 없애려 하거나 압력을 가하지 않았다.
허구 4	예수는 막달라 마리아와 결혼하고 둘 사이에 아이가 있었다.	사해사본이나 다른 고대 문헌 중 그 무엇도 예수가 막달라 마리아와 결혼하거나, 그녀와 성적인 관계를 가졌고, 또는 둘 사이에 아이가 있다고 말하지 않는다.

사해사본과 신약성서에 대해서 우리가 말할 수 있는 것은 무엇인가?

사해사본은 기독교인에 의해서 또는 기독교인을 위해서 기록된 것이 아니다. 사해사본은 기독교인에 대해서 언급하지 않는다. 그러나 일부 두루마리는 기독교의 기원에 다음과 같이 관련되어 있다.

(a) 당시 유대인 사회와 그룹, 의례, 신앙에 대한 유용한 정보를 제공한다.

(b) 초기 유대교에 대한 지식이 늘어날수록 복음서에서 말하는 많은 메시지들이 그 모종교(유대교)에 빚지고 있다는 것을 분명하게 한다.

(c) 세부적인 측면에서 예수의 메시지와 다른 유대인 그룹 사이의 기본적인 차이를 보는 데 도움이 된다.

(d) 복음서의 특정 구절들과 유사한 구문의 새로운 텍스트를 제공하는데, 이는 예수 가르침의 일부 혹은 상당 부분이 후대 교회에서 만들어진 것이라기보다는 더 초기 텍스트에서 기대할 수 있는 것임을 보여준다.

(e) 바울 서신의 특정 구절들과 유사한 구문의 새로운 텍스트를 제공하는데, 이는 바울의 일부 서신에서 그가 보내는 메시지의 더 세부적인 이해를 제공한다.

(3) 쿰란 문서와 신약성서에서 공통적으로 많이 인용된 3개의 성서

많은 학자들은 몇몇 사해사본 두루마리와 신약성서 사이에 중요한 유사성에 대해 주목해 왔다. 예를 들면, 사해사본 공동체는 초기 기독교인들과 공통적으로 많이 참고하는 3개의 구약성서가 있다. 우리는 몇 가지 측면에서 이 결론을 발견할 수 있다.

(a) 쿰란 동굴에서 발견된 구약성서 사본들의 조사 결과는 다음과 같다.

발견된 쿰란 두루마리 개수
6. 레위기(9개)
5. 출애굽기(14개)
4. 창세기(20개)
3. 이사야(24개)
2. 신명기(27개)
1. 시편(34개)

(b) 우리는 위 목록을 미쉬나에서 인용된 책의 수를 조사하여 랍비 유대교에서 가장 많이 등장하는 책들의 목록과 비교할 수 있다. 미쉬나는 기원후 1~2세기에 여러 랍비들에 의해서 종합된 것이다.

쿰란 두루마리　　미쉬나에서 인용된 구약성서
6. 레위기(9개)　　6. 창세기(35회)
5. 출애굽기(14개)　5. 시편(41회)
4. 창세기(20개)　　4. 출애굽기(133회)

3. 이사야(24개)   3. 민수기(133회)
2. 신명기(27개)   2. 신명기(234회)
1. 시편(34개)   1. 레위기(349회)

랍비들이 많이 인용하는 3권의 책은 대부분 토라(모세5경)가 분명하지만, 쿰란에서 주로 발견된 3권의 책은 이사야와 시편을 포함하고 있다. 랍비들은 레위기를 가장 많이 인용하는 반면 쿰란 도서에서 레위기는 단지 9권만 발견되어 6위이다.

(c) 우리가 쿰란에서 발견된 도서 목록과 초기 그리스도교의 신약성서에서 인용된 책들의 목록과 비교할 때 랍비 유대교와 다른 모습을 볼 수 있다.

쿰란 두루마리   신약성서에서 인용된 구약성서
6. 레위기(9개)   6. 소선지자서(30회)
5. 출애굽기(14개)   5. 창세기(39회)
4. 창세기(20개)   4. 출애굽기(44회)
3. 이사야(24개)   3. 신명기(54회)
2. 신명기(27개)   2. 이사야(66회)
1. 시편(34개)   1. 시편(79회)

쿰란공동체와 신약성서 기자 모두 가장 많이 인용한 책은 이사야와 신명기, 시편이다. 이 공통점이 어떻게 설명될 수 있겠는가?

첫째 중요한 두루마리는 1번 동굴에서 발견된 소이사야 두루마리(Smaller Isaiah Scroll)이다(슬라이드 참고). 이 두루마리의 대부분이 부식으로 소실되었지만, 남아 있는 부분은 판독할 수 있다. 쿰란공동체와 신약성서 기자의 관심을 끈 이사야의 주제는 '메시아'이다. 초기 그리스도인과 쿰란공동체 사람들 모두 종말(the end times)에 살고

있는 메시아적 공동체였다.

둘째로 중요한 사본은 4번 동굴에서 발견된 'All Souls' 신명기 두루마리이다(슬라이드 참고). 쿰란공동체와 초기 그리스도인들의 관심을 끈 신명기의 주제는 '계약'이다. 쿰란인들은 자신들을 '새로운 계약을 맺은 사람들'(《다마스커스 문서》 8:21과 19:33)이라고 하였으며, 최후의 만찬에서 예수는 잔을 가리켜 "내 피로 맺은 새로운 계약"(눅 22:20)이라고 하였다.

다른 중요한 사본은 11번 동굴에서 발견된 대시편 두루마리(the Great Psalms Scroll)이다(슬라이드 참고). 시편은 쿰란공동체와 신약성서 기자에게 특히 중요했다. 이 두 집단은 하나님을 찬양하기 위해서 일부 시편들을 인용하고, 다른 시편들은 메시아와 종말을 언급하는 것으로 해석했기 때문이다.

(4) 사해사본과 예수

예수 이해에 있어 가장 중요한 논란 중에 하나는 그가 메시아라고 주장했는지의 여부이다. 복음서에서 예수가 그렇게(메시아로) 행동하는 것을 찾는 것은 매우 힘들다. 이를 두고 학자들은 "메시아적 비밀(Messianic Secret)"이라고 말한다. 예수는 때때로 메시아로서 그의 정체성을 비밀로 했지만, 우리는 누가복음 4장 16-21절과 7장 18-23절(=마 11:2-6)에서 그가 분명히 메시아임을 주장하고 있음을 사해사본을 통해 알 수 있다.

『표준』 눅 4:16-21[1)]
¹⁶예수께서는, 자기가 자라나신 나사렛에 가셔서, …… 안식일에

회당에 들어가셨다. 성경을 읽으려고 일어서서
　　¹⁷예언자 이사야의 두루마리를 건네받아 그것을 펴시었다……
　　¹⁸"주의 영이 내게 내리셨다. 주께서 내게 기름을 부으셔서, 가난한 사람들에게 기쁜 소식을 전하게 하셨다. 주께서 나를 보내셔서, 포로 된 사람들에게 자유를, 눈먼 사람들에게 다시 보게 함을 선포하고, 억눌린 사람들을 풀어 주고,
　　¹⁹주의 은혜의 해를 선포하게 하셨다."
　　²⁰예수께서 두루마리를 말아서, 시중드는 사람에게 되돌려 주시고, 앉으셨다. 회당에 모인 모든 사람의 눈이 예수에게로 쏠렸다.
　　²¹예수께서 그들에게 말씀하셨다. "이 성경 말씀은 너희가 듣는 가운데서 오늘 이루어졌다."

　　이 복음서 구절에서 아마도 대부분의 기독교인은 이것이 예수가 메시아임을 주장하는 것이 분명하다고 말할지도 모른다. 하지만 많은 학자들은 이 구절에서 '메시아'라는 용어가 사용되고 있지 않기 때문에 확신하지 않는다.
　　우리는 지금 잃어버린 고리를 제공하는 두루마리를 갖고 있다. 그것의 제목은 《메시아의 묵시록》이다. 쿰란 4번 동굴에서 발견된 이 중요한 두루마리는 기원전 1세기 문헌으로 그리스도인의 작품이 아니다. 첫 번째 줄에서 '메시아'라는 용어가 발견되었고, 다음 몇 개의 줄에서 누가복음 4장에서 나타난 몇 가지 특징들이 언급되고 있다. 예를 들어 잡힌 상태에서 자유를, 그리고 눈먼 자의 눈이 열리고, 억압받는 사람을 일으키는 것이다. 처음 몇 줄의 번역은 다음과 같다.

---

1) 본 글에서 특별한 표시가 없는 한 한국어 역본은 《표준새번역》(1993)이다. 발표자는 영문 본문에서 New Revised Standard Version을 인용하고 있다.

《메시아의 묵시록》

[하]늘과 땅이 그의 메시아의 말을 들을 것이며, 그들 중에 있는 이는 거룩한 이의 명령에서 벗어나지 않을 것이다. ……
그는 신실한 자를 그의 영원한 왕국의 왕[좌]로 앉혀 영화롭게 할 것이며
잡힌 자에게 자유를,
눈먼 자의 눈을 뜨게 하고,
[억눌린]자를 일어나게 한다.

《메시아의 묵시록》과 누가복음 4장의 공통된 용어는 우연히 일치하는 것이 아니며, 적어도 예수의 시대에 유대인들이 이사야 61장 1-2절을 메시아적 예언으로 이해했다는 것을 나타내고 있다. 첫 번째 줄에 있는 '메시아'라는 용어로 인해 《메시아의 묵시록》의 조명은 누가복음 4장 16-21절에서 예수가 예언된 메시아를 주장하고 있는 것을 분명하게 한다.

그러나 메시아 도래의 표시로서 죽은 자가 일어나는 것은 무엇인가? 누가복음 7장에서 세례 요한은 그의 제자를 예수에게 보내며 그가 정말 메시아인지를 물어보게 하였다. 예수는 메시아의 도래에 수반되는 몇 가지 증거들을 말하는 것으로 대답하였다.

《표준》 눅 7:22-23

[20]그 사람들(세례 요한의 제자들)이 예수께 와서, 말하였다. "세례자 요한이 우리를 선생님께로 보내어 '오신다는 분이 선생님이십니까? 그렇지 않으면, 우리가 다른 분을 기다려야 합니까?' 하고 물어보라고 하였습니다." ……
[22]예수께서 그들에게 말씀하셨다. "가서, 너희가 보고 들은 것을

요한에게 알려라. 눈먼 사람이 보고, 다리 저는 사람이 걷고, 나병환자가 깨끗해지고, 귀먹은 사람이 듣고, 죽은 사람이 살아나고, 가난한 사람이 복음을 듣는다.
²³나에게 의심을 품지 않는 사람은 복이 있다."

여기에서 제시되는 목록에서 예수는 그의 활동에서 죽은 자가 일어났다고 말한다. 그러나 일부 학자들은 1세기 유대교에서 몸의 부활에 대한 부활이 발견되지 않기 때문에 예수는 그의 활동의 일부로 죽은 자의 부활을 주장하였다고 할 수 없다고 주장한다. 즉 학자들에 따르면 22절에 죽은 자가 일어나는 것은 후대 복음서 기자(누가)에 의해서 덧붙여진 것이라는 것이다.

하지만 《메시아의 묵시록》에 의하면 이들 학자들의 주장은 틀렸다. 《메시아의 묵시록》에서는 메시아 도래의 증거로 죽은 자가 일어나는 것을 포함하고 있다.

《메시아의 묵시록》

[하늘과 땅이 그의 메시아의 말을 들을 것이며, 그들 중에 있는 이는 거룩한 이의 명령에서 벗어나지 않을 것이다. ……
(11) 그리고 주께서 말씀하신 바와 같이, 주님이 전에 한 적이 없는 영광스러운 일을 하실 것이다.
(12) 따라서 주께서 다친 자를 낫게 하실 것이며
주께서 죽은 자를 다시 살리시고
주께서 가난한 자에게 좋은 소식을 전하실 것이다.

다시 말하지만, 《메시아의 묵시록》과 누가복음 7장에서 공동적인 용어는 우연히 같은 것이 아니다. 두 텍스트의 비교는 적어도 예수의 시대에 일부 유대인들이 누가복음 7장 22절에서 묘사하는 특징을 메시아 도래의 증거로 이해하였다. 이 증거 중에 하나는 죽은 자가 일어나는 것이며, 이것은 1세기 유대교에서 몸의 부활이라는 믿음이 실제로 발견된다는 것을 의미한다. 또한 《메시아의 묵시록》은 예수가 누가복음 7장 22-23절에서 예언된 메시아임을 다시 주장하고 있는 것에 대한 강한 증거를 제공하고 있다.

(5) 이사야 53장의 새로운 해석

때로 사해사본 두루마리는 핵심적인 성서 구절들이 우리의 이해에 영향을 미치는 중요한 새로운 해석을 제공한다. 그러한 구절 중 하나는 이사야 53장에 주의 고난 받는 종에 대한 내용이다. 이 구절은 기독교 전통에서 고난 받는 종이 예수라는 것과 다르게 유대교 전통에서는 종을 이스라엘로 해석하여 왔다. 전통적인 히브리어 본문은 다음과 같다.

『표준』이사야 53:10-11[2)]
¹⁰주께서 그를 상하게 하고자 하셨다. 주께서 그를 병들게 하셨다. 그가 그의 영혼을 속죄 제물로 여기면, 그는 자손을 볼 것이며, 오래오래 살 것이다. 주께서 세우신 뜻을 그가 이루어 드릴 것이다.
¹¹**그는 고난의 결과를 보고**, 만족하게 될 것이다. 나의 의로운 종이 자기의 지식으로 많은 사람을 의롭게 할 것이다. 그는 다른 사람들이 받아야 할 형벌을 자기가 짊어질 것이다.

---

2) 《표준새번역》의 이사야 53장 11절 부분은 사해사본과 70인역을 참고로 하여 번역하고 마소라 텍스트를 따르지 않고 있다. 굵은 글씨는 발표자가 강조한 부분으로 《표준새번역》의 난외주를 참고하였다. 발표자의 영어 본문은 King James Version이다.

이 구절에서 11절의 첫 부분인 "그가 그의 영혼의 고통을 볼 것이다"는 해석하기 어렵다. 그러나 사해사본에서는 이 본문에 "빛"이라는 단어가 추가되었다.

이사야 53:10-11(대이사야 두루마리)
(11) 그의 영혼의 고통을 당한 뒤에 그가 빛을 볼 것이다. 그리고 만족할 것이다. 그리고 그의 지식을 통해서 나의 종 의로운 자가 많은 의로움을 만들 것이며, 그가 그들의 죄(iniquity)를 감당할 것이다.

추가된 '빛'이라는 단어는 이사야 53장 11절의 해석을 바꾸었다. 이 새로운 해석은 이 구절의 주석에 있어 중요한 내용을 암시하고 있다. 삶 또는 부활을 암시하는 것이다. 이 더 긴 독본은 이사야 53장 11절을 포함하는 3개 두루마리(1QIsa^a, 1QIsa^b, 4QIsa^c) 모두에서 발견되었다. 이제 "그가 빛을 볼 것"이라는 더 긴 독본이 많은 영어 번역본에서 원문에 가까운 것으로 선호되고 있다.

(6) 바울 서신과 쿰란에서 "율법의 행위"

사해사본이 우리의 바울 이해에 어떻게 영향을 미칠 것인가? 학자들과 신약성서 연구자들은 바울이 '율법의 행위(ἔργων νόμου)'라는 특별한 용어를 로마서(3:20, 28)와 갈라디아서(2:16, 3:2, 5, 10)에서 몇 차례 사용하는 것을 알고 있다. 하나의 예로서 갈라디아서 3장 10절은 다음과 같다.

《표준》갈라디아서 3:10

율법의 행위(ἔργων νόμου)에 의지하는 사람은 누구나 다 저주 아래 있습니다. 기록된 바 "율법책에 기록된 모든 것을 지키지 않는 사람은 다 저주 아래 있다" 하였습니다.

많은 학자들은 이 구절을 바울이 예수 그리스도를 믿는 은혜의 복음을 선언하고 있는 것을 의미하는 것으로 해석해 왔다. 이는 '율법의 행위'에 기초한 유대교와 반대되는 것이다. 그러나 이 해석은 문제가 있다. 하나님의 은혜(חסד, ḥesed)로 구원받은 구약성서의 인물들의 사례가 많이 있다. 한 예는 출애굽기 34장 5-7절이다.

《표준》출애굽기 34:5-7

(5) 그때에 주께서 구름에 싸여 내려오셔서, 그와 함께 거기에 서서, 거룩한 이름 '주'를 선포하셨다. (6) 주께서 모세의 앞으로 지나가시면서 선포하셨다. "주, 주는 자비롭고 은혜로우며, 노하기를 더디하고, 한결같은 사랑(חסד, ḥesed)과 진실이 풍성한 하나님이다. (7) 수천 대에 이르기까지, 한결같은 사랑을 베풀며…

그렇다면 바울이 로마서와 갈라디아서의 구절들에서 언급하는 '율법의 행위'는 무엇을 말하는 것인가?

이 수수께끼의 답은 쿰란에서 발견된 매우 중요한 두루마리인 4QMMT에서 제시되고 있다(슬라이드 참고). 이 두루마리는 핵심 단어인 '율법의 일부 행위'(또는 '토라의 어떤 훈계')를 포함하고 있다. 이 두루마리는 세 개의 부분으로 구성되어 있다.

21개 줄의 역법, 태양력의 364일에 근거함

약 24개의 종교적 규범 또는 할라카, 82개 줄에 일련번호 있음 32개 줄의 끝맺음, 그들의 규범에 동의하지 않는 사람들과 구분된 그룹

4QMMT에 '율법의 일부 행위들'이라는 핵심 단어의 예는 다음과 같다.

이제, 우리는 너희에게 [27]율법의 일부 행위들(*misqsat ma'ase ha-Torah*)을 기록하였다. 우리가 결정한 이것들은 너희와 너희 백성들에게 이로울 것이다. …… 그리고 그것은 너희들에게 의로움으로 간주될 것이다. 너희들이 그분 앞에서 의로운 것과 선한 것을 행하는 것으로, 너희의 이로움과 이스라엘의 그것에(4QMMT C, lines 26-32)

이런 고대 문헌의 핵심 구문은 '율법의 행위'가 단지 바울의 로마서와 갈라디아서 서간문과 4QMMT에서만 발견된다는 것을 보인다.

바울의 글을 이해하는 데 이것이 함의하는 것은 깊은 의미가 있다. 왜냐하면 '율법의 행위'라는 용어는 오직 쿰란에서만 발견되기 때문이다. 로마서와 갈라디아서에서 인용된 구문에서 바울은 분명 에세네파 유대인이나 에세네파에 영향을 받은 그리스도인들에 반대하여 주장하고 있다. 에세네파의 가르침에 특별하게 영향을 받은 사람에게 '율법의 행위'는 독특한 용어이다.

결 론

이 강의에서는 사해사본을 소개하고, 그것이 존 알레그로 같은 학자와 댄 브라운과 같은 대중작가에 의해서 어떻게 잘못 인용되어 왔는지 살펴보았다. 그리고 다음 4개의 주제 아래 신약성서를 이해하는 데 사해사본 두루마리의 적절성을 살폈다. 그것은 쿰란과 신약성서에서 공통적으로 많이 인용한 3개의 성서와 사해사본과 예수, 이사야 53장의 새로운 해석, 바울서신과 쿰란에서 '율법의 행위(the Works of the Law)'이다.

쿰란문서와 신약학의 중심 주제

김 창 선
루터대학교 교수

I. 들어가면서

'쿰란문서'란 개념은 두 가지 의미로 사용될 수 있다.[1] 넓은 의미에서 쿰란문서(=사해사본)란 마사다(Masada), 나할 헤버(Nahal Hever), 나할 셀림(Nahal Seelim), 나할 미쉬마르(Nahal Mishmar), 무라바트(Murraba'at) 등에서 나온 문서를 포함한 사해 인근 지역에서 나온 다양한 사본들을 가리킨다. 그러나 좁은 의미에서 쿰란문서란 사해 북서쪽에 위치한 키르벳 쿰란(Khirbet Qumran) 지역에 있는 11개의 동굴에서 1947~1956년에 걸쳐 발견된 대략 1,000여 개의 사본 및 사본 조각들을 가리킨다.[2] 본고는 후자에 초점을 맞추고자 한다.

서구 세계에서 <u>쿰란문서의 발견은 지난 20세기에 있었던 가장 경이로운 사건</u>이었다. 그에 걸맞게 서구 학계는 쿰란 분야에 관해 그동

---

[1] 본고는 〈신약논단〉 제8권 제3-4호(2001 가을·겨울), 159-185면에 실린 필자의 논문 "신약학을 위한 쿰란 연구의 중요성"을 참조하는 가운데 새롭게 쓴 것이다.
[2] 베드윈과 고고학자들이 크게 훼손된 상태로 발견한 사본들은 주로 히브리어와 아람어로 기록되었고, 극히 일부분은 그리스어와 나바테아어로도 기록되었다. 고문서학적으로 볼 때, 기원전 3~1세기의 산물로 간주된다. 이에 대해 A. Lange/ H. Lichtenberger, "Qumran", in; *TRE* 28, 1997, p. 45 ; A. Lange, "Qumran", in: [4]*RGG* 6, 2003, p. 1,884.

안 꾸준히 연구해오고 있는 중이다. 이와 달리 우리 학계는 쿰란 분야 뿐만 아니라 이른바 '신구약 중간시대' 전반에 걸쳐 비교적 관심이 적은 편이다. 그러나 나사렛 예수의 활동에 근원을 둔 기독교의 탄생은 구약시대와 신약시대 중간에 위치하며, 양 시대를 접목시켜 주는 '고대 유대교(Ancient Judaism)', 이른바 신구약 중간시대의 유대교라는 모태에서 비롯되었다. 따라서 기독교의 탄생을 이해하기 위해서는 그 모태가 되는 고대 유대교에 대한 이해가 불가피하다는 사실이 자명해진다. 바로 <u>쿰란문서는 고대 유대교의 실상을 오늘 우리에게 알려주는 가장 귀한 자료</u>라고 말할 수 있다. 본고는 이처럼 귀한 쿰란문서와 이를 남긴 공동체3)에 대해 개괄적인 설명을 하면서, 동시에 쿰란문서가 신약성서학을 위해 갖는 중요성에 대해 주제별로 간단히 다루고자 한다.

II. 쿰란문서란 무엇인가

1992년에 튀빙엔 대학의 신약학 교수 마르틴 헹엘(Martin Hengel)은 "새로운 쿰란의 봄"(ein neuer Qumranfrühling)의 시대가 도래했다고 말했다.4) 이것은 쿰란문서가 발견된 직후인 1955~1970년 무렵

---

3) R. de Vaux가 쿰란 거주지를 에세네파의 거주지로 해석한 이래(*The Archaeology of the Dead Sea Scrolls*, London 1973), 오늘날 쿰란학계는 대체로 쿰란공동체를 에세네파에 속하는 무리로 간주한다. 양자 사이의 관계에 대하여 필자의 졸저 《쿰란문서와 유대교》, 한국성서학연구소, 2007, 83-110면("고대 유대교의 문맥에서 본 쿰란공동체 이해")을 참조하시오:
4) M. Hengel, "Die Qumranrolle und der Umgang mit der Wahrheit", in: *ThBeitr* 23 (1992), pp. 233-237. 이곳 p. 235. 그의 제자인 Jörg Frey는 쿰란 연구의 네 시기를 다음과 같이 나눈다: 1. "First Discoveries and Premature Assumptions(1947-ca. 1955)", 2. "The 'Qumran Fever' and the Discussion of the Material(ca. 1955-ca.

에 불었던 쿰란 연구의 열기가 오랫동안 식었다가 다시 일어난 것을 가리켜 한 말이다. 1990년대 초엽, 당시 수십 년 동안 베일에 가려져 있던 쿰란 텍스트가 최소한 사진 형태로나마 모두 공개되었으며,[5] 그 동안 비교적 느린 속도로 쿰란 텍스트의 공식 출판을 맡아왔던 "Discoveries in the Judean Desert"(=DJD) 시리즈가 1990년대에 들어와 출판에 박차를 가하면서 현재 출판을 완료하였다. 또한 프린스턴 대학의 찰스워즈(J.H. Charlesworth) 교수의 책임 아래 총 10권으로 기획된 "Princeton Theological Seminary Dead Sea Scrolls Project"가 1994년부터 시작하여 현재 상당 부분 그 모습을 드러내었다. 또한 쿰란 텍스트를 현대어로 완역한 책들이 출간되어 있는 상태라 누구나 손쉽게 쿰란 본문에 접할 수 있게 되었다.

쿰란문서란 말을 흔히 사용하고 있지만 이 용어는 사실상 정확한 표현이 아니고, 동시에 오해의 소지도 담고 있다. 발견된 문서들이 모두 쿰란공동체가 속한 에세네파의 창작물이 아니기 때문이다. 이는 발견된 전체 문서 가운데 대략 4분의 1 정도가 히브리어 성서(=구약성서) 사본이라는 사실을 통해서도 자명하다. 그렇다고 구약성서 이외의 모든 문서는 에세네파의 창작품이냐 하면 이것도 사실과 다르다. 상당수의 작품은 에세네파가 직접 지어낸 작품들이 아니고 전통적으로 내려온 전승물에 불과하기 때문이다. 이러한 시각에서 쿰란에

1970)", 3. "Stagnation(ca. 1970-1991)", 4. "A New 'Qumran Springtime'(since 1991)" (J. Frey, "The Impact of the Dead Sea Scrolls on New Testament Interpretation", in: J.H. Charlesworth[ed.], The Bible and the Dead Sea Scrolls, Vol. 3, Waco, Texas 2006, pp. 408-419).

5) R. Eisenman/J. M. Robinson, *A Facsimile Edition of the Dead Sea Scrolls, Prepared with an Introduction and Index*, Vol. 1-2, Washington 1991; E. Tov(ed.), *The Dead Sea Scrolls on Microfiche: A Comprehensive Facsimile Edition of the Texts from the Judean Desert*, Leiden/New York/Köln 1993.

서 발견된 문서를 다음과 같이 나눌 수 있다.

히브리어 성서 사본 (=구약성서 사본)	모두 200여 개의 사본 발견 가장 옛 사본은 BC 3세기 중엽에 생성(4QSam^b; 4QJer^a).
이미 알려져 있던 외경 및 위경	토비트서, 시락서(=집회서), 희년서, 에녹서, 열두 족장의 유언서 등.
처음으로 알려진 문서	최초로 쿰란에서 발견된 전승물: 성전두루마리[11QTemple], 창세기 외경[1QGenAp], 새 예루살렘[New Jerusalem], 안식일제사노래[4QShirShabb], 전쟁문서[1QM] 등. 쿰란공동체가 속한 에센파의 창작물: 호다욧[1QH], 공동체 규율서[1QS], 다메섹 문서[CD], 요나단에게 보내는 교사의 편지[4QMMT], '페샤림'[Pesharim]이라 부르는 예언서 및 시편 주석서 등.

발견된 쿰란문서를 장르별로 세분하면 다음과 같다.[6]

① **성서 사본**: 시편 36개 사본, 신명기 29개 사본, 이사야 21개 사본, 출애굽기 17개 사본, 창세기 15개 사본 등.
② **유사 성서 문헌(parabiblical Literature)**: 본문, 주제, 등장인물이 히브리어 성서와 밀접하게 연관된 문서를 가리킨다. 예컨대, 아브라함 이야기(1QGenAp 18:25ff); 희년서(1Q17.18; 2Q19.20; 3Q5; 4Q176a; 4Q216-224; 11Q12); 모세 외경(1Q22; 1Q29; 4Q375.376; 4Q408) …
③ **성서 주석서(Pesharim)**: 다음과 같은 주석이 전해진다. 이사야서 주석(3QpIsa=3Q4; 4QpIsa^{a-e}=4Q161-165); 호세아서 주석(4QpHos^{a-b}=4Q166-167); 미가서 주석(1QpMic= 1Q14; 4QpMic

---

[6] 아래의 분류는 A. Lange, "Qumran", in: ^{4}RGG 6, pp. 1884ff를 따른 것이다.

(?)=4Q168); 나훔서 주석(4QpNah=4Q169); 하박국서 주석(1QpHab); 스바냐서 주석(1QpZeph=1Q15; 4QpZeph=4Q170); 말라기서 주석(5QpMal(?)=5Q10); 시편 주석(4QpPs^a=4Q171; 1QpPs=4Q16; 4QpPs^b=4Q173).

④ **종교법을 다룬 문서**: 공동체 규칙에 대해 논하는 책들이 이에 속한다. 공동체 규율서(1QS; 4Q255-264; 5Q11); 에세네파의 처음 규칙(1QSa=1Q28a); 다메섹 문서(CD A-B; 4Q266- 273; 5Q12; 6Q15); 전쟁 문서(1QM=1Q33; 4Q285; 4Q471; 4Q491-497; 11Q14); 요나단에게 보내는 교사의 편지(4QMMT=4Q394-399) ……

⑤ **칼렌더 문서**: 상당수의 칼렌더 문서가 발견된 것으로 미루어, 에세네파가 칼렌더 문제를 중요하게 여겼음을 알 수 있다. 하나의 예외(4Q318)를 제하면 이에 속하는 문서는 모두 364일 주기의 태양력을 따른다. 제사장들의 사역 시간을 정하거나(4Q319; 4Q322; 4Q329), 안식일이나 제의명절 날짜에 관해 정리한 문서(4Q324d-f; 4Q326; 4Q394) 등이 있다.

⑥ **시적 혹은 제의적인 문서**: 하나님 찬양의 중요성을 강조하는 에세네파는 이 부류에 속하는 여러 문서를 남겼다. 예루살렘 성전을 멀리한 에세네파는 하나님 찬양을 일종의 제의로 생각했다(4QMidrEschat^a III 6-7). 매일 기도문(4Q503), 안식일 제의에 관한 노래(4Q400-407; 11Q17), 정결예식(4Q284) 외에도 많은 찬양시(1QH) 등을 남겼다.

⑦ **지혜문서**: 상당수의 지혜문서가 발견되었는데, 거의 모두가 비에세네파 산물이다. 교훈과 관련된 문서가 지배적이다(Instruction [1Q26; 4Q415-418a; 4Q418c; 4Q423], Book of Mysteries

[1Q27; 4Q299-301], Beatitudes[4Q525], Sir[2Q18]).

⑧ **역사서 및 이야기**: 토비트서(4Q196-200); 2개의 아람어로 기록된 단편적인 왕궁 이야기(Gebet des Nabonid 4Q242; PrEsther 4Q550-550e) ……

⑨ **묵시적 종말론적 문서**: 이 부류에 속하는 문서가 발견되었으나, 에세네파의 산물로 보이는 것은 없다. 여러 문서가 에녹, 예레미야, 에스겔, 다니엘의 계시로서 나타난다.

⑩ **마술적 신적 문서**: 에세네파의 산물이 아닌 약간의 문서가 있다.

⑪ **기타 문서**

III. 쿰란문서의 중요성

1. 구약성서 사본학 및 본문 연구를 위한 중요성

발견된 사본 가운데 200여 개는 구약성서 필사본이다. 구약성서가 단편으로나마 거의 모두 쿰란에서 발견된 셈이다. 히브리어 성서는 기독교 이전 시대의 산물임에도 불구하고, 쿰란 사본이 발견되기까지 기원 전 시대에서 유래한 구약 사본은 전무하였다. 현재 우리가 이용하는 히브리어 성서 본문은 중세 때 만들어진 사본에 의존한 것이고, 따라서 그 본문의 신뢰성에 대해 의문의 여지가 없지 않았다.[7] 그러나 쿰란에서 발견된 가장 오래된 성서 사본(4QSam^b; 4QJer^a)은 BC 3

---

[7] 현재 남아 있는 가장 오래된 코덱스로는 895년에 예언서를 필사한 Codex Cairensis와, 916년에 후기 예언서를 필사한 St. Petersburg Codex, 또한 925년경에 마무리된 Codex Aleppo가 있다.

세기 중엽에 기록된 것으로 보이며, 다른 구약성서 사본들도 쿰란 거주지가 로마군에 의해 파괴되는 AD 68년 이전에 기록되었음이 분명하다. 이렇게 볼 때, 쿰란에서 발견된 성서사본은 현재 우리가 사용하는 이른바 "마소라"(Masora) 본문[8]보다 대략 1,000년 이상 앞서 기록된 본문임을 알 수 있다.

기원전 3세기 중엽부터 알렉산드리아에서 만들어진 '칠십인역본(LXX)'을 마소라 본문과 비교해 보면, 본문과 단어 이해에서 차이가 나타나는데 이 차이를 흔히 번역자 탓으로 돌렸다. 그런데 쿰란에서 발견된 성서사본이 경우에 따라 칠십인역본과 동일함이 드러났다.[9] 따라서 칠십인역본과 마소라 본문 사이의 차이는 근본적으로 볼 때 팔레스타인에 현존했던 다양한 본문의 차이에 근거한다고 결론지을 수 있다.

그밖에도 쿰란의 성서사본은 히브리어 연구를 비롯한 구약성서 본문의 역사 및 아람어 번역본인 타르굼 연구에 커다란 공헌을 하고 있다. 특히 첫 번째 쿰란동굴에서 발견된 이사야서 사본(1QIsa^a)은 거의 완벽한 상태로 발견되었는데, 이를 마소라 본문과 비교해 볼 때, 천 년의 간격에도 불구하고 대체로 일치하고 있음이 밝혀졌다.[10] 이로써 유대학자들이 성서 본문을 조심스럽게 잘 전수하였음을 알 수

---

[8] 마소라 본문이란, 자음으로만 전해 내려온 히브리 성서의 정확한 발음과 기록을 보존하기 위해 6-9세기에 걸쳐 일군의 학자들이 히브리 성서 자음 본문에 모음 및 강세 등을 붙여 만든 본문을 가리킨다.
[9] 예컨대 출애굽기 1장 5절의 경우, 야곱과 더불어 애굽으로 간 그의 후손 숫자에 대해 마소라 본문은 '70'이라고 말하나, Septuaginta 본문과 쿰란 본문(4QEx^a)은 동일하게 '75'라고 말한다. 또한 예레미야서의 경우, LXX 본문이 마소라 본문보다 1/8 정도 짧은데, 이는 필사자의 실수에서 비롯된 것이 아님이 쿰란사본 발견으로 밝혀졌다. LXX 본문과 동일하게 짧은 본문이 쿰란(4QJer^b)에서 발견되었기 때문이다.
[10] M. Abegg/P. Flint/U. Ulrich(eds.), *The Dead Sea Scrolls Bible: The Oldest Known Bible Translated for the First Time into English*, 2004를 참조하시오.

있다. 현재 독일성서공회와 이스라엘의 히브리 대학은 각각 쿰란에서 발견된 히브리어 성서 사본을 참조하는 가운데 새로운 히브리어 성서를 편찬 중에 있다.

2. 예수 및 초기 그리스도교의 유대적 배경 이해를 위한 가장 중요한 일차 자료

쿰란문서가 발견되기 전, 나사렛 예수가 활동하던 시대의 배경이 되는 팔레스타인 유대교에 대해 알 수 있는 길은 극히 제한되어 있었다. 특히 BC 1세기의 유대 역사는 쿰란문서가 발견되기 전까지는 잘 알려져 있지 않았다. 고작 유대 역사가 요세푸스(Flavius Josephus, AD 37/8-100 이후 사망)의 작품을 통해 어느 정도 이해가 가능했을 뿐이었고, 당시 실존했던 종파가 남긴 문헌은 유감스럽게도 전해 내려오는 것이 없었다. 사두개파는 한 편의 자료도 후대에 남기지 않고 역사에서 사라졌으며, 오늘날 우리가 알고 있는 바리새파에 대한 정보들은 바리새파 사람들이 남긴 1차 자료가 아니라 몇 세대를 거쳐 전해진 간접적인 것이다. BC 1세기 중엽에 생성된 것으로 추정되는 '솔로몬의 시편'(=PsSal')을 간혹 바리새파에 속하는 문서로 간주하기도 하는데[11], 이는 여전히 의심스럽다. 이러한 상황에 비추어 볼 때, 쿰란문서가 당시 실존했던 한 종파가 남긴 원본이라는 사실은 시사하는 바가 크다. 쿰란문서의 발견으로 말미암아 이제 우리는 예수 활동 직전의 경건한 유대인 목소리를 직접 들을 수 있게 되었다.[12] 예수

---

11) 예컨대 S. Holm-Nielsen, *Die Psalmen Salomos*, JSHRZ IV/2, Gütersloh 1977, p. 59.
12) 발견된 쿰란 사본이 중세 때의 것이 아닌 옛것임을 여러 과학적인 방법으로도 입증할

및 초기 그리스도교의 유대적 배경을 이해한다는 것은 예수와 초기 그리스도교의 실체에 더욱 가깝게 다가갈 수 있는 길이 열린 것을 뜻한다.

IV. 쿰란 연구와 관련된 만연된 오해

1. 에센파는 기독교 탄생의 요람지인가?

쿰란 연구 초기에 앙드레 뒤퐁 소머(André Dupont-Sommer)는 쿰란문서와 초기 그리스도교를 직접 관련시키면서, 쿰란문서에 나오는 "의의 교사"가 예수를 예시한 것이라고 주장했다.13) 뒤퐁 소머로부터 영향을 받은 윌슨(Edmund Wilson)은 〈The New Yorker〉라는 잡지에서 쿰란공동체를 "베들레헴이나 나사렛보다 더 중요한 그리스도교의 요람"이라고 말하는 가운데, 쿰란공동체와 예수 및 초기 그리스도교 사이에는 연속성이 있다고 주장했다.14) 이런 주장은 전혀 근거가 없다. 쿰란문서는 예수를 포함한 신약시대의 어떤 인물에 대해서도 언급하지 않기 때문이다.

그런데 쿰란문서에 "義의 교사"(קדצה הרום, 혹은 קדצ הרום)라 불리는 한 인물이 나타난다.15) 그는 에세네파 공동체를 설립한 사람이다.

수 있다. 1. 고문서학(Paleography): de Vaux는 3시대로 구분(archaic period 250-150 BC; Hasmonean period 150-30 BC; Herodian period 30 BC-AD 68/70), 2. Accelerator Mass Spectrometry(AMS), 3. Carbon 14 technique, 4. Pottery, 5. Coins.
13) *The Dead Sea Scrolls: A Preliminary Survey* (Oxford: Basil Blackwell, 1952), p. 99.
14) E. Wilson, *The Scrolls from the Dead Sea* (New York: Oxford University Press, 1955), pp. 102, 104.

다른 한편 이 사람의 대적자도 나타나는데, 그를 가리켜 '거짓말쟁이 (כוזב שׁ)'로 부른다. 두 사람의 실명은 발견된 쿰란문서 어디서도 찾을 수 없고 위에 언급한 일종의 별명으로서만 등장할 뿐이다. 이 두 사람을 신약 시대의 인물과 관련시키려는 해석이 있다. 시어링(Barbara Thiering)은 '의의 교사'를 세례 요한이라 보고, '거짓말쟁이'를 다름 아닌 예수라고 주장한다. 다른 주장도 있다. 아이젠만(Robert Eisenmann)은 '의의 교사'를 가리켜 '의인'이라는 별명을 가진 예수의 형제 '야고보'로 간주하는가 하면, '거짓말쟁이'는 사도 바울이라고 주장하는 가운데, 초기 그리스도교를 경건하고 평화를 사랑하는 사람들의 모임이 아니라, 1세기 젤롯당의 한 움직임으로 이해한다. 즉 로마인들을 팔레스타인으로부터 몰아내기 위해 폭력과 테러를 동반한 정치적인 전복을 꾀한 민족주의자들의 모임으로 간주한다.16)

이 두 사람의 주장에 따르면, 쿰란 본문 가운데 의의 교사와 그의 대적자인 '거짓말쟁이'가 활동하는 시대가 다름 아닌 예수 시대 내지는 그 직후의 시대라고 보는 것이다. 그러나 이들의 주장은 전혀 설득력이 없다. 문제가 되고 있는 <u>쿰란문서들은 한결같이 기원전 시대의 산물로서 예수 운동 혹은 초기 그리스도교와 시간적으로 전혀 중복될</u>

---

15) 에세네파의 최고 지도자를 가리키는 이 칭호는 CD 1:11; 20:1; cf. 20:28(여기에는 단지 1;) הרים 1QpHab 1:13; 2:2; 5:10; 7:4; 11:5; 1QpMic Frags. 8-10 6; 4QpPs^a 3:15, 19; 4:27; 4QpPs^b 1:4; 2:2 등에 나타난다. "의의 교사"에 대하여 G. Jeremias, *Der Lehrer der Gerechtigkeit* (Göttingen, 1963); P. Schulz, *Der Autoritätsanspruch des Lehrers der Gerechtigkeit in Qumran* (Meisenheim am Glan, 1974)를 참조하시오.

16) 이와 같은 Eisenmann의 주장에 의지하여 미국의 두 언론인 M. Baigent/R. Leigh는 단행본 *The Dead Sea Scrolls Deception*, 1992(="예수의 비밀 - 사해사본에 나타난 기독교의 뿌리", 서울대학교 성서연구 모임 역, 세기문화사, 1992)을 출판하여 대중적인 인기를 얻었다. 그러나 이 책은 전혀 학적 신빙성이 없는 일종의 추리소설과 같은 책이다. R. Eisenman은 M. Wise와 더불어 1992년에 *The Dead Sea Scrolls Uncovered*라는 제목으로 쿰란문서의 원문 및 영역을 담은 책을 출판했으나, 성급하게 편집된 결과 오류가 많아서 학문적으로 사용하기에는 부적합하다.

수 없다. 해당 본문은 예수 시대가 아닌 BC 150년경의 시대 상황을 반영하고 있다는 것이 밝혀졌기 때문이다. 예컨대, 에세네파가 남긴 문헌 가운데 대략 기원전 100년경에 기록된 것으로 간주되는 "다메섹 문서"(CD)라는 것이 있는데, 이 문서는 이미 의의 교사가 죽었음을 전제하고 있다.

2. 에세네파는 유대교 주류에서 이탈한 하찮은 "섹트"인가?

그러면 실제 쿰란공동체의 역사는 어떻게 이루어졌는가? BC 2세기 초부터 헬라 문화가 팔레스타인에 급격히 몰려오면서, 전통 유대교의 위기 의식이 고조되고 있었다. BC 167년 예루살렘 성전 제의가 올림피아의 제우스신에 대한 제식으로 바뀌는 심각한 위기 상황 가운데, 마카베오 가문(Maccabees)의 무장저항운동이 일어났고, 이들이 팔레스타인의 정권을 잡게 된다(마카베오 상 2:1-28). 에세네파가 탄생하게 되는 직접적인 발단은 마카베오 가문의 요나단(Jonathan)이 팔레스타인의 실질적인 통치자가 되면서, BC 152년 유대교의 대제사장 직분을 불법적으로 찬탈한 사건과 관련되었다. 요나단은 사독 가문이 아니기에 대제사장의 직분을 맡을 수 없는 사람이었음에도 불구하고 정치적인 술수를 사용하여 불법적으로 예루살렘 성전의 대제사장 자리를 차지한 것이다. 당시 쫓겨난 대제사장의 이름은 전해지지 않고 '쿰란문서'를 통해 '의(義) 교사'[17)]라고 불렸다는 사실을 알 수 있

---

17) '의의 교사'가 대제사장이었을 것이라는 사실은 그를 가리키는 명칭에 드러난다. הרומ צדקה'이란 칭호는 '토라에 합당하게 가르치는 유일한 선생'이라는 뜻을 갖고 있고, 그것은 대제사장의 전통적인 직분이다. 또한 'הרומ היחיד'(='유일한 선생'), 'שרוד התורה'(=[최고의] 토라 해석가), 'הכוהן'(=그 제사장)과 같은 표현들은 '의의 교사'가

다. 의의 교사는 요나단의 살해 음모를 피해 예루살렘을 탈출하여 시리아의 다메섹으로 망명을 가서(CD 7:18-20), 그곳에 이미 있던 '새 언약공동체(the New Covenant)'[18]의 수장이 된다. 이 공동체가 에세네파의 모체가 된다.

BC 152년에 일어난 이 사건을 체험하면서 의의 교사는 종말의 시대가 시작되었다고 믿었다. 시리아에서 '새 언약공동체'의 지휘권을 넘겨받은 의의 교사는 새 언약공동체의 대다수 구성원을 포함하여 다른 중요 유대 그룹을('adat ha-hasidim = Synagoge Asidaion, 또한 성전 기득권자들 가운데 일부) 자신의 연합체에 합류시킴으로써 당시 유대교 내에서 영향력이 큰 에세네파 연합체를 BC 150년경에 설립하게 된다.[19] 이 에세네파 연합체를 가리켜 "하 야하드"(ha-yahad = the Union)라 불렀는데, 이는 당시 현존한 모든 경건한 유대 그룹의 연합체를 뜻하는 말로서 온 이스라엘을 대표하는 종교 조직이었다. 그런데 이 연합운동에 동참하기를 거부한 세 개의 다른 그룹이 남아 있었다. 첫째는 다메섹에 있는 새 언약공동체 멤버로서 귀환하기를 거부한 자들이고, 둘째는 에세네파 연합운동에 동참을 거부함으로써 '분리주의자'로 낙인이 찍힌 '바리새파'가 있었고, 마지막으로 셋째는 요나단에게 동조한 예루살렘 성전 제사장 계급들로서 훗날 '사두개파'로

예루살렘 성전제의의 수장이었다는 사실을 나타낸다.
[18] '다메섹'을 쿰란을 가리키는 영적인 개념으로 해석하는 가운데 이 그룹을 '쿰란 에세네파'로 파악하려는 경향이 있는데, 이는 잘못이다. CD 8:21/ 19:33-20:1에 잘 나타나듯이, 이 그룹의 멤버들은 아직 에센파에 가입한 사람들이 아니다. 이 그룹은 170-167년의 종교적 혼란기에 다메섹 주변으로 피신하여 정착한 팔레스타인 유대인들로서 평신도 중심의 엘리트 그룹이었다.
[19] 에세네파 연합체의 설립은, 172년에 대제사장직을 매수로 차지한 메네라오스(Menelaos)가 시리아에 망명간 대제사장 오니아스 III세를 살해한 BC 170년으로부터 20년이 지나 이루어진다(CD 1:9-11). 따라서 대략 BC 150년경에 설립되었다는 사실을 알 수 있다.

불린다.

유대 역사가 요세푸스(Josephus, 37/38년~100년경)는 자신의 작품 가운데 예수 시대에 존재한 여러 유대 종파를 언급하면서 에세네파의 수에 대한 언급을 하는데, 4,000명 정도의 성원을 지닌 종파라고 말한다.[20] 이는 그가 바리새파의 성원 수를 6,000명이라고 추산하는 것과 비교해 볼 때, 에세네파의 규모가 바리새파보다는 작으나 그에 견줄 만한 종파로 이해했다는 사실을 알 수 있다. 에세네파 구성원에 관한 이러한 숫자가 비록 고대 역사 서술에 흔히 나타나는 전형적인 과장이라고 평가하더라도, 이 종파의 움직임이 비교적 커다란 움직임이었다는 사실을 강력히 암시한다. 이와 같은 요세푸스의 언급만을 고려하더라도, 에세네파를 유대교의 주류에서 이탈한 보잘것없는 작은 '섹트(sect)'[21]로 부른다는 것은 부적절하다.

섹트가 존재한다는 말은 역으로 '정통(orthodoxy)'이 존재한다는 것을 전제하나, 고대 유대교에는 '정통 유대교'라는 것이 아직 확정되지 않았다. 현재 이스라엘 중심의 쿰란 연구가들은 바리새파를 정통으로 간주하는 추세라, 바리새파 이외의 다른 종파들을 가리켜 '섹트'로 부르는 경향이 있다. 그러나 이와 같은 시각은 적절하지 못하다.

---

20) Josephus, Antiquitates 18, 20; Philo, Quod omnis probus liber sit 75.
21) 이러한 시각이 여전히 남아 있다: Y. Sussmann, "The history of halakha and the Dead Sea Scrolls: Preliminary observations on Miqsat Ma'ase ha-Torah(4QMMT)," Tarbiz 59(1989-1990), Summaries, pp. 1f. "제2성전 시기 말 유대교의 (주된) '분파'"에 관한 진술은 다음과 같다: "두 개의 거대 집단인 사두개파(!)와 바리새파는 고대 유대교의 두(!) 주류를 대표한다. ……이들 두 주된 집단 사이 어디엔가 작고, 경건하고, 열성적인 쿰란종파(에세네파/Boethusians(?))가 있으며, 그들은 비록 영적으로나 이데올로기적 배경이 다르다 할지라도, 제사장 계열의 사두개파 할라카에 유착되어 있다." 또한 G. Martines/J. T. Barrera, *The People of the Dead Sea Scrolls*, transl. by W. G. E. Watson, Leiden-New York-Koeln: Brill, 1995, p. 11; D. 플러써, 《에세네 종파사(="The Spiritual History of the Dead Sea Sect")》, 예본출판사, 1994, 15면("[에세네파] 종파의 사회적인 위치, 조직, 그리고 사상은 고립주의적 집단의 전형").

AD 2세기 이후에야 비로소 '정통'으로 자리 잡은 이른바 '랍비·바리새파적인 유대교'의 시각[22]을 고대 유대교 시대로까지 소급시킨 결과에서 나온 시각이다. 오히려 고대 유대교는 바리새파를 비롯한 에세네파, 사두개파, 젤롯당 등 여러 종파가 공존했던 시기이며, 에세네파는 "원칙적으로 공식적인 유대교로부터 분리되지 않았고 이단화되지도 않았다"[23]고 보는 시각이 타당하다. 한마디로, 에세네파는 당시 유대교의 주류에 속했던 종파로 이해해야 한다. 쿰란 연구의 최고 권위자 가운데 한 사람인 슈테게만(H. Stegemann) 교수는 에세네파를 가리켜, "당시 유대교의 엘리트 모임"으로서 "예수 시대뿐만 아니라, 랍비 시대에 이르기까지 그들은 팔레스타인 유대교의 대표자였다"라고 강조한다.[24]

3. 에세네파는 금욕적인 수도원 공동체이고, 발견된 쿰란 거주지는 에세네파의 중심지인가?

초창기 쿰란 연구가들은 발견된 쿰란 거주지를 에세네파의 중심지라고 간주하였다.[25] 그러나 이러한 이해는 잘못이다. BC 150년경

---

22) 이에 대하여 G. Stemberger, *Einleitung in Talmud und Mirdasch*, München: C.H. Beck, 1992(제8판). 제7판에서 번역한 영어역이 있다: H. L. Strack/G. Stemberger, *Introduction to the Talmud and Midrash*, Minneapolis: Fortress, 1992.
23) H. 콘첼만/A. 린데만, 〈신약성서 어떻게 읽을 것인가?〉, 한국신학연구소, 2003, 283면.
24) H. Stegemann, *Die Essener, Qumran, Johannes der Täufer und Jesus*, Freiburg/Basel/Wien 1993, p. 364.
25) 예컨대, J. Jeremias, *Die theologische Bedeutung der Funde am Toten Meer*, Göttingen 1962, p. 10; J. A. Fitzmyer, "Jewish Christianity in Acts in Light of the Qumran Scrolls", in: L. E. Keck/J. L. Martyn(eds.), *Studies in Luke-Acts*, FS Paul Schubert, New York 1966, p. 233. 또한 근자에도 H. Shanks, 〈사해두루마리의 미스터리와 의미〉, 경세원, 2007, 173면.

에 결성된 에세네파 연합체의 본부가 어디에 설립되었는지에 대해서는 알 길이 없다. 에세네파가 설립된 후 50년 정도가 지나서 쿰란 거주지가 만들어졌기에 쿰란이 아니었음은 명백하다. 쿰란 거주지는 에세네파의 한 거주지에 불과하다.[26] 그러므로 쿰란 거주지를 에세네파 거주지 전체와 동일시하고 있는 견해는 잘못이다.

그런데 에세네파와 관련하여 오랫동안 전해 내려오는 판에 박힌 설명이 있다. 그것은 에세네파는 사해 근처의 황량한 사막에 위치한 종파로서 마치 중세 때의 수도원과 같이 외부 세계에 절단된 채 금욕주의적인 수행을 하는 유대 수도승들이라는 설명이다. 이와 같이 에세네파를 금욕주의를 지향하는 수도원으로 보는 해석은 뿌리가 깊다. 그 뿌리는 로마 역사가인 '플리니우스'(Plinius the Elder, AD 23/24-79)가 쓴 에세네파 사람들에 대한 짤막한 보도에서 시작된다. 이 보도를 인용하면 다음과 같다.

"에세네파 사람들은 (사해) 해안으로부터 떨어진 서쪽에 살고 있었다. 이들은 외롭고 온 세상 중에 다른 모든 종족들과는 달리 유별난 종족으로서, 아내도 갖지 않고 성적 희구도 없고 돈도 없으며 단

---

[26] 쿰란 거주지의 설립 목적과 관련하여 다양한 가설이 있다. N. Golb는 쿰란 거주지를 쿰란문서와 관계가 없는 것으로 여기면서 유대전쟁 직전에 군사적 목적으로 건축된 일종의 방어용 성곽으로 간주한다("The Qumran Plateau", in: idem, *Who Wrote the Dead Sea Scrolls? The Search for the Secret of Qumran*, New York: Scriber, 1995, pp. 3-41). 식당을 갖춘 별장으로 여기는 사람도 있다 [P. Donceel-Voute, Coenaculum - La salle à l'étage du locus à Khirbet Qumran sur la mer morte, Banquets d'Orient, 1993 (Res Orientales 4), pp. 61-84]. H. Stegemann은 쿰란 거주지 및 근처 En Feshkha에서 발견된 상업용의 건축물이 에세네파의 종교활동에 필요한 두루마리 사본 제작소로 여긴다(*Die Essener, Qumran, Johannes der Täufer und Jesus*, Freiburg/Basel/Wien, pp. 77-82). 그 밖에도 하스몬가의 빌라 안에 세운 에세네파의 제의시설로 보는 시각이 있는가 하면(J.-B. Humbert), 사독가문에서 나온 한 분파의 훈련 센터로 보는 시각이 있고(L.H. Schiffman), 또는 휴식처 및 임종시설을 갖춘 일종의 관세청 시설로 여기는 시각도 있다(L. Cansdale).

지 종려나무의 사회 안에서만 지내고 있었다. 이 부족은 매일 매일 몰려드는 상당한 수의 신참자들로 인하여 같은 정도의 수를 유지해 나가고 있었다. 많은 사람들이 노도와 같은 인생의 피로에 밀려 그들의 풍습을 받아들이고자 그리로 몰려들기 때문이다. 그리하여 아무도 태어나지 않는 한 부족이 수천 년 동안이나 존속해 왔다. 이는 믿을 수 없을 정도이다. 다른 사람들의 삶의 고뇌가 그들에게 상당한 유익함을 주었던 것이다. 그들의 아래 쪽에 엔게디 시가 위치하고 있는데, 이 도시는 예루살렘에 뒤이어서 두 번째로 땅이 기름질 뿐만 아니라 종려나무가 많이 있었으나 지금은 (예루살렘과) 마찬가지로 먼지 덩어리에 불과한 상태이다. 그 위에 맛사다 요새가 세워졌는데, 이는 아스팔트호(=사해)로부터 멀지 않다"(Plinius, Naturalis historiae V,73).27)

사해 지역을 직접 경험해 보지 못한 플리니우스는 이 모든 정보를 아마도 소문을 통해 들었을 것이다. 플리니우스의 이 짤막한 보도는 지금까지 지속되는 쿰란 연구에 커다란 영향을 끼쳐 왔다. 그리하여 1898년(제3판)에 출판된 방대한 양의 전문 신학사전 《신학과 교회를 위한 개신교 대백과사전》(Realencyclopädie für protestantische Theologie und Kirche)에 실린 에세네파에 관한 설명도 영향을 받았다. 여기에 다음과 같은 표현이 나온다: "예루살렘 성전 접근을 금지 당한 에세네파 사람들은 제의 공동체라기보다는 오히려 수도원과 비교될 수 있는 하나의 확고한 공동체를 형성하였다."28) 이러한 설명을 이어받아 쿰

---

27) 라틴어 원문을 보려면: H. Rackham, Vol. 2, London/Cambridge Mass. 1961, p. 276.
28) *Realencyclopädie für protestantische Theologie und Kirche*, Vol. 5, Leipzig 1898(3판), p. 525ff ("······Vom Tempel in Jerusalem ausgeschlossen, bildeten die Essener eine festgeschlossene Gemeinschaft, die man eher einem Mönchsorden als einer Kultusgemeinde vergleichen kann.").

란문서 연구의 시조 가운데 한 사람인 수케닉(E. L. Sukenik) 역시 에센파의 활동무대를 쿰란 거주지에 국한시키게 되었다. 결국, 많은 학자들은 에세네파의 활동구역을 오로지 발굴된 쿰란지역에만 한정시키는 가운데, 에세네파를 지극히 보잘것없는 수로 구성된, 사해 곁의 황량한 사막에 자리잡아 일종의 수도원을 형성한 하나의 유별난 종파로만 파악하였다.

이러한 입장이 관철된 것은 아마 또 다른 요인과도 관련이 있는 것 같다. 즉 신약성서는 바리새파와 사두개파는 물론이고 젤롯 당원이었던 예수의 제자에 대하여 언급하고 있으나, 에세네파에 관해서는 한마디도 언급하지 않고 있다는 사실이다.[29] 이런 이유로 많은 학자들은 에세네파가 예수 당시 유대 사회에서 아무런 중요한 역할도 하지 못했다고 판단하는 것 같다.

그러나 이러한 쿰란공동체에 대한 보편화된 견해는 더 이상 받아들일 수 없다. 고고학적 발굴에 따르면, 쿰란 언덕에 있는 옛 묘지의 무덤들 안에서 여자들뿐만 아니라 아이들의 유골이 함께 발굴되었다.[30] 이들이 공동체와 더불어 살았음에 의심의 여지가 없다. 더욱이

---

[29] 이와 관련하여 H. Stegemann은 근자에 들어와서 흥미로운 주장을 한다. 즉, 복음서는 '서기관'의 무리를 종종 바리새파 사람들과 구별되는 독자적인 그룹으로 부르고 있는데 (막 7:1, 5; 마 5:20; 12:38; 15:1; 23:2; 눅 5:21; 6:7; 11:53; 15:2; 요 8:3), 이 서기관이란 명칭이 에세네파와 연관이 있을 것이라고 본다. 또한 '헤롯의 무리'란 명칭이 복음서에 나오는 것과 관련하여(막 3:6; 12:13; cf. 8:15; 막 22:16), 슈테게만은 에세네파가 헤롯대왕을 메시아로 인정했을 것이라는 교부들(Epiphanius; Hippolyt)의 추측을 지적한다. 게다가 요세푸스의 보도에 따르면(Antiquitates 15:368-379), 에세네파 사람인 Menahem이 어린 헤롯을 가리켜 '유대인의 왕'으로 부름으로써 헤롯은 자신의 통치기간에 에세네파를 다른 종파보다 편애하였고, 그리하여 헤롯 대왕의 총애를 받았다는 의미에서 '헤롯의 무리'(Herodianer)란 명칭으로 불리게 되었다고 말한다(*Die Essener*, pp. 363f).

[30] 이에 대하여 다음을 참조하시오: S. H. Steckoll, "Preliminary excavation report in the Qumran cemetery", in: *RdQ 6* (1967-69), pp. 323-344; "Marginal notes on the Qumran excavations", in: *RdQ 7* (1969-71), pp. 33-44; R. de Vaux, *Archaeology*

정착지 안에서 당시 사용되었던 많은 주화며 심지어 돈으로 가득 찬 단지들도 발견되었다. 이러한 고고학적 증거들은 플리니우스의 보도와는 정 반대의 모습을 보여주고 있는 셈이다. 그의 왜곡된 보도는 아마도 이국지역의 진풍경을 로마인들에게 소개한다는 차원에서 이해할 수도 있을 것 같다. 그러나 에세네파의 정체를 이해하는 데 더 이상 출발자료로 이용해서는 안 될 것이다.

4. 쿰란에서 마가복음의 단편이 발견되었는가?

50년경에 기록된 마가복음의 단편(막 6:52-53)이 7Q5에서 발견되었다는 놀라운 주장이 있다.[31] 이와 같은 주장은 한마디로 근거가 없다. 발견된 사본 조각은 너무도 작은 단편일 뿐만 아니라(2.7cm x 3.9cm), 그 안에 담긴 10개의 철자만 확인 가능하고 나머지는 흔적만 남아 있어 이 작품의 성격을 규명하기 힘들다. 성서본문을 담은 것 같지는 않고, 기독교 이전 시대의 유대 작품에서 유래한 계보와 관련된 것으로 짐작하기도 한다.[32] 쿰란 제7동굴에서 발견된 다른 그리스어 단편(7Q3; 7Q4; 7Q8)도 신약성서 본문과 아무 관련이 없을 뿐만 아니라 초기 그리스도교 상황을 반영하는 것은 전혀 없다. 에세네파

---

and the Dead Sea Scrolls. The Schweich Lectures, Revised Edition in an English translation, London 1973; Ph. R. Davies, Qumran. Cities of the Biblical World, Guildford 1982.

31) 예컨대 Jose O'Callaghan, "Papiros neotestamentarios en la cueva 7 de Qumran?", in: Biblica 53 (1972), pp. 91-100; Carsten Peter Thiede, Die älteste Evangelien-Handschrift?, Wuppertal 1986; F. Rohrhirsch, Markus in Qumran?, Wuppertal 1990.

32) 이와 같이 H. Stegemann, Die Essener, p. 360. H.-U. Rosenbaum이 7Q5를 마가복음의 단편으로 보려는 시도를 비판하는 것은 정당하다: "Cave 7Q5! Gegen die erneute Inanspruchnahme des Qumran-Fragments 7Q5 als Bruchstück der ältesten Evangelien Handschrift", in: BZ 31 (1987), pp. 189-205.

의 작품은 모두 초기 그리스도교 이전 시대에서 비롯된 것이다.

V. 신약학과 관련된 주요 쿰란 주제

쿰란문서와 신약성서 사이에 또한 이들 문서를 남긴 에세네파와 초기 그리스도교 공동체 사이에는 엄연히 커다란 차이가 존재한다. 동시에 양자 사이에는 언어사용이나 생활양식뿐만 아니라, 종말론과 성서해석의 관점 등에서 여러 유사점을 찾을 수도 있다.[33] 여기에서는 단지 신약학과 관련된 몇몇 주제에 대해 간단히 서술하고자 한다.

1. 세례 요한과 쿰란과의 관계

세례 요한은 에세네파의 일원이었는가? 아니면 적어도 에세네파와 친교를 나누었는가? 혹은 요한의 세례는 쿰란공동체로부터 유래한 것인가? 한마디로 요한은 쿰란공동체와 어느 정도로 관련이 있는가? 하는 질문은 쿰란 거주지와 관련된 사해사본 발견 초창기부터 커다란 관심을 불러일으켰고, 지금까지도 적지 않은 사람들은 이들 질문에 대해 어느 정도 긍정적으로 생각하고 있는 듯 보인다. 예컨대 에세네파의 가르침이 초기 그리스도교의 여러 표상과 관습에 영향을 주었다

---

33) 예컨대 다음의 문헌을 참조하시오: H. Braun, *Qumran und das Neue Testament*, 2Vols., Tübingen 1966; W.S. LaSor, *The Dead Sea Scrolls and the New Testament*, Michigan 1972; J.H. Charlesworth(ed.), *John and the Dead Sea Scrolls*, New York 1990; M. O'Connor/J.H. Charlesworth(eds.), *Paul and the Dead Sea Scrolls*, New York 1990; J.H. Charlesworth(ed.), *The Bible and the Dead Sea Scrolls, Vol. 3: The Scrolls and Christian Origins*, Texas 2006.

고 간주하는 야딘(Yigael Yadin)은 "(세례) 요한은 에세네파 사람들을 알았을 뿐만 아니라, 심지어 한동안 이 종파의 회원이었다"고 주장했다.[34] 또는 슈베르트(Kurt Schubert)는 "세례 요한은 아마도 쿰란-에세네파의 가르침과 특히 친밀한 접촉을 가졌을 것이다"라고 말하고 있다.[35]

다음과 같은 몇 가지 사항들을 염두에 두는 가운데 그러한 주장이 비롯되었다고 생각된다. 첫째, 사해의 북서쪽에서 발견된 쿰란 거주지에서 제식용 침례탕이 발견되었는데, 이곳은 세례 요한이 활동했던 요단강 하부의 세례지역에서 단지 10여 킬로미터 정도 떨어져 있을 뿐이라는 사실이다. 둘째, 세례 요한은 "낙타털 옷을 입고 허리에 가죽띠를 띠고 메뚜기와 석청을 먹었다"(막 1:6; 마 3:4)는 복음서의 설명은 쫓겨난 에세네파 사람을 가리킨다고 볼 수도 있다는 것이다. 요세푸스 보도에 따르면 그러한 에세네파는 다른 사람이 만든 음식 먹는 것을 금하였기 때문이다(Bell II,143). 셋째, 요한은 어릴 때부터 공사역 시작 때까지 "광야에서" 살았다는 누가복음 1장 80절의 보도와, 에세네파 사람들이 다른 사람들의 아이들을 키웠다는 요세푸스의 보도(Bell II,120)가 서로 잘 어울린다고 간주하는 가운데, 쿰란 거주지야말로 요한의 교육 장소로 잘 들어맞는다고 생각할 수도 있다. 그 밖에도 요한과 쿰란공동체는 둘 다 임박한 종말론을 믿었다는 사실과 더불어 양자가 예루살렘 성전 제의를 거부하였다는 사실을 들 수 있다. 또한 복음서에 나오는 "광야에서 길을 준비하며 외치는 자"(막

---

34) Y. Tadin, *Die Tempelrolle: Die verborgene Thora vom Toten Meer*, München/Hamburg 1985, pp. 265f.
35) J. Maier/K. Schubert, *Die Qumran-Essener: Texte der Schriftrollen und Lebensbild der Gemeinde*, München/Basel 1982, p. 109. 또한 B. 라이케, 《신약성서 시대사》, 한국신학연구소, 1986, 187면.

1:2-3; 마 3:3; 눅 1:76, 3:4-6)로서의 요한의 모습과 쿰란문서 가운데 역시 "광야로 가서 길을 예비한다"(1QS 8:12-16)는 진술을 통해 양자는 한결같이 이사야서 40장 3절을 자신들에게 적용시키고 있다는 사실이다. 이러한 시각에 따라서 세례 요한은 쿰란공동체와 어떤 식으로든 관계를 맺었을 것이라고 쉽게 추정하는 경향이 있었다. 가장 황당한 주장은 시어링(Babara Thiering)에 의해 제기되었다. 그녀는 세례 요한을 쿰란/에세네파 공동체의 설립자인 '의의 교사'와 동일시하였다.

그러나 세례 요한을 에세네파와 밀접히 연결시키고 있는 이러한 주장들은 다음과 같은 이유에서 설득력이 없다. **첫째**, 세례를 주는 요한의 행위와 달리, 쿰란공동체뿐만 아니라 기타 고대 유대교는 세례를 주는 자에 대하여 전혀 알지 못한다는 사실이다. 즉 정결례는 이를 원하는 자가 침수탕에 들어가 스스로 행하는 것이지, 세례를 주는 자를 필요로 하지 않는다. 게다가 쿰란의 정결례는 단지 제식(Ritus)의 의미만 지니나, 이와 달리 요한의 세례는 죄의 용서와 관련된 성례전(Sakrament)의 의미를 갖고 있다. **둘째**, 요한의 세례는 일회적인 것으로서 미래에 있을 종말 심판 때 죄 용서를 보증하는 반면, 쿰란의 정결례는 이러한 차원과 아무런 관련이 없을 뿐만 아니라 반복적으로 수행된다. **셋째**, 쿰란의 정결례는 단지 정회원에게만 허락된 것과 달리 요한의 세례는 종파 소속과 무관하게 원하는 자 누구에게나 베풀었다. 이렇게 볼 때, 요한의 세례는 쿰란의 정결례와 아무런 관련이 없음이 명백하다. **넷째**, 요한이 세례를 주던 장소는 요단강 서편이 아니라, 베뢰아 지방의 요단강 동편(요 1:28)으로서 예루살렘에서 여리고를 지나 요단강 동쪽으로 나있는 옛 상업로와 마주치는 곳이다.[36] 이 곳은 헤롯 안티파스의 통치 영역에 속하므로 그는 자기를 비판하는(막 6:17-29; 마 14:3-12; 눅 3:19-20) 요한을 붙잡아 처형시킬 수 있었다. 요한이 여리고를 정면으로 마주보는 장소를 세례 장소로 선택한 것은 성서의 전통에 따른 것이다. 즉 여호수아가 이스라엘 백성을 요단강을 건너 젖과 꿀이 흐르는 약속의 땅으로 인도한 바로 그 장소였다(수 4:13, 19). 그러므로 요단강 동편을 활동무대로 선택한 것은 곧 이 강을 건너던 당시 이스라엘의 상황과 일치한다. 따라서 요한의 요단강 동편에서의 세례 행위는 마치 옛 이스라엘의 광야 세대가 다가올 구원의 시기로 넘어가는 것을 상징적이며 예언자적으로 나타낸 행위였다. 이렇게 볼 때, <u>요한이 활동하던 광야는 '유대 광야'를 가리키지 않고 여호수아의 인도에 따라 이스라엘이 40년간 머물렀던 '이방인의 광야'를 가리킨다. 다섯째, 세례 요한은 제사장 가문 출신임에도 불구하고 제의적 자의식보다는 예언자적 자의식을 가진 사람이기</u>에 제사장 전통의 중요성을 강조하는 에세네파의 구성원으로 보기 어렵다.37) 결국, 세례 요한과 쿰란 사이에 어떠한 밀접한 접촉점도 찾을 수 없기에 세례 요한을 쿰란공동체의 멤버로 보는 시각은 마땅히 거부되어야 할 것이다.38)

2. 예수와 쿰란과의 관계

예수 선포의 핵심 주제를 한마디로 표현하자면 '하나님의 나라' 혹

---

36) H. Stegemann, *Die Essener*, p. 295.
37) H. Lichtenberger, "쿰란 에세네의 정결 의식과 요한의 세례"("Die qumran-essenischen Reinigungsriten und die Johannestaufe", 1998), in: 〈성서마당〉 신창간 제13호, 한국성서학연구소 (2007년 여름), 171면.
38) Cf. H. Lichtenberger, "Johannes der Täufer und die Texte von Qumran", in: Z. J. Kapera(ed.), *Mogilany 1989: Papers on the Dead Sea Scrolls offered in memory of Jean Carmignac*, Krakow 1993, pp. 139-152. 특히 p. 151.

은 '하나님의 통치(basileia tou theou)'가 가까이 왔음에 대한 선포라고 말할 수 있다(예컨대 막 1:14-15; 마 4:17; 눅 4:43; 8:1; 9:11). 쿰란문서를 통해 예수의 하나님 나라 선포가 어떠한 문맥에 놓여 있었는가를 알 수 있게 되었다. 예수가 선포한 하나님의 <u>바실레이아(basileia)는 이방 정치 세력, 구체적으로 로마인들의 통치에 대립된 개념이 아니고, 이 세상 가운데 있는 '악의 세력'에 대립된 것이다. 쿰란문서의 발견을 통해 하나님 권세에 도전하는 악의 세력에 대한 명확한 표상을 얻게 되었다.</u> 악의 세력이란 어떤 추상적인 개념을 가리키지 않고, 의인화된 개념으로 사용되었다는 사실을 알 수 있다. 최고의 악령인 벨리알(=사단)의 권세 아래 수많은 악령들이 이 세상 가운데 활동하는데, 악의 세력이란 인간으로 하여금 죄를 짓게 만들고, 인간에게 질병과 굶주림, 고난과 죽음을 가져오는 세력으로서 구원하시는 하나님의 권세에 도전하는 세력을 뜻한다는 사실이 쿰란문서를 통해 분명해졌다. 에세네파 사람들은 이러한 악령의 세력 가운데 자신들이 처해 있다고 보았으며 이들의 세력을 물리쳐 달라고 하나님께 간구하였다.

그런데 예수는 자신의 사역과 더불어 악령의 세력이 물러나고 하나님의 권세가 도래하기 시작했다고 믿었다. 예수의 악령(=귀신) 축출 행위는 특히 "내가 하나님의 성령을 힘입어 귀신을 쫓아내는 것이면 하나님의 나라가 이미 너희에게 임하였느니라"(마 12:28; cf. 눅 11: 20)는 진술에서 분명히 나타난다(cf. 막 1:21-28; 5:1-20; 9:14-29). <u>에세네파가 악령 축출을 미래에 일어날 것으로 기대한 것과 달리 예수는 자신의 현존 가운데 이미 일어나기 시작했다고 믿었다.</u> 바로 이 점에서 예수의 독특성을 확인할 수 있다. 또한 율법 해석에도 중요한 차이가 있다. 예수는 반명제(Antithesen)에서 하나님의 뜻과 관련된 율법해석을 원칙으로 여기지 않고 이웃들의 구체적 상황에 관련시키나, 에세네파는 그것을 원칙으로 여겼다.

3. 종말론적 언약 공동체

예수와 초대 그리스도교가 강한 종말 의식을 갖고 있었다는 사실은 신약학의 고전적인 합의사항에 속한다. 한걸음 더 나아가, 그리스도인들은 나사렛 예수의 등장과 더불어 유대인들이 미래 종말에 기대하던 것이 현재에 성취되기 시작했다고 믿는다(고후 5:17, 6:2; 요 5:24f). 이런 문맥에서 흔히 현재 종말론적 사고는 유대교에 속하는 사고가 아니라, 기독교만의 전유물로 생각하는 경향이 있다. 이와 같은 이해가 잘못되었다는 사실이 쿰란문서의 발견으로 드러났다. 예수와 더불어 초대 교회가 현재 종말론적인 사고를 한 것과 마찬가지로, 에세네파 역시 자기들이 처해 있는 현재를 강한 종말론적인 문맥 가운데 이해하였다.

그리하여 에세네파는 자신들의 신앙공동체(=하-야하드 היחד)39)를 전체 이스라엘을 대표하는 지상에 하나밖에 없는 하나님의 언약 공동체로 이해했다. 따라서 그들은 자신들의 공동체를 가리켜 "하나님의 백성"(1, עמ אלQM I,5; III,13) 혹은 "이스라엘 공동체"(לאנשי העד, 1QSa I,1; I,20; II,12) 등으로 불렀다. 이와 같이 에세네파가 자신들의 공동체를 이스라엘 전체를 대표하는 유일한 종말론적인 구원 공동체로 보았다는 점에서 초기 기독교인들이 가졌던 '에클레시아(ecclesia)'

---

39) '하-야하드'(היחד)에 대해서는 특히 H. Stegemann, "The Qumran-Essenes - Local Members of the Main Jwish Union in Late Second Temple Times", in: J. T. Barrera/L. V. Montaner (eds.), *The Madrid Qumran Congress*, Vol. 1, Leiden/New York/Köln 1992, pp. 108-114를 참조하시오. Cf. J. C. VanderKam, *The Dead Sea Scrolls Today*, Michigan 1994, pp. 71-98.

이해와 비교할 때 유사한 모습을 보여주고 있음을 간과할 수 없다.

4. 종말론적 성서해석 - 페샤림(Pesharim)

에세네파는 구약성서의 선지자들이 선포한 예언이 바로 자신들의 실존에 관련된 것으로 믿었다(예컨대 1QS 8:4-16; 1QpHab 7:1-8:3). 다시 말하면 에세네파가 실재하는 시간이 바로 구약에서 예언된 종말의 시간이라고 믿었다. 이것은 구약의 예언이 바로 자신들의 시간에 성취되었다는 것을 뜻한다. 에세네파의 종말론적인 성서해석은 그 형식적인 면에서 볼 때 초대 기독교인들이 가졌던 성서 이해와 일치하고 있다. 이는 앞서 언급했듯이 자신들의 공동체를 전체 이스라엘을 대표하는 지상에 단 하나뿐인 하나님의 언약공동체라고 믿는 확신과 밀접히 연관되어 있다.

이러한 확신을 갖고 있던 에세네파는 종말과 관련된 하나님의 뜻을 다름 아닌 성서연구[40]를 통하여 알 수 있다고 믿었고, 따라서 누구보다도 열심히 성서연구에 매진하여 많은 주석서를 남겼다. 이때 이들의 특이한 점은 하나님의 비밀스런 계시가 담겨 있는 성서는 아무나 해석할 수 있다고 보지 않고, 오직 에세네파의 설립자요 정신적 지도자인 '의의 교사'의 중개를 거쳐야만 바른 성서해석이 가능하다고 믿었다.

종말론적 성서해석의 시작을 알리는 전형적인 표현이 있다. 그것은 פשרו על(피쉬로 알)이란 표현으로 시작한다. 이때 '페셔(פשר)'라는

---

[40] 쿰란문서 가운데에는 '페샤림'과 구별되는 것으로 성서 속의 특정 주제들을 다룬 "주제에 따른 주석들"(Thematische Midraschim)도 발견되었다: 4Q 174(Florilegium); 4Q 175(Testimonium); 11Q Melch(Melchisedek-Text); 1Q 252(Genesis-Kommentar).

명사는 '해석' 혹은 '주석'을 뜻하고, '알(לע)'이라는 전치사는 "……에 (대한)"이라는 뜻을 나타낸다. 결국 지시대명사 ו를 동반한 פשרו על이란 표현은 "그 구절의 해석은 전치사 על 이하의 사실에 해당된다"라는 의미를 가리키고 있다. 연속되는 여러 절로 되어 있는 구약 예언서의 특정 본문을 마디마디 순서대로 주석해 나가는 주석법이 하나의 문학적 방법을 형성하게 되었고, 이를 흔히 '페셔 방법(Pesher-Method)'이라 부르고 있다. 이 페셔 방법에 따라서 주석한 작품들을 '페샤림(Pesharim = 주석들)'이라 부른다. 에세네파 사람들은 페셔 방법에 따라 주석한 작품들을 상당수 남겼다.

5. 성령론

유대인들은 대체로 이스라엘의 마지막 예언자가 죽은 후 이스라엘을 향한 하나님의 영인 성령의 활동이 끝났고, 종말에나 다시 도래한다고 믿었다(예컨대 bJoma 21b; tSota 3:2).[41] 그런데 그리스도인들은 성령이 예수 그리스도의 오심으로 말미암아 다시 활동하기 시작했다고 믿는다. 따라서 흔히 성령체험은 기독교의 특징에 속한다고 간주하는 경향이 있다. 그러나 성령체험이 기독교 특유의 현상이 아니고, 이미 에세네파 사람들도 유사한 표상을 가졌다는 것을 쿰란문서를 통해 알 수 있게 되었다. 즉, 에세네파 역시 성령의 현재 활동에 대하여 언급한다(예컨대 1QH^a 15:6-7 [7:6-7 Sukenik] "주여, 당신을 찬송하옵나니, 당신께서는 당신의 강직함으로 나를 붙잡으셨고, 당신의 성령을

---

41) bJoma 21b는 성령을 두 번째 성전에서는 찾아볼 수 없고, 단지 첫 번째 성전에만 귀속되었던 다섯 가지 가운데 하나로 꼽고 있으며, tSota 3:2는 "마지막 예언자들인 학개, 스가랴 그리고 말라기의 죽음과 더불어 성령이 이스라엘로부터 사라졌다"고 말한다.

내게 부으셨기에 동요하지 않습니다"). 이는 자신들이 처한 시대를 종말론의 문맥에서 바라본 것과 밀접히 연관된 것이다.42)

6. 메시아론

예수 당시 유대인들이 기다렸던 메시아상은 두 가지 중심 기능을 갖고 있다. 첫째는 이스라엘의 모든 적대세력을 물리치는 '군사적 기능'이고, 다른 하나는 불의한 자들을 하나님의 공의로 다스리는 '심판자적' 기능이다. 다시 말하면 메시아란, 막강한 군사적 힘과 왕적 권세를 지닌 인간으로 다윗 가문에서 나타나 이스라엘의 모든 원수를 섬멸시키고, 이 땅에 하나님의 평화와 공의를 실현하는 한 인물이다.43) 이와 같은 메시아상은 에세네파 이전 시대에는 아직 찾아볼 수 없었고, 아마도 의의 교사가 살았을 당시에 비로소 생겨난 것으로 간주된다. 쿰란문서를 통해 이와 같은 추측이 가능해진다.

이른바 '제2성전 시대(the period of the Second Temple)'에 형성된 대다수의 유대 문서 가운데에 '메시아'라는 개념이 거의 나타나지 않는 것과 달리, 쿰란문서에서는 종말론적인 문맥과 관련하여 다양한 종류의 메시아 상을 찾아볼 수 있다. 그 중에서도 익히 알려진 이른바 '아론의 메시아(= 제사장적 메시아 Priestly Messiah)'뿐만 아니라 '이스라엘의 메시아(=왕적 메시아 Royal Messiah)'에 대한 기대도 나타난다 (1QS 9:9b-11; 4Q Testimonia [=4Q175]; CD 19:33-20:1). 에세네파의

---

42) 에세네파의 성령이해에 대해서는 필자의 졸저 《쿰란문서와 유대교》, 한국성서학연구소, 2007, 133-157면["호다욧(1QH)에 나타난 성령 연구"]을 참조하시오.
43) 이와 같은 유대 전형적인 메시아상은 BC 1세기에 생성된 "솔로몬의 시편(Psalms of Solomon/Psalmen Salomos)" 제17편 가운데 잘 나타난다.

메시아 상은 이 공동체의 최고 지도자인 대제사장 출신의 '의의 교사(= teacher of righteousness)'의 역할과 밀접히 관련되었다. 의의 교사의 삶과 죽음이 메시아 상 발전에 중대한 영향을 끼쳤다. 또한 그의 대적자였던 당시 유대인 가운데 최고 정치 세도가로 군림하였던 마카베오 가문 출신의 '요나단(Jonathan)'의 역할 역시 쿰란 사람들의 메시아 상 발전에 영향을 끼친 것으로 보인다.

7. 요한복음과 쿰란 비교

1) 이원론과 관련하여: 강한 이원론적인 사고를 담고 있는 요한복음에는 빛과 어둠, 진리와 거짓, 생명과 죽음이 서로 대립되어 나타난다. 예전에는 이를 영지주의와 관련하여 해석하였다(예컨대 불트만). 그러나 쿰란문서가 발견된 이후로 요한복음에 담겨 있는 이원론적인 표상을 영지주의와 관련시키기보다는 유대적인 이해와 관련시켜 해석하려는 노력이 많다.

이와 관련하여 1QS 3:13-4:26을 많이 다루었다. 이 본문을 가리켜 보통 '이중영설(Zwei-Geister-Lehre)'이라고 부른다. '진리-거짓', '빛-어둠'이 서로 대립되어 나타난다. 그런데 이 대립 관계는 영역 혹은 세력과 관련되어 있다. 빛의 영역과 어둠의 영역이 서로 맞서 있다. 각 영역의 최고 자리에 일종의 천사 혹은 영들이 있는데, 빛의 영과 어둠의 영들로 갈라져 인간들을 자기 수중에 넣기 위해 서로 각축전을 벌인다. 에세네파 사람들은 이러한 대립구조를 자신들의 공동체와 관련하여 구체적으로 이해하였다. 즉, 에세네파 공동체에 속한 사람들은 '빛의 자녀'인 반면, 이에 속하지 않은 그 밖의 사람들은 '어둠의 자녀'로 보았다. 이와 관련하여 한 가지 흥미로운 사실은, 에세네파의 이원론은 엄격한 단일신론적(monotheistisch) 성격을 지닌다. 다시 말하면, 서로 대립된 진리의 영과 거짓의 영을 다 같이 창조주 하나님의 창조 영역에 속한다고 보았다(1QS 3:25).

그러나 요한에게서는 그와 같은 표상을 찾을 수 없다. 요한이 말하는 '빛' 혹은 '진리'는 하나님(요일 1:5) 또는 예수 그리스도(요 9:5)를 가리키며, '어둠'이란 예수 그리스도를 영접하기 거부하는 세상을 가리킨다. 게다가 요한에게 나타나는 '영-육(Geist- Fleisch)'의 이원론은 쿰란문서 가운데 나타나지 않는다. 결국 요한과 에세네파의 이원론은 유사성에도 불구하고 서로 차이가 남을 알 수 있다.

이와 관련하여 누가복음 16장 8절에서 그리스도인을 가리키는 "빛의 자녀"라는 표현과 고린도후서 6장 14절 - 7장 1절에서 바울이 언급하는 "빛과 어둠"이란 표현 역시 에세네파의 표상으로부터 영향을 받은 것으로 간주할 수 있다. 이원론적인 사고가 잘 나타나는 문서로서 '공동체 문서'(1QS) 외에도 '하박국 주석서'(1QpHab), '다메섹 문서'(CD), '쿰란찬송시편'(1QH) 등이 있고, 에세네파가 앞선 전승에서 물려받은 문서 가운데 '전쟁문서'(1QM)가 있다.

2) "영과 진리 가운데 드리는 예배": 요한복음 4장 23-24절에 다음과 같은 진술이 나온다: "아버지께 참되게 예배하는 자들은 영과 진리로 예배할 때가 오나니 곧 이 때라 …… 하나님은 영이시니 예배하는 자가 영과 진리로 예배할지라." 이 표현이 나타내는 것은, 하나님과 인간의 진정한 만남은 하나님의 은혜와 성령으로 말미암아 가능하다는 뜻이다. 쿰란본문을 통해 요한의 표현이 뜻하는 의미를 더욱 분명히 알 수 있다. 에세네파 사람들은 진리 가운데 거하는 공동체의 성령을 통하여 모든 죄가 사해졌다(1QS 3:6ff)고 확신했고, 성령을 부어줌으로

정결된 마음을 갖게 되었다고 하나님을 찬송한다(1QH^a 4:26[17:26 Sukenik]). 한마디로 에세네파 성원들이 하나님을 찬송하며 온전한 삶을 영위해갈 수 있는 것은 성령의 은사를 통해서라는 뜻이다. 바로 이와 같은 이해가 요한복음 4장 23-24절에 나오는 "영과 진리 가운데 드리는 예배"의 유대적 배경으로 간주된다.

8. 바울과 쿰란 비교

몇몇 학자들은 바울이 쿰란에 의존하고 있다고 주장하나, 직접적인 의존의 가능성은 적고, 바울 사고에 담겨 있는 유대적인 전제가 쿰란문서를 통해 드러난다고 말할 수 있다.

1) **하나님의 의의 종말론적 계시**: 바울은 로마서의 주제를 담고 있는 구절 로마서 1장 16-17절 중에서 "복음에는 하나님의 의가 나타나서"(17절)라고 말하고, 또한 칭의론에 관한 핵심 내용을 담은 로마서 3장 21-31절에서 "이제는 율법 외에 하나님의 한 의가 나타났으니"(21절)라고 말한다. 복음 가운데 하나님의 의가 나타났다고 하는 바울의 주장이 뜻하는 의미를 쿰란문서를 통해 보다 명확히 이해할 수 있다.44) 에세네파가 지은 찬송시 가운데 다음과 같은 구절이 나온다: (1QH^a 6:33f [=14:15f 수케닉]): "모든 불법과 사악함을 당신[=하나님]이 영원히 없앨 것이며, 당신의 의는 당신의 모든 창조물의 눈앞에서 계시될 것이다." 이와 같은 호다욧의 진술로부터 하나님의 의란 미래를 위해

---

44) Cf. H.-W. Kuhn, "The Impact of selected Qumran Texts on the Understanding of Pauline Theology", in: J.H. Charlesworth(ed.), *The Bible and the Dead Sea Scrolls*, Vol. 3, Waco, Texas, 2006, pp. 157f.

소망하던 종말론적 구원을 뜻한다는 사실이 분명해진다. 에세네파가 기다리던 종말론적 구원이 이미 그리스도를 통해 드러났다고 바울은 말한다. 물론 그리스도를 통한 종말론적 구원은 아직 온전히 드러난 것은 아니고 단지 복음 안에서 믿는 자들에게만 발견될 뿐이다.

2) 칭의론과 관련하여: 바울은 자신의 인간론에서 출발하여 이른 바 칭의론을 강조한다(롬 3:21-26; 5:1-11). 즉, 죄인된 인간이 의로워 질 수 있는 유일한 길은 예수 그리스도에 대한 믿음을 통해서 가능하다는 입장을 강조한다. 인간을 전적으로 타락한 죄인으로 보는 바울의 인간 이해(롬 3:10 "의인은 없나니 하나도 없으며"; 롬 3:23 "모든 사람이 죄를 범하였으매"; 갈 3:22)와 유사한 것을 쿰란문서에서도 찾을 수 있다(예컨대, 1QH^a 17:14-15[=9:14-15 Sukenik] "아무도 당신의 심판 가운데 의롭지 않으며, 아무도 당신의 법정에서 죄 없지 않으며"; cf. 1QH^a 9:23-29; 1QS 11:9f[45])). 그러나 에세네파의 구원관은 바울의 것과 유사해 보이나 완전히 다르다.[46] 보잘것없는 미물에 불과한 인간이 구원받을 수 있는 길은, 에세네파 신앙공동체에 가입한 가운데 하나님께서 원하는 공의를 실천함으로써, 즉 율법에 합당한 삶을 영위함으로써 가능하다는 입장이다:(4QMMT C3: "그리고 이것은 당신에게 의로 여겨질 것이다. 왜냐하면 당신은 그 앞에서 바르고 선한 것을 행할 것이기 때문이다"). 이처럼 철저한 율법 준수를 강조하는 에세네파의 시각은 예수 그리스도에 대한 신앙을 통한 (혹은 하나님

---

45) 1QS 11:9f "^{9}그런데 나는 악한 인간(האנוש מדר)에, 사악한 육신의 무리(סוד בשר רשע)에 속하네. 나의 악행, 나의 불법, 나의 죄 또한 나의 못된 마음이 ^{10}벌레와 어둠 속에서 거니는 자들의 공동체에 속하네. 왜냐하면 나의 길은 인간에게 속해 있기 때문이네."
46) D. Flusser가 "바울에게서 칭의가 에세네파적인 기원을 갖고 있다"고 말하나("Paulus II", in: *TRE* 26, 1996, p. 158), 이는 근거 없는 주장이다.

의 전적인 은혜를 통한) 칭의론을 강조하는 바울의 이해와 완전히 상반됨을 알 수 있다. 쿰란문서 연구를 통해 바울의 칭의론이 지닌 독특성을 확인할 수 있다.

3) "새 창조"와 관련하여: 쿰란문서를 통해 바울이 강조하는 그리스도인의 새로워진 실존을 뜻하는 '새 창조'(고후 5:17 "누구든지 그리스도 안에 있으면 새로운 피조물이라" ; cf. 갈 6:14-15)에 대한 유대적 배경을 알 수 있다. 에세네파의 인간관에 따르면, 하나님은 인간을 '죄인(악인)과 의인' 두 부류로 구분한다(1QS 4:15-26; 1QHa 12:38[= 4:38 Sukenik]). 그런데 100% 온전한 의인이란 없고 가장 의로운 인간도 부분적으로는 죄인이라고 본다(4QHoroscope = 4Q186). 하나님은 최후심판 때 죄인들을 섬멸하고, 부분적인 죄를 지닌 의인들을 성령의 도움으로 말미암아 완벽한 의인으로 만든다는 것이다. 이를 가리켜 '새 창조'라고 부른다. 또한 새 창조란 공동체 안에서 일어나는 죄의 용서를 가리킨다(1QH^a 11:21f[=3:20f Sukenik]). 다시 말하면, 에세네파 공동체를 통해 새롭게 거듭나는 차원을 가리킨다.

4) "새 언약"과 관련하여: 고린도후서 3장 6절에서 바울은 '새 언약'에 대하여 말한다("그가 또한 우리를 새 언약의 일꾼 되기에 만족하게 하셨으니 율법 조문으로 하지 아니하고 오직 영으로 함이니 율법 조문은 죽이는 것이요 영은 살리는 것이니라"). 이는 예수의 파송과 대속의 죽음으로 말미암아 인간들에게 구원을 가져다주기 위해 하나님이 세우신 언약을 가리킨다. 그런데 쿰란문서 가운데 "다메섹 땅에 있는 새 언약"(CD 6:19; 8:21; 19:33; cf. 20:12)이란 표현이 나온다. 이것은 에세네파의 모체가 되는 경건한 유대인의 모임으로서 다니엘서와 마카

베오서의 배경이 되는 BC 170-164년경에 팔레스타인에 불어닥친 반유대정책의 소용돌이를 피해 유대를 떠나 시리아로 피신한 사람들이 세운 새로운 신앙공동체를 가리킨다. 이들은 훗날 BC 150년경 전체 이스라엘을 대표하는 에세네파 연합체의 한 부류로 들어오게 되는데, 에세네파는 자신의 공동체를 예레미아와 에스겔이 예언했던 하나님의 언약을 대표하는 유일한 신앙공동체라고 이해했다. 바울이 구약의 선지자들이 예언한 '새 언약'이 그리스도교에서 성취되었다고 보았듯이, <u>에세네파 사람들은 같은 표상으로써 자신들의 공동체를 하나님의 새 언약으로 이해했음을 알 수 있다.</u>

5) **"유모"와 "아버지"에 관한 비유**: 데살로니가전서 2장 7-8절과 11절에서 바울은 데살로니가교회와 자신과의 관계를 '유모'와 '아버지'에 비유한다. 이와 유사한 비유가 1QH^a 15:20-22[7:20-22 Sukenik]에 나온다: "그리하여 당신께선 나를 은혜의 자녀를 위한 아버지로 세우셨으니, 예표의 사람들을 위한 유모와 같이, 그리하여 갓난아기와 같이 입을 열고, 어린이처럼 제 유모의 가슴에서 즐거워하네." 이처럼 신앙공동체와 그 지도자 사이의 관계를 쿰란문서와 바울이 동일하게 유모와 아버지에 비유한다.

9. 에베소서와 쿰란 비교

칼 게오르크 쿤(Karl Georg Kuhn)에 따르면,[47] 에베소서에 나오

---

47) K. G. Kuhn, "Der Epheserbrief im Lichte der Qumrantexte", in: *NTS* 7 (1960/61), pp. 334-346. 또한 F. Mussner, "Beiträge aus Qumran zum Verständnis des Epheserbriefes", in: *Neutestamentliche Aufsätze* (FS J. Schmid), Regensburg 1963, pp. 185-198; R. Schnackenburg, *Der Brief an die Epheser*, Zürich 1982, pp. 22f.

는 히브리적인 성격을 띤 권면의 언어와 문체가 전승사적으로 볼 때 에세네파 내지는 그와 유사한 유대교 전통과 연관된 것으로 보인다. 또한 교회를 '건축물'과 '성전'으로 이해한 에베소서 2장 20-22절의 사고는 에세네파가 자신을 바라보는 시각과 일치한다(1QS 5:5; 8:7-10; 1QH 6:26f[=14:26f Sukenik]; 7:8f[=15:8f Sukenik]).

10. 마태복음과 쿰란 비교

산상수훈에 나오는 "마음이 가난한"(마 5:3)이란 표현은 1QM 14:7에도 나타난다. 또한 마태복음 18장 15-17절에 교회의 성도가 죄를 범할 경우를 위한 "교회의 내규"(마 18:15 -17)가 나타나는데, 이는 에세네파의 규칙과 유사하다(1QS 6:24-7:25; cf. 행 5:1-11).[48] 또는 마태복음 16장 18절에 베드로를 가리켜 '반석'이라 부르고 그 위에 '교회'가 세워지리라는 표현이 나온다. 1QH^a 14:25-29[6:25-29 Sukenik]에서 에세네파는 "반석 위에 놓여 있는 흔들리지 않는 강력한 건축물"에 비유되고 있다.

11. 히브리서와 쿰란 비교

히브리서 기자는 하나님의 제사장인 살렘 왕 멜기세덱이 아브람을 축복한다는 창세기 14장 18-20절의 전승을 수용하는 가운데, 예수가 영원히 멜기세덱의 반차를 따르는 완벽한 대제사장임을 강조한다(히 6:20-7:3). 쿰란문서도 11Q*Melchisedek* 가운데 멜기세덱에 관해 언급

---

48) U. Luz는 양자 사이에 개별적으로 일치하는 점은 있으나, 직접적인 연관성은 없다고 본다(*Das Evangelium nach Matthäus*, Vol. 3, Zürich/Düsseldorf 1997, pp. 45f).

한다. 여기서 그는 자유를 선포하고 악을 심판하는 초인적인 천사로 등장하며 의인들을 위한 구원사역을 행한다.

VI. 나가면서

독일의 대표적인 시사주간지 〈슈피겔(Der Spiegel)〉은 1998년 1월호에 쿰란을 특집으로 다루면서 다음과 같은 흥미로운 제목을 사용했다: "Gab es Christen vor Jesus?"(=예수에 앞서 그리스도인이 존재했던가?). 부제목은 다음과 같은 진술을 담고 있다: "Die Botschaft der antiken Texte von Qumran an die Christenheit: 'Ihr seid jüdischer, als ihr denkt'."(=고대의 쿰란 텍스트가 기독교 세계에 주는 메시지: 너희는 너희가 생각하는 것보다 더욱 유대적이다.) 물론 〈슈피겔〉지가 말하는 제목은 독자들의 관심을 끌기 위해 의도적으로 자극적이며 아이러닉하게 표현했음에 틀림없다. 그러나 부제목이 암시하고 있듯이 기독교의 뿌리가 되는 예수와 '예수 운동'은 의심의 여지없이 당시 유대교를 모태로 하고 있었다. 따라서 역사적으로 볼 때 최초의 예수 운동은 유대교로부터 다양한 표상을 물려받았을 것이라고 쉽게 짐작할 수 있다. 이런 시각에서 예수 및 초기 교회는 유사한 세계관과 신앙관을 갖고 있던 에세네파의 영향을 받았을 것이라는 추측이 가능하다. 에세네파는 메시아 도래를 강하게 기대하였던 종파였기에, 이들 중 일부는 예수 운동에 가담했을 가능성이 크다. 그리하여 혹자는 에세네파 운동을 하나님이 복음을 세상에 계시하기에 앞서 예비하신 일로 여긴다.[49]

에세네파가 남긴 쿰란문서는 예수와 초기 그리스도교 활동의 배경이 되는 유대 지방의 종교적, 사회적, 법적 세계에 대한 우리의 이해를 넓히는 데 커다란 기여를 하고 있다. 쿰란문서를 통해 기독교가 모태인 유대교로부터 넘겨받은 유산이 무엇이며, 또한 양자 사이에 놓인 경계와 차이가 어디에 있는가를 분명히 이해할 수 있게 되었다. 한마디로 쿰란문서는 예수 직전 시대 경건한 유대인의 삶과 신앙세계를 우리에게 진솔하게 보여주는 문서이고, 따라서 당시 유대 종파의 삶과 신앙세계를 파악하고자 하는 사람이 결코 간과할 수 없는 소중한 문서이다. 고대 유대교 자체에 대한 이해를 넘어 유대교 모태에서 태어난 초기 그리스도교가 남긴 신약성서를 그 유대적 배경에 비추어 이해하고자 할 경우, 쿰란문서보다 더 중요한 문서는 아직 없다.

〈출판된 Qumran-Text 소개〉

1. 원문/번역문

*Discoveries in the Desert of Judah, 39Vols., (Oxford 1955-2002).
*K. Beyer, Die aramäischen Texte vom Toten Meer, samt den Inschriften aus Palästina, dem Testament Levis aus der Kairoer Genisa, der Fastenrolle und den alten talmudischen Zitaten: Aramäische Einleitung, Text, Übersetzung, Deutung, Grammatik, Wörterbuch, Deutsch-aramäische Wortliste, Register, Göttingen 1984; Ergänzungsband Göttingen 1994.
*J. H. Charlesworth(ed.), The Dead Sea Scrolls: Hebrew, Aramaic,

---

49) O. Betz/R. Riesner, *Jesus, Qumran und der Vatikan*, Freiburg/Basel/Wien 1993, p. 185.

and Greek Texts with English Translation, Vol. 1ff., Tübingen/ Louisville 1994ff [The Princeton Theological Seminary Dead Sea Scrolls Project](전체 10권으로 기획): Vol. 1: The Rule of the Community, and Related Documents, 1994; Vol. 2: Damascus Document, War Scroll, and Related Documents, 1995; Vol. 3: Damascus Dacument II, Some Works of the Torah, and Related Dacuments, 2006; Vol. 4a: Pseudepigraphic and Non-Masoretic Psalms and Prayers, 1997; Vol. 4b: Angelic liturgy, Songs of the Sabbath Sacrifice, 1999; Vol. 6b: Pesharim, and Related Dacuments, 2002.

*E. Lohse(ed.), Die Texte aus Qumran. Hebräisch/Deutsch. Mit masoretischer Punktation ......, München 1971; Darmstadt ^{3}1983.

*A. Steudel(ed.), Die Texte aus Qumran II. Hebräisch/Aramäisch/Deutsch. Mit masoretischer Punktation ......, Darmstadt 2001.

* J. Maier, Die Qumran-Essener: Die Texte vom Toten Meer, 3Vols., München 1995 (UTB 1862/1863)[본문번역은 1~2권에 담겨 있고, 제3권은 개론적인 설명과 함께, 상관 색인 및 쿰란문헌 정보 등을 담고 있다]; idem, Die Tempelrolle vom Toten Meer und das Neue Jerusalem, München (UTB 829) ^{3}1997.

*F. G. Martinez/E. J. C. Tigchelaar(eds.), The Dead Sea Scrolls Study Edition, 2 Vols., Leiden/New York/Köln: Brill, 1997f. (여기에는 영어역과 더불어 히브리어/아람어 본문이 함께 나온다).

*D.W. Parry/E. Tov(eds.), The Dead Sea Scrolls Reader, 6 Vols., Brill, 2004.

*G. Vermes, Complete Dead Sea Scrolls in English, New York: Penguin Press, 1997 (Revised Edition, 2004).

*M. Wise/M. Abegg, Jr./E. Cook, The Dead Sea Scrolls: A New Translation, 1996.

*안성림/조철수 (역주), 사해 문헌(死海文獻) (1), 한국문화사, 1996.

2. 대표적인 쿰란 전문 학술지

*Revue de Qumran[=RdQ]: 1958년부터 Paris에서 출판되고 있는 최초의 쿰란전문학술지.
*Dead Sea Discoveries[=DSD]: 1994년부터 영어로 출판되고 있는 학술지.

3. 우리말 개론서

*김창선, 《쿰란문서와 유대교》, 개정증보판, 한국성서학연구소, 2007.
*천사무엘, 《사해사본과 쿰란공동체》, 대한기독교서회, 2004.
*허셜 섕크스, 《사해두루마리의 미스터리와 의미》, 경세원, 2007.

[공동체 규례] (1QS) 3.13-4.26에 나타난 이원론

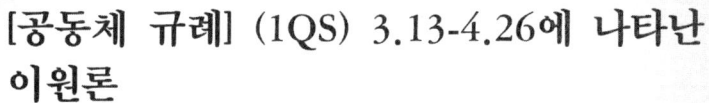

배 철 현
서울대학교 교수

I. 들어가는 글

[공동체 규례] 혹은 1QS는[1] 1947년 제1동굴에서 발견된 일곱 개 파피루스 문헌 중에 하나이다. 학자들은 일곱 개 파피루스 문헌들 중 [회중의례](Rule of the Congregation: 1QSa)와 [축복서](Book of Blessings: 1QSb)는 [공동체 규례]에 첨부되었던 문헌이라고 생각한다. 그래서 학자들은 이들의 관계를 표시하기 위해 세 문헌들을 1QS, 1QSa, 1QSb로 표시하기에 이르렀다. 이 세 문헌들은 같은 동굴에서 발견되었을 뿐만 아니라 문헌들의 측정 연대나 글자체가 동일하다. 그 후에 이 문헌들은 미국으로 건너가 출판되었다.[2] 그 후 비평본은 1994년 H. 찰스워스에 의해,[3] 그리고 다른 여러 번역본도 등장하였다.

---

*이 원고와 1QS 3.13-4.26의 번역은 초고입니다.
1) 1QS는 다음과 같은 내용으로 구성되어 있다: (1) 서문: 1QS 1/1-15; (2) 계약공동체 들어가기: 1QS 1.16-2.18; (3) 재가입 의식, 용서: 1QS 2.29-3.12; (4) 쿰란의 근본적인 이원론:1QS 3.13-4.26; (5) 공동체 생활의 규례:1QS 5.1-6.23; (6) 형벌에 관한 법칙: 1QS 6.24-7.25; (7) 거룩한 회중에 관한 법칙: 1QS 8.1-10.8; (8) 찬양시: 1QS 10.9-11.22.
2) Burrows, Trever, and Brownlee "Manual of Discipline" in *The Dead Sea Scrolls of St. Mark's Monastery*, vol. II. Fasc. 2: Plates and Transcription of the Manual of Discipline(New Haven: American Schools of Oriental Research, 1951).

1QS는 쿰란공동체가 구성되기 시작한 기원전 2세기경에 구전으로 만들어지고 그 후 기원전 100년경 기록된 것으로 추정된다.[4] 거의 완벽하게 보존되어 있는 1QS는 그 후 제4동굴과 제5동굴에서도 동일한 내용이 조각난 파피루스에 발견되어 1QS의 내용을 보충하는 데 도움을 주었다.[5] 이 두루마리 중 가장 파손된 부분은 문헌의 마지막 부분이다. 제1동굴에서 발견된 [전쟁 두루마리]나 [하박국 주해]도 마지막 부분이 탄 흔적이 있어서, 학자들은 파피루스를 게니자에 저장하기 전에 상징적으로나 의례적으로 불태운 흔적이라고 주장하기도 한다. 1QS가 11행간으로 되어 있지만 범스(Vermes)는 [공동체 규례]가 1QS 5.1에서 시작한다고 해석한다. 4QSd만 1QS의 모든 부분들이 있는 파편문서이다. 1QS와 동일한 내용을 다루는 문헌들은 1-4행간, 혹은 5-11행간을 독립적으로 가지고 있기 때문에 1QS가 원래는 서로 다른 두 개의 문헌들로 구성되었다고 주장되기도 한다.

1QS는 쿰란공동체의 메시아 도래를 기다리며 현재의 종말론적 이원론을 바탕으로 유대인 공동체 형성을 위한 법, 규례, 그리고 신학을 기술한다. 1QSa는 쿰란공동체가 종말론적 마지막 시간(Endzeit)을 살고 있는 모습을 서술하고, 1QSb는 어둠의 자녀들이 물러난 종말론적

---

3) James H. Charlesworth, ed., *The Dead Sea Scrolls: Hebrew, Aramaic, and Greek Texts with English Translations, vol. 1 Rule of the Community and Related Documents*(Louisville: Westminster John Knox Press, 1994).
4) 1QS의 내용을 담은 가장 오래된 파피루스는 기원전 100년경 기록된 제4동굴에서 발견된 파편 문헌들이다. 학자들은 기원전 150년경 공동체가 쿰란 사막에 형성되기 시작하였고 그 후 1QS가 만들어졌다고 주장한다.
5) [공동체 규례]와 관련된 12개의 복사본이 발견되었다. 동굴 1에서 발견된 1QS가 Sereq ha-Yahad의 전문이 들어가 있는 유일한, 온전한 복사본이다. 동굴 V에 1QS와 관련된 파편 문헌(5Q11)이 있다. 대부분의 복사본은 동굴 IV에서 발견되었는데, 거기에는 1QS과 관련된 10개의 파편 문헌들이 있다. 더 자세한 내용은 Charelsworth pp. 53-107을 보라.

인 시간에 마련된 축복을 묘사한다. 이 글에서는 1QS중 이원론이 가장 잘 드러난 1QS 3.13-4.26의 내용을 분석하고, 그 기원을 구약성서와 오리엔트 문화, 특히 마즈다야스니즘6)에서 찾으려는 시도이다.

II. 쿰란공동체의 이원론

1QS 신학의 가장 두드러진 특징은 이원론이다. 이원론은 현실을 설명하는 하나의 효과적인 방식이다. 이원론은 창조신화에 가장 잘 드러나는 개념으로 선한 질서의 신이 악한 혼돈의 신(들)과 우주적인 투쟁을 벌인다.7) 모든 사물이 하나에 기원한다는 일원론(monism)과 달리 유일신론이나 다신론에서 세상은 여러 신들과 그 신들의 상징하는 원칙들이 경합을 벌인다. 그러나 이들 간의 차이는 선명하지 않다.
이원론은 유형적으로 다음과 같이 구분할 수 있다.8) 이원론은 절

---

6) 필자는 조로아스터교 대신 마즈다야스니즘이란 용어를 사용하겠다. '조로아스터교'란 용어는 '마호메트교'처럼 오리엔탈리즘적인 용어이다. 조로아스터는 아후라마즈다로부터 계시를 받고 그 내용을 전달한 대언자이기 때문에, 마즈다야스니즘이란 용어를 선호하고자 한다.
7) 우주 창조신화의 기본 구조는 질서와 혼돈의 신의 대결로 볼 수 있다. 이집트에서는 나일강의 범람을 상징하는 태초의 물인 '누(NW)'에서 자신을 드러내는 태초의 언덕인 '벤벤(Benben)', 메소포타미아의 [에누마엘리쉬]에서는 바닷물을 상징하는 '티아맛'을 아누신이 선사한 바람으로 제압한 질서의 신인 '마르둑(Marduk)'의 대결, 그리고 고대 이스라엘의 [창세기] 1장에서는 '혼돈(tohu wa-bohu)', '어둠(hosek)', 그리고 '티아맛'과 동일한 어원에서 유래한 '깊음(tehom)', 그리고 '물(mayim)'이 하나님의 영, 혹은 강한 바람에 의해 제압당하고, '빛이 있으라'([창세기] 1장 3절)라는 말로서 이루어지는 구조는 전통적인 이원론이 아니라, 선한 신이며 질서 신이 승리하는 숨겨진 혹은 약화된 이원론 구조를 지니고 있다. 그리스도 교리인 *Creation ex Nililo*의 교리에 대리에 대한 재해석은 필자의 "Creatio ex Nililo?"(종교학연구 21 (2002): pp. 29-48)을 보라.
8) 영지주의 문서인 [도마복음서]에 등장한 이원론에 관한 글은 필자의 "[도마복음서]에 나타난 영지주의: '몸'을 통해 본 이원론을 중심으로" (인문논총 54(2005): pp. 158-189)를 보라.

대적인 이원론과 상대적인 이원론으로 나눌 수 있다. 극단적이며 절대적인 이원론 안에서 두개의 상반된 원칙들이 태고적부터 존재해 왔다. 예를 들어 고대 이란의 이원론인 마즈다이즘이나 마니교가 그것이다. 이 두 종교 안에 빛과 도움을 주는 원칙(Amesha Spenta)과 어둠과 파괴적인 원칙(Angra Mainyu)이 태고적부터 투쟁해 왔다. 이보다 완화된 상대적인 이원론에서는 이 두 원칙들의 하나는 다른 하나에서 유래한다. 예를 들어 중세 그리스도교 이단이었던 보고밀(Bogomils)에서 악마는 신으로부터 온 타락한 천사이다. 악마는 인간의 몸을 창조하였고 신을 속여 인간에서 영혼을 깃들게 하였다.

절대적-상대적인 구분보다 더 중요한 분류는 변증법적 이원론과 종말론적 이원론이다. 변증법적 이원론은 두개의 상반된 개념이 영원히 변증법적이거나 긴장관계에 있다. 예를 들어, 서양철학에서 말하는 이데아와 물질(혹은 플라톤의 '저장소(receptacle)', 단수와 복수, 인도 종교에 등장하는 현상계인 마야(maya)와 궁극적 실체인 아트만-브라흐만(atman-brahman) 같은 분류이다. 변증법적 이원론은 대체적으로 순환적이며 영원히 반복하는 역사관을 가진다. 종말론적 이원론은 인간과 세상의 궁극적인 운명과 연관이 있다. 순환적인 변증법적 이원론과 달리 종말론적 이원론은 선형적이다. 선형의 마지막에 악은 제거되고 종말은 돌이킬 수 없는 사건의 연속이다. 고대 이란 종교들, 마즈다이즘과 마니교, 그리고 그 영향을 받은 영지주의가 바로 종말론적 이원론에 속한다.

찰스워스는 이원론을 서로 배타적인 범주를 가진 정-반 사상의 유형이며, 각각의 범주는 다른 범주와 대조가 되는 특징들, 특히 윤리적인 내용을 포함한다고 정의한다.9) 그리고 바로 이 이원론적인 사상은 쿰란문헌의 가장 특징적인 요소 중에 하나이다.

이러한 종말론적 이원론은 쿰란문헌 여러 곳에서 발견된다. 특히 [전쟁 두루마리](1QM)에 등장하는 빛의 자녀들과 어둠의 자녀들의 투쟁은 구약성서와 외경에는 거의 등장하지 않는다.10) 프레이와 찰스워스는 10가지 이원적인 사고 유형으로 구분한다.11)

학자들은 1QS와 다른 쿰란 문헌들을 비교하여 이원론의 역사적인 발전 단계에 대해 연구해 왔다. 특히 [전쟁 두루마리]1QM1에 등장하는 하나님과 벨리알Belial의12) 종말론적 전투는 쿰란 문헌 중 이원론

---

9) J. H. Charlesworth 1990과 "Critical Comparison of the Dualism in 1QS 3:12-4:25 and the Dualism Contained in the Gospel of John," in J. H. Charlesworth ed. *John and the Dead Sea Scrolls* (New York: Crossroad, 1990).

10) [다니엘서] 10장 20-21절에 등장하는 미카엘과 가브리엘 천사가 페르시아와 그리스 왕들과 전쟁하는 이야기와 외경 중 [12 족장들의 증언]과 [희년서]에 이원론적인 요서가 감지된다.

11) J. Frey, "Different Patterns of Dualistic Thought in the Qumran Library: Reflections on their Background and History", in *Legal Texts and Legend Issues, Studies on the Texts of the Desert of Judah 23* (Leiden: E.J. Brill, 1997): 282-5: 1)형이상학적 이원론: 찰스워스는 하나님과 사단의 대결만을 묘사하는 형이상학적 이원론을 소개한다. 프레이는 형이상학적인 대등한 구조가 마즈다이즘의 아후라 마즈다와 앙그라 아흐리만의 대등한 적대구조에는 적용될 수 있지만, 유대교나 그리스도교의 하나님과 사탄 벨리알의 갈등은 형이상학적 이원론 구조에 속하지 않는다고 기술한다. 사단이나 벨리알이 이 전통들 안에서 하나님과 동등하지 않기 때문이다: 2) 우주적인 이원론: 세상은 두 개의 상반된 개념 빛 - 선, 그리고 어둠 - 악으로 나눈다. 우주적인 이원론은 형이상학적 이원론과는 다른 점이 있다. 우주적인 이원론은 영원히 지속적이거나 혹은 결과론적이지 않다. 우주적인 이원론은 빛과 어둠과 같이 순수하게 형이상학적일 수도 있고, 미카엘, 벨리알, 빛의 왕자와 같은 존재로 표현되기도 한다: 3) 공간적 이원론: 세상은 하늘과 땅으로 구분한다: 4) 종말론적 이원론 혹은 시간적 이원론: 시간을 이 세상의 시간과 다가올 세상의 시간으로 구분한다: 5) 윤리적 이원론: 인간을 두 개의 상반된 윤리 가치로 구분하여 의로운 사람과 악한 사람으로 구분한다: 6) 구원론적 이원론: 메시아를 받아들이느냐 아니면 거절하느냐의 여부에 따라 사람을 구분한다. 이것은 윤리적인 구분이 아니라, 신자들이 구원을 받았다고 믿느냐가 문제이다: 7) 신학적 이원론: 하나님과 인간, 창조주와 피조물을 구분한다: 8) 물질적 이원론: 세상을 물질과 정신으로 구분한다: 9) 인간적 이원론: 인간의 존재를 가능하게 하는 육체와 영혼의 이중 구분을 기초로 한다: 10) 심리적 이원론: 인간 심리 안에 있는 서로 다른 두 경향에 관한 설명이다.

12) '벨리알'은 구약성서 [열왕기상] 21장 10절에서 '건달; 가치 없는 자' 혹은 '혼돈' 등으로 번역되나, 신약성서 [고린도후서] 6장 15-6절에는 그리스도와 대비되는 '악마'의 상징으

적인 생각을 가장 독창적으로 드러낸다. 이 전투는 이전의 성서 전통들, 특히 [다니엘서]에 나타난 종말론적 전쟁을 포함하는 이원론과 마카베오 전쟁의 경험에 기초한 것이다. P. von der 오스텐-사켄(Osten-Sacken)은 1QS의 이원론을 다음과 같이 세 가지로 구분한다:13)

(1) 1QS 3:13-4:14: 1QM의 종말론적 전쟁 이원론을 윤리적 이원론으로 변형;
(2) 1QS 4:15-23a: 윤리적 이원론이 종말론적 이원론으로 평창;
(3) 1QS 4:23b-26: 윤리적 이원론이 인간적인 이원론으로 평창.

I 뒤엠(Duhaime)은 오스텐-사켄과 의견을 달리한다. 그는 의로운 자와 사악한 자의 윤리적 이원론이 가장 독창적이며 원초적인 이원론이라고 주장한다.14) 그는 가장 기초가 되는 부분이 윤리적 이원론을 다루는 1QS 3:13-18a; 25b-26a; 4:15-23a이며, 두 영들의 우주적인 요소들에 대한 부분들(1QS 3:18b-23a; 3:23b-25a)이 첨가되었다고 주장한다.
J. 프레이는 오스텐-사켄이나 뒤엠의 이원론에 대한 선형적인 설명을 거부한다. 그는 윤리적으로 경도된 우주적인 이원론(1QS 3:13-4:26)과 두 개의 서로 다른 상반된 천사들이 대결하는 엄격한 이원론

로 등장한다: 그리스도와 벨리알이 어떻게 화합하며, 믿는 사람과 믿지 않는 사람이 어떻게 한 몫을 나눌 수 있으며, 하나님의 성전과 우상이 어떻게 어울리겠습니까? 이 단어는 원래는 보통명사였으나, 후에는 고유명사로 그리스도와 대결하는 악의 현현으로 여겨지게 되었다. 구약성서에서 신약성서로 넘어가는 개념 변화 과정을 사해사본의 벨리알을 통해 확인할 수 있다.

13) P. von der Osten-Sacken, *Gott und Belial* (Goettingen: Vandenhoeck & Reprecht, 1969).
14) J. Duhaime "Instruction sur les deux esprits et les intepolations dualists 〈Qumran〉," *RB* 84(1977): pp. 566-596.

(1QM)으로 구분한다. 전자는 특히 일반인들의 이원론이었고, 후자는 사제들의 이원론으로 구분한다.

1QS에서 특히 중요한 부분이 1QS 6.13-23과 1QS 3.13-4.26이다. 1QS 6.13-23는 쿰란공동체에 입회하기 위한 2년간의 수련 기간 중 암송해야 했던 부분이다. 그리고 1QS 3.13-4.26은 쿰란공동체의 신학적인 특징이 담겨져 있는 내용으로 마치 그리스도교의 사도신경이나 주기도문처럼, 모든 쿰란공동체 멤버들이 암송해야 하는 내용이었다.

III. 1QS 3.13-4.26의 신학적 특징들과 이원론

1QS는 쿰란공동체의 가장 중요한 신학적 작품 중에 하나이다. 이 공동체에 입회하고자 하는 자들은 2년간의 수련기간을 거쳐야 한다. 1QS는 두 가지 신학적 특징을 드러낸다: 1) 엄격한 유일신 사상 2) 종말론적 이원론.[15] 이러한 신학적 내용을 가르치는 자는 '선생'이었다. 선생이 쿰란공동체 사람들에게 가르치는 내용은 다음과 같다:

1QS 3.13-14
(13) 선생의 역할은 모든 빛의 자녀들을 모든 인간들의(직역, '사람들 자녀들의') 본성에 관해 이해하게 하고 가르치는 것이다.
(14) 즉, 그들의 세대 안의 활동에 맞게 자신들의 표징을 지닌 모든 종류의 영혼들과 그들의 평화의 시대에 함께 오는 고난의 도래에 관한 것이다.

---

15) J. Charlesworth, "A Critical Comparison of the Dualism in 1QS 3:13-4:26 and the 'Dualism' contained in the Gospel of John," in *John and the Dead Sea Scrolls* (COR: New York, 1990): pp. 76-106.

쿰란공동체 선생 '마스킬'의 역할은 '빛의 자녀들'에게 인간들의 본성에 관해 교육하는 것이라고 증언한다. 그 본성의 내용은 모든 종류의 영혼들과 종말에 경험하게 될 고난에 관한 것이다. 그들은 자신들의 하나님만이 유일한 신이라고 증언한다:

1QS 3.15
(15) 지식을 소유한 하나님으로부터 현재에 일어나고 있는 모든 것과 미래에도 일어날 모든 것이 유래한다.

위 증언에서 하나님의 특징을 '지식'의 소유라고 증언한다. 그러면 이 '지식'의 대상은 무엇인가? 그것이 하나님을 하나님답게 만드는 요소인가? 여기서의 지식은 후대 영지주의에서도 등장하는 우주가 운행하는 삼라만상의 원칙을 아는 것이다. 이 지식의 내용은 우주가 두 개의 상호-독립적이며 정반대의 원칙으로 긴장관계를 유지하고 있다는 사실이다.

III.1. 종말론적 이원론

쿰란공동체 거주자들은 자신의 삶을 포함한 우주가 두 명의 강력한 천사들, 즉 빛의 천사와 어둠의 천사와의 팽팽한 전투에 휘말려 있다고 생각하였다. 인간들은 어둠의 몫(*gwrl*)과 빛의 몫(*gwrl*)을 모두 지니고 있어서 빛의 자녀라 할지라도 자칫하면 어둠의 천사에 의해 악에 빠질 수가 있다. 1QS3.21b-24a는 이 내용을 기록하고 있다:

(21b) 어둠의 천사로 인해

(22) 모든 의로운 자녀들의 탈선이 있을 것이다; 모든 그들의 죄, 불법, 죄의식, 그리고 불법적인 행위들은 그의 다스림으로 야기된 것이다.
(23) 이것은 그의(어둠의 천사) 마지막까지 하나님의 신비에 따라 이루어진다. 그들의 모든 고난과 그들의 고통의 정해진 시간은 그의 적대적인 다스림으로 야기된다.
(24) 그의 몫의 모든 영혼들은 빛의 자녀들을 넘어지게 한다.

1QS의 두 영에 관한 내용은 쿰란 문헌 중 이원론에 관한 가장 자세한 설명 중의 하나이다. 이 이원론은 우주적인 이원론뿐만 아니라 윤리적이며 심리적인 이원론의 내용도 포함되어 있다. 하나님께서는 빛뿐만 아니라 어둠도 창조하셨고, 이 빛과 어둠 위에 모든 다른 피조물들을 창조하셨다:

1QS 3.24
(24) 그는 빛의 영혼과 어둠의 영혼을 찬양하였고 그들 위에 모든 피조물의 기초를 만드셨다.

1QS 3.13-4.26은 하나님의 권능을 찬양하는 창조의 노래로 시작한다. 1QS 3.15b-18은 창조물이 하나님에게 의존하며 인간은 하나님을 대신해서 만물을 다스릴 것을 선포한다:

(15b) 그들이 존재하기 전에 그는(하나님) 그들의 모든 계획을 확립하였다.
(16) 그들이 정해진 시간에 존재하게 될 때, 그들은 그의 영광스러운 계획에 따라 그들의 임무를 수행할 것이다. 그의 손 안에
(17) 모든 사물에 대한 판결이 있다. 그는 그들의 활동 가운데 그

들을 지탱할 것이다. 그는 인간을 세상을 지배하게 하기 위해 창조했다.

(18) 그는 인간을 위해 그가 방문할 정해진 시간 전에 그들과 함께 생활할 두 가지 영을 계획하였다.

III.2. '빛의 왕자'와 '어둠의 천사'

하나님께서 다시 오실 때까지 인간에게 두 가지 영을 준비하셨다는 내용은 충격적이다. 이 영들은 1QS 3.18-9에서 '진리의 영'과 '거짓의 영'이라고 기록한다. 빛의 길을 걷는 자는 '빛의 왕자'와 연관이 있고, 어둠의 길을 걷는 자는 '어둠의 천사'의 인도함을 받는다. 각각의 분류에 속하는 구성원들을 각각 '빛의 자녀들'(1QS 3.13,24,25)과 '기만의 자녀들'(3.21)이라고 명명한다.

그러나 이들 간의 구분이 확실히 정해진 것은 아니다. '빛의 자녀'들이 '어둠의 천사'의 유혹을 받아 '기만의 길'을 종말 전까지 걷기도 한다고 증언한다(1QS 3.22-23):

(22) 모든 의로운 자녀들의 탈선이 있을 것이다; 모든 그들의 죄, 불법, 죄의식, 그리고 불법적인 행위들은 그의 다스림으로 야기된 것이다.

(23) 이것은 그의(어둠의 천사) 마지막까지 하나님의 신비에 따라 이루어진다. 그들의 모든 고난과 그들의 고통의 정해진 시간은 그의 절대적인 다스림으로 야기된다.

'빛의 자녀들'의 탈선에도 불구하고 하나님과 그의 진리의 천사가 그들을 도울 것이다. 하나님은 사람 안에 이 두 영을 모두 창조하였다고 전한다.

1QS 4:2-8은 진리의 아들들이 지닌 윤리적이며 종교적인 특징들을 다음과 같이 소개한다:

(2) 그리고 이것들이(빛의 자녀들) 그들이 세상에서 하는 길들이다: 사람의 마음을 밝히고 그 앞에 진실한 의로움의 모든 길들을 닦고 그의 마음이 하나님의 심판을 경외하게 하고
(3) 겸손, 인내의 영혼과 관대한 동정과 지속적인 선행, 현명함, 통찰력, 놀라운 지혜가 모든 하나님의 일들에 확립되게 한다.
(4) 이것들은 그의 위대한 헤세드에 의존한다. 지식의 영이 그가 의도한 모든 일에 임하고, 의로운 판단에 열심을 내고, 변치 않는 목표를 향해 거룩한 의도가 있게 하신다.
(5) 그리고 진리의 자녀들에 위대한 사랑을 보이신다. 영광스런 순결로 더러운 우상을 혐오하고,
(6) 지식의 신비에 대한 진실에 관해 모든 것에 대한 분별 안에서 조심스럽게 행동한다. 그 안에 걷는 모든 사람들에 (알맞은) 대가는 치료와
(7) 장수 안에서 위대한 안녕이 있고, 영원한 축복과 함께 많은 자녀가 생기며 영생으로 한없이 즐겁고, 영광의 관이
(8) 영원한 빛으로 감싼 눈부신 의상과 함께 빛날 것이다.

이와는 대조적으로 '거짓의 영혼'은 사람에게 들어와 다음과 같은 일들을 한다(1QS 4,9-14):

(9) 그러나 거짓의 영혼에 관해 말하자면 다음과 같다: 탐욕과 의로운 일에 태만, 사악함, 거짓, 자만심, 거만함, 잔악한 눈속임과 거짓,

(10) 터무니가 없는 위선, 화냄, 치사한 비열함, 음란한 영혼으로
가증스러운 일들에 대한 수치심을 모르는 몰두, 깨끗지 못한
의례의 더러운 방식들,
(11) 신성모독의 혀, 장님 됨과 귀머거리 됨, 목이 뻣뻣하고 마음이
굳음, 그리하여 어둠의 길과 사악한 간교 안에서 걷는다. 그
안에 걷는 모든 사람들에게 (알맞은) 대가는
(12) 형벌의 천사에 의한 괴로움, 하나님의 복수의 화로 영원한 파
멸, 끊임없는 공포와
(13) 수치, 그리고 어두운 장소의 불 가운데서 소멸하는 망신하게
될 것이다. 그들의 세대 안에서 지내는 동안 그들이 파괴될
때 까지 어두운 심연에서 무서운 고통과 모진 불행 가운데
처하게 될 것이다.
(14) 그들을 위한 남은 자나 구원이 없다.

한 가지 놀라운 사실은 하나님께서 인간의 본성으로 이 두 영을 지정하신 점이다. 인간들은 하나님이 정해 주신 한 영, 자기의 몫대로 인생을 살다가 마지막 시간에 이르게 된다:

1QS 4.15-16

(15) 이들 안의 (두 영이) 모든 인간들의 본성이며, 이들의 두 구분
안에 사람들의 세대의 모든 무리들이 자기 몫을 가지고 있
다; 그들의 방식 안에서 사람들은 걷고, 그들의 모든 일들은
(16) 사람의 몫에 따라 다소를 불문하고 모든 영원한 시간 안에서
그들의 구분 안에 있다. 왜냐하면 하나님은 마지막 시간까지
그들을 선별했기 때문이다.

1QS는 이 두 영들 간의 투쟁을 언급한다. 이러한 투쟁은 하나님이

정한 시간까지, 그리고 '기만의 영'이 완전히 소멸할 때까지 지속 된다

1QS 4.17-26

(17) 그들의 구분 간에 영원한 대립이 있을 것이다. 진리에 대한 혐오는 거짓이 하는 일들이다. 거짓에 대한 혐오는 진리가 하는 일이다.

(18) 이들의 판결 간에 강렬한 투쟁이 있다. 왜냐하면 그들은 함께 걸을 수 없기 때문이다. 그러나 하나님은 그의 신비한 분별력과 영광스런 지혜로 거짓의 존재에 대해 마지막을 정하셨다. 그가 대가를 지불하는 정해진 시간에,

(19) 그는 영원히 거짓을 파괴할 것이다. 그때 진리는 영원히 세상에 나타날 것이다. 진리가 거짓이 지배하는 동안 사악한 행위로 판결의 정해진 시간까지 자신을 오염시켜 왔다.

(20) 그때 하나님은 그의 진리로 사람의 모든 행위를 정화하고 자신을 위해 사람의 자녀들로부터 (죄를) 제거할 것이다. 그는 그의 육체의 기질로부터 거짓 영을 완전히 파괴할 것이다.

(21) 그는 사악한 행위로부터 그를 성령으로 정화하고 정화의 물처럼 진리의 영을 그에게 뿌릴 것이다. 그는 그를 거짓이라는 혐오와 불순한 영으로부터의 오염으로부터 정화할 것이다.

(22) 그 결과 정직한 자들은 "지극히 높으신 분"의 지식과 하늘의 아들이 가지는 지혜에 대한 통찰이 생기고 도에 대해 완전한 자들은 분별력을 얻게 될 것이다. 그들을 위해, 하나님이 영원한 계약을 선택하고

(23) 아담의 영광이 속임 없이 그들의 것이 될 것이다. 모든 거짓된 일들은 창피를 당할 것이다. 지금까지 진리의 영들과 거짓의 영들이 인간들의 마음에서 싸우고 있으며,

(24) 그들은 지혜 안에서 걷거나 혹은 타락 안에서 걷는다. 진리 안에서 정해진 사람의 몫대로, 그는 의롭게 되어 거짓을 싫어한다. 거짓의 몫 안에 유산을 받은 자는 그것을 통해 악해져

진리를 미워하게 될 것이다.
(25) 왜냐하면 하나님은 결정된 시간과 새것을 만들 때까지 그들을 선별하였다. 그는 정해진 시간의 마지막에 그들의 일에 대한 보상을 알고 계시며,
(26) 선한 [⋯⋯]의 지식을 위해 사람들에게 그것들을 할당하고 그의 영혼에 따라 [⋯⋯]대가⋯⋯, 모든 살아있는 것들에게 몫을 결정하셨다.

'진리의 자녀들'과 '기만의 자녀'들 간의 싸움은 하나님이 정한 시간, 곧 그가 기만의 영과 그것과 관련된 모든 것을 파멸할 때까지 계속된다. 그때가 되면, 진리의 자녀들은 정화되어 아담의 영광 안에 들어갈 것이라고 약속한다.

1QS의 가장 중요한 주제 중의 하나는 빛과 어둠의 대결이다. 빛과 어둠의 대결은 진리의 영과 기만의 영의 싸움으로 구체화된다. 여기서 흥미로운 사실은 빛과 어둠이 이 두 영의 기원과 행동을 반영하며 이 영들의 이름과 동일시된다는 점이다. 그러나 이들의 권력 관계는 하나님이 빛의 자녀들 편을 들어주면서 깨진다.

III.3. 악의 기원

이 구절은 또한 악의 기원에 대해 설명한다. 1QS의 저자는 모든 악의 기원을 한 영, 즉 '어둠의 천사'에서 찾는다. 모든 선한 것의 기원을 '빛의 왕자'에서 찾고, 모든 악한 기원을 '어둠의 천사'에게 찾는 설명은 악의 기원에 관한 교리에서 문제를 제기한다. 저자는 하나님이 두 영 모두를 창조했고 이 두 영 모두 하나님에 비하여 하위를 차지한다. 그러므로 하나님만이 악을 생기게 한 장본이며, 인간들은 태초에

자신들에게 부여된 몫이 '선'인지 '악'인지 혼동하기도 한다.

1QS의 악의 기원에 대한 설명은 동시대 악의 기원에 대한 설명들과 전혀 다르다. 첫째, 악의 기원은 '천사의 반란'으로 시작되었다. 파수꾼의 반란에 관한 내용은 외경 [제 1 에녹서] 6장 1-6절, 7장 1절, 10장 8-9절에서 찾을 수 있다. 이 내용들은 구약성서 창세기 6장 전반부에 등장하는 네피림의 기원에 관한 내용의 신학적 해석들이다:

[제 1 에녹서] 6:1-6

(1) 사람의 자녀들이 많아져 아름답고 정숙한 딸들이 태어났다.
(2) 하늘의 자녀들인 천사들이 그들을 보고 정욕을 품고 서로 말하기를 "자, 우리가 사람의 자녀들 가운데 아내를 골라 아이를 낳자"라고 말했다.
(3) 그들의 대장인 셈야자(Semyaja)가 그들에게 말했다: "나는 너희들이 이 일에 동의하지 않을까 두렵다. 나만 홀로 큰 죄에 대한 벌을 받아야 할 것이다."
(4) 그들 모두 그에게 대답하였다: "우리가 맹세하여 이 계획을 포기하지 말고 하기로 서로 상호간에 약속하자!"
(5) 이들이 모두 맹세하고 연좌하여 서로 약속하였다.
(6) 자레드(Jared)시대에 헤르몬산에 내려온 자들은 이백 명이나 되었다 그들은 그 산을 헤르몬(Hermon)이라 불렀는데, 그 이유는 이들이 상호 연좌로 맹세하고 약속했기 때문이다.

[제1 에녹서] 7:1

(1) 그들과 함께 모든 다른 이(천사)들도 스스로 여자를 취하였다. 각각 한 여자를 취하여 성교를 하고 그들과 함께 스스로를 더럽혔다. 그들은 여자들에게 마법과 마술, 뿌리를 조각하는 법을 가르쳐주고 그들에게 식물과 익숙하도록 하였다.

[제1 에녹서] 10:8-9

(8) "모든 땅이 아자젤(Azazel)의 가르침으로 더럽혀졌다. 모든 죄가 그에게서 왔다."

(9) 주님께서 가브리엘에게 말했다: "나가서 잡종, 타락한 존재들, 음란의 자녀들과 대항하여 사람들 가운데 음란의 자녀들과 파수꾼의 자녀들을 멸망시켜라."

이 당시 악의 기원에 대한 또 다른 해석은 '아담의 불순종'[16]과 인간의 죄 성향[17]이었다. 그러나 이 모든 악의 발생을 계획하고 허락한 자는 하나님이었다.[18]

III.4. 종말론

1QS는 특히 예정된 종말론에 대한 내용이 드러나 있다. 하나님은 현재와 미래를 위해 형태를 만들었다:

1QS 3:15

(15) 앎을 소유한 하나님으로부터 모든 것이 현재에도 존재하고 미래에도 존재할 것이다. 그들이 존재하기 전에 그는 그들을 위한 모든 틀을 확립하였다.

이 틀 안에서 하나님은 세상을 지배하기 위해 인간을 창조했다. 그러나 하나님은 마지막 그가 방문하기 전에 인간들과 함께 할 두 가

---

16) [아브라함의 묵시] 2,6.
17) Midrash of Berakoth 9,5.
18) Charlesworth 80.

지 영을 계획하였다. 그 두 가지 영은 다음과 같다.

1QS 19-20

(19) 진리의 영과 거짓의 영이 그것이다. 빛의 샘물 안에서 진리의 본질이 나오며 어둠의 우물에서 거짓의 본질이 드러날 것이다.

(20) 빛의 왕자의 손에 모든 의로운 자녀들의 다스림이 있다; 빛의 길 안에서 그들은 걸을 것이다. 그러나 어둠의 천사의 손에 거짓의 자녀들은 다스림이 있다.

그러나 이러한 이분적인 구분이 확고한 것은 아니다. 어둠의 천사는 항상 '빛의 자녀'들이 길을 잃도록 종용하고 있기 때문이다:

1QS 21-22

(21) 어둠의 길에서 그들이 걸을 것이다. 어둠의 천사로 인해
(22) 모든 의로운 자녀들의 탈선이 있을 것이다; 모든 그들의 죄, 불법, 죄의식, 그리고 불법적인 행위들은 그의 다스림으로 야기된 것이다.

하나님은 의로운 자녀들이 시험을 계속 받도록 방치하지 않는다. 마지막 종말의 때에 하나님은 의로운 자를 상 주시고 악한 자를 벌 주시는 신으로 묘사된다. 하나님과 진리의 천사가 빛의 자녀를 도울 것이라고 기록한다.:

1QS 23-25a

(23) 이것은 그의(어둠의 천사) 마지막까지 하나님의 신비에 따라

이루어진다. 그들의 모든 고난과 그들의 고통의 정해진 시간
은 그의 절대적인 다스림으로 야기된다.
(24) 그의 몫의 모든 영혼들은 빛의 자녀들을 넘어지게 한다. 그러
나 이스라엘의 하나님과 그의 진리의 천사가 모든
(25a) 빛의 자녀들을 도울 것이다.

위 내용에서 종말론적 기대가 이원론적이지는 않다. 결국에는 하
나님과 선한 신이 개입하여 의로운 자들이 승리하도록 이끌기 때문이
다.[19]

III.5. 윤리적 이원론

1QS 4:2-14는 윤리적 이원론을 묘사하고 있다. 여기에는 빛의 왕
자와 연관된 의로운 태도와 도덕적인 행위들이 나열되어 있다. 그리
하여 인간들은 단순히 빛과 어둠의 자녀들로만 구분되는 것이 아니
라, 그들의 행위로도 구분된다. 다음 1QS 4:2-8의 내용은 빛의 자녀들
의 하나님 사랑으로 세상에서 실천해야 될 윤리 목록이다:

1QS 4:2-8
(2) 그리고 이것들이(빛의 자녀들) 그들이 세상에서 하는 길들이
다: 사람의 마음을 밝히고 그 앞에 진실한 의로움의 모든 길들
을 곧게 하고 그의 마음이 하나님의 심판을 경외하게 하고
(3) 모든 하나님의 일들에 확립되어 있는 겸손, 인내의 영혼과 관
대한 동정과 지속적인 선행, 현명함, 통찰력, 놀라운 지혜(를
경외하게 한다.)

---

19) Frey 294.

(4) 이것들은 그의 위대한 헤세드에 의존한다. 지식의 영이 그가 의도한 모든 일에 임하고, 의로운 판단에 열심을 내고, 변치 않는 목표를 향해 거룩한 의도가 있게 하신다.
(5) 그리고 진리의 자녀들에 위대한 사랑을 보이신다. 영광스런 순결로 더러운 우상을 혐오하고,
(6) 지식의 신비에 대한 진실에 관해 모든 것에 대한 분별 안에서 조심스럽게 행동한다. 그 안에 걷는 모든 사람들에 (알맞은) 대가는 치료와
(7) 장수 안에서 위대한 안녕이 있고, 영원한 축복과 함께 많은 자녀가 생기며 영생으로 한없이 즐겁고, 영광의 관이
(8) 영원한 빛으로 감싼 눈부신 의상과 함께 빛날 것이다.

빛의 자녀와 달리 어둠의 자녀는 세상에서 다음과 같은 행동을 한다:

1QS 4:9-14

(9) 그러나 거짓의 영혼에 관해 말하자면 다음과 같다: 탐욕과 의로운 일에 태만, 사악함, 거짓, 자만심, 거만함, 잔악한 눈속임과 거짓,
(10) 터무니가 없는 위선, 화냄, 치사한 비열함, 음란의 영혼으로 가증스러운 일들에 대한 수치심을 모르는 몰두, 깨끗지 못한 의례의 더러운 방식들,
(11) 신성모독의 혀, 장님 됨과 귀머거리 됨, 목이 뻣뻣하고 마음이 굳음, 그리하여 어둠의 길과 사악한 간교 안에서 걷는다. 그 안에 걷는 모든 사람들에게 (알맞은) 대가는
(12) 형벌의 천사에 의한 괴로움, 하나님의 복수의 화로 영원한 파멸, 끊임없는 공포와
(13) 수치, 그리고 어두운 장소의 불 가운데서 소멸하는 망신하게

될 것이다. 그들의 세대 안에서 지내는 동안 그들이 파괴될 때 까지 어두운 심연에서 무서운 고통과 모진 불행 가운데 처하게 될 것이다.

(14) 그들을 위한 남은 자나 구원이 없다.

이러한 윤리적 이원론의 목록과 대비는 포수기 이후 유대교 문헌에 많이 등장하며, 그 기원은 기원전 6세기 이후에 기록된 소위 P기자의 우주 창조 내용에서도 등장한다:

[창세기] 1:1-5
1. 태초에 하나님이 천지를 창조하실 때에,
2. (그때엔 땅이 매우 혼돈하고, 어둠은 '깊음' 위에 있고, 강한 바람은 물 위에 움직이고 있었다)
3. 하나님이 말씀하시기를 "빛이 생겨라" 하시니, 빛이 생겼다.
4. 그 빛이 하나님 보시기에 좋았다. 하나님이 빛과 어둠을 나누셔서,
5. 빛을 낮이라고 하시고, 어둠을 밤이라고 하셨다. 저녁이 되고 아침이 되니 하루가 지났다.

구약성서 창세기의 내용과 비교하면 윤리적 이원론의 내용이 신학적으로 더욱 정교하게 다듬어진 것을 알 수 있다. 찰스워스는 1QS 4에 등장하는 윤리적 이원론처럼 자세하고 승화된 윤리적 목록은 없다고 주장한다.[20]

프레이는 이 구절의 윤리적 이원론의 기원을 구약성서의 지혜문학에서 추적하였다. J.G. 감미(Gammie)는 잠언 29장 27절을 인용하

---

20) Charlesworth 79.

면서 지혜자와 비웃는 자, 의로운 자와 사악한 자의 비교를 시도한다:21)

[잠언] 29:27
의인은 불의한 사람을 싫어하고, 악인은 정직한 사람을 싫어한다.

이 윤리적 이원론은 외경 [집회서]에 등장하는 소위 '벤시라의 이원론'에서 더욱 발전한다. 여기에서 주님의 사람들을 구분하여 어떤 사람들은 축복하여 위대하게 만들고, 어떤 사람들은 그들의 자리로부터 추방시킨다고 전한다:

[집회서] 33:11-15
11. 주님의 지식의 온전함으로 그는 그들을(인간들) 구분하여 다른 길을 지정하셨다
12. 그는 몇몇을 축복하여 드높이고, 몇몇은 거룩하고 자신에게 가까이 있게 하였지만, 나머지는 저주하여 낮추어 그들의 원래 자리로부터 물러가게 하였다.
13. 토기장이의 손에 있는 진흙처럼, 자신의 좋아하는 대로, 모든 그의 방식대로 사람들은 그들을 만든 자의 손에 있고, 그가 결정하는 대로, 그들에게 행한다.
14. 선은 악의 반대이며, 생명은 죽음의 반대이다.
    그러므로 죄인들은 경건한 자의 반대이다.
15. 엘 엘욘의 모든 행하심을 보라. 그들은 쌍으로 있고, 서로가 대항하고 있다.

---

21) J. G. Gammie, "Spatial and Ethical Dualism in Jewish Wisdom and Apoclyptic Literature," *Journal of Biblical Literature* 93(1974): pp. 356-385.

[집회서]에서는 악의 근원이 간접적으로 하나님임을 암시한다. 하나님이 마치 토기장이처럼 사람들을 선하게도, 악하게도 만들 수 있다고 증언한다. 프레이는 [집회서] 33장이 '창조의 예정론'을 증언하고 있고, 이 내용이 바로 1QS 3:13-4:26의 윤리적 이원론의 근거라고 주장한다.22)

1QS 4:24-25는 사람이 처음부터 자신의 몫, 운명을 부여받았다고 증언한다:

진리 안에서 정해진 사람의 몫대로, 그는 의롭게 되어 거짓을 싫어한다. 거짓의 몫 안에 유산을 받은 자는 그것을 통해 악해져 진리를 미워하게 될 것이다.

이 구절은 '빛의 자녀'들이 그들의 삶의 방식을 선택한 것이 아니라, 태어날 때부터 하나님에 의해 부여받았다는 사실을 말하고 있다. 의로운 자가 의로운 이유는 하나님이 그들을 선택했기 때문이다. 그러므로 자유의지는 어떤 사람이 선한 사람이 되느냐 혹은 악한 사람이 되느냐를 결정하지 않는다.

자유의지에 관한 결정적인 문장은 1QS 4:23-24이다:

1QS 4:23b-24
(23b) 지금까지 진리의 영들과 거짓의 영들이 인간들의 마음에서 싸우고 있으며,
(24) 그들은 지혜 안에서 걷거나 혹은 타락 안에서 걷는다. 진리 안에서 정해진 사람의 몫대로, 그는 의롭게 되어 거짓을 싫어

---

22) Frey 298.

한다. 거짓의 몫 안에 유산을 받은 자는 그것을 통해 약해져 진리를 미워하게 될 것이다.

진리의 영들과 거짓의 영들이 사람들 마음속에서 투쟁하고 있다고 주장한다. 프레이는 이 구절은 "선택받는 자들이 종말에 거쳐야 할 정화의 단계"라고 해석한다.23)

IV. 마즈다이즘의 영향

기원전 6세기부터 4세기 동안 고대 근동의 맹주였던 페르시아 제국은 유대인들을 바빌론 제국으로부터 해방시켰을 뿐만 아니라, 유대교 공동체 형성을 실제적으로 도운 제국이다. 다리우스 대왕 때부터 마즈다이즘을 받아들인 페르시아는 유대교 신학 형성에 영향을 미쳤다.24) 1QS에 등장하는 주요한 주제들인 '천사들'('빛의 왕자'와 '어둠의 천사')과 이원론은 구약성서 중 후대 기록, 특히 페르시아 정복 이후의 유대 문헌에 서서히 등장하기 시작한다. 1791년 콘스탄틴 백작(Count Constantine)의 주장 이후, 1900년 초, 소위 종교사학파 학자들에 의해 주장되었다.25)

유대교에 대한 마즈다이즘 종교의 영향에 대해서 학자들 중 보이스는 이미 페르시아 제국시대(기원전 6-4세기)에 마즈다이즘이 유대

---

23) Frey 294.
24) 배철현, "다리우스 왕(기원전 522-486년)은 조로아스터교 신봉자였나?" 중앙아시아연구 8 (2003): pp. 1-28.
25) Wilhelm Bousset, *Die Religion des Judentums in spaethellenistischen Zeitalter* (1902).

인들에게 상당한 영향을 미쳤다고 주장한다.26) 보이스는 핵심적인 후대 초기 그리스도교에도 영향을 줄 유대교 사상의 근간들인 사단, 악마론, 천사론, 특히 마지막 심판과 부활, 종말론, 그리고 심판, 천국, 지옥, 그리고 정결례와 같은 사상의 기원이 페르시아 마즈다이즘이라고 주장한다.27)

많은 학자들은 마즈다이즘의 창건자인 조로아스터는 아후라 마즈다만을 섬기는 유일신론이 아니라, 세상이 태초부터 두 개의 영들, 선한 영과 악한 영의 끝없는 대결 구도를 가진 이원론이라 주장한다. 마즈다이즘 문헌들 이원론을 가장 잘 드러내는 문헌은 [야스나] (Yasna) 30.1-5이다. 마즈다이즘에 의하면 태초에 두 개의 영이 존재했다:

[야스나] 30.3a
이것은 태초에 있었던 두개의 영, 두 종류의 꿈으로 형성된 쌍둥이다.
두 가지 생각과 말, 그리고 두 가지 행동, 즉 선한 것과 악한 것.28)

인간은 태초부터 존재한 비슷한 두 개의 영들 사이에서 선택해야 한다:

---

26) M. Boyce, *A History of Zoroastrianism II* (Leiden: Brill, 1975): xii.
27) M. Boyce, *Zoroastrians*, (London: Routledge and Kegan Paul, 1979): pp. 76-77.
28) Helmut Humbach, *The Gathas of Zarathushtra and the Other Old Avestan Texts, Part 1 Introduction-Text and Translation* (Carl Winter Univer-sitaetverlag: Heidelberg 1991): p. 123.

[야스나] 30.5.
이 두 영들 사이에서 기만하는 자는 최악의 것들을 선택하지만, 도움을 주는 영은 다이아몬드로 옷을 입고 진리를 선택한다. 그는 마치 진실된 행동으로 아후라를 최선을 다해 만족시키는 자처럼 행동한다, 오 지혜로운 자여!29)

M. 보이스에 의하면 "처음부터 아후라 마즈다와 함께 그에 대항하는 창조되지 않은 또 다른 존재인 적대적인 영, 앙그라 마인유"가 있었다고 설명한다.30) 마즈다이즘의 이원론 안에서 신은 전적으로 선하고, 악은 악한 영으로 유래한다고 믿는다. 그러나 신이 전지전능한 것은 아니다. 오직 선한 편에서 투쟁하는 인간들의 도움을 통해 선한 신은 종말에 악한 신을 정복할 수 있다고 믿는다.31) 사실 아후라 마즈다를 선한 신으로서 승리하게 하는 것은 인간들의 선행이기

---

29) *Ibid.* p. 123.
30) M. Boyce, History I, 192; Yarshater, "Iranian Common Beliefs," in CHI III.1, p. 347. 보이스의 의견에 반대하는 학자들도 있다. 그놀리("Ahura Mazda and Angra Mainyu," in Eliade, *Encyclopedia, 1*, pp. 157-158)에 의하면 아베스타에서는 이원론을 주장하지 않는다고 말한다.1) 보이스와는 달리 윤리적 이원론은 후대 사산시대(기원후 3-7세기)에 형성되기 시작하였다고 주장한다. 전통적인 이원론은 사산시대 파흘라비어로 쓰인 분다히슌(Bundahishn)에 자세히 드러나 있다: [분다히슌] 1.2.1-4: (1) 잔드-아카스는 오르마즈다(아후라 마즈다의 후대 이름)의 첫 우주 창조와 악한 영의 적대에 관해, 그리고 처음 창조에서 미래에 존재할 종말까지 창조물들의 본성에 관해 처음으로 기록한 것이다; (2) 마즈다인들의 종교에 의해 계시된 것으로 오르마즈다가 전지전능, 선에 있어서 최고이며, 웅장함에 탁월하시다. 빛이 모이는 곳은 '무한한 빛'이신 오르마즈다가 계신 곳이다. 탁월한 오르마즈다의 전지전능과 선함을 "계시"라고 부른다; (3) 계시는 양쪽으로 갈라진 것을 설명한다: 한 분은 무한한 시간으로부터 독립적인 분이다. 왜냐하면 오르마즈다와 오르마즈다의 지역, 종교, 그리고 시간이 과거, 현재, 미래에도 계속되기 때문이다. 반면에 아흐리만(앙그라 마인유의 후대 이름)은 어둠속에서 미흡한 이해와 파괴를 도모하여 심연에 있다. 그는 미래에 없어질 존재이다. 그 파괴와 어둠의 장소는 "무한한 어둠"이라고 불리는 곳이다; (4) 이들 사이에는 빈 공간이 있는데 그것을 '대기'라고 부르며, 이들이 만나는 곳이다.
31) Boyd and Crosby, "Is Zoroastrianism Dualistic?" p. 558.

도 하다.
악한 영인 앙그라 마인유의 별칭인 '앙그라'[32])는 가짜 아베스타 45.2에서 단 한번 등장한다. '앙그라'의 기본적인 의미는 "해를 주는"이다:

[야스트] 45:2a
나는 태초의 존재에 있었던 두 개의 영들을 선포한다.
좀더 도움을 주는 영(선)이 해를 주는 영(악한)을 고칠 것이다.[33])

V. 나가는 글

1QS 3:13-4:26에 등장하는 이원론은 후대 그리스도교 사상에도 큰 영향을 미친 사상이다. 쿰란공동체 유대인들은 자신들이 처한 삶의 정황에 대한 설명을 이원론을 중심으로 이해하려고 시도하였다. 이런 이원론적인 사상은 구약성서에서 여러 곳에서도 발견되지만, 1QS에 등장하는 종말론적이며 윤리적인 이원론의 근거를 찾기는 미약하다.

1QS에 대한 마즈다이즘의 영향에 대해서 학자들의 의견은 대립하고 있다. 일부 이란학자들은 그 영향을 제시하고 있지만, 다른 학자들은 그 영향을 축소하거나 인정하지 않고 있다. 이들이 주장하는 가장 큰 이유로 두드러진 이원론은 기원후 3세기 이후에 등장한 사산시대 파흘라비문서에 등장한다는 점이다.

후대 파흘라비 문서에 등장하는 정교한 이원론도 자생적으로 만

---

32) 앙그라 마인유는 후기 아베스타 문헌 [야스트] 3.14, 13.76-78, 그리고 [벤디다드] 22에 99,999가지 병을 퍼뜨리는 자로 언급된다.
33) Humbach 164.

들어진 것은 아니다. 마즈다이즘의 이원론적 교리가 이미 기원전 4세기 아리스토텔레스의 [철학에 관하여](Peri Philosophias)에 등장한다는 점은 잘 알려진 사실이다.[34] 1QS에 등장하는 이원론, 더 나아가 신구약중간기에 등장하는 종말론, 천사론, 이원론 등과 같은 주요한 신학적인 개념들에 대한 연구는 유대교를 거쳐 신약성서 사상에 지대한 영향을 주었다고 생각한다. 1QS의 이원론은 다시 한번 유대교와 그리스도교의 중요한 사상의 원류를 추적하는 계기를 마련해 준 것 같다.

〈참고문헌〉

배철현, "Creatio Ex Nihilo?" 종교학연구 21(2002): pp. 29-46.
_____, "다리우스 왕(기원전 522-486년)은 조로아스터교 신봉자였나?" 중앙아시아연구 8 (2003): pp. 1-28.
_____, "[도마복음서]에 나타난 영지주의: '몸'을 통해 본 이원론을 중심으로" 인문논총 54(2005): pp. 158-189.
Afnan, R. *Zoroaster's Influence on Greek Thought*(New York: Philosophical Library, 1965).
_____, *Zoroaster's Influence on Anaxagoras, the Greek Tragedians and Socrates* (New York: Philosophical Library, 1969).
Baumgarten, Joseph M. "The Cave Four Version of the Penal Code," Journal of Jewish Studies 43.2 (1992) pp. 268-276.
Brownlee, W. H. *The Dead Sea Manual of Discipline: Translation and Notes. BASOR Supplementary Series 10-12* (New Haven:

---

[34] R. Afnan, *Zoroaster's Influence on Greek Thought* (New York: Philosophical Library, 1965); idem. *Zoroaster's Influence on Anaxagoras, the Greek Tragedians and Socrates* (New York: Philosophical Library, 1969).

American Oriental Society, 1951).
Black, Matthew *The Scrolls and Christian Origins* (New York: Charles Scribner's and Sons, 1961).
Burrows, Millar *More Light on the Dead Sea Scrolls* (New York: The Viking Press, 1958).
Bousset, Wilhelm. *Die Religion des Judentums in spaethellenistischen Zeitalter* (1902).
Boyce, Mary. *A History of Zoroastrianism* II (Leiden: Brill, 1975).
_____, *Zoroastrians* (London: Routledge and Kegan Paul, 1979).
J. Charlesworth, "A Critical Comparison of the Dualism in 1QS 3:13-4:26 and the 'Dualism' contained in the Gospel of John," in *John and the Dead Sea Scrolls* (COR: New York, 1990).
Capper, Brian J. "The Interpretation of Acts 5.4" *Journal for the study of the New Testament* 19 (1993): pp. 117-131.
Cross, F.M., D.N. Freedman, J.A. Sanders, *Scrolls from Qumrân Cave I: The Great Isaish Scroll, The Order of the Community, The Pesher to Habakkuk from Photographs by John C. Trever* (Jerusalem, 1972).
Dupont-Sommer, A. *The Essene Writings from Qumran* (New York: Meridian Books), 1961.
Frey, J. "Different Patterns of Dualistic Thought in the Qumran Library: Reflections on their Background and History," in Legal Texts and Legend Issues, Studies on the Texts of the Desert of Judah 23 (Leiden: E.J. Brill, 1997).
Knibb, M.A. "The Community Rule," The Qumran Community CCWJCW 2 (Cambridge, New York, 1987): pp. 77-133.
Leany, A.R.C. *The Rule of the Community and its Meaning: Introduction, Translation and Commentary* (NTL: London, 1966).
Licht, J. *The Rule Scroll-A Scroll from the Wilderness of Judea-1QS,*

1QSa, 1QSb: Text, Introduction and Commentary (Jerusalem, 1965).

Mealand, David L. "Community of Goods at Qumran," *Theologische Zeitschrift* 31.3 (1975) pp. 129-139.

Murphy-O'Connor, J. "La genèse littéraire de la Règle de la Communauté," RB 76(1969): pp. 528-549.

Newson, Carol A. "Apocalyptic and the Discourse of the Qumran Community," *Journal of Near Eastern Studies* 49.2 (1990) pp. 135-144.

Newson, Carol A. "The Social Symbolics of Knowledge at Qumran," *Semeia* 59 (1992): pp. 135-153.

Rost, Leonhard *Judaism Outside the Hebrew Canon* (Nashville: Abingdon, 1971).

Pouilly, J. "La Règle de la Communauté de Qumrân: Son évolution littéraire," *CRB* 17 (1976).

Vermes, Geza. "Preliminary Remarks on Unpublished Fragments of the Community Rule from Qumran Cave 4," Journal of Jewish Studies 42.2 (1991) pp. 250-255.

Wernber-Møller, P. The Manual of Discipline. STDJ 1 (Leiden, Brill, 1957).

참고자료: 1QS 3.13-4.26 원문과 한글번역

1QS 3

(13)למשכיל להבין וללמד את כול בני אור בתולדות כול בני איש
(14)לכול מיני רוחותם באותותם למעשיהם בדורותם ולפקודת נגיעיהם עם
(15)קצי שלומם מאל הדעות כול הויה ונהייה ולפני הייתם הכין כול מחשבתם
(16)ובהייתם לתעודותם כמחשבת כבודו ימלאו פעולתם ואין להשנית בידו
(17)משפטי כול והואה יכלכלם בכול חפציהם והואה ברא אנוש לממשלת
(18)תבל וישם לו שתי רוחות להתהלך בם עד מועד פקודתו הנה רוחות
(19)האמת והעיל במעון אור תולדות האמת וממקיר חושך תולדות העיל
(20)ביד שר אורים ממשלת כול בני צדק בדרכי אור יתהלכו וביד מלאך
(21)חושך כול ממשלת בני עיל ובדרכי חושך יתהלכו ובמלאך חושך תעות
(22)כול בני צדק וכול חטאתם ועוונותם ואשמתם ופשעי מעשיהם בממשל
(23)לפידזי אל עד קצו וכול נגיעיהם ומועדי צרותם בממשלת משטממתו
(24)וכול רוחי גורלו להמשיל בני אור ואל ישראל ומלאב אמתו עור לכול
(25)בני אור והואה ברא רוחות אור וחושב ועליהן יסד כול מעשה
(26)[ ] הן כול עבודה ועל דרכיהן]אל[ ]דה אחת אהב אל לכול

1QS 4

(1)עד עולמים ובכול עלילות ותיה ירצה לעד אחת תעב 'מודה וכול דרכיה שנא לנצח
(2)ואלה דרכיהן בתבל להאיר בלבב איש ולישר לפניו כול דרכי צדק אמת ולפחד לבבו במשפטי
(3)אל ורוח עניה ואורך אפים ורוב רחמים וטוב עולמים ושכל ובינה וחכמת גבורה מאמנת בכול
(4)מעשי אל ונשענת ברוב חסדו ורוח דעת בכול מחשבת מעשה וקנאת משפטי צדק ומחשבת

(5)קודש ביצר סמוך ורוב חסדים על־כול בני אמת וטהרת כביד מתעב כול גלולי נדה והצנע לכת

(6)בערמת כול וחבא לאמת רזי־דעת אלה סודי רוח לבני אמת תבל ופקודת כול הולכי בה למרפא

(7)ורוב שלום באורך ימים ופרות זרע עם כול ברכות עד ותשמחת עולמים בחיי נצח וכליל כבוד

(8)עם מדת הדר באור עולמים

(9)ולרוח עולה רחוב נפש תשפול ידים בעבודת צדק רשע ושקר גוה ורום לבב כחש ורמיה אכזרי

(10)ורוב חנף קצור אפים ורוב אולת וקנאת זדון מעשי תועבה ברוח זנות ודרכי נדה בעבודת טמאה

(11)ולשון גדופים עורון עינים וכבוד אוזן קשי עורף וכובוד לב ללכת בכול דרכי חושך וערמת רוע ופקודת

(12)כול הולכי בה לריב נגועים ביד כול מלאכי חבל לשחת עולמים באף עברת אל נקמת לזעות נצח וחרפת

(13)עד עמ־בכלמת כלה באש מחשכים וכול קציהם לדורותם באבל יגון ורעת מרורים בהויות חושך עד

(14)בלותם לאין שרית ופליטה למו

(15)באלה־התולדות כול בני איש ובמפלגיהן ינחלו כול צבאותם לדורותם ובדרכיהן יתהלכו וכול פעולת

(16)מעשיהם במפלגיהם לפי נחלת איש בין רוב למיעט לכול קצי עולמים כיא אל שמן בד בבד עד קץ

(17)אחרון ויתן איבת עולם בין מפלגות תועבת אמת עלילות עולה ותועבת עולה כול דרכי אמת וקנאת

(18)ריב על כול משפטיהן כיא לוא יחד יתהלכו ואל ברזי שכלו ובחכמת כבודו נתן קץ להיות עולה ובמועד

(19)פקודה ישמידנה לעד ואז תצא לנצח אמת תבל כיא התגוללה בדרכי רשע בממשלת עולה עד

(20)מועד משפט נחרצה ואז יברר אל באמתו כול מעשי גבר יזקק לומ בני איש
להתם כול רוח עולה מתכמי
(21)בשרו ולטהרו ברוח קודש מכול עלילות רשעה ויז עליו רוח אמת כמי נדה
מכול תועבות שקר והתגולל
(22)ברוח נדה להבין ישרים בדעת עליון וחכמת בני שמים להשכיל תמימי
דרכ כיא בם בחר אל לברית עולמים
(23)ולהם כול כבוד אדם ואין עולה והיה לבושת כול מעשי רמיה עד הנה יריבו
רוחי אמת ועול בלבב גבר
(24)יתהלכו בחכמה ואולת וכפי נחלת איש באמת יצדק וכול ישנא עולה
וכירשתו בגורל עול ירשע בו וכן
(25)יתעב אמת כיא בד בבד שמן אל עד קץ נחרצה ועשות חדשה והואה ידע
פעולת מעשי הן לכול קצי
(26)[ ]יי נחילן לבני איש לדעת טוב[ ]ל[ ]פיל גורלות לכול
חי לפי רוחו ב[ ]פקודה

1QS 3

(13) 선생의 역할은 모든 빛의 자녀들을 모든 인간들의(직역, '사람들 자녀들의') 본성에 관해 이해하게 하고 가르치는 것이다.
(14) 즉, 그들의 세대 안의 활동에 맞게 자신들의 표징을 지닌 모든 종류의 영혼들과 그들의 평화의 시대에 함께 오는 고난의 도래에 관한 것이다.
(15) 앎을 소유한 하나님으로부터 모든 것이 현재에도 존재하고 미래에도 존재할 것이다. 그들이 존재하기 전에 그는 그들을 위한 모든 틀을 확립하였다.
(16) 그들이 정해진 시간에 존재하게 될 때, 그들은 그의 영광스러운 계획에 따라 그들의 임무를 수행할 것이다. 그의 손 안에
(17) 모든 사물에 대한 판결이 있다. 그는 그들의 활동 가운데 그들을 지탱할 것이다. 그는 인간을 세상을 지배하게 하기 위해

창조했다.
(18) 그는 인간을 위해 그가 방문할 정해진 시간 전에 그들과 함께 생활할 두 가지 영을 계획하였다:
(19) 진리의 영과 거짓의 영이 그것이다. 빛의 샘물 안에서 진리의 본질이 나오며 어둠의 우물에서 기만의 본질이 드러날 것이다.
(20) 빛의 왕자의 손에 모든 의로운 자녀들의 다스림이 있다; 빛의 길 안에서 그들은 걸을 것이다. 그러나 어둠의 천사의 손에 기만의 자녀들 다스림이 있다.
(21) 어둠의 길에서 그들이 걸을 것이다. 어둠의 천사로 인해
(22) 모든 의로운 자녀들의 탈선이 있을 것이다; 모든 그들의 죄, 불법, 죄의식, 그리고 불법적인 행위들은 그의 다스림으로 야기된 것이다.
(23) 이것은 그의(어둠의 천사) 마지막까지 하나님의 신비에 따라 이루어진다. 그들의 모든 고난과 그들의 고통의 정해진 시간은 그의 적대적인 다스림으로 야기된다.
(24) 그의 몫의 모든 영혼들은 빛의 자녀들을 넘어지게 한다. 그러나 이스라엘의 하나님과 그의 진리의 천사는 모든
(25) 빛의 자녀들을 도울 것이다. 그는 빛의 영혼과 어둠의 영혼을 찬양하였고 그들 위에 모든 피조물의 기초를 만드셨다.
(26) I[...]hn 모든 행동, 그들의 길 위에 모든 I[..]dh가 있다. 하나님이 그 사람을 영원한 정해진 시간을 위해 사랑한다.

1QS 4

(1) 그는 모든 일에 있어 영원히 즐겁게 한다; (그러나) 그가 혐오하는 사람으로 말하자면, 그는 그의 모임과 그의 모든 길을 영원히 싫어한다.
(2) 그리고 이것들이(빛의 자녀들) 그들이 세상에서 하는 길들이

다: 사람의 마음을 밝히고 그 앞에 진실한 의로움의 모든 길들을 곧게 하고 그의 마음이 하나님의 심판을 경외하게 하고
(3) 모든 하나님의 일들에 확립되어 있는 겸손, 인내의 영혼과 관대한 동정과 지속적인 선행, 현명함, 통찰력, 놀라운 지혜(를 경외하게 한다.)
(4) 이것들은 그의 위대한 헤세드에 의존한다. 지식의 영이 그가 의도한 모든 일에 임하고, 의로운 판단에 열심을 내고, 변치 않는 목표를 향해 거룩한 의도가 있게 하신다.
(5) 그리고 진리의 자녀들에게 위대한 사랑을 보이신다. 영광스런 순결로 더러운 우상을 혐오하고,
(6) 지식의 신비에 대한 진실에 관해 모든 것에 대한 분별 안에서 조심스럽게 행동한다. 그 안에 걷는 모든 사람들에 (알맞은) 대가는 치료와
(7) 장수 안에서 위대한 안녕이 있고, 영원한 축복과 함께 많은 자녀가 생기며 영생으로 한없이 즐겁고, 영광의 관이
(8) 영원한 빛으로 감싼 눈부신 의상과 함께 빛날 것이다.
(9) 그러나 거짓의 영혼에 관해 말하자면 다음과 같다: 탐욕과 의로운 일에 태만, 사악함, 거짓, 자만심, 거만함, 잔악한 눈속임과 거짓,
(10) 터무니가 없는 위선, 화냄, 치사한 비열함, 음란의 영혼으로 가증스러운 일들에 대한 수치심을 모르는 몰두, 깨끗지 못한 의례의 더러운 방식들,
(11) 신성모독의 혀, 장님 됨과 귀머거리 됨, 목이 뻣뻣하고 마음이 굳음, 그리하여 어둠의 길과 사악한 간교 안에서 걷는다. 그 안에 걷는 모든 사람들에게 (알맞은) 대가는
(12) 형벌의 천사에 의한 괴로움, 하나님의 복수의 화로 영원한 파멸, 끊임없는 공포와
(13) 수치, 그리고 어두운 장소의 불 가운데서 소멸하는 망신하게 될 것이다. 그들의 세대 안에서 지내는 동안 그들이 파괴될

때 까지 어두운 심연에서 무서운 고통과 모진 불행 가운데 처하게 될 것이다.
(14) 그들을 위한 남은 자나 구원이 없다.
(15) 이들 안의 (두 영이) 모든 인간들의 본성이며, 이들의 두 구분 안에 사람들의 세대의 모든 무리들이 자기 몫을 가지고 있다; 그들의 방식 안에서 사람들은 걷고, 모든 그들의 일들은
(16) 사람의 몫에 따라 다소를 불문하고 모든 영원한 시간 안에서 그들의 구분 안에 있다. 왜냐하면 하나님은 마지막 시간까지 그들을 선별했기 때문이다:
(17) 그들의 구분 간에 영원한 대립이 있을 것이다. 진리에 대한 혐오는 거짓이 하는 일들이다. 거짓에 대한 혐오는 진리가 하는 일이다.
(18) 이들의 판결 간에 강렬한 투쟁이 있다. 왜냐하면 그들은 함께 걸을 수 없기 때문이다. 그러나 하나님은 그의 신비한 분별력과 영광스런 지혜로 거짓의 존재에 대해 마지막을 정하셨다. 그가 대가를 지불하는 정해진 시간에,
(19) 그는 영원히 거짓을 파괴할 것이다. 그때 진리는 영원히 세상에 나타날 것이다. 진리가 거짓이 지배하는 동안 사악한 행위로 판결의 정해진 시간까지 자신을 오염시켜 왔다.
(20) 그때 하나님은 그의 진리로 사람의 모든 행위를 정화하고 자신을 위해 사람의 자녀들로부터 (죄를) 제거할 것이다. 그는 그의 육체의 기질로부터 거짓 영을 완전히 파괴할 것이다.
(21) 그는 사악한 행위로부터 그를 성령으로 정화하고 정화의 물처럼 진리의 영을 그에게 뿌릴 것이다. 그는 그를 거짓이라는 혐오와 불순한 영으로부터의 오염으로부터 정화할 것이다.
(22) 그 결과 정직한 자들은 "지극히 높으신 분"의 지식과 하늘의 아들이 가지는 지혜에 대한 통찰이 생기고 도에 대해 완전한 자들은 분별력을 얻게 될 것이다. 그들을 위해, 하나님이 영원한 계약을 선택하고

(23) 아담의 영광이 속임 없이 그들의 것이 될 것이다. 모든 거짓된 일들은 창피를 당할 것이다. 지금까지 진리의 영들과 거짓의 영들이 인간들의 마음에서 싸우고 있으며,
(24) 그들은 지혜 안에서 걷거나 혹은 타락 안에서 걷는다. 진리 안에서 정해진 사람의 몫대로, 그는 의롭게 되어 거짓을 싫어한다. 거짓의 몫 안에 유산을 받은 자는 그것을 통해 악해져 진리를 미워하게 될 것이다.
(25) 왜냐하면 하나님은 결정된 시간과 새것을 만들 때까지 그들을 선별하였다. 그는 정해진 시간의 마지막에 그들의 일에 대한 보상을 알고 계시며,
(26) 선한 [……]의 지식을 위해 사람들에게 그것들을 할당하고 그의 영혼에 따라 [……]대가……, 모든 살아있는 것들에게 몫을 결정하셨다.

The Dynamics of Change in the Computer Imaging of the Dead Sea Scrolls and other Ancient Inscriptions

Prof. Bruce Zuckerman
University of Southern California

In the late 1990s I wrote a series of articles evaluating "the state of the art" in regard to high resolution image documentation of the Dead Sea Scrolls(DSS) and, more generally, various other similar ancient manuscripts and further considered how computer imaging applications might be successfully applied to the analysis and decipherment of these texts.[1] What strikes me about all these studies, as I review them today, is how quickly they have gone completely out of date. Almost all the technical

---

1) B. Zuckerman,"Bringing the Dead Sea Scrolls Back to Life; A New Evaluation of the Photographic and Electronic Imaging of the Dead Sea Scrolls," *Dead Sea Discoveries* 3 (1996), pp. 178-207; idem, "Photography of Manuscripts," co-authored with K. Zuckerman, *The Oxford Encyclopedia of Near Eastern Archaeolog* (5 vols.; E. Meyerset. a., eds.; New York: Oxford Univ., 1997), vol. 4, pp. 336-347; "Photography and Computer Imaging," co-authored with Kenneth Zuckerman, *Encyclopedia of the Dead Sea Scrolls*(L. Schiffman,et al, eds.; New York: Oxford Univ., 2000) pp. 669-675. See also, "Working with a Little More Data; New Finds in the 20th Century: The Semitic Languages of the Ancient World," *Israel Oriental Studies XX;Semitic Linguistics: The State of the Art at the Turn of the Twenty-First Century;* S. Izre'el, ed.; Winona Lake: Eisenbrauns, 2002; pp. 481-489; Every Dot and Tiddle: A Consideration of the Limitations of Computer Imaging for the Study of Dead Sea Scroll," *Double Takes: Thinking & Rethinking Issues of Modern Judaism in Ancient Context;* co-authored with Zev Garber (Lanham: Univ. Press of America, 2004).

information found in these studies, delineating how our group of scholars and technologists[2] documented, analyzed, digitally manipulated, and distributed image data of the DSS and other ancient texts is now woefully inadequate and even, to some extent, misleading. This certainly is not the expected norm for studies on ancient texts. We have come to expect them to have a decent "shelf-life"; especially when it comes to the documentation of primary data on how a text reads. I am in the habit—as are most scholars in our field—of relying on tried and true studies —grammars, lexicons, critical editions, for example—that maintain their relevance for a significant period of time; decades at least, and in some cases a good deal longer than that. But the impact of digital technologies is not only profound upon our understanding of how to read and analyze the remains of ancient texts, it is also dynamic; indeed, changing right before our eyes. As new tools and software become available or are upgraded to new(and usually better) versions, the way we must learn to see ancient texts also shifts, in some cases quite drastically. In such a dynamic environment, practices that seemed advanced and sophisticated ten years ago, when I first began to write extensively on this subject, seem now in retrospect far too simplistic, naive and altogether unsatisfactory. I have no doubt that should I write

---

2) Primarily, two closely related research entities are involved, both headquartered in the College of Letters, Arts & Sciences at the University of Southern California. These are the West Semitic Research Project(see http://www.usc.edu/dept/LAS/ wsrp/), an image archive now encompassing more than 150,000 images of ancient texts and artifacts and the InscriptiFact Image Database Application (see http://www.inscriptifact.com/) which currently distributes some 20,000 high resolution images of ancient texts and artifacts to scholars in 35 countries

again about the state of the art of DSS documentation and imaging ten years from now, this discussion will almost certainly also suffer from similar critical inadequacies.

The problem is this: every time a new tool becomes available, perhaps a new more powerful piece of hardware(e.g., a better camera, a superior imaging array, a more powerful computer, a better grouping of auxiliary equipment, say, for lighting or light-filtering) or a software application is created or expanded that allows for manipulations previously not considered(e.g., a better way to filter an image, a more precise measurement and scaling application, an electronic tool-box for precision drawing), these advances have profound methodological impact. That is, not only does one need to figure out how to use and master such tools, he or she also needs to rethink the overall methodological approach to analyzing an ancient text because of what these tools allow one to do that one could not do before. Old approaches that seemed previously reliable rapidly become inadequate and in need of serious reevaluation and rethinking. Indeed, at this stage of the game, one even begins to wonder whether our traditional way of presenting a text by publishing it in a printed book with printed illustrations is able to give one adequate image data for evaluating a given set of interpretive conclusions.

This leads me to an explanation of how this presentation is going to be done, or more precisely, why, in order to be most effective, it cannot be done in a conventional fashion—that is, with the speaker (me) standing before an audience (you) reading a paper (on paper) accompanied by static illustrations (e.g., through a conventional PowerPoint "slide-show"). At this point in my presentation, I need to go "off-script," as they say in Hollywood. Because the types and kinds of digital data needed for an heuristic presentation of the state of the art in computer imaging of DSS and other ancient texts are themselves highly dynamic and inter-active, I need to present them to you in this manner as well. That means that I will have my hands full as I endeavor to manipulate an array of imaging tools, and I have found that I simply cannot try to read a paper while, at the same time, I am trying to show you in real time what you need to see. Mind you, I freely admit that many (if not all) the tools I am about to show you may well go out of date all too quickly. However, I do hope and expect that the underlying approaches and the methodological concerns implicit in their use may have more enduring value. If there is no getting away from the rapidly shifting dynamics of change in this area of ancient studies, perhaps we can at least see what can be done at this particular moment to make a "stop-motion" picture, a snapshot, as it were, of this dynamism in action.

사해사본과 다른 고대 비문의
컴퓨터 영상에서 변화의 역동성

브루스 쥬커만
서던 캘리포니아 대학교 교수

번역 : 최 영 민
서울대 인문대학 종교학과 석사과정)

감수 : 배 철 현 교수

1990년대 말, 나는 사해사본(DSS)과 그와 유사한 다른 고대 사본의 고해상도 이미지 파일에 관해서 '기술의 상태'를 평가하는 일련의 논문을 썼다. 그리고 더 나아가 나는 컴퓨터 영상 장비를 이들 문서를 분석하고 판독하는 데 적절하게 사용할 수 있는 방법들을 연구하였다.[1] 오늘날 그 연구를 다시 볼 때, 가장 먼저 떠오른 생각은 그 때 사용한 기술들이 이제는 뒤쳐진 기술이라는 것이다. 사해사본과 다른 고대 문헌의 이미지 자료를 문서화하고 분석하여, 디지털 보정을 하

---

1) B. Zuckerman, "Bringing the Dead Sea Scrolls Back to Life; A New Evaluation of the Photographic and Electronic Imaging of the Dead Sea Scrolls," *Dead Sea Discoveries* 3 (1996), pp. 178-207; 같은 책, "Photography of Manuscripts," co-authored with K. Zuckerman, *The Oxford Encyclopedia of Near Eastern Archaeology* (5 vols.; E. Meyers et. al., eds.; New York: Oxford Univ., 1997), vol. 4, pp. 336-347; "Photography and Computer Imaging," co-authored with Kenneth Zuckerman, *Encyclopedia of the Dead Sea Scrolls* (L. Schiffman, et al., eds.; New York: Oxford Univ., 2000) pp. 669-675. 또한 다음을 보라. "Working with a Little More Data; New Finds in the 20th Century: The Semitic Languages of the Ancient World," *Israel Oriental Studies XX; Semitic Linguistics: The State of the Art at the Turn of the Twenty-First Century*; S. Izre'el, ed.; Winona Lake: Eisenbrauns, 2002; pp. 481-489; "Every Dot and Tiddle: A Consideration of the Limitations of Computer Imaging for the Study of Dead Sea Scrolls," *Double Takes: Thinking & Rethinking Issues of Modern Judaism in Ancient Contexts;* co-authored with Zev Garber (Lanham: Univ. Press of America, 2004).

고 분류한 학자들과 기술자들2)의 방식에 기반을 둔 거의 모든 기술적 정보는 불행히도 이제는 부적절하거나 심지어 잘못된 것이 되어 버렸다. 이것은 분명히 고대 문헌 연구에서 기대한 표준(norm)이 아니다. 우리는 그 기술들에 대해서, 특히 그 기술이 문헌을 읽는데 있어 기본 자료를 문서화(documentation, 디지털 자료화)할 때에 적절한 '보존기간(shelf-life, 기술적으로 가치가 인정되는 기간)'을 갖기를 기대해 왔다. 이 분야의 대부분의 학자들이 그렇듯, 나도 적어도 수십 년 또는 그보다 훨씬 오래된 시간 동안 적절하다고 주장되어 온 믿을 만하고 진실된 연구들-예를 들면, 문법, 어휘, 본문 비평-에 의존해 왔다. 하지만 디지털 기술들의 영향으로 우리는 고대 문헌 유물들을 점점 더 잘 분석하게 되었다. 문헌을 해석할 우리의 '눈'이 매순간 바뀌어졌다. 새로운 장비가 만들어지고 새로운 버전으로 프로그램이 업그레이드 됨에 따라, 우리가 고대 문헌을 '보기(see)' 위해서 배워야 하는 것도 변했다. 어떤 경우에는 완전히 달라졌다. 이렇게 급변하는 환경에서, 내가 이 주제에 대해서 많은 글을 쓰기 시작한 10년 전에는 진보되고 복잡해 보였던 방식들은 지금 보면 너무 단순하고, 치밀하지 못하고, 모두 불만족스러워 보인다. 나는 10년 전에 내가 사해사본의 문서화(documentation, 디지털 자료화)와 영상화한 기술의 수준에 대해서 다시 서술해야 한다고 확신하며, 이러한 논의는 유사한 불완전한 것들을 고민하게 할 것이다.

---

2) 기본적으로 the College of Letters, Arts & Sciences at the University of Southern California에 본부를 두고 있는 두 개의 연구소가 있다. "The West Semitic Research Project" (http://www.usc.edu/dept/LAS/wsrp/)는 150,000개의 고대 문헌과 예술품에 관한 그림자료를 갖고 있으며, "The InscriptiFact Image Database Application" (http://www.inscriptifact.com/)는 현재 고대 문헌과 예술품의 20,000개의 고해상도 이미지를 35개국의 학자들에게 제공하고 있다.

이것이 그 문제이다. 나날이 더 좋은 도구들이 발명된다. 더 좋은 카메라와 월등한 영상 어레이(imaging array:영상 정렬)장비, 더 강력한 컴퓨터와 보조장비들과 같은 하드웨어와 새로운 기술의 발전으로 전에는 할 수 없었던 조작을 할 수 있게 만들어진 프로그램의 발전들은 깊이 있는 방법적 영향력을 갖고 있다. 이 새로운 장비들이 전에는 보여주지 못한 것들을 보여주기 때문에, 고대문헌을 분석하기 위해서는 이런 도구들에 숙달되어야 할 뿐만 아니라 방법론적 접근 방식 모두를 다시 생각해야 할 필요가 있다. 믿을 만했던 옛 방법들이 급속하게 부적절한 것이 되고, 심각하게 재평가하고 재고할 필요가 생긴 것이다. 사실 이 단계에서, 이제는 이전의 전통적인 방식들, 즉 전통적인 방식으로 삽화가 포함된 책으로 출판된 텍스트들이 해석적인 성과를 낼 수 있는 충분한 이미지 자료가 될 수 있는지에 대해 의심이 들기 시작했다.

이것이 내가 이 발표에서 하게 될 설명 방식을 설명해 준다. 더 정확하게는 발제자가 몇 개의 그림이 그려진 발제를 들고 청중 앞에서 읽어 내려가는, 또는 상투적인 파워포인트 슬라이드 쇼를 통해서 보여주는 전통적 방법으로는 더 효과적인 발표를 할 수 없는 이유이기도 하다. 따라서 이 발표에서는 소위 헐리우드에서 말하는 방식으로 "글자에서 벗어날(off-script)" 것이다. 사해사본과 다른 고대 사본들의 컴퓨터 영상 기술의 상태를 표현하는 데 필요한 디지털 자료들의 유형과 종류들이 그 자체로 매우 역동적이기 때문에, 나는 또한 이러한 방식으로 그것들을 보여줄 필요가 있다. 그것은 내가 이미지 장비들을 다룰 것이며, 여러분이 '볼' 필요가 있는 것을 보여주면서 동시에 발제문을 읽을 수 없다는 것을 의미한다. 내가 보여주려는 많은 장비들 역시 곧 시대에 뒤쳐질 것이라는 것을 기꺼이 인정한다는 것을 기억하자. 그러나 나는 그 기술 사용에 대한 기본적인 접근법과 방법론적 관심이 더 지속적인 가치를 갖게 되기를 희망하고 기대한다. 만일 고대 문헌 연구의 영역에서 급속히 변하는 역동성을 간과하지 않는다면, 아마 우리는 이 역동적인 순간에 정지영상 그림과 스냅사진을 만드는 특별한 순간에 하게 되는 것을 최소한 볼 수 있을 것이다.

"성서의 시편과 쿰란의 시편":
그 배열의 차이와 정경적 함의

김 정 우
총신대학교 신학대학원 교수

들어가는 말

기독교의 전통에서 '영혼의 거울(아우구스티누스)', '영혼의 해부도(칼빈)', '모든 성도의 기도집(루터)' 등으로 이해되며 사랑받아 온 시편은 원래 '성가(聖歌) 모음집'이었다. 고대 이스라엘 사람들은 이야기뿐 아니라 시와 노래도 좋아하였으며, 시편, 아가, 예레미야애가와 같은 독자적인 시 모음집뿐만 아니라, 이야기 속에도 많은 시들을 담아 두었다.[1] 시편의 표제에서 가장 많이 등장하는 인물인 다윗이 '이스라엘의 노래 잘하는 자'(개역, '이스라엘에서 아름다운 시를 읊는 사람' [표준])로 높이 칭송을 받은 것을 볼 때(삼하 23:1), 그들은 노래와 시를 좋아하는 민족이었음을 알 수 있다. 그들은 자신의 역사와 실존 속에서 경험한 것을 종교적인 노래로 승화시켰으며, 이 노래들은 공적인 예배 속에 스며들게 되었다. 역사적으로 볼 때 솔로몬의 성전 건축 이후에 성전 예배를 위하여 공식적인 찬송가가 필요하게 되었

---

[1] 모세와 미리암의 바다의 노래(출 15:1-19), 모세의 노래(신 32:1-43), 드보라의 노래(삿 5:1-31), 한나의 노래(삼상 2:1-10), 다윗의 마지막 노래(삼하 23:1-7), 사울과 요나단의 죽음에 대한 다윗의 조사(삼하 1:17-27), 요나의 기도(욘 2:2-9), 하박국의 노래(합 3:1-19) 등.

고,[2] 이리하여 시편은 '제1성전의 찬송가 모음집'으로 형성되어 가다가 (시 72:19), 바벨론 포로 생활 이후 스룹바벨의 성전이 완공된 이후 '제2성전의 찬송가 모음집'으로 자리를 잡게 되었다.[3] 이리하여 시편은 원래 '노래'였는데 역사의 흐름 속에서 '책'이 되었으며, '찬송가집'으로서의 시편은 '하나님의 말씀과 계시'로서 유대교와 기독교 공동체에서 가장 애송되는 '경전(經典)'이 되었다.

하나의 '책'으로서 시편이 어떤 역사적 과정을 통하여 현재의 모습과 같이 5권 150편으로 결정되었는지 우리는 정확한 역사적 지식을 갖고 있지 않다. 옛날의 랍비들은 이 과정을 파악하려는 노력이 마치 "죽은 사람을 부활시키는 것"과 같이 불가능한 것이며, "그 배열 순서의 원리는 살아 있는 자들에게는 감추어져 있고, 오직 찬송 받으실 거룩하신 주만이 아신다"(사 44:7)고 믿었다.[4] 이리하여 레위의 아들 랍비 여호수아가 시편을 그 적절한 순서를 따라 배열하려고 하자, 하늘에서 소리가 나며 명하시길, "잠자고 있는 자를 깨우지 말라"는 경고의 말씀이 임하였다고 한다.

사실 현재의 시편 배열은 나훔 사르나(Sarna)가 말한 바와 같이 "아주 길고 복잡한 역사의 결정체"이며,[5] 크리스토퍼 바르트(Barth 1966)는 강물의 이미지를 통하여 시편 형성 과정을 아래와 같이 아름

---

2) 광야 전통을 반영하는 법궤와 성막 예배 역시 노래와 춤을 비롯한 종교적 음악을 필요로 하였을 것이며, 현재 구약성서 속에는 이와 연관된 본문들을 담고 있다(민 10:35-36; 시 132:1-9).
3) 시편이 제2성전의 찬송가로 사용되었음은 시편 105편 1-15절, 96편 1-13절, 106편 47-48절이 합성된 시로서 역대상 16장 7-36절에 나타남을 통하여 알 수 있다.
4) Braude, William Gordon, trans. *The Midrash on Psalms*, translated from the Hebrew and Aramaci (New Haven: Yale University Press, 1959), pp. 49-50. 시편 3편에 대한 미드라쉬에서 인용됨.
5) N. H. Sarman, "Book of Psalms", in *Encyclopaedia Judaica vol* 13, ed. C. Roth (Jerusalem: Keter Publ. House, 1971), p. 1,309.

답게 묘사하였다.

누구든지 시편 형성의 과정을 이해하려고 하는 자는 강물이 어떻게 만들어지는지 생각해 보라. 하나의 냇물도 헤아릴 수 없이 많은 샘과 개울들이 모여 만들어지며, 또한 수많은 냇물들과 조그만 강들이 모여 길고 긴 과정을 통해 넓은 강이 되고 결국 바다로 흘러간다.

최근에 들어와서 학자들은 랍비들의 지혜로운 충고에 개의치 않고, 시편의 배열에 대하여 깊은 관심을 갖게 되었으며, 시편 편집에 나타난 깊은 지혜를 찾아내려고 애쓰고 있다.

1. 마소라 사본의 시편과 그 배열

제랄드 윌슨은 "마소라 사본의 150개 시편 속에 시편 전체를 하나로 묶어 주는 편집 상의 흐름이 있다는 증거가 있으며, 이 편집의 과정에서 서로 이질적으로 보이는 시들은 편의상 '우연히' 배열된 것이 아니요, 편집자가 의도적으로 자신이 만든 편집 구조를 따라 시편을 통일된 것으로 만들었다"는 논증을 설득력 있게 제시하였다.[6] 우리가 시편을 대강 훑어 보아도 시편 속에는 편집의 손길이 있었으며, 어떤 논리에 따라 현재의 형태를 이루었음을 쉽게 확인해 볼 수 있을 것이다.

(1) 시편을 크게 양분할 때 첫 부분을 이루는 첫 세 권(1-89편)에

---

6) G. H. Wilson, *The Editing of Hebrew Psalter*, SBL DS 76 (Chicago: Scholars Press, 1985), p. 4.

는 다윗, 아삽, 고라의 자손들이 저작자로 소개되며, 표제가 없는 시는 오직 6개밖에 없다. 이런 저작자의 이름들은 시편이 현재 형태로 만들어지기 전에 그들의 이름을 따라 초기 형태로 존재하고 있었음을 시사해 준다. 이에 반하여 둘째 부분을 이루는 마지막 두 권(90-150편)에는 저작자나 수집자의 이름도 거의 나타나지 않고, 표제가 전혀 없는 것이 18개나 되며, 음악적 표기나 의식적인 용도를 제시하는 표제도 거의 나타나지 않고 있다.

(2) 현재의 시편에는 몇 개의 중복이 나타나고 있다(14편//53편; 40편 13-17절// 70편 1-5절; 108편=57편 7-11절+ 60편 5-12절). 만약에 한 편집자가 한 시점에서 모든 시편을 단번에 다 모은 것이라면, 이런 중복은 충분히 피했을 것이다.

(3) 현재의 시편 편집에 따르면, 하나님의 이름을 사용하는 데 뚜렷이 다른 두 개의 경향이 나타나고 있다. 먼저 야웨 시편으로 불려지는 제1권(3-41편)에서는 야웨라는 이름이 주로 사용된다. 제2권(42-72편)과 3권(73-89편) 중에서 엘로힘 시편으로 불려지는 42-83편을 보면, 엘로힘이 야웨보다 약 다섯 배 이상 더 많이 사용된다. 또한 '후기 야웨 시편'으로 불려지는 제4-5권(90-150편)에서는 엘로힘은 극소수만 나타나고 주로 야웨가 등장하고 있다. 하나님의 이름을 사용하는 데 있어서 각 권에 따라 이렇게 다른 경향이 일관성 있게 나타나는 것은 우연일 수 없고, 편집자의 활동과 연관되었다고 결론 지을 수밖에 없다.

(4) 시편 72편 19절에 따르면 "이새의 아들 다윗의 기도가 마치다"고 말하는데 이것은 초기 작품(1-72편)이 끝났다는 뜻으로 받아들여질 수 있다.

(5) 할렐루야 시편은 큰 할렐(the Great Hallel)이든지(146-150편),

이집트형 할렐(the Egyptian Hallel, 113-118편)이든지 모두 제4권과 5권에만 나타난다.

(6) 시편 105, 106, 107편은 모두 "야웨께 감사하라(hodu layhwh)"로 시작하고 있으며, 이 세 시편은 어떤 역사적 시점에서 통일성을 이루고 있었음이 분명하다.

따라서 시편은 궁켈, 모빙켈, 베스터만과 다른 양식 비평가들이 주장하는 것처럼 격리된 양식들의 합성물이 아니며, 어떤 편집의 원리와 원칙에 따라 현재 형태로 집대성되었다고 볼 수 있다.

그렇다면 시편은 어떤 과정을 통하여 상호응집성과 일관성을 이루며 서로 이어지고, 최종적으로 5권으로 나누어지며 현재의 형태로 형성되었을까?

(1) 시편 편집 초기에는 1-3권에 있는 여러 개의 작은 낱권 집들 즉, 다윗 시집(3-41편), 고라 시집(42-49편), 아삽 시집(73-83, 50편), 두 번째 다윗 시집(51-71, 72편) 등이 여기 저기에 흩어져 있었는데 솔로몬 성전 건축 후 다윗 왕조의 전성기 때에 성전 예배를 위해 모였을 것이다.

(2) 여러 개의 작은 낱권 집들을 더 큰 소품집으로 묶는 과정 가운데,[7] 고라 시편(42-49편), 다윗의 기도(51-72편), 아삽 시편(50, 73-83편)을 하나로 묶어 엘로힘 시편 집이 만들어지며, 결과적으로 42-83편까지 통일성을 갖추게 되었을 것이다.

(3) 세 번째 단계에서 야웨 시편인 첫 다윗 시편(3-41편)을 엘로힘 시편(42-83편)과 묶는 작업이 이루어지며, 이후에 84-89편을 첨가하여 제3권까지 하나로 묶으며, 제1권(3-41편), 제2권(42-72편), 제3권(73-

---

[7] 이미 다윗 시대에 레위인들은 성전 예배를 위한 시편들을 준비하였다(시 132:6-9; 대상 16:4).

89편)을 모두 엮었을 것이다.

네 번째 단계에서 주님의 왕권을 노래하는 시편들(90-107편)과 또 다른 다윗 시편들(108-111편), 할렐루야 시편들(111-118편), 알파벳 토라 시편(119편), 성전에 올라가는 노래(120-134편), 마지막 다윗 시편(138-145편)과 마지막 할렐루야 시편(146-150편)을 모으며, 최종적으로 제1, 2편을 현재의 위치에 두어 시편 전체의 현관으로 삼았을 것으로 생각된다. 마소라 시편이 현재 형태로 최종 편집되기 전까지의 과정을 개략적으로 정리하면 아래와 같이 제시될 수 있다.

제1권(1-41편)	1-2편	시편 전체의 서론
	3-41편	다윗 시편
제2권(42-72편)	42-49편	고라 시편(아삽시 50편으로 결론 맺음)
	51-72편	다윗 시편(솔로몬의 72편으로 결론 맺음)
제3권(73-89편)	73-83편	아삽 시편
	84-89편	고라 자손의 시들(86편 제외)
제4권(90-106편)	90-107편	야웨 왕권 찬양시들(105~107편)
제5권(107-150편)	108-111편	다윗의 시
	111-118편	할렐루야 시들 첨가
	119편	알파벳 토라 시편
	120-134	성전에 올라가는 노래(135-7편 첨가)
	138-145	다윗의 시편
	146-150	할렐루야 시편

70인역 시편의 배열은 마소라 사본의 시편 배열과 기본적으로 동일하지만 약간의 변화를 만들고 있다. 시편의 숫자에 있어서도 70인역은 9-10편[8])과 114-115편을 하나로 묶지만, 116편과 147편을 둘로 나누기 때문에 정경시편은 여전히 150개로 구성되어 있다.[9]) 그렇지

---

8) 시편 9, 10편은 원래 하나의 시편이었지만, 마소라 사본 전통에서는 의식적인 용도를 위해 둘로 나눈 것 같다.

만 70인역에는 '여록(餘錄)(supernumerary)'으로 명시된 몇 개의 시들이 추가로 담겨 있다. 마소라 사본과 70인역의 순서를 비교하면 다음과 같다.10)

70인역	마소라 사본
1-8편	1-8편
9편	9-10편
10-112편	11-113편
113편	114-115편
114-115편	116편
116-145편	117-146편
146-147편	147편
148-150편	148-150편
151편	
므낫세의 기도	

2. 쿰란의 성서 시편과 그 배열

시편 배열에 있어서 마소라 사본과 70인역 사이에는 근본적인 차이가 없으며, 본문 비평 문제에 있어서도 두 본문 사이에는 '다른 저본(底本)'을 가정할 만큼 심각한 차이가 없기 때문에, 구약성서학계는 오랫동안 시편의 저본은 비교적 온전하게 보존되어 전수되었을 것으로 가정하여 왔다. 그러나 1947년 처음 사해사본이 발견되고 1956년

---

9) 시편을 150편으로 나눈 이유는 일차적으로 150이란 숫자가 거룩한 숫자일 뿐 아니라, 시편을 예배 시간에 정기적으로 읽기 위해서였다. 유대인들은 구약 성경을 삼 년에 한 번 다 읽기 위하여 해마다 토라와 선지서와 성문서를 각각 나누어 읽었다. 따라서 사람들은 매 주 세 편씩, 일 년 50주에 걸쳐 삼 년 동안 읽음으로써 시편을 모두 읽었을 것이다.

10) 70인역의 최근 영역본으로서는, A. Pietersma, *A New English Translation of the Septuagint and Other Greek Translations Traditionally Included under that Title THE PSALM*, New York, Oxford: Oxford Uni. Press, 2000.

처음 시편 두루마리가 발견되며, 특히 그로부터 10년 후인 1965년 11QPs^{a}가 출판됨으로써 전혀 다른 배열 순서를 가진 시편 본문의 전통이 있다는 사실이 밝혀지게 되었다. 그리하여 성서 시편의 정경화 과정에 대한 근본적인 질문이 제기되었으며, 쿰란 시편의 성격, 용도, 정경성 문제에 대한 뜨거운 논쟁이 벌어지게 되었다. 우리는 여기에서 쿰란의 시편은 마소라 사본의 시편과 배열에 있어서 구체적으로 어떤 차이가 있으며, 왜 이런 차이가 발생하였는지, 그리고 주후 1세기의 신앙 공동체들이 서로 다른 시편 전통과 경전 인식을 갖고 있었다는 사실이 현대를 살고 있는 우리들에게 무엇을 시사해 주는지 살펴보고자 한다.

2.1. 쿰란 시편의 현황

지난 2000년의 세월 동안 유대 광야에 묻혀 있다가 1956년부터 11개의 동굴과 그 주위에서 새롭게 태어나 오늘 우리에게 찾아온 쿰란의 시편 두루마리는 모두 39개[11])이며, 전반적인 현황을 요약하자면 다음과 같다.[12])

(1) 쿰란의 시편 두루마리들은 제4동굴(4QPs)에서 모두 23개, 11동굴에서 5개 발견되었으며, 그 나머지로서는 1동굴(3개), 2, 3, 4, 5,

---

11) 그러나 무엇이 '시편 두루마리'로 구성되느냐에 대한 논쟁이 있으며, 4Q522는 시편 122편과 '거룩한 성 예루살렘' 주제를 담고 있어서 '시편 두루마리'라기보다 '시편을 담고 있는 두루마리'로 분류되기 때문에 논쟁의 여지가 있다. 송창현은 시편 사본의 숫자를 36개로 제시한다. 송창현, "쿰란 사본과 정경의 문제" *Canon&Culture: A Journal of Biblical Interpretation in Context* 1 (2007), p. 82.
12) 그 목록은 플린트의 「Appendix 2」(우리의 「도표 1」)에서 일목요연하게 제시된다. Peter W. Flint, *The Dead Sea Psalms Scrolls and the Book of Psalms* (Leiden: Brill, 1997), pp. 252-253.

6, 8동굴에서 각각 1개씩, 마사다에서 2개, 그리고 나할 헤벨에서 1개, 모두 39개가 발견되었다.

(2) 대부분의 두루마리들은 단편들을 담고 있으나, 쿰란 시편의 대표적인 작품으로 여겨지고 있는 11QPs^{a}는 6개의 단편과 28개의 칼럼으로 구성되어 있다.

(3) 이 두루마리들의 기록 연대는 주전 175년(4QPs89)에서부터 주후 50-68년(4QPs^c)에 이르고 있다.[13]

(4) 마소라 시편 150편 가운데 한 절이라도 나오는 시편은 모두 126개이다.[14]

(5) 시편 제 1-3권에서 단 한 절도 발견되지 않는 시편은 모두 19개이다(3-4, 20-21, 32, 41, 46, 55, 58, 61, 64-65, 70, 72-75, 80, 87편).

(6) 시편 제 4-5권에서는 단지 네 편만 나타나지 않고 있다(90, 110, 111, 117편).

(7) 쿰란의 시편에는 모두 16개의 외경시들이 다섯 개의 두루마리에 흩어져 나타난다(4Q88, 4Q522, 11Q5=11QPs^a, 11Q6, 11Q11). 이들 중 여섯 개의 시들은 이미 알려진 시들로서, '다윗의 유언'(삼하 23:1-7) 외에 다섯 개의 비정경 시들(151A[시리아 시편 1], 151B[시리아 시편 1], 154, 155편, 시락 51:13-23, 30)이 있으며,[15] 쿰란 외의 사본 및 역본에서는 발견되지 않는 열 개의 두루마리가 있다.[16]

---

13) 기록 연대 목록은 플린트의 「Appendix 2」(우리의 「도표 1」, 칼럼 VI)에서 일목요연하게 제시되고 있다.
14) 플린트의 「Appendix 5-1」을 보라.
15) 이 본문들의 영어 번역은 Flint, *Dead Sea Psalms Scrolls and the Book of Psalms*, pp. 244-246을 보라.
16) 외경시 5편(축귀시들 네 편과 신뢰시 한 편)과 유다 송가(Apostrophe to Judah), 시온의 노래(Apostrophe to Zion), 다윗 시들(David's Compositions), 종말론적 찬양

2.2. 쿰란 시편의 배열 순서

쿰란 시편의 연구사를 되돌아 보면, 1965년 전후에 근본적인 차이가 만들어진다. 1965년 이전까지 출판된 쿰란 시편들은 그 순서와 내용에 있어서 성서 시편 사이에는 근본적인 차이가 없었으나 그 해에 샌더스가 11QPs^a 시편 두루마리를 출판한 이후부터,[17] 학자들은 쿰란공동체가 마소라 사본의 전통과는 전혀 다른 사본의 전통을 갖고 있음을 인식하게 되었고, 시편 본문 비평에 있어서 근본적인 방향 전환을 이루게 되었다. 이리하여 학자들은 시편의 본문 비평에 있어서 쿰란 사본의 번역 원칙, 수정, 첨가, 오류, 원문에 더 가까운 독법 등 그 가치를 평가하는 일에서 벗어나, "히브리어 시편이 정경화되어 가는 과정에 있어서 쿰란 사본들이 어떤 위치를 차지하는가?"라는 정경론(正經論) 문제로 넘어가게 되었다. 우리가 볼 때, 쿰란 사본의 본문 비평적 가치 문제와 시편의 정경론에 있어서 쿰란 시편의 위치 문제는 밀접하게 연관되어 있으나, 이 글에서는 배열에 있어서 두 사본 전통의 차이를 확인한 이후, 그 정경적 의미에 대한 토론으로 넘어가려고 한다.[18]

배열의 관점에서 볼 때, 쿰란 시편 두루마리는 제 1-3권(1-89편)에서는 마소라 사본과 별로 큰 차이를 나타내지 않으나 제 4-5권에 있어서는 심각한 차이를 드러내고 있으며, 구체적으로는 다음과 같은 차

(Eschatological Hymn), 창조주 찬양(Hymn to the Creator), 구원 간청(Plea for Deliverance)이다.
17) J. A. Sanders, *The Dead Sea Psalms Scroll* (Ithaca, New York: Cornell Uni. Press, 1967).
18) 우리는 이 글에서 쿰란 시편의 본문 비평적 가치 문제는 다루지 않을 것이다. 이 주제에 대해서는 김정우 《시편주석》1 (서울: 총신대 출판부, 2005), pp. 27-56, 특히 pp. 38-44를 보라.

이를 만든다.19)

(1) 제1권(1-41편)에서는 대부분의 시들이 마소라 사본과 거의 동일한 순서로 나타나고 있으나,20) 31편 다음에 바로 33편으로 넘어가며(4QPs^a; 4QPs^q), 38편에서 바로 71편으로 넘어가고 있다(4QPs^a).

(2) 제2권(42-72편)에서는 38편에서 바로 71편으로 넘어가는 것 외(4QPs^a)에는 모두 마소라 시편의 순서를 지지한다.21)

(3) 제3권(73-89편)에서는 모두 마소라 사본의 순서와 일치하게 나타난다.22)

(4) 제4권(90-106편)에서는 일곱 개의 사본에서 마소라와 일치하게 나타나지만,23) 차이점은 더 크게 나타나고 있다. 여기에서는 먼저 두 개의 외경시들이 정경시 사이에 끼어 등장하고 있으며(외경시 III-〉91, 91-〉공백, 시온의 노래(Apostrophe)-〉93), 정경시의 순서 역시 크게 달라지고 있다(93-〉141, 103-〉112, 118-〉104, 104-〉147, 147-〉105, 105-〉146, 106(?)-〉147). 만약 쿰란에서 발견된 시편들이 그 당시의 순서를 정확하게 반영하고 있다면, 제4권은 91~93, 141, 94~103, 112, 118, 104, 147, 105, 146편의 순서로 구성되었을 것이다.24) 이런 관점에서 볼 때 마소라 사본에서 강한 통일성을 이루고

---

19) Flint, *Dead Sea Psalms Scrolls and the Book of Psalms*, pp. 138-141; Appendix 3을 보라. 이것은 우리의 「도표 2」에 제시되어 있다.
20) 제1권에서 마소라 사본과 순서가 일치하는 쿰란 시편들은 다음과 같다. 5-〉6, 7-〉8, 9-〉10, 12-〉13, 13-〉14, 15-〉16, 17-〉18, 23-〉24, 26-〉27, 27-〉28, 28-〉[29], [29]-〉30, 34-〉35, 36-〉37, 39-〉40. 여기에서 [ ] 표시는 본문을 재구성하였음을 가리킨다.
21) 제2권에서 마소라 사본과 순서가 일치하는 쿰란 시편들은 다음과 같다. 49-〉50, 50-〉51, 51-〉52, 52-〉53, 53-〉54, 62-〉63, 63-〉[64], [64-〉65], [65]-〉66, 66-〉67, 67-〉[68], [68]-〉69.
22) 제3권에서 마소라 사본과 순서가 일치하는 쿰란 시편들은 다음과 같다. 76-〉77, 77-〉78, 81-〉82, 82-〉83, 83-〉84, 84-〉85.
23) 제 4권에서 마소라 사본과 순서가 일치하는 쿰란 시편들은 다음과 같다. 91-〉92, 92-〉93, 93-〉94, 95-〉96, 99-〉100, 101-〉102, 102-〉103.

있는 103~107편의 흐름은 쿰란 사본에서는 깨어지며, 112, 118, 147, 146편이 이 시편들 사이에 삽입되어 사용되었음을 알 수 있다.

(5) 제5권(107-150편)에서는 9개의 외경과 그 외 시들이 삽입되었을 뿐 아니라, 마소라의 배열 순서와 일치하는 곳보다 다르게 나타나는 경우가 훨씬 많이 나타나고 있다. 먼저 두 사본 전통에서 순서가 동일한 경우는 다음과 같다. 107-〉[108?], [108?]-〉109, 112-〉113, 114-〉115, 115-〉116, 116-〉[117], [117]-〉118, [120] -〉121, 121-〉122, 122-〉123, 123-〉124, 124-〉125, 125-〉126, 126-〉127, 127-〉128, 128-〉129, 129-〉130, 130-〉131, 131-〉132, 135-〉136, 137-〉138, 142-〉143, 147-〉[148], [148-〉149], [149] -〉150, 150-〉[공백]

쿰란 사본에서 마소라 사본과 순서가 다른 경우는 다음과 같다. 109-〉 시온의 노래(Apostorphe to Zion)-〉103-〉112, 118-〉104, 132-〉119, 119-〉135, 148-〉[120], 외경시 -〉122, 132-〉119, 141-〉133, 133-〉144, 140-〉134, 134-〉151A, 135:12-〉136:22, 138-〉시락 51, 구원 간청-〉139, 139-〉137, 다윗 시집-〉140, 140-〉134, 93-〉141, 141-〉133, 155-〉142, 133-〉144, 144-〉155, 136+Catena-〉145, 105-〉146, 146-〉148, 104-〉148, 104-〉147, 106(?)-〉147, 147-〉104, 147-〉105, 146-〉148, 148-〉[120], 143-〉149, 150-〉찬양, 151B-〉공백.

전체적으로 검토해 본다면, 제5권에서 마소라 사본의 112~118편, 120~132편의 순서는 쿰란에서도 온전하게 보존되고 있으나, 나머지 부분에서는 매우 다르게 나타나고 있다. 특히 119편은 120-132편의 흐름 직후에 나오며 바로 이어서 135-136편이 나오고 있기 때문에, 쿰란공동체에서는 성전에 올라가는 노래(120-132편)의 정점에 119편을

---

24) Flint, *Dead Sea Psalms Scrolls and the Book of Psalms*, p. 139.

두고, 이어서 구속사에 나타난 하나님의 은총에 감사하는 두 개의 시로 연결하고 있음을 알 수 있다(135-136편).25) 그 외의 나머지 시들은 어떤 내적인 논리성을 따라 배열되었는지 파악하기가 어렵다. 예로서 구속사 시편이 103편 다음에는 가정 시편인 112편이 나오고, 감사 시편인 118편 다음에는 창조 찬양시인 104편이 나오는 것은 문맥의 관점에서 볼 때 잘 어울리지 않아 보인다.

이상의 분석을 도표로 만들어 본다면 다음과 같다.

책	연속 시들	마소라와 일치점	마소라와 차이점
1권	30편	17회	2회
2권	13편	12회	1회
3권	8편	6회	0회
4권	11편	7회	11회[외경 포함]
5권	33편	26회	38회[외경 등 포함]

쿰란 시편에 나오는 외경 및 비정경시의 분포는 다음과 같다.

책	외경 및 비정경시들
1권	0
2권	0
3권	0
4권	2
5권	11

---

25) 대부분의 시편들은 쿰란에서 거의 한 두 두루마리에 나오고 있지만, 119편은 6개의 두루마리에 나타나며(1QPs^a, 4QPs^q, 4QPs^q, 5QPs, 11QPs^a), 특히 11QPs^{a}에서는 거의 모든 절이 다 나타나고 있는 것을 볼 때(1-6, 15-28, 37-49, 59-73, 82-96, 105-120, 128-142, 150-164, 171-176절), 119편이 시편이 쿰란공동체에서 얼마나 중요했는지 알 수 있다.

전체적으로 요약하자면, 쿰란 시편의 관점에서 볼 때 원마소라 (Proto-MT) 사본의 제1-3권(1-89편)은 쿰란공동체가 활동하던 시대에 완성된 형태로 존재하였으므로 첫 삼 권에서는 두 사본의 전통이 거의 차이가 없었으며, 따라서 비정경 시편들도 삽입될 여지가 전혀 없었다. 그러나 제 4-5권에 있어서는 배열 순서에 있어서 상당한 차이가 나타날 뿐 아니라 상당수의 외경 및 비정경시들까지 나타나고 있으므로, 쿰란 시편의 정경성과 마소라 사본 및 70인역 시편의 정경화 과정에 대한 심각한 문제가 제기되고 있다.

3. 11QPs^{a}와 시편의 정경화 문제

3.1. 11QPs^{a}와 마소라 시편의 배열 차이

우리가 이미 본 바와 같이 쿰란에서 39개의 필사본이 발견되었고, 마소라 사본에 나오는 150개의 시편 가운데 단 한 절이라도 나오지 않는 시는 모두 25편이므로,[26] 5/6 (약 83%)가 나타나고 있다. 그렇지만, 히브리 시편의 정경성 문제와 연관하여 가장 비중 있게 부각된 사본은 바로 11QPs^{a}이다. 이 시편 두루마리는 역사적으로 주후 30-50년에 쓰여졌으며, 39개의 정경 시편과 9개의 비정경 시편이 나타나고 있을 정도로, 기존하고 있는 필사본 가운데 가장 방대하며 약 50여 개의 시편이 담겨 있다.[27]

---

[26] 마소라 사본에 나오는 150개의 시편 가운데 3, 4, 20, 21, 32, 41, 46, 55, 58, 61, 64, 65, 70, 71-75, 80, 87, 90, 110, 111, 117편은 쿰란 시편에서 단 한 절이라도 나오지 않는다.

[27] 쿰란 학자들 가운데 Skehan, Wilson, B. Z. Wacholder, M. Chyutin의 11QPs^{a}에 대한 구조 분석의 요약은 Flint, *Dead Sea Psalms Scrolls and the Book of Psalms*, 187을 보라.

11QPs^{a}에 나타난 시편의 순서를 마소라 사본과 비교해 볼 때, 다음과 같은 두드러진 차이가 나타나고 있다.28)

(1) 두 시편에서 101-102-103편의 흐름은 동일하지만, 11QPs^{a}에서는 103편에서 104편으로 연결되기 전에 109, 118편이 나타나며, 다시 104편으로 이어지다가 147편이 삽입된 이후에 다시 105편으로 연결되고 있다(101→102→103; 109; 118→104→147→105→146→148→).

해설: 마소라 사본에서 103-104-105-106편은 서로 분리하기 힘들 정도로 강한 주제적 통일성을 갖고 있다. 즉, 시내산 계시에 나타난 주님의 인자하심(103편), 천지 창조에 나타난 주님의 인자하심(104편), 족장들의 역사로부터 가나안 정복사에 나타난 주님의 인자하심(105편), 출애굽으로부터 바벨론 포로에 이르기까지 나타난 이스라엘의 배신과 범죄(106편)가 치밀하게 연결되고 있다. 그러나 11QPs^{a}에서는 이 시들 사이에 '악인에 대한 저주 기원시(109편), 창조 질서에 나타난 주님의 인자하심에 대한 찬양(147편), 사회 정의를 세우시는 주님 찬양(146편), 창조와 역사에 등장하는 만물과 만인에 대한 찬양 요청'(148편)으로 연결되고 있다. 우리는 11QPs^{a}에서 왜 주제의 흐름이 깨어지는 시들이 이렇게 나타나는지 이유를 알 수 없지만, 쿰란 사람들은 이 문제를 심각하게 생각하지 않았다고 말할 수 있다.

(2) 성전에 올라가는 노래의 순서는 두 사본 전통에서 거의 일치하며(120~132편), 11QPs^{a}에서는 119편이 대미를 장식하고 있다 ([+120] →121→122→123→124→125→126→127→128→129→130→131→132→119→135→136 (+118:1, 15, 16, 8, 9, 29)→).29) 마소라

---

28) 약어부호 설명: AZ (시온의 노래, Apostrophe to Zion), AJ (유다 송가, Apostrophe to Judah), AP, (외경시, Apochryphal Psalm), DW(다윗의 유언, David's Last Word), DC(다윗 전집, Davidic Compositions), EH(종말론적 찬양, Eschatological Hymn), HC(창조주 하나님 찬양, Hymn to the Creator), PD(구원간청, Plea for Deliverance).

사본의 관점에서 보자면, '다윗의 시'(108-110편), '할렐루야 시들'(111-118편), '알파벳 토라 시편'(119편), '성전에 올라가는 노래'(120-134편)가 완벽한 단락과 흐름을 갖고 있다. 특히 118편에는 이미 성전 입장 의식이 명백히 나타나고 있으므로(19-27절), 119편에서 토라에 대한 헌신을 한 후에, 성전에 올라가는 노래로 연결되는 것이 매우 자연스러워 보인다. 그러나 11QPs^{a}에는 119편 후에 바로 135→136편으로 연결이 되고 있다.

해설: 쿰란 사람들은 성전에 올라가는 노래들 다음에 119편을 둔 것은 성전 예배와 토라를 밀접하게 연결시킨 시도로 볼 수 있다. 그렇지만, 마소라 사본의 전통을 따라 본다면, 토라 찬가(119편), '성전에 올라가는 노래'(120-134편), '성전에 드리는 참 하나님에 대한 찬양'(135편), 창조와 구속사에 나타난 주님의 인자하심 찬양(136편)이 일관성 있는 주제의 흐름을 따라 배열되고 있음을 알 수 있다. 135편은 성전에 있는 모든 사람들로 하여금 주님을 찬양하도록 요청하는 부름이 수미일치를 이루고 있기 때문에(1-3, 19-21절), 성전에 오르는 노래와 완벽한 일치를 이룬다. 따라서 11QPs^{a}에서 119편 다음에 바로 135→136편으로 연결되는 것은 주제의 흐름에서 매우 어색하다.

(3) 11QPs^{a}에서는 마소라 사본의 마지막 할렐루야 찬양(145-150편) 부분의 순서가 크게 깨어지며, 이들 사이에 다섯 개의 외경 시들이 삽입되고 있다(145[+후기][30]→154→구원간청[PD]→139→137→138→ 시락 51→시온노래[AZ]→93→141→133→144→155→142→143→

---

29) 마소라 사본에서 성전에 올라가는 노래의 마지막 부분에 나오는 133편과 134편은 분리되어 다른 그룹으로 넘어가게 되었다. 즉, 11QPs^{a}에서는 136-〉118-〉145편으로 흐르고 있다.

30) 145편의 마지막 절은 "야웨를 송축하고 그의 이름을 영원토록 송축하라. 이것은 기념을 위한 것이다(this is for a memorial)"라는 후기(postscript)가 첨가되어 있다.

149→150→).

해설: 마소라 사본에서 145편은 '다윗의 시'로서 제5권 마지막에 나오는 '다윗의 시들'(138-145편)의 마지막 시로 나오고 있으며, 이어서 마지막 '할렐루야' 시편 다섯 편이 연달아 나오고 있다(146-150편). 145편에서 '주님께서 약자를 돌보시는 사회 정의 실현' 주제가 나오고 있으며(14-17절), 동일한 주제가 146편에서 심화되어 나타나므로(7-9절) 두 시편은 자연스럽게 연결된다. 이에 반하여, 11QPs[a]에서는 145편을 '기념시(catena)'로 분류하고, 다섯 개의 외경시인 지혜 모티프를 다루는 154편과[31] 구원 요청 시편(PD),[32] 다시 지혜시인 시락 51,[33] 시온 찬가(AZ)[34]와 신뢰시인 155편을[35] 밀접하게 연결시키고, 그 사이에 130편대의 네 시(139, 137, 139, 133), 140편의 시 여섯 편(141, 142, 143, 144, 149, 150편)을 보여주고 있다.

(4) 마소라 사본에서는 150편으로 시편이 끝나지만, 11QPs[a]에서는 150편 마지막 절 다음에 바로 '창조주 하나님에 대한 찬양'(HC)[36]과 다윗의 유언(삼하 23:1-6)에 이어 다윗이 시편을 지었다는 설화체

---

31) 154편은 시리아 시편 II[a]로 불려지기도 한다(Sanders, *Dead Sea Psalms Scrolls* 69). 이 시편에는 '지혜', '제사', '율법 묵상' 등의 다양한 주제들이 뒤섞여 있다.
32) 구원 간청시(PD)에서 시인은 죽음 앞에서 주님의 선하심, 인자하심, 의로우심, 성실하심을 찬양하며, 자신의 죄와 악을 고백하고 죽음에서 살아날 수 있도록 간청하고 있다.
33) 시락 51:1-11 [12-22], 23. 이 시에서 시인은 젊은 시절 잘못된 길로 가기 전에 지혜를 발견하고 바른 길을 따라 살아 인생을 꽃피웠음을 고백하고 있다. 여기에서 지혜는 의인화되며, 애인으로서 젊은이와 열띤 사랑을 나누는 것으로 묘사되고 있다.
34) 시온 찬가에서 시인은 시온에 대한 자신의 사랑을 고백하며, 시온의 구원과 영광을 위하여 기도하고, 시온을 미워하는 불의한 원수들이 끊어질 것을 구하고 있다.
35) 혹은 시리아 시편 II[a]로 불려지며, 이 시에서 주님은 '진리의 재판장(din ha'emet)'이시며, 시인은 자신의 죄를 고백하고 용서받기 위하여 기도하며, 주님의 법을 깨달을 수 있도록 구하고 있다.
36) 시인은 주님의 위대하심과 거룩하심을 찬양하며, 자비와 진리 그리고 정의와 공의가 주님 보좌의 기초임을 노래하면서, 창조주 하나님께서 온 세상을 지혜로 부요하게 하심을 찬양한다.

걸어가 뒤따라 나오고 있다(제27칼럼).[37] 이어서 나오는 다윗의 시 140편은 이 단락이 다윗을 중심으로 편집되었음을 제시하여 주지만, 134편이 뒤따라 나오는 것은 논리적인 흐름을 깨뜨리고 있다. 끝으로 11QPs^{a}는 70인역과 페쉬타 시편에서 단축된 형태로 나오는 비정경 시인 151편을 151A와 151B로 분리하여 제시하고 있다(HC→DW→DC→140→134→151A[38] →151B[39])→공란).[40]

해설: 마소라 사본은 다섯 개의 찬양 시편(146-150편)으로 모든 역사적인 암시를 초월하고 찬양 자체에 집중하며 시편의 대미를 우렁차게 장식하고 있다. 이 반면에 11QPs^{a}는 마지막 부분에서 다윗 저작에 집착하고 있으며, 시편이 '다윗의 저작'이므로 권위가 있음을 제시하고 있다.

전체적으로 요약하자면, 마소라 사본과 70인은 시편 제 4-5권의 배열과 내용에 있어서 거의 일치를 보고 있을 뿐 아니라, 내용의 흐름도 매우 탄탄하고 논리적이다. 그렇지만, 11QPs^{a}의 배열은 매우 느슨

---

37) Sanders, *Dead Sea Psalms Scrolls*, 137에 제시된 본문을 보라. 여기에서 다윗은 '이새의 아들'로서 "지혜롭고, 태양 빛처럼 빛나며 유식하여 하나님과 사람들 앞에서 모든 행위에서 분별력 있고 완전하였다"는 찬사와 함께 "3,600개의 시와 450개의 노래(한 해를 위한 매일의 찬송가 364곡, 안식일을 위한 52곡, 새 달과 총회와 속죄일을 위한 30곡, 그리고 병자를 위한 4곡)를 지어 모두 4,050개를 작곡하여"(2-11행), "이스라엘에서 가장 위대한 왕으로 추앙받을 자격이 있음"을 말하고 있다. "이 모든 노래들은 지극히 높으신 하나님으로부터 받은 예언을 따라 지어졌다"(11행). 즉, 다윗의 노래는 하나님의 예언적 계시이다.
38) 151A는 다윗이 이새의 집에서 막내로서 목동이었고, 목동으로 생활하는 동안 악기를 만들어 산과 들에서 주님의 영광을 노래하고 있었는데, 선지자 사무엘이 다윗보다 잘생긴 형들을 제치고 다윗에게 기름 부어 이스라엘을 다스리게 하였음을 노래한다.
39) 151B는 하나님께서 선지자 갓을 보내셔서 다윗에게 기름을 부어 주셔서, 블레셋 장군 골리앗을 죽인 이야기를 담고 있다.
40) 이 점에 대해서는 Sanders, *Dead Sea Psalms Scroll*, 94-103과 P. W. Skehan, "The Apocryphal Psalm 151," *CBQ* 25 (1963), 407-409의 토론을 보라.

하고, 논리적으로 이해하기 힘들다.

이와 같이 11QPs^{a}와 마소라의 시편의 두 사본 전통에서 시편의 배열 순서와 범위의 차이점은 너무나 크기 때문에, 학자들 사이에서는 11QPs^{a}의 성격과 정경성과 시편의 정경화 과정에 대한 뜨거운 논의가 제기되었다.[41] 우리는 학자들의 견해를 다음과 같이 간명하게 정리하여 보았다.

3. 2. 11QPs^{a}의 정경적 지위에 대한 학자들의 견해들

3.2.1. 샌더스(Sanders)의 입장

샌더스는 11QPs^{a}를 히브리 시편이 최종적으로 '정경화' 되기 전에 원-마소라 사본의 전통과 구분된 독자적인 초기 형태의 '정경적 시편'이며, 구체적으로 '쿰란 시편(Qumran Psalter)'이라고 이름 짓는다.[42] 즉, 그는 원-마소라 시편이 150편으로 정경화되어가던 과정 속에 쿰란의 시편도 정경화 과정을 거쳐가고 있었으며, 11QPs^{a}는 그 일부라고 주장하고 있다.[43] 그는 11QPs^{a}를 정경의 초기 형태로 규정하며 그 근거로서 두 가지를 제시한다.

(1) 11QPs^{a}의 끝부분의 제27칼럼의 첫 행에 나오는 "그리고 바깥 방의 나무, 그리고 그들은 앉은 자리에서 완전히 불타버린다"[44]는 말씀은 구약성경에서 '다윗의 마지막 말씀'(삼하 23:1-7)의 마지막 절과

---

41) 이 두 사본 사이에 있는 순서의 차이점에 대해서는 우리가 이 글의 결론 부분에서 최종적으로 살피고자 한다.
42) Sanders, *Dead Sea Psalms Scrolls*, p. 89.
43) Flint, *Dead Sea Psalms Scrolls and the Book of Psalms*, p. 151 참조.
44) "and the wood of an outside room, and they are utterly consumed with fire in the sitting"

일치하는 것으로서, 현재 마소라 본문과는 상당히 다른 것이기 때문에, 이 표현은 본 시편의 정경성을 주장하는 것은 아닐지라도, 최소한 '정경적인 권위'는 부여한다고 본다.[45]

(2) 시편 151A와 151B를 비롯한 몇 개의 비정경적 작품들이 정경적 시편 선집 밖에 자리잡고 있다는 사실에 대하여 샌더스는 이 시들이 비정경적 시로 포함되었다고 보기보다 역설적으로 그 반대의 경우를 말하고 있다고 본다. 왜냐하면, 이 시들은 70인역에서 정경적인 시편 전집 속에 들어오지 못하며, 이 두 시편을 한 편(151편)으로 묶고 "이것은 [정경적 시편] 숫자 밖에 있다"고 명시하고 있다. 즉, 이 두 시는 70인 역에서 비정경적 시로 이해되었음을 말한다. 그러나 쿰란 시편에는 이와 같은 표현이 나타나고 있지 않기 때문에, 이 두 시는 시편이 헬라어로 번역되기 전에 이미 쿰란공동체에서 사용되었으며, 그 시기는 아직 '비정경적인 시'로 결정되기 전이었음을 시사하게 된다. 나아가 만약 쿰란공동체가 설화체 결어 다음에 나오는 이 두 시를 비정경적인 시로 여겼다면, 바로 앞에 나오는 시편 134편 1-3절과 140편 1-5절도 비정경적인 시편으로 여겼다고 결론지을 수밖에 없게 된다.

이리하여 샌더스는 11QPs^{a}의 설화체 결어에 근거하여 이 시편이 쿰란에서 정경적 위치를 누리고 있었다는 주장을 하면서, 동시에 이 쿰란 시편은 '고정된(fixed) 정경'이 아니라, '유동적인(open-ended) 정경'임을 보여준다고 주장하게 되었다.[46] 샌더스는 아래와 같은 결

---

45) Sanders, *Dead Sea Psalms Scroll* pp. 21, 87.
46) 그는 특히 시편의 마지막 삼권 부분에서는 이 유동성이 두드러진다고 본다. 이 유동성은 왜 원래 성전에 올라가는 노래 모음집에 있던 133편(제23칼럼)과 134편(제27칼럼)이 원래의 단락에서 벗어나 다른 단락 속에 자리잡고 있는지에 대해 설명해 준다고 말한다.

론을 내린다.[47]

이 모든 점들을 살펴볼 때, 제4동굴과 1제 1동굴에서 나온 모든 자료들을 출판하기 전까지 당분간, 시편 두루마리를 시편의 마지막 세 번째 부분에서 이미 엄격하게 고정된 정경에서 이탈한 것이 아니라, 오히려 시편 정경화에 있어서 다면체적인 역사의 이정표로 여겨야 한다. 정경화는 점진적이고 복잡한 일이었다.

그러므로, 11QPs^{a}는 이후에 완성된 마소라 사본을 이루는 히브리 시편에서 유래된 것이 아닐 뿐 아니라, 그것에 의존하는 것도 아니다. 그것은 오히려 마소라 전통과 확실히 다른 본문상의 전통으로 여겨야 한다.

3.2.2. 스케한(Skehan)의 입장

스케한은 샌더스가 다룬 동일한 자료를 면밀히 검토한 후에 그와 정반대 되는 결론을 내렸다.

그것이 시작하는 방식이나 끝나는 방식이나, 그 사이에 있는 여러 시사하는 점들을 볼 때, 11QPs^{a}는 150개 시편의 표준적인 전집에 의존하며, 쿰란의 시편 자료들 중 그 어느 것도 이와 상충되는 견해를 실제적으로 시사할 수 있는 개연성을 제시하지 못한다.[48]

다시 말하자면, 11QPs^{a}는 쿰란에서 정경적 시편으로서 마소라 사

---

47) J. A. Sanders, "Variorum in the Psalms Scroll." *HTR* 59 (1966), p. 89.
48) P. W. Skehan "Qumran and Old Testament Criticism." In *Qumran: sa Piete, sa Theologie et son Milieu*, ed. M. Delcor (BETL 46. Gembloux: Duculot, 1978), p. 172.

본 이전의 다른 전통을 반영한다기보다 오히려 마소라 사본에 담긴 정경적 시편이 완성된 이후의 것으로서 마소라 시편의 전신을 사용하고 있다는 것이다.

스케한은 원 마소라 시편 사본이 11QPs^a 보다 우선함을 증거하기 위해 역대상 16장 8-36절에서 역대 기자가 시편 전집의 자료들 중에서 시편 105편, 95편과 106편을 인용하였음을 증거로 제시한다.[49] 특히 그는 역대상 16장 36절의 말씀이 단지 시편 106편에서 한 절을 인용한 것이 아니라, "편집자가 정경적 시편 제4권의 마지막에 첨가한 것임을 누구나 다 알고 있다…… 달리 말하자면, 주전 400년경 역대 기자는 시편 106편의 첫 절과 마지막 절 만을 정해진 장소에서 빌린 것이 아니라, 첨가된 48절에서 빌려 왔음을 말해 준다. 이것이 우리가 알고 있는 시편의 구성에 있어서 기준점(bench mark)이 된다".[50] 나아가 스케한은 "우리가 현재 가지고 있는 시편의 제5권이 주전 400년에 만들어졌다고는 주장하지 않겠지만, 정경적 시편이 페르시아 시대 이후에 만들어지지는 않았다는 크로스(Cross)의 입장에 동의한다"고 평가한다.[51]

3.2.3. 고센-곳스타인(Goshen-Gottstein)과 탈몬(Talmon)의 입장

고센-곳스타인에 따르면, 11QPs^{a}는 "의식적 선집 이상의 그 무엇으로도 의도되지 않았음"을 11QPs^{a}의 시편 145편으로 제시한다.[52] 이 시편은 쿰란 사본에서 12-21절이 보존되어 나타나고 있는데 매 절

---

[49] *Ibid.*, pp. 167-168.
[50] *Ibid.*, p. 168.
[51] *Ibid.*
[52] M. H. Goshen-Gottstein, "The Psalms Scroll (11QPs-a): A Problem of Canon and Text," *Textu* 5 (1966): p. 29.

마다 "주님을 송축하고 그의 이름을 송축할지어다"라는 후렴이 모두 12회 나오고 있다.[53] 고센-곳스타인은 이 후렴에 근거하여 주후 1세기 초기에 두 개의 다른 시편이 있었다기보다, 쿰란 사람들이 기존하고 있는 정경 시편을 그들의 제의적 목적을 위하여 사용하였다고 보는 것이 더 자연스러움을 논증하고 있다. 즉, 11QPs^{a}의 시편 145편에 나오는 후렴의 첨가는 다른 '정경(canon)'의 문제라기보다 '제의적 목적으로 새로 쓴 다른 본문(text)'의 문제로 보는 것이 자연스럽다고 논증하고 있다.

11QPs^{a}의 시편 145편 마지막 절에는 "이 [시편]은 ……을 기념케 하는 것이다"[54] 라는 부제가 나타나는 점은 이 시편의 의식적인 기조를 잘 드러내어 주는 것으로 지적되고 있다.[55] 탈몬은 이런 현상을 분석하면서 쿰란의 "필사본 속에 있는 수많은 비정경적 삽입들(non-canonical interpolations)은, 쿰란과 마사다와 나할 헤벨에서 발견된 다른 모든 시편 본문들과 11QPs^{a}를 구별지어 준다. 더구나 정경적 시편을 비정통적으로 배열한 것은 우리가 이 종파가 자체의 거룩한 예배를 위해 제의적으로 구성한 작품을 다루고 있음을 시사해 준다"고 결론 지으면서 샌더스의 가정을 비판한다.[56] 즉, 탈몬과 고센-곳스타인이 볼 때, 11QPsa는 제의적 목적을 따라 선별된 고대의 '찬송가(Hymn book)'의 원형에 불과하다.

---

53) "Blessed be the LORD and blessed be his name for ever and ever" (Sanders, *Dead Sea Psalms Scroll*, p. 67).
54) Sanders, *Dead Sea Psalms Scroll*, p. 67.
55) P. W. Skehan, "A Liturgical Complex in 11QPs^a," *CBQ* 34 (1973 195-205. 그는 이 글에서 다양한 제의적 근거들을 제시하고 있다.
56) S. Talmon, "Pisqah Be'emsa Pasuq and 11QPs^a." *Textus* 5 (1966), p. 12.

2.3.4. 윌슨(Wilson)의 입장

위에 제시된 샌더스와 스케한의 상반된 견해에 대해 윌슨은 두 사람의 기여를 어느 정도 인정하면서도, 이 둘에 대하여 모두 비판적인 입장을 취한다. 먼저 샌더스에 대해 윌슨은 "쿰란 서기관들이 시편의 '표준적인' 마소라 본문과는 다른 순서를 제시하며 또한 정경시편에 '외경' 시편들을 첨가하는 문제"를 보면서 쿰란 사본이 현 시편의 정경적 순서를 전체적으로 지지해주는 통계와 지지하지 않는 통계를 살핀다.57) 그는 여기에서 쿰란 시편이 현재의 다섯 권 안에 일정한 순서가 있음을 증거하면서도, "첫 세 권에는 배열의 갈등이 거의 존재하지 않으나 마지막 4권과 5권에서는 갈등이 괄목하게 증가하고 있다"고 결론내린다.58) 이 현상은 샌더스의 입장 즉, 시편의 점진적 안정성 이론에 결정적인 증거가 되지는 못하지만, "양립할 수 있는 증거는 된다"고 판단하며, 이것은 "주후 50년까지 시편 배열에 어떤 느슨함이 있었고, 그 직후에 이 현상은 사라졌다"는 결론을 내린다.59)

윌슨은 스케한의 입장에 대해 역대상 16장 8-36절과 그 속에 인용되었다고 하는 시편의 연관성이 "만족스럽게 확증될 수 있는 것은 아니다"라고 말한다.60) 또한 역대기의 본문은 "시편 105, 96, 106편의 혼성곡으로서 독자적으로 존재할 수 있었다"고 본다.61) 더구나 윌슨이 볼 때 여러 책들을 구분하기 위해 사용된 송영 자료들 중 몇 개는

---

57) G. H. Wilson, "The Qumran Psalm Manuscripts and the Consecutive Arrangement of Psalms in the Hebrew Psalter," *CBQ* 45 (1983), p. 377
58) *Ibid.*, p. 388.
59) *Ibid.*, p. 387.
60) Wilson "The Qumran Psalm Scroll Reconsidered," pp. 632-633.
61) *Ibid.*, p. 633.

후대의 첨가였다는 가능성을 어느 정도 보여주고 있다.[62]

또한 스케한이 시편 5권은 그때 우리가 현재 가지고 있는 그대로의 다섯 권으로 정확하게 구분되었다고 주장하나, 윌슨은 이 구분이 모호했다고 본다.[63] 스케한 자신도 최소한 히브리어 시편은 11QPs^{a}보다는 앞선다는 결론을 내리면서도, "마소라 사본을 이 시기에서 논의한다는 것은 그것이 완전히 표준화된 사본은 아니었지만, 쿰란 본문에 상당 부분 존재했다"는 입장으로 한 걸음 물러서 있다.[64]

3.2.5. 플린트의 입장

플린트는 그의 대작 『사해 시편두루마리들과 시편』에서 쿰란 시편의 문제에 대한 가장 종합적인 토론을 방대하고도 심도 있게 다루면서, 이 시편이 쿰란공동체에 의하여 만들어진 것이라기 보다 그들을 포함하여 태양력을 사용하는 폭넓은 유대인들의 집단들에서 수집되고 사용되었다고 보며 그 근거로서 세 가지를 제시한다.[65]

(1) 11QPs^{a}에 나오는 모든 개체적 시들은 쿰란 시대 이전으로 거슬러 올라간다.

(2) 쿰란에서 발견된 시편 속에 '정의의 스승(moreh ha-tsedeq)'과 같이 분파적 공동체성을 명시하는 표현들이 나타나지 않는 것은 이 시들 가운데 어떤 것도 그곳에서 만들어지지 않았음을 제시해 준다.

---

62) 물론 윌슨 자신은 송영이 원래의 시편에 속한 것임을 제시하고 있다고 보기 때문에, 이 가능성은 그렇게 높은 것으로 보지 않는다. 히브리 시편의 내적인 구분에 관하여, 이런 구분이 있었음을 드러내는 실마리들이 비록 미묘한 형태이지만 존재하고 있었다고 말하는 것은 무리가 아니다 (Yeivin 1969:76-102).
63) *Ibid.*, p. 633.
64) Skehan, "Qumran and the Present State of Old Testament Text Studies," p. 21.
65) Flint, *Dead Sea Psalms Scrolls and the Book of Psalms*, p. 199.

(3) 이 수집품에 나오는 364일의 태양력은 이 공동체가 세워지기 전에 있었던 유대 문헌에도 입증되고 있다(제 1에녹 72-82장; 주빌리, 성전두루마리).

이리하여 플린트는 '쿰란 시편'이라는 용어는 모호함으로, '11QPs^a 시편'(11QPs^a-Psalter)으로 이름 짓도록 제시한다[66] 그는 최종적으로 '필사본(manuscripts)'과 '모음집(collections)'을 구별하면서, 다음과 같이 결론내린다.

> 나는 하나의 두루마리로서 11QPs^{a}가 쿰란에서 공동체의 용도로 필사되었을 가능성이 매우 높다고 본다. 그러나 이것은 11QPs^{a}가 하나의 모음집이라는 것을 의미하지는 않는다. 이 시편은 거의 분명히 쿰란공동체가 나타나기 이전 시대에 수집되기 시작하였을 것이며(compiled), 태양력을 권위 있게 받아들이는 상당히 넓은 그룹들의 시편으로 사용되었을 것이다.

결론

우리는 11QPs^{a}의 발견과 번역으로 시편의 '정경성'과 '본문 비평'에 있어서 새로운 차원이 열리게 되었으며, 우리는 최종적으로 두 가지 질문에 직면하게 된다.

(1) 쿰란공동체에서는 11QPs^{a}로 대표될 수 있는 시편이 정경으로 받아들여지고 있었는가?

(2) 쿰란의 성서시편, 특히 11QPs^{a}의 배열에 대하여 우리는 최종

---

66) *Ibid.*, p. 199.

적으로 어떤 평가를 내릴 수 있는가?

첫 번째 질문은 11QPs^{a}의 정경성에 관한 문제이며, 두 번째 질문은 왜 쿰란에는 마소라 사본의 시편과 다른 전통의 시편을 갖고 있었는가? 하는 문제이다.

첫째로, 11QPs^{a}의 정경성 문제에 대해서는 이스라엘의 학자들(스케한, 고센-곳스타인, 탈몬)은 주로 거부하는 입장에 있으며, 북미의 학자들인 샌더스와 플린트는 인정하는 입장을 취하고 있다. 그렇지만, 이 문제는 '정경(canon)'을 어떻게 정의하느냐에 따라 다른 대답이 나오게 될 것이다. 쿰란의 시편은 정통 유대교(MT 전통)와 기독교회에서는 정경으로 수용되지 않았지만, 쿰란공동체는 11QPs^{a}를 그들의 정경(canon)으로 받아들이고 있었음이 분명해 보인다.[67] 즉, 쿰란공동체의 정경 개념은 시편에 있어서 정통 유대주의와 이후 신약교회의 정경 개념과는 다른 입장을 가졌던 것으로 결론 내릴 수밖에 없다. 그들은 몇몇 외경과 정경 및 외경에서조차 나오지 않는 시들도 그들의 필요에 따라 '경전적 가치'를 가진 것으로 수용하였고, 사용하였다.[68] 그러나 비록 11QPs^{a}가 쿰란에서 정경적으로 여겨졌다 하더라도 예루살렘 예배 공동체를 거부하는 그 분파적인 공동체적 성격 때문에 그 공동체 밖에서는 정경성을 인정받지 못했던 것 같다.

둘째로, 마소라 시편 사본과 11QPs^{a}의 배열의 차이에 대한 이유는

---

67) 송창현은 11QPs^{a}에 집회서 51장에 담겨 있는 사실에 근거하여, "그 어떤 쿰란 사본도 집회서를 권위 있는 책으로 인용하지는 않는다. 따라서 집회서는 쿰란에서 권위 있는 책으로 받아들여지지 않았을 개연성이 높다"는 결론을 내린다. 송창현, "쿰란 사본과 정경의 문제," p. 90.
68) 우리는 '정경론'과 연관하여, '정경의 성격과 범위, 권위, 영감, 배타성, 지역성과 보편성' 등의 문제에 대한 더 깊은 토론을 남겨 두고 있다. 이 문제에 대해서는 김정우, "정경과 문화", *Canon&Culture: A Journal of Biblical Interpretation in Contex* 1 (2007), pp. 5-42를 보라.

학자들에 의하여 다양하게 설명되었다. 위에서 본 바와 같이 스케한은 11QPs^{a}가 '제의적인 성격' 때문에, 시편의 4-5권 중 보유하고 있는 44개의 정경 시편 중 11개를 빠뜨렸다고 주장한다.[69] 고센-굿스타인도 11QPs^{a}가 '제의적인 찬송가'로 사용되었기 때문에, 선택적이었으며, 기존하고 있는 시편의 배열을 엄격하게 따를 필요도 없었고, 정경 및 외경 밖의 작품들도 흡수하여 그들의 예배에 사용하였다고 판단한다.[70] 이 두 학자들에 따르면, 시편은 이미 주전 4세기에 정경으로 고정되었고, 11QPs^{a}는 주전 2세기경부터 쿰란공동체가 자체의 필요를 위하여 기존하고 있던 시편을 편집하고 복사한 것으로 평가한다. 이에 반하여 샌더스는 11QPs^{a}가 마소라 사본과는 다른 정경화의 과정을 거친 작품으로 보며, 마소라 사본이 정경화되기 전에 존재하고 있었다고 주장하고 있다. 좀더 정확하게 말하자면, 시편 1-89편까지는 쿰란공동체가 출현하기 전에 이미 정경화되었지만, 제4-5권은 주후 70년 잠니아에서 정경이 결정되기 전까지 '유동적으로 열린 상태'에 있었음을 보여준다고 주장하고 있다. 그러나 샌더스의 입장을 충분히 수용하면서도 더 종합적인 연구를 한 플린트는 11QPs^{a}는 쿰란에서 창작하거나 편집한 시편이라기보다, 쿰란공동체의 출현 전에 이미 존재하였고, 쿰란공동체를 비롯하여 '태양력'에 따라 새롭게 쓰여진 시편을 수용하는 전통을 반영하고 있다고 주장한다.

전체적으로 종합해 볼 때, 11QPs^a 속에 제의적 성격은 명백하게 나타나고,[71] 독자적인 공동체적 성격이 암시되고 있기 때문에,[72] 쿰

---

69) P. W. Skehan, "The Biblical Scrolls from Qumran and the Text of the Old Testament." *Biblical Archaeologist* 28 (1965), pp. 87-88을 보라.
70) Goshen-Gottstein "The Psalms Scroll (11QPs^a): A Problem of Canon and Text." p. 29.
71) '의식적 성격'과 '정경적 성격'은 상호배타적(스케한, 곳센-곳스타인, 탈몬) 혹은 상호보

쿰공동체는 마소라 사본 및 70인역의 전통과 다른 시편을 그들의 경전으로 수용하고 사용하였다는 결론을 잠정적으로 내려볼 수 있을 것이다.

충적(샌더스와 플린트)으로 달리 평가되고 있다. 11QPs^{a}의 제 xix 칼럼에 있는 구원 간청시에는 "사단이 나를 지배하지 못하게 하시고, 부정한 영과 고통과 악한 경향이 내 뼈를 사로잡지 못하게 하십시오"라는 후대 신학이 나타나고 있다.

72) 탈몬과 윌슨은 둘 다 11QPs^{a}의 다양한 배열과 삽입 속에 본질적으로 분파적인 성격이 없다고 말하지만 (Talmon, "Pisqah Be'emsa Pasuq and 11QPs^a," 13-14; Wilson, "The Qumran Psalm Scroll Reconsidered" 628), 독특한 공동체적 색채는 생각한 것보다 더 미묘하게 나타난다. 이것은 11QPs^{a}를 다른 쿰란 문헌과 비교해 볼 때 쉽게 드러난다. 예로서, '구원을 요청하는 간청'을 담고 있는 부분 (19칼럼)은 제4동굴에서 발견된 몇 개의 페쉐(Pesher) 시편과 유사하며, 시인들은 그들을 향한 전형적인 적대감으로부터 구받기를 구한다. 물론 이런 역사적 성격이 11QPs^{a}에는 감추어져 있지만, 이것은 아마 다른 동굴에서 발견된 시편들은 보다 교훈적(parenetic)인데 반하여 11QPs^a 는 그 주된 기능이 제의적이기 때문일 것이다.

〈도표 1〉

Flint, *The Dead Sea Psalms Scrolls*, APPENDIX 2
PSALMS SCROLLS FROM THE JUDAEAN DESERT

	I	II	III	IV	V	VI
1	1QPs^a	1Q10			86:5 to 119:80	50 BCE
2	1QPs^b	1Q11			126:6 to 128:3	1st c. CE
3	1QPs^c	1Q12			44:3 to 44:25	Herodian
4	2QPs	2Q14			103:2 to 104:11	Herodian
5	3QPs	3Q2			2:6-7	1st c. CE
6	4QPs^a	4Q83	X		5:9 to 71:14	mid-2nd c. BCE
7	4QPs^b	4Q84	X		91:5 to 118:29	2nd half 1st c. BCE
8	4QPs^c	4Q85			16:7 to 53:1	ca. 50-68 CE
9	4QPs^d	4Q86	X		104:1 to 147:20	mid-1st c. BCE
10	4QPs^e	4Q87	X		76:10 to 146:1?	mid-1st c. CE
11	4QPs^f	4Q88		X	22:15 to 109:28	ca. 50 BCE
12	4QPs^g	4Q89			119:37 to 119:92	ca. 50 CE
13	4QPs^h	4Q90			119:10-21	Herodian
14	4QPs^j	4Q91			48:1 to 53:5	ca. 50 CE
15	4QPs^k	4Q92	X		99:1? To 135:16	1st century BCE
16	4QPs^l	4Q93			104:3 to 104:12	2nd half 1st c. BCE
17	4QPs^m	4Q94			93:3 to 98:8	Herodian
18	4QPs^n	4Q95	X		135:6 to 136:23	late 1st c. BCE
19	4QPs^o	4Q96			114:7 to 116:10	late 1st c. BCE
20	4QPs^p	4Q97			143:3 to 143:8	Herodian
21	4QPs^q	4Q98	X		31:24 to 35:20	mid-1st c. CE
22	4QPs^r	4Q98a			26:7 to 30:13	Herodian
23	4QPs^s	4Q98b			5:8 to 88:17	50 CE or later
24	4QPs^t	4Q98c			42:5 only	ca. 50 CE
25	4QPs^u	4Q98d			99:1 only	late 1st c. BCE
26	4QPs^v(?)	4Q98e(?)			18:26-29	Herodian
27	4QPs89	4Q236			89:20 to 89:31	175-125 BCE
28	4QPs122	4Q522		X	122:1 to 122:9	2nd third of 1st c. BCE
29	5QPs	5Q5			119:99 to 119:142	1st century BCE
30	pap6QPs	pap6Q5			78:36-37	(uncertain)
31	8QPs	8Q2			17:5 to 18:13	1st century CE
32	11QPs^a	11Q5	X	X	93:1 to 150:6	30-50 CE
33	11QPs^b	11Q6	X	X	77:18 to 1444:2	1st half of 1st c. CE
34	11QPs^c	11Q7			2:1 to 25:7	1st half of 1st c. CE
35	11QPs^d	11Q8			6:2 to 116:1	mid-1st c. CE
36	11QPsAp^a	11Q11		X	91:1-16	50-70 CE
37	Hev/Seiyal	Khabra/Seelim			15:1 to 31:22	2nd half of 1st c. CE
38	MasPs^a	M1039-160			81:1 to 85:6	1st half of 1st c. CE
39	MasPs^b	M1103-1742			147:18 to 150:6	2nd half of 1st c. BCE

〈도표 2〉

Flint, *The Dead Sea Psalms Scrolls*, APPENDIX 3
ADJOINING COMPOSITIONS IN THE PSALMS SCROLLS

1	1QPs^a	95→96
2	4QPs^a	5→6; 31→33; 34→35→36; 38→71; 53→54; 62→63 [+64+65] →66→67 [+68] →69
3	4QPs^b	91→92+93+94; 99→100; 102→103→112→113; 116 [+117] →118
4	4QPs^c	27→28; 49→50→51→52→53
5	4QPs^d	106→147→104
6	4QPs^e	76→77; 115→116; 118→104 [+147] →105→146(?); 125→126 [+127+128] →129→130
7	4QPs^f	107 [+108(?)] +109→AZ+EH+AJ
8	4QPs^k	135 [+AP] →99
9	4QPs^n	135:12→136:22
10	4QPs^o	114→115
11	4QPs^q	31→33
12	4QPs^r	26→27 [+28+29] →30
13	4QPs^s	5→6
14	4QPs122	AP→Ps 122
15	11QPs^a	101→102→103; 118→104→147→105→146→148 [+120] → 121→122→123→124→125→126→127→128→129→130→131→ 132→119→135→136(with Catena)→145(with postscript)→ 154→PD→139→137→138→Sirach 51→AZ→93→141→133→ 144→142→143→149→150→HC→DW→DC→140→135→151A →151B→blank column [end of scroll]
16	11QPs^b	77→78; Catena; PD; AZ; Ps 141→133→144
17	11QPs^c	12→13→14; 17→18
18	11QPs^d	36→37; 39→40; 115→116
19	11QPsAp^a	Apocr. Ps I + Apocr. Ps II→ Apocr. Ps III→ Ps 91→blank col. [end of scroll]
20	Hev/Seiyal	7→8; 9→10→11; 12→13; 15→16; 23→24
21	MasPs^a	81→82→83→84→85
22	MasPs^b	147 [+148+149] →150→blank column [end of scroll]

	약어표	
	AJ	Apostrophe to Judah (유다 송가)
	AZ	Apostrophe to Zion (시온의 노래)
	AP	Apochryphal Psalm(외경시)
	DW	David's Last Word(다윗의 유언),
	DC	Davidic Compositions(다윗 전집)
	EH	Eschatological Hymn(종말론적 찬양)
	HC	Hymn to the Creator(창조주 하나님 찬양)
	PD	Plea for Deliverance(구원간청).

〈참고자료〉

김정우, 『시편주석』1 서울: 총신대출판부, 2005.
김정우, "정경과 문화", *Canon&Culture: A Journal of Biblical Interpretation in Context* 1 (2007):5-42.
송창현, "쿰란 사본과 정경의 문제," *Canon&Culture: A Journal of Biblical Interpretation in Context* 1 (2007): 72-104.
유윤종, "사해 사본 11QPs^{a}와 시편의 정경화,"「신학논단」43 (2006): 235-248.
Braude, William Gordon, trans. *The Midrash on Psalms*. Translated from the Hebrew and Aramaic. New Haven : Yale University Press, 1959.
Burrows, M. *More Light on the Dead Sea Scrolls*. New York: Viking Press. 1958.
Flint, Peter W. *The Dead Sea Psalms Scrolls and the Book of Psalms*. Brill. 1997.
Ginsberg, C. D. *Introduction to the Massoretic-Critical Edition of the Hebrew Bible*. New York: Ktav.1966 (Originally published

1897).

Goshen-Gottstein, M. H. "The Psalms Scroll (11QPs[a]): A Problem of Canon and Text." *Textus* 5 (1966): 22-33.

Hedley, P. C. "The Goettingen Investigation and Edition of the Septuagint." *HTR* 26 (1933): 57-72.

Jellicoe, S. *The Septuagint and Modern Study*. Oxford: Clarendon Press, 1989.

Holm-Nielsen, Svend, *Hodayot : Psalms from Qumran*. Aarhus: Universitetsforlaget, 1960.

Martínez, Florentino Garcínez, ed. Et al. *The Dead Sea Scrolls Study Edition*. Leiden; New York; Köln: Brill, 1997-1998.

Pietersma, A. *A New English Translation of the Septuagint and Other Greek Translations Traditionally Included under that Title THE PSALMS*. New York, Oxford. Oxford Uni. Press, 2000.

Sanders, J. A. The Scroll of Psalms (11QPs[a]) from "Cave 11: A Preliminary Report." *BASOR* 165 (1962): 11-15.

_____. "Psalm 151 in 11QPs[a]." *ZAW* 75 (1963): 73-86.

_____. "Two Non-Canonical Psalms in 11QPs[a]." *ZAW* 76 (1964): 57-75.

_____. "Pre-Masoretic Psalter Texts." *CBQ* 27 (1965): 114-23.

_____. "Variorum in the Psalms Scroll." *HTR* 59 (1966): 83-94.

_____. *The Dead Sea Psalms Scroll*. Ithaca, New York: Cornell Uni. Press, 1967.

Skehan, P. W. "The Qumran Manuscripts and Text Criticism." *SVT* 4. Leiden: Brill, 1957. Pp. 148-160.

_____. "Qumran and the Present State of Old Testament Text Studies: The Masoretic Text." *JBL* 78 (1959): 21-25.

_____. "The Apocryphal Psalm 151." *CBQ* 25 (1963): 407-409.

_____. "A Psalm Manuscript from Qumran (4QPs[b])." *CBQ* 26 (1964): 313-322.

_____. "The Biblical Scrolls from Qumran and the Text of the Old

Testament." *Biblical Archaeologist* 28 (1965): 87-100.

_____. "A Liturgical Complex in 11QPs^a." *CBQ* 34 (1973): 195-205.

_____. "Qumran and Old Testament Criticism." In *Qumran: sa Piete, sa Theologie et son Milieu*. Edited by M. Delcor. BETL 46. Gembloux: Duculot, 1978. Pp. 163-182.

Shunary, J. "Avodience of Anthropomorphism in the Targum of Psalms." *Textus* 5 (1966): 133-144.

Swete, H. B. *An Introduction to the Old Testament in Greek*. New York: Ktav, 1968.

Talmon, S. "Pisqah Be'emsa Pasuq and 11QPs^a." *Textus* 5 (1966): 11-21.

Tov, E. *Textual Criticism of the Hebrew Bible*. Minneapolis: Fortress, 1992.

Wilson, G. H. "The Qumran Psalm Manuscripts and the Consecutive Arrangement of Psalms in the Hebrew Psalter." *CBQ* 45 (1983): 377-388.

_____. "The Qumran Psalm Scroll Reconsidered: Analysis of the Debate." *CBQ* 47 (1985): 624-642.

_____. *The Editing of Hebrew Psalter*. SBL DS 76. Chicago: Scholars Press, 1985.

Wuertwein, E. *The Text of the Old Testament*. Trans. by E. F. Rhodes. Grand Rapids: Eerdmans, 1979.

Yeivin, I. *Introduction to the Tiberian Masorah*. Trans. by E. J. Revell. Masoretic Studies 5. Scholars Press, 1980.

옥시링쿠스 파피루스의 가치와 전망

민 경 식 박사
연세대학교

I 들어가는 말

버려진 땅, 이집트의 건조한 사막은 인류 유산의 보고(寶庫)이다. 지금으로부터 약 110여 년 전, 남부 이집트 사막의 흙먼지에 싸인 채 십 수세기 동안 땅 속 어둠에 파묻혀 있던 '보물'이 빛을 보게 되었다. 영국의 그렌펠(Bernard Pyne Grenfell)과 헌트(Arthur Surridge Hunt)가 중심이 된 발굴팀은 1896-1897년 겨울에 이집트 나일 강 상류 지역에 위치한 옥시링쿠스(Oxyrhynchus)[1]를 체계적으로 발굴하기 시작하였는데, 이곳에서 막대한 양의 고대 사본들이 발견되었던 것이다.[2] 이곳은 오늘날 엘바나사(el-Bahnasa)로 알려진 곳인데, 조금 더 정확히 말하자면, 이곳은 이집트의 수도인 카이로에서 남서쪽으로 약 160km 떨어진 지점으로, '요셉의 수로(Bahr Yussuf=Joseph's Canal)'라고 부르는

---

[1] 옥시링쿠스(Oxyrhynchus)라는 이 마을의 이름은 '코가 뾰족한 물고기(Sharp-nosed Fish)'라는 뜻을 가지고 있다. 이 지역에서 숭배를 받던 신 시트(Sit)가 나일 강의 신성한 물고기로 성육하였다는 믿음과 관련이 있는 듯하다. 프톨레마이오스 왕조 때와 로마시대 때에 크게 번영하였던 이 도시는 당시 이 지역의 수도였다.
[2] 이때가 1차 발굴인데, 그렌펠과 헌트의 발굴 작업은 1907년까지 이어진다. 그 이후로도 이 지역에 대한 발굴 작업은 지속되었다.

나일 강의 지류 옆에 위치하여 있으며, 고대에는 이 지역에 교회와 수도
원들이 많이 있었던 것으로 알려져 있는 곳이다. 비가 오지 않는 기후로
도 유명한 이곳이야말로 '인류의 보화'가 손상되지 않은 채 오늘날까지
잘 보존될 수 있는 가장 적합한 창고였다. 이미 원주민들이 골동품상들
을 통해 이곳에서 우연히 발견한 사본들을 서방의 도서관 등에 간헐적
으로 내다 판 일이 있었지만, 그렌펠과 헌트의 집중적인 발굴로 인해서
비로소 어둠 속에 빛이 비치기 시작한 것이다. 이들은 자신들이 발굴한
사본들을 바구니에 조심스럽게 잘 포장하여 영국의 옥스퍼드(Oxford)
로 가져갔다. 그곳에서 포장을 풀고, 사본들을 하나하나씩 연구하였으
며, 그 연구 결과를 지속적으로 출판하였는데, 이 시리즈는 100년이
훌쩍 지난 오늘날까지도 계속 이어지고 있다.3)

II 옥시링쿠스 파피루스는 무엇인가?

옥시링쿠스에서 발견된 사본들은 '옥시링쿠스 파피루스'라는 이름
으로 소개되고 있다. 여기서 발견된 사본들이 하나하나씩 출판될 때
마다, 각 사본들에는 일련번호가 부여되며, 각 일련번호 앞에는 옥시
링쿠스에서 발견되었다는 것을 의미하는 '옥시링쿠스 파피루스(P.
Oxy.)'라는 고유한 이름이 붙는다. 가령, 여기서 발견되어 최초로 출
판된 사본은 옥시링쿠스 파피루스 1번 사본(P. Oxy. 1)이 되며, 1,500
번째로 출판된 사본은 옥시링쿠스 파피루스 1,500번 사본(P. Oxy.

---

3) 2007년 10월 15일 현재, 총 71권의 《옥시링쿠스 파피루스(*Oxyrhynchus Papyri*)》
가 출판되었다. 제1권은 1998년에 출판되었고, 마지막 71권은 2007년에 출판되었
는데, 앞으로도 지속적으로 출판되면서, 알려지지 않은 많은 사본들이 소개될 것이
다.

1,500)이 된다. 2007년 10월 15일 현재, 가장 마지막으로 출판, 발표된 사본은 옥시링쿠스 파피루스 4837번 사본(P. Oxy. 4837)인데, 이것은 기원후 578년 2월 1일 날짜로 체결된 계약서로 2007년에 출판되었으며,[4] 현재 옥스퍼드의 세클러 도서관(Sackler Library)에 소장되어 있다. 이번에 《사해사본과 기독교의 기원》에서 전시되는 세 개의 신약성서 사본들도 모두 옥시링쿠스에서 발견된 것들로, 각각의 고유 이름은 옥시링쿠스 파피루스 1077번(P. Oxy. 1077), 옥시링쿠스 파피루스 1169번(P. Oxy. 1169), 옥시링쿠스 파피루스 1227번(P. Oxy. 1227)인데, 여기 덧붙은 번호는 각 사본이 출판된 순서를 가리킨다. 이것들을 다음과 같이 표로 나타낼 수 있다. 여기서 '사본번호'는 그레고리 번호[5]를 가리킨다.

---

4) N. Gonis, "n. 4837", *Oxyrhynchus Papyri*, LXXI.
5) 20세기 초에 그레고리(Caspar René Gregory, 1846-1917)는 벳슈타인(Johann Jakob Wettstein)이 세운 체계를 토대로 하여 당시 혼란스러웠던 사본 명명법을 체계화하였다. 파피루스 사본은 '𝔓'로 표시하였고(𝔓1, 𝔓2, 𝔓3 등), 대문자 사본은 아라비아 숫자 앞에 숫자 '0'을 붙여 표시하였으며(01, 02, 03 등), 소문자 사본은 아라비아 숫자로 표시하였다(1, 2, 3 등). 또한 성구집은 이탤릭체 '*l*'을 숫자 앞에 붙였다(*l*1, *l*2, *l*3 등). 이러한 체계에 따라 사본의 이름을 정하는 것을 그레고리 명명법이라고 하며, 이 번호를 그레고리 번호라고 한다. 오늘날에는 독일 뮌스터(Münster)에 있는 《신약성서본문연구소(Institut für Neutestament- liche Textforschung)》에서 번호를 수여하고 있다. K. Aland / B. Aland, *Der Text des Neuen Testaments: Einführung in die wissenschaftlichen Ausgaben und in Theorie wie Praxis der modernen Textkritik*, 2. Aufl. (Stuttgart: Deutsche Bibelgesellschaft, 1989), pp. 83 이하를 보라. 또한 B. M. Metzger, *The Text of the New Testament: Its Transmission, Corruption, and Restoration* (Oxford: At the Clarendon Press, 1964), pp. 32 이하를 보라.

P. Oxy.	사본 번호	연 대	내 용	소 장	비 고
1077[6]		6세기	마 4:23-24	Allentown, Pennsylvania	부적
1169	0170	5/6세기	마 6:5-6, 8-10, 13-15, 17	Princeton Theol. Seminary	
1227	𝔓21	4/5세기	마 12:24-26, 32-33	Allentown, Pennsylvania	

그러면, 옥시링쿠스에서 발견된 사본들은 대개 신약성서의 내용들을 보도하는가? 그렇지는 않다. 여기서 발견된 사본 가운데 약 1%만이 신약성서 사본이며, 나머지는 거의 계약서나 개인적인 편지, 소설, 또는 각종 공문서 등 일반 문서에 해당한다. 물론 신약성서 사본 외에도 성서학자들의 관심을 끄는 사본들이 있기도 하다. 우선 스무 개 남짓의 구약성서 단편들을 꼽을 수 있다. 2세기 중반의 옥시링쿠스 파피루스 656번(P. Oxy. 656)은 창세기 일부를 담고 있으며, 4세기 중반의 옥시링쿠스 파피루스 1779번(P. Oxy. 1779)에는 시편 1편이 들어 있다. 욥기 42장 11-12절이 들어 있는 옥시링쿠스 파피루스 3522번(P. Oxy. 3522)은 매우 초기 사본으로 1세기 중반의 것으로 추정된다.

성서 밖의 문헌들 가운데서 특별한 관심을 끄는 것은 10개 가까이 되는 구약 외경 사본들과 30개 가까이 되는 신약 외경 사본들이다. 신약의 외경들 가운데 가장 많은 것은 《헤르마스의 목자》로 10개나 되는 사본들이 여기에 속한다(P. Oxy. 404, 1172, 1599, 1782, 1783, 3526, 3527, 3528, 4705, 4706, 4707). 《도마복음서》(P. Oxy. 1, 654,

---

[6] 이 사본은 그레고리 번호가 없다. 신약성서 사본으로 인정받지 못하였음을 의미한다.

655)와 《야고보복음서》(P. Oxy. 3524), 《마리아복음서》(P. Oxy. 3525), 《베드로복음서》(P. Oxy. 2949, 4009) 등과 같은 외경 복음서 사본들도 있고, 《바울과 테클라 행전》(P. Oxy. 6), 《베드로행전》(P. Oxy. 849), 《요한행전》(P. Oxy. 850) 등과 같이 사도들의 행적에 대한 글들도 있다. 그 외에도 알려지지 않은 복음서들로 옥시링쿠스 파피루스 840번(P. Oxy 840)과 1224번(P. Oxy. 1224)이 유명하다. 또한 이 외에도 신약사본으로 분류되지는 않았지만, 신약의 내용을 담고 있는 사본들이 있는데, 옥시링쿠스 파피루스 1077번(P. Oxy. 1077)은 마태복음 4장 23-24절의 내용이 들어있는 부적이며, 4010번(P. Oxy. 4010)은 마태복음 6장 9절 이하에 나오는 주기도문이다.

그렇다면, 옥시링쿠스에서 발견된 신약성서 사본은 얼마나 되는가? 옥시링쿠스에서 발견된 사본들 가운데, 2007년 10월 15일 현재까지 출판된 사본들 가운데 신약성서 내용을 포함하고 있는 것은 모두 57개이다.7) 아래의 표는 그 목록이다.

P. Oxy	사본 번호	연 대	내 용	소 장	비 고
2	𝔓1	3세기	마 1:1-9, 12, 14-20	Univ. of Pennsylvania	
3	069	5세기	막 10:50-51; 11:11-12	Chicago Univ. Libr.	
208	𝔓5	3세기	요 1:23-31, 33-40; 20:11-17, 19-20; 22-25	British Libr.	cf. 17818)
209	𝔓10	4세기	롬 1:1-7	Harvard Univ. Semitic Mus.	
401	071	5/6세기	마 1:21-24, 1:25-2:2	Harvard Univ. Semitic Mus.	
402	𝔓9	3세기	요일 4:11-12, 14-17	Harvard Univ. Semitic Mus.	

---

7) P. Oxy. 1077과 P. Oxy. 4010까지 포함시키면 총 59개가 된다.

P. Oxy	사본번호	연대	내용	소장	비고
657	𝔓13	3/4세기	히 2:14-5:5; 10:8-22; 10:29-11:13; 11:28-12:17	British Libr.	scroll9)
847	0162	3/4세기	요 2:11-22	Metropolitan Mus. of Art	
848	0163	5세기	계 16:17-20	Chicago Univ. Libr.	
1008	𝔓15	3세기	고전 7:18-8:4	Egyptian Mus.	cf. 100910)
1009	𝔓16	3세기	빌 3:10-17; 4:2-8	Egyptian Mus.	cf. 1008
1078	𝔓17	4세기	히 9:12-19	Cambridge Univ. Libr.	
1079	𝔓18	3/4세기	계 1:4-7	British Libr.	
1080	0169	4세기	계 3:19-4:3	Princeton Theol. Seminary	
1169	0170	5/6세기	마 6:5-6, 8-10, 13-15, 17	Princeton Theol. Seminary	
1170	𝔓19	4/5세기	마 10:32-11:5	Bodleian Libr.	
1171	𝔓20	3세기	약 2:19-3:9	Princeton Univ. Libr.	
1227	𝔓21	4/5세기	마 12:24-26, 32-33	Muhlenberg Coll.	
1228	𝔓22	3세기	요 15:25-16:2, 21-32	Glasgow Univ. Libr.	
1229	𝔓23	3세기	약 1:10-12, 15-18	Univ. of Illinois	
1230	𝔓24	4세기	계 5:5-8; 6:5-8	Andover Newton Theol. School	
1353	0206	4세기	벧전 5:5-13	United Theol. Seminary	
1354	𝔓26	600년경	롬 1:1-16	Southern Meth. Univ.	
1355	𝔓27	3세기	롬 8:12-22, 24-27; 8:33-9:3, 5-9	Cambridge Univ. Libr.	
1596	𝔓28	3세기	요 6:8-12, 17-22	Pacific School of Religion	
1597	𝔓29	3세기	행 26:7-8:20	Bodleian Libr.	
1598	𝔓30	3세기	살전 4:12-13, 16-17; 5:8-10, 12-18, 25-28; 살후 1:1-2	Ghent Univ. Libr.	
1780	𝔓39	3세기	요 8:14-22	Ambrose Swasey Libr.	

P. Oxy	사본 번호	연 대	내 용	소 장	비 고
1781	𝔓5	3세기	요 16:14-30	British Libr.	cf. 208
2157	𝔓51	400년경	갈 1:2-10, 13, 16-20	Sackler Libr.	
2383	𝔓69	3세기	눅 22:41, 45-48, 58-61	Sackler Libr.	
2384	𝔓70	3세기	마 2:13-16; 2:22-3:1, 11:26-27; 12:4-5; 24:3-6, 12-15	Sackler Libr.	
2385	𝔓71	4세기	마 19:10-11, 17-18	Sackler Libr.	
2683	𝔓77	2/3세기	마 23:30-39	Sackler Libr.	cf. 4405[11)]
2684	𝔓78	3/4세기	유 4-5, 7-8	Sackler Libr.	
3523	𝔓90	2세기	요 18:36-19:7	Sackler Libr.	
4401	𝔓101	3세기	마 3:10-12; 3:16-4:3	Sackler Libr.	
4402	𝔓102	3/4세기	마 4:11-12, 22-23	Sackler Libr.	
4403	𝔓103	2/3세기	마 13:55-56; 14:3-5	Sackler Libr.	
4404	𝔓104	2세기	마 21:34-37; 43, 45	Sackler Libr.	
4405	𝔓77	2/3세기	마 23:30-39	Sackler Libr.	cf. 2683
4406	𝔓105	5/6세기	마 27:62-64; 28:2-5	Sackler Libr.	
4445	𝔓106	3세기	요 1:29-35, 40-46	Sackler Libr.	
4446	𝔓107	3세기	요 17:1-2, 11	Sackler Libr.	
4447	𝔓108	3세기	요 17:23-24; 18:1-5	Sackler Libr.	
4448	𝔓109	3세기	요 21:18-20; 21:23-25	Sackler Libr.	
4494	𝔓110	4세기	마 10:13-15, 25-27	Sackler Libr.	
4495	𝔓111	3세기	눅 17:11-13, 22-23	Sackler Libr.	
4496	𝔓112	5세기	행 26:31-32; 27:6-7	Sackler Libr.	
4497	𝔓113	3세기	롬 2:12-13, 29	Sackler Libr.	
4498	𝔓114	3세기	히 1:7-12	Sackler Libr.	
4499	𝔓115	3/4세기	계 2:1-3, 13-15, 27-29; 3:10-12; 5:8-9; 6:5-6; 8:3-8,	Sackler Libr.	

P. Oxy	사본 번호	연대	내 용	소 장	비 고
			8:11-9:5, 7-16; 9:18-10:4; 10:8-11:5, 8-15, 11:18-12:5, 8-10, 12-17, 13:1-3, 6-16; 13:18-14:3, 5-7, 10-11, 14-15, 14:18-15:1, 4-7		
4500	0308	4세기	계 11:15-18	Sackler Libr.	
4803		3세기	요 1:21-28, 38-44	Sackler Libr.	
4804		4세기	요 1:25-28, 33-38, 42-44	Sackler Libr.	
4805		3세기	요 19:17-18, 25-26	Sackler Libr.	
4806		4/5세기	요 21:11-14, 22-24	Sackler Libr.	

---

8) 옥시링쿠스 파피루스 1781번(P. Oxy. 1781 = 𝔓5)을 보라. 옥시링쿠스 파피루스 208번(P. Oxy. 208)과 1781번(P. Oxy. 1781)은 하나의 코덱스에서 나온 단편들이다. 208번은 1899년에 출판되었고, 약 20여 년 후인 1922년에 같은 코덱스에서 나온 것으로 추정되는 1781번이 출판되었다. 1781번에 포함된 부분은 요한복음 16장 14-30절이다.

9) 대다수의 신약성서 사본들은 코덱스 형태의 책으로 되어 있기 때문에, 두루마리 형태로 된 신약 사본들은 매우 특이한 것들이다. 두루마리로 알려진 신약성서 파피루스 사본들은 𝔓12, 𝔓13, 𝔓18, 𝔓22 이렇게 총 4개이며, 나머지는 다들 코덱스 형태이다. 초기 기독교인들은 매우 이른 시기부터 유대교의 경전 형태이자 가장 일반적인 문서 형태인 두루마리를 포기하고, '새로운' 책 형태인 코덱스를 선호하였다. 이에 대해서는 아래의 글들을 보라. H. Y. Gamble, *Books and Readers in the Early Church: A History of Early Christian Texts* (New Haven / London: Yale Univ. Press, 1995), p. 49이하를 보라. 3세기 이전의 사본들 가운데 코덱스 형태의 책은 2%에 불과한 반면, 기독교 문헌들은 거의 다 코덱스 형태이다. C. H. Roberts / T. C. Skeat, *The Birth of the Codex* (London: Oxford Univ. Press, 1983), p. 37의 표를 보라. 이 표는 그레코-로마 사회에서의 각 시대별 두루마리 형태와 코덱스 형태의 점유율을 소개한다. 기독교인들이 코덱스 형태의 책을 선호한 이유에 대해서는 민경식, "왜 같은 사본은 하나도 없는가?"「기독교사상」(2006년 3월호), pp. 138-147, 특히 pp. 142 이하를 보라.

10) 𝔓15(P. Oxy. 1008)과 𝔓16(P. Oxy. 1009)는 같은 코덱스에서 나온 것으로 보인다. 이 두 사본의 유사성에 대해서는 P. W. Comfort / D. P. Barrett (edd.),

위의 표에서 마지막 4개의 사본에는 옥시링쿠스 사본 번호만 붙어 있을 뿐, 그레고리 번호가 부여되지 않았다. 이것들이 극히 최근에 발표되었기 때문이다. 2007년에 학계에 정식으로 발표가 된 옥시링쿠스 파피루스 4803번(P. Oxy. 4803)부터 4806번(P. Oxy. 4806)까지는 미처 그레고리 번호를 부여받지 못하였고, 오늘날 우리가 보는 비평본[12])에 아직 반영되어 있지 않을 뿐이다.[13])

그런데 위의 표에서 소개된 사본들 가운데 '실제로' 파피루스 사본은 46개이다. 두 가지 이유로 57개의 조각들 가운데 11개가 빠지기

The Text of the Earliest New Testament Greek Manuscripts: New and Complete Transcriptions with Photographs (Wheaton / Tyndale House Publishers, Inc., 2001), p. 95를 보라.

11) 1997년에 출판된 옥시링쿠스 파피루스 4405번 사본(P. Oxy. 4405)은 일찍이 1968년에 출판된 옥시링쿠스 파피루스 2683번 사본(P. Oxy. 2683 = $\mathfrak{P}77$ 참고)과 같은 코덱스에 속했던 것이다. 두 단편들은 같은 코덱스의 같은 면의 본문을 증거한다.

12) 오늘날 우리가 보는 가장 대표적인 그리스어 신약성서 비평본은 다음의 두 권이다. K. Aland et all. *Novum Testamentum Graece*, 27th. ed. (Stuttgart: Deutsche Bibelgesellschaft, 1993) (이하 NTG^{27}); K. Aland et all. *Greek New Testament*, 4th. ed. (Stuttgart: Deutsche Bibelgesellschaft, 1993) (이하 GNT^4). 이 두 권의 비평본들은 그 본문이 같으며, 또한 다섯 명의 편집자들이 같은데, 그들은 독일의 바바라 알란트(Barbara Aland)와 쿠르트 알란트(Kurt Aland), 그리스의 요하네스 카라비도풀로스(Johannes Karavidopoulos), 이태리의 칼로 마티니(Carlo M. Martini), 미국의 브루스 메츠거(Bruce M. Metzger)이다. 다만 전자(NTG^{27})는 성서학자들의 성서연구를 위해 고안된 반면에, 후자(GNT^4)는 성서 번역자들의 성서 번역 작업을 위해 고안된 것으로, 각각이 가지고 있는 본문 비평장치가 서로 다르다. 이 두 권의 비평본에 대한 사용 지침서로는 K. Aland / B. Aland, *Der Text des Neuen Testaments*, pp. 227-264를 보라.

13) NTG^{27}은 1993년에 출판되었기 때문에, 그 이후에 소개된 사본들을 본문 비평장치에 반영하지 못하였다. 파피루스 사본의 경우를 보면, 당시에는 98번($\mathfrak{P}98$)까지만 본문 비평장치 및 사본목록에 포함되어 있었는데, 2001년에 27판 8쇄가 나오면서, 99번($\mathfrak{P}99$)부터 116번($\mathfrak{P}116$)까지의 새로운 파피루스 사본들이 덧붙었다. 따라서 최근에 발표된 이 사본들도 곧 그레고리 번호를 부여받고 비평본에도 반영될 것으로 기대된다.

때문이다. 우선 8개(P. Oxy. 3, 401, 847, 848, 1080, 1169, 1353, 4500)는 파피루스가 아니라 양피지에 기록되어 있으며, 따라서 파피루스 사본으로 분류할 수 없다. 여기서 알 수 있듯이, '옥시링쿠스 파피루스'라는 말에는 오해의 소지가 있는데, 파피루스라는 이름이 붙었다고 해서 반드시 파피루스 사본은 아니라는 것이다.[14] 또 3개의 조각들(P. Oxy. 208과 1781 = 𝔓5, 1008과 1009 = 𝔓15/16, 2683과 4405 = 𝔓77)은 이미 기존에 밝혀진 사본들과 동일한 코덱스에서 나온 것으로 밝혀짐에 따라 각각을 추가적인 사본으로 여기지 않는다. 그래서 위에서 언급한 11개를 제외한 46개의 사본들이 옥시링쿠스에서 출토된 파피루스 사본들이라고 할 수 있다.

III 옥시링쿠스 파피루스의 공헌

1. 옥시링쿠스에서 보드메르까지

1896-1897년 겨울 옥시링쿠스에서 다량의 파피루스 사본들이 출토되어 나오자, 신약학계는 이 고문서들에 대단한 관심을 보이게 되었다. 근대 이후로는, 처음으로 3세기 이전에 만들어진 신약성서 사본들을 볼 수 있게 되었으며, 또한 여기에 기록된 3세기 이전의 '초기 본문'을 눈으로 직접 확인할 수 있게 되었기 때문이다. 이것들이 발굴

---

14) 흔히들 그리스어 신약성서 사본들을 분류할 때, 크게 파피루스 사본, 대문자 사본, 소문자 사본, 성구집으로 나눈다. 사실 이러한 분류는 그 기준이 모호하다. 그러나 사본 구분법의 역사적 발전 단계를 고려할 때, 충분히 이해할 수 있다. 이에 대한 소개는 민경식, "그리스어 신약성서 사본이란 무엇인가?" 「기독교사상」(2006년 2월호), pp. 134-142, 특히 pp. 139-142를 보라.

되기 이전까지만 해도, 인류가 알고 있었던 가장 오래되었다는 신약성서 사본들은 4세기의 대문자 사본들이다. 티셴도르프(Constantin von Tischendorf)가 시내산 기슭의 성 카타린(St. Catherine) 수도원에서 1844년에 낱장들 일부를 발견하고 1859년에 나머지 본체를 극적으로 발견한 것으로 전해지는 시내사본(Codex Sinaiticus, ℵ)과 1475년에 바티칸 도서관에서 우연히 발견된 것으로 알려져 있는 바티칸사본(Codex Vaticanus, B)이 여기에 속하는 대표적인 사본들이다. 물론 이 두 사본 역시 매우 오래된 고대의 사본들이기는 하지만, 이 둘은 분명히 콘스탄티누스 황제가 기독교를 공인한 후에 만들어진 것들이다. 이러한 상황 가운데 옥시링쿠스에서의 발굴과 함께 기독교가 공인되기 이전인 3세기의 신약성서 사본들, 심지어는 2세기의 사본들이 세상에 알려지게 되자, 이것들은 순식간에 인기 있는 연구 주제가 되었다. 그러나 결과는 다소 실망스러웠다. 새로 알려진 사본들이 거의 단편(斷片)[15]들이었기 때문이다. 당시에는 작은 조각들에 불과한 이러한 파피루스 사본들만으로는 신약성서 본문을 재구성하는 데 한계가 있으며, 따라서 본문 비평적인 관점에서 평가절하되었던 것이다. 더군다나 당시는 손바닥만한 단편 사본들을 적절하게 연구할 수 있는 방법도 제시되지 않았던 때이다.

하지만 옥시링쿠스에서 발견된 단편 사본들의 잊을 수 없는 공헌도 있었다. 그것은 다름이 아니라, 웨스트콧(B. F. Westcott)과 호트(F. J. A. Hort)가 4세기 이후의 사본들을 기초로 재구성한 그리스어 본문[16]이 실제로는 3세기 이전의 매우 우수한 본문이었음을 이 사본

---

[15] 단편(斷片)사본이란, 코덱스 형태(또는 두루마리 형태)의 책이 그 모습 그대로 보존되지 못하고, 단지 몇 조각만 남아 있는 사본을 의미한다. 일반적으로 한 장의 일부분이 남아 있는 경우가 많다.

들이 증명해 주었다는 사실이다. 동시에 이것들은 오늘날 우리가 보는 그리스어 신약성서가 '원문'에 가까운 고대의 본문을 매우 잘 재구성하였다는 사실도 입증한다.

위에서 언급한 단편 사본의 한계 때문에 파피루스 사본들에 대한 관심이 다소 수그러질 무렵, 다시 한 번 관심을 끄는 사본들이 학계에 발표가 되었는데, 바로 1930년대에 발표된 체스터 비티(Chester Beatty) 파피루스이다. 체스터 비티 파피루스로 알려진 𝔓45, 𝔓46, 𝔓47은 옥시링쿠스 파피루스와는 달리 상당한 분량의 성서 본문을 가지고 있다. 𝔓45에는 사복음서와 사도행전의 내용이 상당 부분 포함되어 있고, 𝔓46에는 바울서신 가운데 로마서와 고린도전후서, 갈라디아서, 에베소서, 빌립보서, 골로새서, 데살로니가전서, 히브리서가 포함되어 있다. 𝔓47에는 요한계시록의 상당 부분이 포함되어 있다. 이 가운데서도 𝔓45가 큰 관심을 끌었는데, 그 이유는 이 사본이 20세기 초까지 유행하던 '지역본문가설'17)에 대한 강력한 증거가 될 것이라는 기대를 받았기 때문이다. 그러나 이 사본에 대한 연구가 계속 진행되면서, 교회사적으로 중요한 지역마다 각기 다른 '본문유형'을 탄생시키고 발전시켰다는 가설은 그 타당성을 잃게 되었다.18) 또한 체스터 비티 파피

---

16) B. F. Westcott / F. J. A. Hort, *The New Testament in Original Greek*, vol. I (Cambridge / London: Macmillan, 1881). 이듬해인 1882년에 같은 제목으로 나온 제2권은 그리스어 본문을 재구성하는 데 그들이 사용한 방법론을 자세히 소개하고 있으며, 여기서 이들이 제기한 본문 비평 이론은 오늘날까지도 유효한 것들이 많다.
17) '지역본문가설'이란, 소위 '본문유형'을 각 지역을 대표하는 '지역본문'으로 규정하려는 시도이다. 이 가설을 주장하는 대표적인 이론은 B. H. Streeter, *The Four Gospels: A Study of Origins: Treating of the Manuscript Tradition, Sources, Authorship, and Dages* (London: Macmillan, 1924)이다.
18) 대표적인 연구로는 후르타도(L. A. Hurtado)의 연구를 들 수 있을 것이다. 그는 𝔓45가 결코 소위 '가이사랴 본문유형'을 대표할 수 없으며, '가이사랴 본문유형'

루스가 증거하는 본문이 '원문'에 가까운 본문이 아닌, 변개된 본문이라는 연구 결과가 일반화되면서, 이 사본들을 토대로 '원문'을 회복하려는 희망은 그 빛을 서서히 잃기 시작하였다. 하지만 체스터 비티 파피루스 자체에 대한 관심이 사라지지는 않았다. 오히려 초기의 필사가들의 필사 방식과 관련하여 이 사본들은 오늘날까지 지속적으로 연구되고 있다.[19]

20세기 중반, 파피루스 사본에 대한 관심을 한층 더 고취시킨 사본들이 발표되었는데, 바로 스위스의 보드메르(Bodmer)가 취득하여 1950년대에 발표한 파피루스 사본들이었다. 이것들을 흔히 보드메르 파피루스라고 부르는데, 이 가운데 3개가 그리스어 신약성서 초기 사본들이다($\mathfrak{P}$66, $\mathfrak{P}$72, $\mathfrak{P}$75).[20] 이 중 $\mathfrak{P}$66과 $\mathfrak{P}$75가 특별히 더 많은 관심을 받았는데, 이 두 사본에 대한 연구는 소위 '알렉산드리아 본문유형'이 4세기 알렉산드리아에서 편집된 본문이 아니라는 사실을 학문적으로 입증해 주었으며,[21] 오늘날 우리가 재구성한 본문이 편집된

· 자체가 하나의 본문유형이 될 수 없음을 밝혔다. L. A. Hurtado, *Text-Critical Methodology and the Pre-Caesarean Text: Codex W in the Gospel of Mark*, Studies and Documents 43 (Grand Rapids: Erdmans, 1981).
19) 최근에 $\mathfrak{P}$45에 대한 논문 4편들을 묶은 책이 나왔는데, 체스터 비티 파피루스에 대한 지속적인 관심을 잘 반영한다. C. Horton (ed.), *The Earliest Gospels: The Origins and Transmission of the Earliest Christian Gospels - The Contribution of the Chester Beatty Gospel Codex $\mathfrak{P}$45* (London / New York, T & T Clark International, 2004).
20) 물론 $\mathfrak{P}$73(Bodmer L)과 $\mathfrak{P}$74(Bodmer XVII)도 보드메르 파피루스에 속하는 사본이지만, 다른 것들과는 달리 $\mathfrak{P}$73과 $\mathfrak{P}$74는 7세기의 후대 사본이기 때문에 많은 주목을 받지는 못하였다. 대개 3-4세기에 걸쳐 양피지가 파피루스를 대신하게 되었지만, 부분적으로나마 7세기 이후까지도 파피루스가 계속 사용되었음을 알 수 있다. 더군다나 $\mathfrak{P}$73은 앞뒤로 단지 3절만을 포함하고 있는 단편 사본이다. 양피지가 파피루스를 대신하게 된 것에 대해서는 민경식, "대문자 사본이란 무엇인가?" 「기독교사상」 (2006년 6월호), pp. 174-184, 특히 pp. 176-177을 보라.
21) $\mathfrak{P}$75에 대한 마티니(C. M. Martini)의 연구는 소위 '알렉산드리아 본문유형'이

본문이 아닌, '원문'에 가까운 순수한 본문임을 인식하도록 해주었다. 이후로 초기의 본문이면서도 단편이 아닌 이 여섯 개의 사본들(𝔓45, 𝔓46, 𝔓47, 𝔓66, 𝔓72, 𝔓75)에 대한 관심이 지속되었다.[22] 그러나 우리의 주제인 옥시링쿠스 파피루스들은 그것들이 단편 사본이라는 이유 때문에 체스터 비티나 보드메르 파피루스만큼 크게 주목을 받지는 못하였다. 그러다가 20세기 후반과 21세기 초반에 단편 사본들에 대한 연구 방법이 새롭게 제시되면서, 이것들의 가치에 대해 새롭게 눈

4세기에 편집된 것이 아니며, 이미 3세기에 존재하였던 본문임을 증명하였다. C. M. Martini, *Il problema della recensionalità del papiro Bodmer XIV*, Analecta Biblica 26 (Rome: Biblical Institute Press, 1966), 특히 pp. 149 이하를 보라. 또한 G. D. Fee, *Papyrus Bodmer II (𝔓66): Its Textual Relationships and Scribal Characteristics*, Studies and Documents 34 (Salt Lake City: University of Utah Press, 1968), pp. 82-83을 보라. 𝔓66에 대한 피이(G. Fee)의 연구는, 2세기 말에는 결코 학문적인 편집과정이 없었음을 입증하였다. 이 두 사람의 연구 결과를 토대로 우리는 편집된 본문유형에 대한 가설들이 정당하지 않다는 결론을 내릴 수 있다. 물론 오늘날까지도 '본문유형'을 토대로 연구하는 본문 비평학자들이 있으며, 그 가운데 대표적인 학자로 에프(Epp)를 들 수 있다. E. J. Epp, "The Significance of the Papyri for Determining the Nature of the New Testament Text in the Second Century: A Dynamic View of Textual Transmission," *Studies in the Theory and Method of New Testament Textual Criticism*, Studies and Documents 45, edd. E. J. Epp / G. D. Fee (Grand Rapids: Eerdmans, 1993), pp. 274-297을 보라. 이러한 '본문유형' 가설에 대한 비판으로는 민경식, "초기 신약성서 단편사본 연구방법에 대한 고찰,"「신약논단」12권 (2005년 봄), pp. 157-196, 특히 pp. 164-172를 보라.
22) J. R. Royse, "Scribal Habits in Early Greek New Testament Papyri," Th. D. Dissertation (Graduate Theological Union, Berkeley, 1981). 저자는 이 논문을 다소 보완하여 최근에 같은 제목의 책으로 출판하였다. J. R. Royse, *Scribal Habits in Early Greek New Testament Papyri*, (Wm. B. Eerdmans, 2007). 이 연구는 콜웰(E. C. Colwell)이 제시한 방법론으로 단편이 아닌 여섯 개의 사본들 (𝔓45, 𝔓46, 𝔓47, 𝔓66, 𝔓72, 𝔓75)을 연구한 것이다. 콜웰이 제시한 방법에 대해서는 E. C. Colwell, "Method in Evaluating Scribal Habits. A Study of 𝔓45, 𝔓66, 𝔓75," *Studies in Methodology in Textual Criticism of the New Testament* (Leiden: Brill, 1969), pp. 106-124를 보라.

을 뜰 수 있는 기회가 주어졌다.

2. 옥시링쿠스의 재발견

오늘날 공식적으로 등록된 파피루스 사본들은 118개이다.[23] 방법론적으로 단편 사본에 대한 적절한 연구 방법이 개발되지 않았기 때문에, 이 가운데 6개(𝔓45, 𝔓46, 𝔓47, 𝔓66, 𝔓72, 𝔓75)를 제외한 100여 개의 파피루스들은 본문 비평적 연구에서 소외되었다. 그런데 𝔓75가 하나의 코덱스를 대표하듯이, 손바닥만한 단편 사본 하나도 하나의 코덱스를 대표한다고 가정할 때, 초기 본문의 특징이나 초기 필사자들의 필사 습관을 규정하려는 연구가 많은 자료들을 활용하지 못했다고 할 수 있다. 즉, 100여 개의 코덱스 가운데 6개만을 연구하고, 그 연구 결과를 일반화하는 방법론적인 약점을 드러냈던 것이다. 나머지 100여 개의 코덱스를 충분히 연구할 수 있다면, 2-3세기의 초기 본문에 대한 훨씬 더 다양하고 풍부한 정보를 얻을 수 있을 것이며, 이를 토대로 '원문'에 더 가까운 본문을 재구성하고, 본문의 역사에 대한 폭넓은 시각을 얻을 수 있을 것이다.

이에 수년 전, 필자와 필자의 지도교수인 알란트(B. Aland)는 단편 사본들을 연구할 수 있는 새로운 '방법'을 제시하였다.[24] 이 방법

---

[23] 파피루스 사본에 대한 그레고리 번호가 118번까지 진행되었다는 것을 의미한다. 이 가운데 일부는 한 코덱스가 2개 혹은 3개의 번호를 부여받기도 하였다. 예를 들면, 𝔓4와 𝔓64와 𝔓67, 이렇게 세 개의 사본들은 처음부터 독립적으로 출판되었기 때문에, 각기 다른 그레고리 번호를 부여받았으나, 이 사본들에 대한 연구 결과, (논의의 여지는 있으나) 이것들이 하나의 코덱스에서 나온 것들로 밝혀졌으며, 오늘날 이 세 단편들은 하나의 사본으로 취급된다(𝔓4/64/67). 따라서 118개라는 숫자는 다소 줄어들게 된다.

[24] B. Aland, "Kriterien zur Beurteilung kleinerer Papyrusfragmente des Neuen

을 잘 활용한다면, 오늘날까지 본문 비평적 연구에서 소외되었던 단편사본들, 특히 옥시링쿠스 파피루스들을 본문 비평적으로 평가할 수 있는 길이 열릴 것이며, 필사자들의 필사 습관을 규명하는 것에만 집중되던 기존의 연구 단계를 뛰어넘어 그리스어 신약성서의 본문을 재구성하는 데에도 초기의 파피루스 사본들이 크게 기여를 할 것으로 기대된다. 한 가지 예를 들어보겠다.

𝔓104는 옥시링쿠스에서 발견된 사본으로 1997년에 옥시링쿠스 파피루스 4404번으로 학계에 소개되었다. 가로가 약 7센티미터, 세로가 약 5.5센티미터 되는 이 사본은 비록 그 크기는 작지만, 그래서 이 사본에 포함된 본문의 양은 미미하지만(마 21:34-37, 43, 45), 더군다나 뒷면은 글자가 거의 보이지 않지만, 오늘날 우리가 '원문'에 가까운 본문을 재구성하는 데 지대한 영향을 끼칠 수 있는 사본이다.[25]

이 사본이 발표되기 이전에 재구성된 NTG^{27}의 본문은 마태복음 21장 44절을 꺾쇠괄호 안에 넣고 있다. 외적 판단 기준에 따르면 이 구절이 '원문'에 속할 개연성이 높지만($\aleph$ B C L W Z (Θ) 0102 $f^{1.13}$ 𝔐 lat sy$^{c.p.h}$ co), 내적 판단 기준에 따르면 후대에 첨가로 보이기 때문이다.[26] 그런데 이러한 본문 결정은 𝔓104가 알려지기 이전에 내려

Testaments," *New Testament Textual Criticism and Exegesis: Festschrift J. Delobel*, Bibliotheca Ephemeridum Theologicarum Lovaniensium 161, ed. A. Denaux (Leuven: Leuven University Press, 2002), pp. 1-13; 민경식, "초기 신약성서 단편 사본 연구방법에 대한 고찰," pp. 157-196. 필자의 학위논문은 단편사본들에 대한 '새로운' 연구방법을 제시하고, 이것을 초기 마태복음 사본들에 적용한 것인데, 이 연구 결과를 다음의 책으로 출판하였다. K. S. Min, *Die früheste Überlieferung des Matthäusevangeliums (bis 3./4. Jahrhundert): Edition und Untersuchung*, Arbeiten zur Neutestamentlichen Textforschung, 34 (Berlin / New York: Walter de Gruyter, 2005).

25) 𝔓104에 대한 본문 비평적 연구로는 민경식, "마태복음서 21장 44절과 𝔓104 (P. Oxy. 4404)," 「종교와 문화」 11호 (2005년), pp. 105-118을 보라.

진 것이며, 𝔓104가 200년경의 매우 오래된 고대사본일 뿐만 아니라, 본문 비평적으로도 매우 우수하다는 것을 고려할 때,27) 마태복음 21장 44절을 후대에 첨가된 이차적인 본문으로 판단할 수 있으며, 이를 근거로 44절 전체를 본문에서 제외시킬 수 있는 길이 열린 것이다.28) 이처럼 손바닥보다 작은 파편이 성서의 한 절을 빠뜨리게 하는 결정적인 증거가 될 수도 있는 것이다.

IV 옥시링쿠스 파피루스 연구의 과제와 전망

신약성서 사본은 약 25,000개 정도로 추정된다. 그 가운데 원어인 그리스어로 된 것만 해도 5,700여 개에 이른다.29) 1세기 유대 역사가 요세푸스(Josephus)의 《유대전쟁사》는 10-12세기에 필사된 사본 아홉 개와 약간의 번역본들이 있고, 로마의 역사가 타키투스(Tacitus)의 《로마제국의 역사》(116년) 1-6권은 850년경의 사본이 하나, 11-16권은 11세기의 사본 하나, 7-10권까지는 아예 하나의 사본도 없는 것과 비교해 보면,30) 신약성서 사본이 얼마나 많은지를 헤아릴 수 있으며, 또한

---

26) 자세한 논의는 민경식, "마태복음서 21장 44절과 𝔓104 (P. Oxy. 4404)," pp. 111-115, 특히 p. 115를 보라. 또한 내적 판단기준(또는 내증)과 외적 판단기준(또는 내증)에 대한 개론적인 소개로는 바트 어만,《성경왜곡의 역사》민경식 역, (서울: 청림출판, 2006), pp. 238-247을 보라.
27) 민경식, "마태복음서 21장 44절과 𝔓104 (P. Oxy. 4404)," pp. 108-110을 보라.
28) 민경식, "마태복음서 21장 44절과 𝔓104 (P. Oxy. 4404)," p. 115를 보라.
29) 현재까지의 그리스어 신약성서 사본에 대한 목록은 독일 뮌스터(Münster) 시에 있는 신약성서본문연구소 (Institut für neutestamentliche Textforschung)의 홈페이지를 참조하라(http://www.uni-muenster.de/NTTextforschung/INTF.html).
30) 장동수,《신약성서 사본과 정경: 헬라어에서 한글까지》(대전: 침례신학대학교 출판부, 2005), p. 42, 각주 32. 또한 B. M. Metzger, *The New Testament*

이 신약성서 사본들이 그 수만 많은 것이 아니라, 얼마나 고대의 것인지를 어렵지 않게 이해할 수 있다.

신약성서 사본들 가운데 특별한 위치를 차지하고 있는 것은 118개의 파피루스 사본들인데, 이 가운데 42개[31] 사본(=45조각), 즉 40% 가까이 되는 사본들이 옥시링쿠스에서 발견되었다. 이것만을 보더라도 옥시링쿠스 파피루스 사본들이 지니는 가치와 중요성을 알 수 있다. 양피지에 기록된 사본들까지 포함한다면, 옥시링쿠스에서 발견된 사본들은 57개에 이른다. 하지만 이 숫자는 앞으로 발표될 사본들의 숫자에 비하면, 그야말로 아주 작은 일부에 불과하다. 옥시링쿠스에서 발굴된 사본의 총수가 약 5만 개에 달할 것으로 추정되기 때문이다.[32] 오늘날까지 약 110년에 걸쳐 약 4,800여 개의 사본들이 발표되었다면, 5만 개의 사본들은 앞으로 약 1,000년에 걸쳐 지속적으로 연구, 출판될 것이라고 예상할 수 있다. 또한 이 가운데 약 1%가 신약성서 사본으로 밝혀진다면, 앞으로 약 500개 가까운 신약성서 파피루스 사본들이 계속 출판되어 나올 것이다. 오늘날 우리 인류가 공식적으로 가지고 있는 그리스어 신약성서 파피루스 사본들이 총 118개라는 것을 감안한다면, 500개의 파피루스 조각들은 실로 엄청난 양이며, 이 방대한 자료 덕분에 우리는 본문의 역사에 대한 이해의 지평을 폭넓게 확대시킬 수 있을 뿐만 아니라, 신약성서의 '원문'에 더 가까이 접

Documents: Are They Reliable? (Grand Rapids: Eerdmans, 1983), pp. 16-17을 보면, 성서 이외의 일반 사본들이 얼마나 남아있는지에 대한 대략적인 소개를 받을 수 있다.
31) 옥시링쿠스에서 발견된 신약사본은 46개인데, 이 가운데는 아직 그레고리 번호를 받지 못한 4개가 포함되어 있다. 그러므로 이미 공식적으로 등록된 118개 가운데서 옥시링쿠스 파피루스는 42개가 된다.
32) 옥시링쿠스 파피루스의 홈페이지 (http://www.papyrology.ox.ac.uk/POxy/ oxyrhynchus/parsons4.html)를 참조하라.

근할 수 있으리라. 이미 발굴된, 그러나 아직 출판되지 못한 옥시링쿠스 파피루스만 해도 앞으로 약 1,000년 동안 사본학자들과 본문 비평 학자들을 수고롭게 할 것이며, 또한 성서의 본문에 끊임없이 영향을 끼칠 것이다.

〈참고문헌〉

Aland, B., "Kriterien zur Beurteilung kleinerer Papyrusfragmente des Neuen Testaments," *New Testament Textual Criticism and Exegesis: Festschrift J. Delobel*, Bibliotheca Ephemeridum Theologicarum Lovaniensium 161, ed. by A. Denaux, Leuven: Leuven University Press, 2002.

Aland, K. / Aland, B., *Der Text des Neuen Testaments: Einführung in die wissenschaftlichen Ausgaben und in Theorie wie Praxis der modernen Textkritik*, 2. Aufl., Stuttgart: Deutsche Bibelgesellschaft, 1989.

Aland, K. et all., *Novum Testamentum Graece*, 27th. ed., Stuttgart: Deutsche Bibelgesellschaft, 1993.

Aland, K. et all., *Greek New Testament*, 4th. ed., Stuttgart: Deutsche Bibelgesellschaft, 1993.

Colwell, E. C., "Method in Evaluating Scribal Habits. A Study of 𝔓 45, 𝔓66, 𝔓75," *Studies in Methodology in Textual Criticism of the New Testament* (Leiden: Brill, 1969), pp. 106-124.

Comfort, P. W. / Barrett, D. P. (edd.), *The Text of the Earliest New Testament Greek Manuscripts: New and Complete Transcriptions with Photographs*, Wheaton / Tyndale House Publishers, Inc., 2001

Epp, E. J., "The Significance of the Papyri for Determining the

Nature of the New Testament Text in the Second Century: A Dynamic View of Textual Transmission," *Studies in the Theory and Method of New Testament Textual Criticism*, Studies and Documents 45, edd. E. J. Epp / G. D. Fee (Grand Rapids: Eerdmans, 1993), pp. 274-297.

Ehrman, B.,『성경왜곡의 역사』민경식 역, 서울: 청림출판, 2006.

Fee, G. D., Papyrus Bodmer II (𝔓66): *Its Textual Relationships and Scribal Characteristics*, Studies and Documents 34 (Salt Lake City: University of Utah Press, 1968

Gamble, H. Y., *Books and Readers in the Early Church: A History of Early Christian Texts*, New Haven / London: Yale Univ. Press, 1995.

Horton, C. (ed.), *The Earliest Gospels: The Origins and Transmission of the Earliest Christian Gospels - The Contribution of the Chester Beatty Gospel Codex* 𝔓45, London / New York, T & T Clark International, 2004.

Hurtado, L. A., *Text-Critical Methodology and the Pre-Caesarean Text: Codex W in the Gospel of Mark*, Studies and Documents 43, Grand Rapids: Erdmans, 1981.

Martini, C. M., *Il problema della recensionalità del papiro Bodmer XIV*, Analecta Biblica 26, Rome: Biblical Institute Press, 1966.

Metzger, B. M., *The Text of the New Testament: Its Transmission, Corruption, and Restoration*, Oxford: At the Clarendon Press, 1964.

_____, *The New Testament Documents: Are They Reliable?* Grand Rapids: Eerdmans, 1983.

Min, K. S., *Die früheste Überlieferung des Matthäusevangeliums (bis 3./4. Jahrhundert): Edition und Untersuchung*, Arbeiten zur Neutestamentlichen Textforschung, vol. 34, Berlin / New York: Walter de Gruyter, 2005.

Roberts, C. H. / Skeat, T. C., *The Birth of the Codex*, London: Oxford Univ. Press, 1983

Royse, J. R., "Scribal Habits in Early Greek New Testament Papyri," Th. D. Dissertation, Graduate Theological Union, Berkeley (1981) = *Scribal Habits in Early Greek New Testament Papyri*, Wm. B. Eerdmans, 2007.

Streeter, B. H., *The Four Gospels: A Study of Origins: Treating of the Manuscript Tradition, Sources*, Authorship, and Dages, London: Macmillan, 1924.

Westcott, B. F. / Hort, F. J. A., *The New Testament in Original Greek*, vol. I, Cambridge / London: Macmillan, 1881.

민경식, "초기 신약성서 단편 사본 연구방법에 대한 고찰,"「신약논단」 12권 (2005년 봄), pp. 157-196.

_____, "마태복음서 21장 44절과 $\mathfrak{P}$104 (P. Oxy. 4404),"「종교와 문화」 11호 (2005), pp. 105-118.

_____, "그리스어 신약성서 사본이란 무엇인가?"「기독교사상」(2006년 2월호), pp. 134-142,

_____, "왜 같은 사본은 하나도 없는가?"「기독교사상」(2006년 3월호), pp. 138-147.

_____, "파피루스 사본이란 무엇인가?"「기독교사상」(2006년 5월호), pp. 140-151.

_____, "대문자 사본이란 무엇인가?"「기독교사상」(2006년 6월호), pp. 174-184.

장동수,『신약성서 사본과 정경: 헬라어에서 한글까지』대전: 침례신학대학교 출판부, 2005.

| 판 권 |
| 소 유 |

사해사본과 그리스도교의 기원

2008년 3월 20일 인쇄
2008년 3월 25일 발행

지은이 | 임마누엘 토브 외 12인
엮은이 | 임미영
발행인 | 이형규
발행처 | 쿰란출판사

주소 | 서울 종로구 이화동 184-3
TEL | 02-745-1007, 745-1301, 747-1212, 743-1300
영업부 | 02-747-1004, FAX | 02-745-8490
본사평생전화번호 | 0502-756-1004
홈페이지 | http://www.qumran.co.kr
E-mail | qumran@hitel.net
　　　　　qumran@paran.com
한글인터넷주소 | 쿰란, 쿰란출판사

등록 | 제1-670호(1988.2.27)

값 18,000원

ISBN 978-89-5922-520-0　93230

* 이 출판물은 저작권법에 의해 보호를 받는 저작물이므로 무단 복제할 수 없습니다.
　잘못된 책은 교환해 드립니다.